청춘,
내일로

THANKS TO...

추천사를 써주신 이금희 교수님, 오연호 대표님, 바이트레인 대표시삽 송지환 님
부족한 사진 일부를 제공해주신 강릉시청 · 경주시청 · 김천시청 · 김천 자산동 주민센터
남원시청 · 대전시청 · 보령시청 · 부산시청 · 삼척시청 · 순천시청 · 안동시청 · 여수시청
울산시청 · 익산시청 · 정읍시청 · 진주시청 · 청도군청 · 하동군청
노근리 평화공원 · 송주철 공공디자인연구소 · 프로방스 포토랜드
김지영 · 이대한 · 이은지 · 박하양 · 배현승 · 신종식 · 바이트레인 레카르트 님
특히 많은 도움을 준 김지현 · 박승원 · 정상석 님과 엄마, 아빠 사랑합니다.

취재여행에 동행하고, 사진을 찍어 주고 찍혀 주고, 책에 대한 의견을 제시해 준 친구들
김시원, 김혜원, 윤성민, 서종갑, 서준원, 서충섭, 정문정, 황다진
일주일이나 되는 여정을 통째로 함께해 준 김경미, 김환희, 윤국희 사랑한다.

여행길에 만난 수많은 친구들과 스쳐간 인연들, 역무원님들, 게스트하우스 사장님들 등
저의 청춘 내일로 여행을 아름답게 만들어준 모든 분들 고맙습니다.

마지막으로 책 〈청춘, 내일로〉를 아름답게 만들어주신 도서출판 꿈의지도와
담당 편집자 정보영 님께 특별히 감사드립니다.

알아두기...

- 실전편 추천일정표의 교통비는 현금 사용을 기준으로 선정했습니다.
  교통카드 이용 시 환승할인 등으로 비용이 감소할 수 있습니다.
- 가격과 관련한 정보는 최신의 정보를 담기 위해 여러 차례 확인했으나
  물가 인상에 따라서 변동이 있을 수 있습니다.

NEW 청춘, 내일로

내일로 기차여행 책임 가이드

박솔희 지음

꿈의지도

prologue

요즘 대학생들에 대해 왈가왈부할 수 있는 수많은 수식어가 있겠지만, 그 가운데 가장 두드러지는 것을 하나만 꼽으라면 우리가 '바쁘다'는 거다. "바쁘니까 청춘"이라는 웃픈 광고는 딱히 과장이랄 것도 없다. 학기 중에는 쏟아지는 과제 폭탄에 각종 동아리 모임과 대외 활동에 참여하기 정신없다. 대학생활이란 게 뭔지 이제 좀 알 것 같으면 얼른 토익 점수 만들어 졸업하고 취업하라고 등 떠밀리기 일쑤다. 자의에 의해 하고 싶은 것을 하든, 어쩔 수 없이 취업을 위한 스펙 만들기에 목매달고 있든 간에 요즘 대학생들이 사뭇 빡빡한 하루하루를 보내고 있는 것만은 틀림이 없어 보인다.

그 와중에 '방학 동안에 가장 하고 싶은 것'을 설문 조사해 보면 언제나 일순위로 꼽히는 것은 '여행'이다. 여행은 일상성의 탈피이며 답답한 집과 학교를 벗어나는 일. 늘 타던 버스를 타고 항상 같은 음식을 먹으며 익숙한 길을 걷는 일이 아니라 낯선 도시에서 생소한 설렘을 느끼며 본 적 없는 풍경을 만나는 일이다. 때로는 기차를 놓치고 방황하며 길을 잃고 헤맬 테고, 처음 먹어보는 음식이 입에 맞지 않을 수도 있다. 무거운 배낭이 두 어깨를 짓누르고, 제대로 쉬지 못하는 다리는 천근만근. 따가운 햇살에 피부가 새카맣게 그을리고, 억양 강한 사투리가 온갖 곳에서 들려와 차마 길 물을 용기를 내지 못할지도 모른다.

그럼에도 우리가 여행을 떠나고 또 떠나고 싶어 하는 것은, 어차피 우리가 살아가는 삶이란 것이 하나의 긴 여행이며, 삶을 배우기에 여행만한 게 없다는 것을 어렴풋이나마 이해하기 때문 아닐까. 특히 모험과 도전이라는 단어가 잘 어울리는 우리 청춘들의 여행은 견문을 넓히고 자신감을 얻는 데 최고다. 그 중에서도 내 나라, 내 땅을 자기 발로 직접 누벼보는 일은 살아가면서 꼭 해봄직한 일이고, 그 일을 하기에 가장 적절한 시기가 바로 우리 나이 아닐까 싶다.

내 스무 살의 첫 여행은 참으로 우스꽝스러웠다. 밑창 얇은 컨버스화를 신어서 발에는 온통 물집이 잡혔고, 친구와 유치하게 싸운 뒤 30분 만에 화해했고, 해질녘 산에서 길을 잃어 양봉하는 노부부의 집에서 잠을 잤고, 러시아에서 온 무전여행자와 동행하다 함께 히치하이크를 하기도 했고, 무턱대고 절을 찾아가 재워달라고 하다가 쫓겨났고……. 삽질을 있는 대로 하다 보면 좋은 게 걸리기도 하는 법인데 그게 내 첫 여행이었다. 집에서라면 절대 먹지 않을 이름 모르는 나물에 밥도 비벼 먹고 방향치 주제에 제법 지도도 볼 줄 알게 되었으니.

그 삽질하는 게 재미있어서 학업은 뒷전인 채 여행을 업으로 삼아버렸다. 스무 살 이후 나의 마음은 대개 이 여행길에서 흔들리며 자라났다. 내일로 여행이 내게 보여준 세상의 아름다움을 다른 친구들도, 이제 막 내일로 여행을 떠나려는 후배 레일러들도 발견했으면 하는 마음에서 〈청춘, 내일로〉를 쓰게 됐다. 그리고 〈청춘, 내일로〉는 지난 2년 간 내일로계에서 미친 존재감을 뽐내며 수많은 레일러들의 바이블 역할을 톡톡히 했다.

"길이 없는 곳이라도 누군가 가면 길이 되는 것. 여기 가느다란 오솔길을 내 두었으니 모두 많이 걷고 다녀 주시죠." 내일로 티켓이 뭔지도 모르는 사람이 많던 시절 새로운 길을 개척하는 심정으로 썼던 책. 더 이상 내일로에 대한 부연설명이 많이 필요하지 않게 된 오늘, 2년 전의 오솔길이 많이 다져진 듯해 뿌듯하다. 방학마다 레일러로 변신하곤 하던 이십대 초반도 지나가고 이제 내일로 티켓을 끊을 수 있는 날이 얼마 남지 않았지만 개정판 출간으로 아름다운 마무리를 할 수 있게 되어 무척 기쁘다. 모두의 청춘에 내일로 여행이 의미 있는 추억으로 남기를 바라면서.

2013년 6월, 개정판을 내며
영원한 청춘 Railer 박솔희

청춘, 내일로
Contents

Prologue ··· 004

Part 1 준비편

RAIL路가 뭐야? 내일로 티켓 신상털기 ····························· 012
기차 처음 타니? 초보 레일러를 위한 열차 이용 깨알상식 ········ 016
나도 이제 레일러! 내일로 여행 완벽 공략 ························· 028

Part 2 코스편

01 생초짜 레일러를 위한 베이직 배낭여행 Best ················· 046
02 시원한 여름 피서 Best ··· 048
03 겨울 내일로 눈꽃 Best ··· 050
04 감성 열차 Best ·· 052
05 출사 여행 Best ·· 054
06 역사 탐방 Best ·· 056
07 문학 기행 Best ·· 058
08 맛집 투어 Best ·· 060
09 1/2 하프 코스 Best ··· 062
10 당일치기 여행지 Best ·· 064

Part 3 실전편

■ 경부선

서울 • 서울사람도 모르는 비밀이 가득한 도시	070
수원 • 임금님 행차하신 행궁길을 따라서	086
천안 • 대한독립 염원을 담은 아우내의 함성소리	090
대전(주요 환승역) • 충청도 양반, 한밭을 거닐다	093
옥천 • 그곳이 차마 꿈엔들 잊힐 리야	096
영동 • 포도의 고장, 와인의 고향	101
대구 • 새빨간 젊음이 출렁이는 곳	104
청도 • 청도 감으로 만든 와인 한 잔 하실래요?	112
밀양 • 비밀의 햇볕이 비치는 도시	118
부산 • 삶, 바다, 문화가 다 있는 초특급 여행지	124

■ 장항선

대천 • 게으르게 즐기는 만만한 바다	138
군산 • 수탈의 아픔, 흑백사진으로 승화되다	142

■ 호남선

강경 • 멈추고 헤매며 돌아보는 근대여행	154
익산(주요 환승역) • 보석과 종교의 도시	160
정읍 • 어긔야 어강됴리, 아으 다롱디리	162
광주 • 518 버스 타고 돌아보는 빛고을 역사기행	166
담양 • 광주에서 30분, 대나무의 도시	174
목포 • 호남선 종점까지 근성을 보여줘	176
해남 • 목포에서 50분, 한반도 땅끝	184

■ 전라선

전주 • 한바탕 전주, 내일로를 비비다 ·········· 190
남원 • 낭랑 18세, 춘향이처럼 사뿐히 그네를 저어 볼까 ·········· 199
곡성 • 추억이 머무는 기차마을 ·········· 203
구례 • 처음 만나는 지리산 ·········· 207
순천 • 철새, 그리고 레일러들의 성지 ·········· 212
여수 • 소금냄새 진한 전라선 끝 고운 바다 ·········· 220

■ 경전선

보성 • 싱그러운 찻잎이 꾸는 초록빛 꿈 ·········· 230
벌교 • 근현대사가 흐르는 태백산맥의 고장 ·········· 234
하동 • 느리게 살 자유, 대한민국 대표 슬로시티 ·········· 238
진상 • 맛집로드 스페셜 ·········· 244
진주 • 논개 가락지 사이로 흐르는 역사 ·········· 245
진영 • 노란 바람이 부는 마을 ·········· 249

■ 중앙선

제천(주요 환승역) • 청풍호반의 도시 ·········· 254
단양 • 온달과 평강이 사는 무릉도원 같은 세상 ·········· 257
영주 • 배흘림기둥의 미학을 하는 선비의 고장 ·········· 262
안동 • 양반고을서 찜닭에 소주 한 잔 하시죠 ·········· 266

■ 경북선
용궁 • 토끼 간을 탐하는 용왕님이 사는 간이역 ················· 276
문경 • 고운 옛길과 아기자기한 예술 감성이 공존하는 곳 ········· 280
김천 • 신라가람 하나로 꽉 차는 여행 ······················ 286

■ 태백선
영월 • 어린 왕의 유배지, 푸른 동강이 아릿하게 굽이친다 ········ 292
태백 • 한반도 등줄기의 고원, 새 물이 샘솟는 땅 ·············· 300
정선 • 아리아리 활력이 넘치는 산골마을 ··················· 306

■ 영동선
강릉 • 일출만 보러 오니? 경포대엔 달도 다섯 개! ············· 316
묵호 • 논골담길 따라 동트는 동해의 등대까지 ··············· 324
승부 • 오지의 기차역 ································ 327
Special Train 바다열차 ···························· 328

■ 동해남부선
포항 • 제철소만 있는 줄 알았지? ························ 338
경주 • 수학여행이 아니어도 보람찬 역사탐방 ··············· 346
울산 • 가장 먼저 뜨는 해처럼 희망찬 도시 ················· 354

Part 1
준비편

'RAIL路'가 뭐야? 나이 제한이 있다?
내일로 티켓으로 KTX도 탈 수 있나? 내일로 플러스의 이용 방법은?
기차여행을 떠나기로 결심은 했지만 아직은 도무지 모르겠는 것 투성이다.
그런 청춘들을 위해 준비했다.
내일로 티켓 신상털기부터 초보 레일러를 위한 열차 이용 꿀알 상식까지
꽉꽉 눌러 담은 준비편을 읽고 나면 나도 이제 레일러!

01

RAIL路가 뭐야?
내일로 티켓 신상털기

'내일로 티켓'은 7일 간의 자유다!

7일 동안 KTX를 제외한 ITX-청춘, ITX-새마을, 새마을호, 무궁화호, 누리로 열차를 자유석 및 입석으로 무제한 탈 수 있는 승차권이다. 2007년 여름, 코레일이 일본의 '청춘 18 티켓'을 벤치마킹하여 처음 선보였다. '내일로'는 기차 '레일Rail'과 미래를 뜻하는 '내일Future, My Work'의 중의적 의미를 담고 있다. '로路'는 '길'을 뜻해 '철도를 통해 미래를 열어간다'는 뜻이 들어 있다. 지갑이 얇아도, 차가 없어도 걱정 없는 청춘들의 기차 여행! 전국 어디든 갈 수 있는 레일 위의 꿈! 바로 '내일로 티켓'이다.

내일로 티켓은 7일간 무제한 탈 수 있는 기차표다!

tip 내일로 티켓의 기본은 정석이라 할 수 있는 7일권. 하지만 이외에도 코레일에서는 레일러들의 수요에 맞추어 시즌별로 새로운 상품을 출시한다. 반응이 좋으면 5일권처럼 다음 시즌에 계속 유지되기도 한다.

내일로는 62,700원이다!

서울에서 부산까지 무궁화호 티켓만 왕복으로 끊어도 주말 기준 운임이 57,200원이다. 그런데 7일간 무제한으로 타고 내릴 수 있는 내일로 티켓이 단돈 62,700원인 것! 2014년 여름 출시된 5일권은 더욱 알뜰한 56,500원으로, '초저가 레일 패스'라는 수식어가 무색하지 않다.

'내일로 세대'는 만 25세 이하다!

내일로 티켓을 아무나 살 수 있는 것은 아니다. 여행 출발일 기준으로 만 25세 이하인 내일로 세대만 구입할 수 있다. 주머니 사정이 넉넉지 않은 젊은이들이 적은 비용으로 기차여행을 다닐 수 있도록 만들어진 티켓이기 때문이다. 하한 연령은 정하지 않아 국토여행이나 체험학습을 하려는 청소년들의 이용도 늘고 있다.

1년 내내 기차 여행만 다니면 소는 누가 키우나! 그리하여 내일로 티켓은 6~8월과 12~2월, 여름과 겨울 방학 시즌에만 운영된다. 겨울 시즌이라도 설 특별 대수송 기간에는 쓸 수 없다.

이용 시기는 여름과 겨울 방학 시즌!

해당 연령의 외국인도 내일로 티켓을 이용할 수 있다. 외국인 친구들과 함께 글로벌한 기차여행을 즐겨보자. 여권 혹은 국내거소증을 제시해야 표를 살 수 있다.

외국인 친구도 함께 가자!

무제한 패스권인 내일로 티켓만 있으면 열차를 탈 때마다 기차표를 예약·발권할 필요가 없다. 어느 역에서든 오는 열차에 곧바로 탑승하면 끝! 아무 기차나 일단 타고 보는 무계획 여행도, 열차를 놓쳤을 때 추가비용 없이 다음 열차에 탑승하는 것도 모두 내일로 티켓 덕분에 가능한 일!

내일로 티켓만 손에 쥐면 만사 OK!

내일로 티켓은 좌석이 지정돼있지 않은 자유석 및 입석 티켓이다. 단, 내일로 이용기간 중 평일 일반열차(ITX-새마을, 새마을, 누리로, 무궁화)의 좌석지정을 원할 경우 전국 역 창구에서 편도 2회 50% 할인 혜택을 누릴 수 있다. 관광전용열차인 O-트레인, S-트레인, DMZ-트레인, A-트레인, G-트레인의 경우 주중, 주말에 관계없이 할인된다. KTX 및 ITX-청춘 열차는 해당 혜택이 없다.

좌석 지정도 싸게!

내일로 티켓은 본인만 이용할 수 있는 기명 티켓으로 표에 이름과 생년월일이 명시돼있다. 차내에서 검표할 경우 표와 함께 신분증을 제시해야 한다.

내일로 티켓은 기명 티켓이다!

'내일로'는 청춘이다!

2007년 여름 처음 출시된 내일로 티켓은 출시 이후 몇 년 사이에 저렴한 가격과 프리패스의 편리함으로 내일로 세대의 전폭적인 사랑을 받았다. 유수한 기차여행 가이드북의 출간을 이끌어내고, 기차여행을 막연한 로망이 아니라 직접 경험할 수 있게 해 준 내일로 티켓! 매년 폭발적인 성장세를 이어나가며 청춘들에게 기차여행 붐을 일으킨 일등공신 내일로 티켓은 이제 대한민국 대표 열차상품으로 자리 잡았다.

너도나도 중기권 티켓 목걸이를 걸고 다니던 레일러들의 공통 여행 복장은 스마트폰 티켓이 대중화되면서 사라

내일로는 역사다!

네이버 철도 동호회 '바이트레인'
cafe.naver.com/hkct

져갔고 기차역의 유휴 공간을 이용해 여행자들을 무료로 재워주던 내일로 플러스 혜택도 관리상의 어려움으로 인해 이제는 찾아볼 수 없게 되었다. 하지만 내일로 시즌만 다가오면 들썩이기 시작하던 네이버 철도 동호회 '바이트레인'은 내일로 여행 전문 커뮤니티로 개편하여 정보 교류의 장이 되고 있고, 최근에는 전국적으로 게스트하우스 문화가 자리 잡으며 레일러들이 또 하나의 색다른 추억을 만들 수 있도록 돕고 있다. 매년 새로워지는 내일로 세대들만큼, 앞으로도 무한 진화할 내일로 티켓의 미래가 궁금하다.

내일로는 첫경험이다!

처음으로 혼자, 혹은 친구들과 함께 떠나는 기차여행! 내일로는 대한민국 청춘들에게 기차여행의 낭만이라는 첫경험을 선물한다. 내일로 여행을 통해서 기차를 아예 처음 타본다는 사람도 많다. 이렇게 첫 경험한 기차여행은 방학마다 내일로 티켓을 끊는 내일로 중독자를 양산하는(!) 마성의 매력을 뽐내기도 한다.

내일로는 성장이다!

여행은 청춘을 성장하게 하다. 홀로 나선 길이라면 더욱 그렇다. 혼자 식당에 들어가 씩씩하게 밥도 먹어 보고, 밤에는 낯선 도시에서 외로이 바깥잠도 자보고, 우연한 타인의 친절에 감동받거나, 어이없는 착각으로 열차를 놓쳐 멘붕도 겪는다. 집 떠나면 고생이라지만 그만큼 얻는 게 있는 법. 해외여행 못지않게 아름다운 우리나라 여행을 하면서 마음의 키가 한 뼘 두 뼘 쑥쑥 자라나는 것을 느낄 수 있다.

내일로는 사랑을 싣고~

여행이 끝난 뒤 가장 마음에 남는 건 풍경도, 열차도 좋지만 역시 '사람'이 아닐까. 우연히 마주쳐 동행한 길동무와의 즐거운 한때나 시골 가겟방 할머니의 인심, 역무원의 친절한 미소 같은 것들. 우연한 여행자들과의 만남은 오랜 인연으로 이어져 깊은 우정으로, 때로는 사랑으로 발전하는 경우도 많이 봤다. 내일로는 사랑을 싣고~

내일로는 진화한다!

더 이상 내일로 티켓은 단순한 기차표 이름이 아니다. 대학생이라면, 청춘이라면 방학 때 한번쯤은 꼭 도전해야 할 문화 그 자체다.
"방학 때 내일로 했어?"
"난 이번에 내일로 해!"
이제 젊은이들에게 '내일로하다'라는 말은 '내일로 티켓을 끊어서 기차여행을 떠난다'라는 뜻으로 바로 통한다. 내일로 하는 청춘은 '레일러^{Railer}'! 이제 당신도 레일러가 될 차례!

자유여행패스 '하나로'는 뭐야?

내일로 티켓을 끊지 못하지만 마음은 여전히 청춘인 만 26세 이상을 위한 자유여행패스. 내일로 티켓과 마찬가지로 3일간 ITX-새마을, 새마을호, 누리로, 무궁화호를 자유석과 입석으로 무제한 탑승할 수 있다. 유효기간은 3일이고, 방학 때뿐 아니라 연중 운영한다는 점이 내일로 티켓과 다르다. 하나로 1인권은 56,000원, 2인권은 89,000원으로, 코레일 홈페이지나 기차역에서 구입이 가능하다.

만 26세 이상을 위한 '자유여행패스'

이제는 온가족이 함께 내일로 여행을 떠날 수 있다! 만 25세 이하 내일로 세대를 포함한 가족이 함께 여행할 수 있는 패밀리 티켓이 나왔다. 이용 기간은 3일로 3인권은 12만원, 4인권은 16만원이며, 개인 신분증 외에 가족관계 증명서나 주민등록등본을 지참하여 가족관계를 증명해야 이용할 수 있다. 내일로 연령은 지났어도 여전히 청춘인 부모님이나 언니, 오빠와 함께 떠나보자.

'내일로 패밀리 티켓'이 떴다!

'청춘 18 티켓'이란?

홋카이도에서 규슈까지, 일본의 JR열차(국철)를 무제한으로 이용할 수 있는 패스형 티켓. 기본적으로 학생들을 위해 생긴 표이기는 하지만 연령, 국적 제한 없이 누구나 이용할 수 있다. 가격은 11,850엔으로 5회분의 티켓이 들어 있다. 판매 기간과 사용 기간이 정해져 있고, 청춘 18 기간에 한정해 야간열차도 운행된다. 복잡하기로 소문난 일본 철도 노선만큼 활용 방법은 살짝 어려운 편. 우리나라의 내일로 티켓처럼 일본의 청춘들 사이에 대중적인 여행 방법.

02

기차 처음 타니?
초보 레일러를 위한 열차 이용 깨알상식

내일로 여행을 하면서 기차를 처음 타보는 초보 레일러라면 필독! 이 정도 상식은 갖춰 둬야 여행이 편해진다.

일단 표부터 끊지? 티켓 구입하기

tip 여행 시작 날짜를 정확히 확인하자! 내일로 티켓은 시작일 전까지 취소할 수 있다. 변경은 되지 않기 때문에 취소 후 재발매해야 하며 최소수수료 400원이 징수된다.

레츠코레일 홈페이지 www.letskorail.com 에서 예약·결제 후 SMS 티켓이나 스마트폰 티켓으로 바로 발급받을 수 있다. 실물 티켓인 중기권 MSE티켓을 받고 싶다면 가까운 기차역 창구에서 발권하면 된다. 기차역에서 직접 결제 후 발권하는 것도 가능하다. 코레일톡 앱을 이용해서 결제하고 스마트폰 티켓을 발권할 수도 있다. 발권은 사용개시일 7일 전부터 가능.

발권 전에 미리 확인! 내일로 플러스

'내일로 플러스'란?

내일로 티켓을 특정 역이나 지역본부에서 구매할 경우 주어지는 혜택을 흔히 '내일로 플러스'라고 부른다. 이는 각 역이나 지역본부, 혹은 지자체에서 티켓 판매를 촉진하기 위해 마련하는 이벤트로 잘 활용하면 경비도 아끼고 쏠쏠한 재미와 도움이 된다.

과거에는 기차역에서 쓰지 않는 관사나 침대객차, 침식객차 등을 개조

해 내일로 여행자들이 무료로 숙박할 수 있게 해 주었다. 하지만 내일로 여행의 대중화로 이용객이 많아지자 관리상의 어려움이 발생해 2012년 겨울 시즌부터는 기차역에서 직접 숙박을 제공하는 무료 숙박 혜택이 전부 폐지된 상황.

그래도 많은 기차역이 가까운 숙박시설과 연계하여 숙박 할인 혹은 무료 숙박 혜택을 제공하고 있다. 숙박비가 경비의 상당 부분을 차지하는 만큼 주머니 사정이 넉넉지 않은 여행자들에게는 지극히 고마운 혜택이다.

숙박 외에도 자전거 대여, 시티투어 할인, 기념품 제공, 특별한 투어와 역무체험 등 전국 기차역에서 특색 있는 혜택을 제공하고 있다. 내일로 이용객 모두에게 주어지는 혜택도 있지만, 대부분의 내일로 플러스 혜택은 특정 역이나 지역본부에 따라서 다르게 주어지기 때문에 발권 전 살펴보고 티켓을 구입해야 한다.

내일로 플러스 이용 방법

각 기차역 및 지역본부에서 제공하는 내일로 플러스 혜택은 시즌마다 달라진다. 자세한 최신 정보는 내일로 홈페이지 www.rail-ro.com 에 업데이트된다. 내일로 시즌이 약 3개월로 긴 만큼, 시즌 중에도 변화가 생기기 때문에 발권 전에 혜택을 정확히 확인하는 것이 필요하다.

발권하고 싶은 지역을 결정했다면 내일로 홈페이지의 링크를 따라가 해당 기차역에서 운영하는 사이트에서 티켓을 신청한다. 레츠코레일 홈페이지에서도 간편하게 티켓을 구입할 수 있는데, 구매 화면의 '내일로 혜택지역' 콤보박스에서 원하는 지역을 선택하면 된다. 단, 레츠코레일 홈페이지 상에서는 중기권 발권이 불가하다. 특별한 기념품으로 남을 실물 티켓을 갖고 싶다면 다소 번거롭더라도 발권역에 직접 전화문의하거나 해당 역 사이트를 통해 티켓을 신청한 뒤 택배로 티켓을 받아야 한다.

그 외 내일로 티켓 소지자 혜택

특정역 발권자에 한해서만 주어지는 내일로 플러스 혜택 외에도 레일러들이 누릴 수 있는 이득은 많다. 내일로 여행이 대중화되고 각 기차역과 지역사회의 제휴 덕분에 내일로 티켓만 제시하면 할인을 제공하는 숙박시설이나 식당, 관광지가 무척 많아졌다. 덕분에 주머니가 가벼운 내일로 여행자들이 더욱 알뜰하게 여행할 수 있게 된 셈.

> **대표적인 내일로 티켓 소지자 혜택(변동 가능)**
>
> 바다 열차 현장 발권 할인 / 곡성 섬진강기차마을 레일바이크 및 증기기관차 탑승 30% 할인 / 부산 아쿠아리움 9,000원 할인 / 대관령 삼양목장 입장료 50% 할인 등

내일로 여행자들의 사랑방 바이트레인

디지털 네이티브, 내일로 세대! 우리들의 내일로 이야기는 온라인 사랑방을 통해 교류된다. 네이버 기차여행카페 바이트레인 cafe.naver.com/hkct은 가장 큰 규모의 내일로 여행 커뮤니티로, 내일로 시즌만 되면 유독 활기를 띠며 실시간 게시글이 끊이지 않는다.

바이트레인에서는 각 기차역에서 운영하는 내일로 플러스에 대한 정보를 모아서 제공하고 있을 뿐 아니라 전국 여행지, 맛집, 숙박시설에 대한 최신 정보와 후기도 다양하게 올라온다. 시즌별 내일로 공략을 제공하고 내일로 여행 전체동반 및 부분동반, 택시카풀을 구할 수 있는 게시판도 있어서 레일러라면 한 번쯤 거쳐 가지 않을 수 없는 곳이다.

스마트폰을 이용한 실시간 업로드가 활발하고, 내일로 기간 중 전국 각지를 누비를 카페 회원들 간의 즉석만남(?)도 도모할 수 있는 커뮤니티다.

'내일로' 홈페이지 www.rail-ro.com

스마트한 기차여행

코레일톡 수시로 열차 시간을 확인할 수 있다. 스마트폰 승차권을 발급받았다면 티켓 역시 앱에서 확인할 수 있다.

네이버지도, 다음지도 낯선 지역에서 길을 찾을 때 유용한 지도 앱.

지하철 수도권 및 부산, 대구, 대전, 광주 지역의 지하철 정보를 제공한다.

전국버스 전국 27개 지역의 시내버스 운행 정보를 제공한다. 지역을 선택해 조회할 수 있다.

지역별 버스 '대전버스' '순천버스' 등 많은 도시에 시내버스 앱이 있다. 새로운 도시에 도착하면 '(도시명)+버스'로 검색을 해보자.

게스트하우스 전국의 게스트하우스를 지역별, 조건별로 검색해서 찾을 수 있고 이용 후기도 나눌 수 있어 무척 유용하다.

날씨 내일로 여행의 중요 변수 중 하나는 바로 날씨. 지역별로 실시간 날씨를 알려주는 날씨 앱의 활용은 필수다.

대한민국 구석구석 한국관광공사에서 운영하는 여행 앱으로 많은 여행정보를 제공한다.

네이버 카페 바이트레인에 접속하여 실시간으로 부분동행이나 택시카풀을 구할 수 있다. '오늘 저녁에 안동 찜닭 드실 분?' '횡계 양떼목장 택시카풀 하실 분?' 등으로 게시물이 자주 올라온다.

기차 타는 법

기차역에 있는 전광판과 시간표, 안내방송을 확인하고 해당하는 타는곳에 가서 기다린다. 시간에 맞춰 도착하는 열차에 오르면 된다. 열차가 지연되는 경우가 있으니 전광판을 통해 열차 도착 현황을 확인한다. 행선지 및 상행·하행 여부를 확인하고 탑승한다. 큰 역일수록 타는 곳이 여러 군데이고 열차도 자주 다녀 헷갈릴 수 있으니 주의한다. 너무 일찍 가서 기다리다가 앞 열차를 타는 실수도 조심하자. 열차의 각 칸마다 번호가 있다. 보통 승

차권을 가진 경우 맞춰 타야 하지만 내일로 티켓의 경우 지정된 자리가 따로 없으니 특실을 제외하면 어떤 칸으로 가도 상관없다. 정차 시간은 통상 2분 정도로 길지 않으니 미리 준비하고 있다가 바로 승하차하는 것이 좋다. 특히 하차 시 안내방송이 나오면 미리 소지품을 챙겨 출구에서 기다린다. 검표는 열차 안에서 승무원이 돌아다니면서 하고 탑승 전에는 따로 절차가 없다.

지하철보다 쉽다! 철도 노선 이해하기

기차 노선이 이렇게 많아?

기차면 다 똑같은 기찻길로 가는 줄 알았더니, 고속도로마냥 갈라지는 길이 엄청 많다. 노선마다 운행하는 열차의 종류와 특성이 달라서 여러 노선을 거쳐 보는 것도 여행의 재미가 된다.

경부선 서울~부산
장항선 천안~익산
호남선 서대전~목포
전라선 익산~여수
경전선 삼랑진~광주송정
중앙선 청량리~경주
경북선 영주~김천
태백선 제천~백산
영동선 영주~강릉
동해남부선 부산진~포항

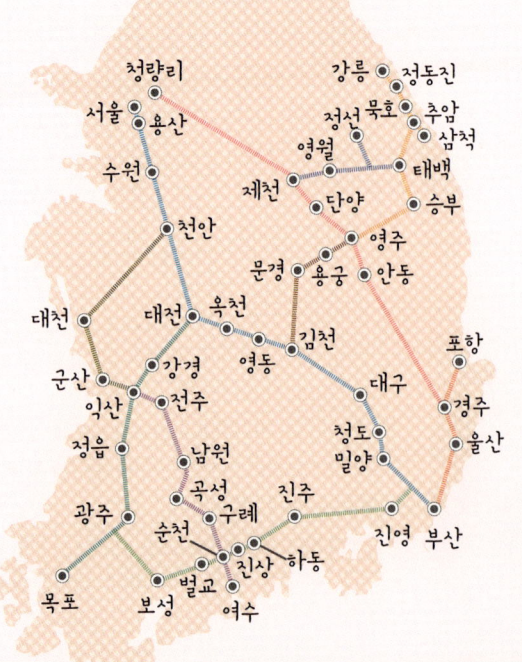

서울에서 부산까지 다니는 경부선은 언제나 사람이 많아서 자리를 잡기가 어렵고, 동해를 끼고 달리는 영동선을 타면 새파란 바다 경치를 볼 수 있다는 사실! 경전선과 동해남부선은 열차 운행 속도가 무척 느린데 치명적이게도 열차카페가 없으므로 간식이 필요한 경우 미리 준비해야 한다.

지하철 1호선에서 2호선으로 갈아타듯 기차도 노선이 바뀔 때마다 환승을 해줘야 하는 걸까? 답은 NO! 일례로 서울에서 강릉을 가려면 청량리역에서 강릉행 열차를 타면 되는데, 이 열차는 중앙선에서 태백선을 거쳐 영동선까지 세 개의 노선을 지나지만 승객이 환승을 할 필요는 없다. 노선이 다 연결돼 있기 때문. 하지만 노선이 연결되지 않은 기차역 사이를 이동할 때는 환승을 해야 한다. 군산과 전주 같은 경우 거리상으로는 무척 가깝지만 장항선과 전라선이 자주 연결되지 않아 익산에서 환승을 해야 한다.

기차 노선이 다 연결돼 있어 환승을 할 필요가 없다고 해도 열차를 어디서 타고 내리는지 정도는 알아두어야 한다. 기본적인 것 같아도 기차여행 초보는 잘 모를 수 있는 부분이다. 예를 들어 서울에서 강릉을 가려면 서울역이 아닌 청량리역에서 기차를 타야하고, 부산에서 강릉을 가려면 부전역을 이용하면 된다. 호남선과 전라선, 장항선은 서울역이 아닌 용산역에서 출발하기 때문에 목포나 전주, 군산 등에 가는 경우 확인하고, 내일로 울산에 가려면 울산역이 아닌 태화강역으로 가야한다는 점도 알아두자. 울산역에는 KTX만 정차한다. 큰 도시일수록 기차역이 여럿이므로 이용할 기차역을 확인해두고, 철도 노선도를 꼭 확인해 내일로 감각을 기르자.

무조건 앉아가기
스킬 대공개

기차에 빈자리가 있으면 이용하고 자리 주인이 오면 비켜주도록 하자. 경부선이나 호남선처럼 늘 붐비는 노선을 타야하는 경우 평일에 이용하면 비교적 여유가 있다. 주말 저녁의 정동진행 야간열차는 입석 승차권까지 매진되기 일쑤이니 가급적 피하자.

평일 새마을호 5호차는 자유석 전용칸으로, 빈자리에 앉으면 목적지까지 그대로 앉아갈 수 있다. 하지만 시발역 기준으로 오전 9시부터 오후 3시

다른 노선을 이용할 때는 환승?

시발역과 종착역을 알아두자

tip 목적 노선별 주요 시발역
서울역: 대구, 부산 등 경부선(대전역 경유)
용산역: 전주, 순천 등 전라선(서대전역 경유)·정읍, 목포 등 호남선(서대전역 경유)·대천, 군산 등 장항선
청량리역: 제천, 태백 등 태백선·강릉 등 영동선·안동, 영주, 경주 등 중앙선

내일로 티켓은 입석 및 자유석 티켓

평일 새마을호 5호차를 공략하자

021

까지 출발하는 새마을호 5호차는 자유석이 아닌 좌석지정제로 운영된다. 참고로 KTX는 평일 17, 18호차가 자유석이다.

열차카페는 레일러의 친구

객실에 빈자리가 없다면 열차카페의 창가 좌석을 선점하는 게 낫다. 경전선과 동해남부선 등 열차카페가 없는 열차도 있으니 참고하자.

장애인석을 찾아보자

무궁화호 3호차 65, 66번 좌석이 장애인석인 경우가 있다. 장애인석은 양편에 좌석이 하나씩밖에 없어서 구별이 쉽다. 이 좌석은 판매되지 않고 남아있는 경우가 많고, 휠체어를 놓을 수 있도록 주변 여유 공간이 많기 때문에 이용할 수 있으면 무척 편리하다.

맨 앞 혹은 맨 뒤로

객차의 맨 앞과 맨 뒤 좌석은 일반 승차권 판매 시 가장 늦게 팔리는 좌석이다. 끝까지 자리 주인이 오지 않고 비어 있을 확률이 높다는 얘기다. 게다가 맨 앞, 맨 뒤 자리에는 대개 콘센트가 있어서 휴대폰이나 카메라 배터리를 충전하는 데 유용하다. 여러 모로 레일러에게는 친숙할 수밖에 없는 자리. 1호차는 특실인 경우가 많아서 탑승 시 주의해야 한다. 내일로 티켓으로는 특실을 이용 할 수 없다.

편안한 기차여행 신공

좌석 밑에 있는 레버를 발로 누르면 의자를 앞뒤로 돌릴 수 있다. 열차가 한산한 경우에는 앞좌석을 뒤로 돌려 두 다리 쭉 뻗고 여행할 수 있다는 것이 고수 레일러들만의 요령! 단, 다른 이용객들에게 피해를 주지 않도록 객차가 매우 한가한 경우에만 이용하고 내릴 때는 반드시 좌석을 원래대로 돌려놓자.

기차의 종류

가장 속도가 빠른 고속열차. 내일로 티켓으로는 이용할 수 없다. 속도는 빠르지만 가격이 비싸고 좌석이 좁아 그다지 편안하지는 않다. 그래도 비치된 KTX 매거진을 읽다 보면 어느새 목적지에 도착해 있는 마법의 열차. 카페객차는 따로 없고 승무원이 돌아다니며 간식을 판매한다. 서울→부산 기준 약 2시간 30분 소요, 평일 운임 49,200~53,700원.

고속열차의 대명사 〈KTX〉

국내 독자기술로 개발된 KTX의 한 종류로, 상대적으로 신형인데다 좌석이 넓고 편해 고급형 KTX 같은 느낌이다. 우리나라 토종 물고기 산천어를 모티브로 한 유선형 디자인으로 KTX-산천이라는 이름을 얻었다. 도입 당시 안전성에 대한 논란도 있었지만 점차 보강되며 운행이 확대되고 있다. 4호차에는 간단한 간식거리를 판매하는 스낵바가 설치돼 있다.

국내 독자기술로 개발된 〈KTX-산천〉

KTX가 생기기 전에는 우리나라에서 가장 빠르고 편안한 고급열차였던 새마을호. 이제 속도는 KTX에 밀리고, 가격은 무궁화호에 밀려 편안함 외에는 내세울 것이 별로 없게 되었다. 현재는 ITX-새마을호가 기존의 새마을호를 점점 대체해가고 있으며, 2018년 이후에는 완전히 역사 속으로 사라질 예정. 무궁화호보다 가격은 거의 1.5배 수준으로 비싸지만 속도 차이는 크지 않다. 하지만 좌석이 넓고 편안하며, 좌석마다 레그레스트(종아리 받침대)와 탁자가 설치돼 있다. 평일 5호차가 자유석인 것과 더불어 내일로 티켓 본전을 확실히 뽑기 위해서는 필수로 공략해야 하는 열차. 하지만 운행 횟수가 적어 자주 타기는 어렵다는 게 단점이라면 단점. 서울→부산 기준 약 5시간 소요, 평일 운임 40,700원.

우등열차 〈새마을〉

일반 열차 중에 가장 느리지만 운임이 저렴해 평소 자주 이용하게 되는 열차. 언제나 이용객이 많다. 전국 대부분의 노선을 다 다니고 편성 수도 많기 때문에 내일로 여행 때도 가장 많이 타게 되는 열차다. 레일러의 가장 좋은 친구랄까?! 서울→부산 기준 약 5시간 30분 소요, 평일 운임 27,300원.

가장 느리지만 운임이 저렴한 〈무궁화〉

지하철과 기차를 합쳐놓은 느낌의 열차. 새마을호 정도로 운행 속도가 빠르지만 정차하는 역이 많아서 결국 소요시간은 무궁화호와 비슷하다. 가

지하철이야? 기차야? 〈누리로〉

격도 무궁화호와 비슷한 수준. 아직은 호남선, 경부선, 장항선 등 운행 구간이 한정적이지만 점차 운행이 늘어나며 앞으로 새마을호를 대체해나갈 예정이다.

청량리~춘천을 잇는 〈ITX-청춘〉

용산~청량리~춘천을 연결하는 준고속열차로 2012년 초 개통됐다. '청춘' 이라는 이름은 청량리와 춘천을 잇는다는 의미와 함께 과거 청춘들의 MT열차로 애용되었던 경춘선의 느낌을 살린 것이다. 객차가 2층으로 된 점이 특징이다. 용산역에서 춘천역까지 70~80분 정도로 전철에 비해 빠르지만 요금이 비싼 것은 단점. 개통 초기에는 내일로 티켓으로 이용할 수 없어 따로 발권이 필요했지만 이제는 내일로 티켓만으로도 탑승할 수 있게 되었다.

알록달록 〈관광열차〉

바다열차, 레일크루즈 해랑, 한류열차 등 기차를 타고 역을 오가다보면 알록달록 화려한 외피를 입은 열차들을 보게 된다. 이런 열차들은 코레일관광개발에서 운영하는 관광 목적의 열차로 일반열차와는 다르다. 여행사를 통한 단체이용객이 많고 운행구간이나 정차시간 등 각 관광열차의 특색에 따라 차이가 있다. 내일로 티켓으로는 이용할 수 없으며 따로 예약을 해야 한다.
중부내륙관광열차 O-트레인이나 백두대간협곡열차 V-트레인, 남도해양열차 S-트레인, DMZ 지역을 투어 할 수 있는 평화열차 DMZ-트레인 등 '-트레인'으로 끝나는 관광열차는 내일로 이용 기간 중 50% 할인 이용할 수 있으니 참고하자.

열차가 늦어지는 경우

빠른 열차가 먼저 간다

열차가 하나의 선로로 운행하는 경우 빨리 가야 하는 열차를 먼저 보내기 마련이다. 예를 들어 KTX가 선로를 먼저 이용해야 한다면 새마을이나 무궁화 열차는 잠시 대기하는 것. 그러다보니 열차가 조금씩 지연되다보면 스케줄이 엉켜 아주 심한 경우 무궁화호는 30분씩 늦어지는 상황이 발생하기도 한다.

지연 운행을 감안하자

아무리 느린 무궁화호라 해도 30분씩 지연되는 경우는 흔치 않다. 하지만 늦게 타는 승객, 신호 대기 등으로 5분 정도 늦어지는 것은 예사다. 시내버스 등 연계교통을 이용할 경우 여행 계획을 세울 때 미리 감안하자.

일반 승차권을 구매하여 기차를 이용하는 경우 열차가 많이 지연되면 (KTX 20분 이상, 새마을·무궁화·누리로·통근열차 40분 이상) 그에 따른 보상을 받을 수 있다. 하지만 내일로 티켓을 이용하는 경우에는 지연 보상을 받을 수 없다.

열차 지연 보상

기차역에도 종류가 있다? 보통역, 관리역, 간이역

보통역 역무원이 있고 기차가 정차하는 일반적인 기차역을 보통역이라고 한다.

관리역 '제천관리역'이나 '민둥산관리역'처럼 인근에 있는 간이역들을 함께 관리하는 역을 말한다.

간이역 흔히 규모가 작은 역을 간이역이라고 말하지만 코레일에서는 역무원이 상주하지 않는 무배치역을 간이역이라고 정의한다.

코레일 지역본부 해당 지역의 여러 기차역들을 통합적으로 관리하는 곳으로 서울본부, 수도권서부본부, 수도권동부본부, 강원본부, 대전충남본부, 충북본부, 광주본부, 전북본부, 전남본부, 대구본부, 경북본부, 부산경남본부 등으로 나뉜다. 지역본부의 이름과 실제 지역의 위치가 꼭 일치하지는 않는다. 예를 들어 민둥산역은 강원도 정선에 위치하지만 코레일 충북본부에 해당한다.

기차역의 종류

코레일멤버십

내일로 티켓을 발급받으려면 레츠코레일 홈페이지에서 코레일멤버십 회원으로 가입해야 한다. 이 때 멤버십 라운지 출입에 이용할 신용카드 번호를 등록해두자. 이 카드를 이용해 전국 5대 주요역에 운영되는 코레일멤버십 라운지에 출입할 수 있다. 따로 비용이 들지 않으니 활용하여 여행 편의를 도모하자.

서울역, 용산역, 대전역, 동대구역, 부산역에는 코레일멤버십 전용 라운지가 운영되고 있다. 라운지 안에는 편안한 소파와 함께 검색용 컴퓨터, TV, 신문, 잡지 등이 비치돼 있고 커피, 녹차 등의 음료가 제공돼 열차를 기

코레일멤버십 라운지

다리면서 시간을 보내기 좋다. 휴대폰도 무료로 충전할 수 있다. 코레일 멤버십 회원 본인과 동반 1인까지 입장 가능하며 운영 시간은 서울·용산·부산역 라운지 AM 05:00~PM 11:00, 대전·동대구역 라운지 AM 08:00~PM 09:00. 매월 셋째 주 수요일 휴무.

몰라도 되고 알면
더 좋은 자투리 상식

어떤 열차가 시설이 좋을까?

각각의 기차를 속도와 객실 서비스 측면에서 다른 교통수단에 비유하자면 KTX는 비행기, 새마을호는 우등버스, 무궁화호는 일반버스 정도라고 할 수 있다. 아무래도 비싼 열차, 최근에 도입된 열차일수록 시설이 더 좋고 깨끗한 편이다.

열차 화장실에도 따뜻한 물이~

무궁화호 열차에는 화장실에 물비누가 없는 곳이 많아 손세정제를 휴대하면 좋다. 요즘에는 웬만하면 따뜻한 물이 나오지만 열차의 시설에 따라 간혹 아닌 경우도 있다.

열차 안에서는 절대 금연!

KTX-산천과 ITX-청춘의 경우, 화장실에서 흡연할 경우 연기에 의해 화재감지센서가 작동한다. 때문에 KTX-산천 도입 초기에 열차 전체가 비상정지하는 해프닝을 자주 빚었다. KTX가 정지하게 되면 뒤따라오던 다른 열차들도 주르르 연착되기 때문에 많은 이용객들에게 불편을 끼친다. 열차 안에서는 절대 금연!

유용한 열차 안팎 편의시설들

조금만 살펴보면 열차 안에 요모조모 편의시설이 많다. KTX와 새마을, 누리로 열차에는 좌석마다 탁자가 설치돼있다. 또한 대부분 열차의 천장에는 독서등, 창 측에는 옷걸이가 설치돼 있으니 활용하자.
열차 내에서 문제가 발생하면 승무원에게 문의하자. 갑작스레 아픈 경우 소화제, 진통제 등의 응급약을 얻을 수 있다.
서울역이나 부산역처럼 대도시의 큰 기차역을 제외하고는 대부분 역 안에 정수기가 설치돼 있으니 이용하자. 또한 대부분 기차역에는 ATM, 물품보관함, 편의점 등 편의시설이 잘 갖춰져 있고, 가까이에 관광안내소와 경찰서가 있는 경우도 많아서 더욱 편리하고 안전하게 여행할 수 있다.

기차역 기념
스탬프 찍기

1999년 코레일에서 한국철도 100주년을 기념해 기차역 기념 스탬프를 만들었다. 전국 100개 역을 선정해 각 역의 특징이나 지역의 관광명소를 새겨 기차역에 비치한 것. 이후 스탬프가 인기몰이를 하면서 기차여행 애호가들 사이에 스탬프 모음판과 스탬프 찍기 여행 붐이 일었다. 지금은 처음의 100개 역 외에도 스탬프가 많이 제작돼 전국에 기차가 서는 역이라면 거의 다 스탬프가 비치돼 있다. 순천역이나 경주역 등 내일로 여행자가 많은 기차역에서는 열차에서 내리자마자 스탬프를 찍고자 하는 레일러들로 인해 역창구나 여행센터 앞에 긴 줄이 늘어서는 진풍경이 연출되기도!

역창구로 달려가 스탬프 찍기!

□ 내일로 플러스 혜택으로 스탬프북을 제공하는 기차역이 있으니 발권 전 확인하자. 코레일에서 스탬프북을 배포할 때도 있다.

□ 내일로 여행을 기록할 노트를 마련해 여행 이야기와 함께 스탬프를 모아보자.

□ 유효기간이 지난 여권 뒷면의 여백 공간을 활용해서 기념 스탬프를 모으는 것도 좋은 아이디어다.

□ 여행길에 손편지를 보낼 때. 봉투에 스탬프를 날인하면 무척 의미있는 선물이 된다.

기차여행 최고의 추억 스탬프 곱게 모으기

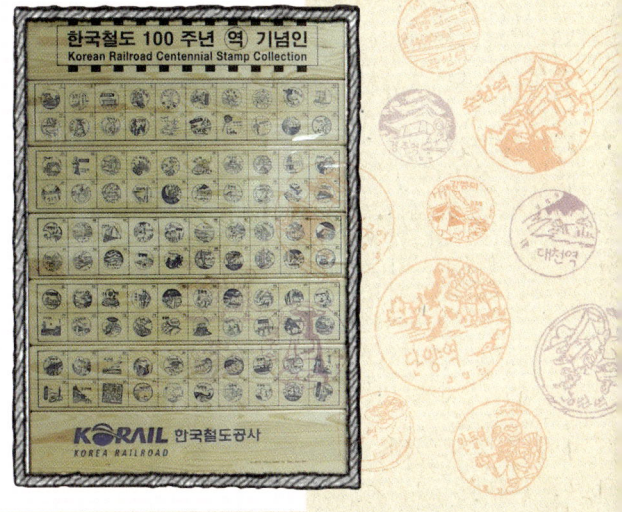

027

03

나도 이제 레일러!
내일로 여행 완벽 공략

내일로 여행, 떠나기로 결심은 했는데! 어딜, 누구랑, 어떻게 가야할지 모든 게 막연하기만 하다. 하지만 쫄지 말 것! 친절한 선배 레일러가 직접 경험하며 터득한 비결을 낱낱이 알려준다.

어디로 가지?
코스짜기 기본 공식 4단계

〈STEP 1〉 여행의 목적을 먼저 정한다

여러 도시를 다니며 최대한 많이 구경하기? 여유로운 일정으로 느긋하게 힐링하기? 많은 사람들을 만나는 여행? 홀로 호젓하게 즐기기? 자신이 원하는 여행의 목적과 스타일을 먼저 결정해야 한다.

〈STEP 2〉 가고 싶은 도시를 정한다

여행의 목적을 분명히 했다면 그에 맞게 가고 싶은 도시를 결정한다. 사람 구경도 하고 다른 여행자들과 만나 어울리고 싶다면 강릉, 안동, 순천, 전주, 경주 등 내일로 성지를 코스에 넣자. 숙소를 게스트하우스로 잡으면 다른 여행자들을 만나기 수월하다. 혼자서 조용히 사색하는 여행을 하고 싶다면 강경, 구례, 하동처럼 조용한 시골 동네로 찾아 떠나보자.

〈STEP 3〉 철도 노선을 따라 루트를 짠다

철도 노선도를 필히 들여다보자. 열차가 가는 길은 고속버스가 가는 길과 다르다. 목포에서 여수 혹은 전주에서 김천 같은 여정은 자동차로는 바로 갈 수 있을지 몰라도 기차 노선이 연결되어 있지 않아 두 번 이상 환승을 해야 한다. 기찻길이 표시돼있는 철도 노선도를 보며 출발지에서부터 한 방향으로 동선을 그려나가면 효율적인 루트 설정이 가능하다.

갈 도시와 루트를 결정했다면 열차 시간표를 확인해 여행 계획을 세운다. 기차여행 초보들이 흔히 범하는 실수 중 하나는 지방으로 갈수록 띄엄띄엄해지는 열차와 시내버스의 배차간격을 간과하고 지나치게 빡빡한 계획을 세우는 것이다. 이런 경우 열차를 한 번 놓치면 이후 계획이 줄줄이 꼬이게 되는 멘붕 사태를 맞을 수 있다. 또한 대부분 관광지는 저녁 5~6시면 문을 닫으며, 시골로 들어갈수록 밤에는 할 일이 없어 심심할 수 있다. 그러므로 해가 떠 있을 때 관광을 하고 저녁 시간을 이용해 다음 목적지로 미리 이동해두는 게 좋다. 하지만 최근에는 게스트하우스에서 바비큐 파티나 야경 투어 같은 프로그램을 운영하거나, 다른 여행자들과 도란도란 어울리며 휴식하는 문화도 많이 형성되어 있으니 일찍 체크인하는 것도 괜찮겠다.

〈STEP 4〉 관광은 오전에, 이동은 저녁에

tip 레츠코레일 홈페이지 상단의 기차역정보 ⇨ 철도 노선 안내 탭으로 들어가면 한국철도노선도를 다운받을 수 있다.

내일로 고수에게 배우는 코스짜기 요령

절대로 일정을 무리하게 짜지 말자. 계획을 세울 때의 패기 넘치는 마음가짐과 달리 막상 여행을 하다보면 빡빡한 일정을 소화하는 것이 쉽지 않다. 초행길에 헤매 지치고, 버스를 놓치고, 다리가 아파서 무조건 쉬어야 하는 등 일정을 꼬이게 만드는 돌발 상황이 수도 없이 발생한다. 또한, 7일은 결코 짧은 기간이 아니라는 것을 기억하자. 초보 레일러들이 빠듯한 계획을 세우고 지키려 애쓰다가 피곤에 지쳐 여행이 아닌 고행을 하는 모습을 많이 본다. 첫날부터 의욕이 앞서 지나치게 스스로를 혹사하다가 결국 3일 만에 집으로 퇴각하는 경우도 꽤 많다. 내일로 여행 계획은 약간 헐렁하다 싶게 짜는 게 요령!

일주일은 짧지 않다, 무리하지 말자.

내일로 티켓을 끊었다고 해서 무조건 7일을 채워야 한다는 강박관념은 버리자. 본인의 일정과 체력에 따라서 중간마다 휴식을 취해주는 게 필요하다. 7일을 다 채우지 않더라도 충분히 푯값 본전을 찾을 수 있기 때문이다. 특히 여름에는 중간에 집에 한 번 들리는 것도 좋은데, 빨래를 해결하고 보다 가뿐한 짐으로 다닐 수 있다.

7일간의 자유, 융통성 있게 누리자.

경부선과 호남선처럼 주말이면 입석까지 매진되곤 하는 열차는 가급적 평일에 이용하자. 경부선의 경우 늘 승객이 많기 때문에 타자마자 열차카

붐비는 노선은 평일에 이용하자.

029

페로 직행하는 것이 현명할 정도이니 참고. 경전선, 태백선, 영동선, 동해남부선 등의 노선은 비교적 한산해서 주말에 이용해도 무난한 편이다. 하지만 주말 저녁 청량리발 강릉행 중앙선~태백선~영동선 열차는 정동진 해맞이를 보려는 인파로 소문난 헬게이트(!)이므로 가급적 피하자. 8월 초부터 시작되는 여름 휴가철에는 빈 좌석을 찾아보기가 쉽지 않고, 겨울 연말연시 역시 피할 수 있으면 피하자.

야간열차를 이용하고 싶다면

밤 10시, 11시 이후에 출발하는 야간열차를 타면 기차에서 밤을 보낸 뒤 새벽에 목적지에 도착할 수 있다. 숙박비를 절약하고 도착지에 따라 일출도 볼 수 있다. 하지만 무척 피곤한 일이기에 섣불리 추천하고 싶지 않다. 기차는 시외버스와 달리 밤이 되어도 소등을 하지 않으며, 역에 정차할 때마다 안내방송이 나오기 때문에 휴식이 어렵기 때문이다. 게다가 빈자리가 없어 밤새 서서 이동하는 경우는 최악의 컨디션 난조가 예상된다. 체력을 잘 안배하여 일정을 짜자. 야간열차 이용 시 수면안대는 필수 지참 품목.

기본 이동수단은 기차!

기차역이 없는 도시라도 가까운 도시의 연계 교통을 이용해 여행할 수 있다. 진주나 부산에서 시외버스를 타고 가는 통영, 목포에서 들어가는 해남, 광주에서 가까운 담양 등이 인기 여행지로 꼽힌다. 하지만 기본 이동수단은 기차임을 기억하자. 기차역이 닿는 도시만 다녀도 갈 곳이 무척 많기 때문에 따로 교통비를 들이지 않아도 충분히 알찬 여행을 할 수 있다. 비용을 최대한 아끼는 저예산 코스라면 무조건 기차로만 이동하자.

타이밍이 생명! 계절, 축제를 고려하자

내일로 시즌 가볼만한 축제	
6월	곡성 장미축제, 대구 국제뮤지컬페스티벌, 강릉 단오제
7월	보령 머드축제, 포항 국제불빛축제, 김천 포도축제
8월	영월 동강국제사진제, 제천 음악영화제, 정동진 독립영화제, 밀양 여름공연예술축제, 목포 해양축제, 태백 쿨시네마페스티벌, 아우라지 뗏목축제, 부산 국제록페스티벌, 부산 국제매직페스티벌
12월	보성 차밭빛축제 12월 31일 정동진해돋이축제, 울산 간절곶해맞이축제, 포항 호미곶해맞이축제 등 각종 일출 축제
1월	태백산 눈축제

보성 녹차밭의 푸름은 겨울에는 볼 수는 없는 일이다. 반대로 눈꽃 핀 태

백산의 설경을 여름에 만나볼 수도 없다. 여름과 겨울 시즌의 특성에 맞추어 코스를 짜자. 또한, 그 때 그 때 펼쳐지는 지역 축제를 고려하여 일정을 짜면 일석이조의 여행을 할 수 있다. 알짜배기 축제에는 평상시 만날 수 없는 다양한 구경거리, 체험들이 있다. 최근에는 내일로 여행객을 대상으로 각종 이벤트를 진행하는 지역축제도 있기 때문에 더욱 알차다.

내일로 티켓 제대로
본전 뽑고 싶다면

내일로는 꼭 7일을 꽉 채워야 한다는 편견은 버리자. 7일에 62,700원, 5일에 56,500원으로 초저가 레일 패스인 내일로 티켓은 단 사흘 코스로도 충분히 본전을 뽑을 수 있다. 하지만 코스를 잘못 짜면 7일을 가득 채우고도 차비 본전을 못 찾는 이상한 사태가 발생한다. 어떤 코스로 여행하든 본전 걱정 깨끗이 날려줄 요령을 살펴보자.

집에서 멀리 떠나자

평일 서울 출발 기준으로 경부선 종점인 부산까지의 무궁화호 왕복 운임은 54,600원, 전라선 종점 여수까지는 52,800원, 영동선 종점 강릉까지는 42,200원이다. 주말에는 약 5~10%의 운임이 가산된다. 그러니 출발지 기준으로 멀찍이 떨어진 도시 한 번만 다녀와도 교통비 본전 뽑기가 훨씬 수월해진다. 요점은 집에서 가까운 곳들로만 일정을 짜지 말라는 것이다. 예를 들어 전라도 순천에서 출발해서 전주, 남원, 여수, 광주 등을 둘러보는 도내 투어를 할 생각이라면 굳이 내일로 티켓을 끊을 필요가 없다. 내일로 티켓이 아무리 저렴해도 이동 거리가 너무 가까우면 본전을 빼기 어렵다.

무리하게 기차를 타진 말자

내일로 티켓을 충분히 활용하는 것은 좋지만 푯값 본전에 집착해 일정을 꼬아버리는 일은 주의해야 한다. 간혹 무조건 기차를 많이 타는 데 집착해 여행지에서 충분한 시간을 보내지 못하는 여행 초보들이 있다. 기차를 타는 것 자체도 여행의 재미이므로 일정은 자신이 원하는 스타일대로 짜면 되지만, 기차를 많이 타는 것만이 남는 거라는 생각으로 지루한 이동시간을 애써 늘릴 필요는 없다. 굳이 7일을 채우지 않아도 충분히 본전을 뽑을 수 있으니 본인의 체력과 여행 스타일을 감안하는 게 중요하다. 게다가 내일로 티켓은 자유석이기에 빈자리 없는 열차 안에서 불편을 감수해야 할 수 있다는 점을 기억하자.

031

내일로 플러스 혜택을 활용한다

내일로 티켓만 보여주면 받을 수 있는 각종 관광지와 음식점, 숙박시설 등의 할인 혜택을 십분 활용하자. 적게는 몇 천 원에서 많게는 몇 만 원까지도 절약할 수 있다.

내일로 티켓 소지자 혜택(변동 가능)

지역	혜택 제공처	할인내용
강릉	오죽헌·시립박물관	입장료 3,000원 → 1,500원
횡계	삼양목장	입장료 8,000원 → 4,000원
보성	대한다원	입장료 3,000원 → 2,000원
순천	드라마촬영장	입장료 3,000원 → 2,500원
익산	중앙사우나찜질방	요금 7,000원 → 6,000원
제천	동경불가마사우나	요금 8,000원 → 6,000원
정선	엘카지노호텔 찜질방	요금 9,000원 → 6,000원
부산	숨 게스트하우스	숙박요금 5,000원 할인

찜질방? 모텔? 어디서 잘까

여행이란 본질적으로 내 집이 아닌 곳에 가서 자고 오는 일. 어떤 숙소를 택하느냐에 따라 여행의 느낌이 확연히 달라진다. 원하는 여행 스타일과 예산을 고려하여 숙소를 결정하자.

여행자를 위한 숙소 〈게스트하우스〉

요즘 내일로 여행자들이 가장 선호하는 숙소는 단연 게스트하우스다. 게스트하우스는 말 그대로 여행자들을 위한 숙소로, 나홀로 여행자도 부담 없고 안전하게 묵을 수 있는 도미토리를 갖추고 있다. 우리나라에는 2002년 월드컵 때 서울 북촌 지역에 한옥 게스트하우스가 생기기 시작했고, 올레길 열풍과 함께 제주도에 게스트하우스 붐이 일었다. 지금은 부산, 전주, 순천, 경주, 강릉 등 여행자가 많은 도시를 위주로 특색 있는 게스트하우스가 많이 운영되고 있다. 레일러들을 주 타깃으로 하여 여름과 겨울 시즌에 성업하는 곳도 여럿이다.

도미토리는 보통 4~10인실 정도로 대부분 남녀 구분이 돼 있다. 숙박비는 1인당 2만원 안팎 수준. 배낭여행자들을 위한 여행 정보 제공은 물론 여행자들끼리 자연스럽게 어울리는 분위기, 깔끔하게 관리되는 시설 등 여행자 숙소만이 갖는 매력 때문에 게스트하우스만을 고집하는 여행자가 많다.

전화나 인터넷을 통한 예약제를 기본으로 하며 특히 여름 성수기에는 예약이 필수다. 공용 화장실과 샤워실을 쓰며 수건, 샴푸, 치약, 헤어드라이어, 검색용 컴퓨터 등이 갖춰져 있다. 토스트, 달걀, 우유 등 간단한 조식도 제공한다. 대개 공용 라운지를 갖추고 있으며, 바비큐 파티나 막걸리 파티를 열어 게스트들 간에 친목을 도모할 수 있도록 도와주기도 한다. 하지만 기본적으로는 휴식을 취하는 공간이기 때문에 너무 늦은 시간까지 술을 마시거나 소음을 유발하는 것은 금물. 여러 사람이 함께 이용하기 때문에 늦은 밤이나 새벽에 방을 출입할 때는 조용히 하고 서로 간에 예의를 지키는 것이 필요하다.

가장 저렴하고 부담 없는 〈찜질방〉

방방곡곡 게스트하우스가 생겨나기 이전 레일러들이 가장 많이 이용했으며, 아직도 많은 여행자들이 찾는 숙소는 24시 찜질방이다. 가장 저렴하게 하룻밤을 보낼 수 있는 '한국형 유스호스텔'이라고나 할까. 따뜻한 물에 여독도 풀 수 있어 겨울에 특히 좋은 선택이다. 개방된 공간에 많은 사람들이 모여 있기 때문에 아주 편안한 잠자리라고는 할 수 없지만 1만원도 채 되지 않는 비용으로 숙박을 해결하기에는 찜질방만한 곳이 없다. 남녀 수면실과 이불이 잘 갖춰진 곳으로 가면 비교적 편하게 쉴 수 있다.

독립된 공간에서 편안한 휴식이 가능한 〈모텔〉

숙박비는 보통 방 하나에 3만원 안팎으로 가격이 형성돼 있다. 소규모 사업장이기 때문에 말만 잘 하면 2만원 선에도 숙박이 가능하다. 대도시의 번화가에 위치한 경우 가격대가 더 높다. 시설은 침대, TV, 화장실 정도로 어디나 비슷비슷하지만 청결하게 관리되는 정도는 무척 달라서 사전 정보가 없다면 약간의 복불복을 감수해야 한다. 두 명이 함께 여행하는 경우라면 오히려 게스트하우스보다 더 저렴하기 때문에 독립된 공간에서 편하게 휴식할 수 있다. 요즘엔 많이 안전해지기는 했지만 여자 혼자 여행하는 경우 허름한 모텔에 묵는 것은 주의하는 게 좋다.

게스트하우스
vs 찜질방 vs 모텔

	장점	단점	숙박비	이런 사람 추천
게스트하우스	여행자를 위한 숙소, 게스트 간 친목 도모	공동 시설 이용으로 불편할 수 있음	1인당 2만원 안팎	배낭여행의 정취를 물씬 느끼고픈 사람, 나홀로 여행자
찜질방	저렴한 비용, 사우나 이용 가능	공동 시설 이용으로 불편할 수 있음	1인당 1만원 이하	아무데서나 잘 자는 숙면가, 경비를 아끼고 싶은 사람
모텔	독립된 공간에서 편안한 휴식	간혹 분위기가 수상하거나 청결하지 않은 경우 있음	1방당 3만원 안팎	두세 명이 함께 여행하는 경우, 조용하게 쉬고 싶은 사람

시골 할머니댁 느낌
〈민박〉

민박의 경우 도시가 아닌 시골 여행에서 많이 고르게 되는 선택지다. 특히 도서·산간 지역의 경우 아예 다른 숙박시설이 없는 경우도 있기 때문이다. 보통 시골 민박은 방 하나에 3만원부터 가격이 형성되며, 방의 크기나 시설에 따라 편차가 큰 편이다. 취사가 가능하며 따로 5,000원 정도를 내고 식사 제공을 받을 수도 있다.

전국이 내 집이다!
〈친척집, 친구집〉

여행할 도시에 친척이나 친구가 살고 있다면 주저 말고 연락해보자. 단순히 숙박비 절약 차원을 넘어 평소 왕래하기 어렵던 친척에게 안부를 전할 기회다. 방학 때 고향에 내려가 만나지 못하고 있던 친구도 불러내 현지 가이드를 부탁해보자.

현지 교통

기차역에 내린 뒤에는 시내버스나 도보를 이용해 현지 구경을 다니게 된다. 시내버스비는 전국 어디나 1,000원대로 비슷하지만 이동 거리에 따라 3,000~4,000원 정도로 비싼 경우도 있다. 시골로 갈수록 버스 배차 간격이 띄엄띄엄하고 심한 경우 하루에 채 다섯 대도 다니지 않는다. 버스 시간을 미리 확인하고 돌아다녀야 한다.

- 도시별 시내버스 앱으로 버스 운행 정보를 확인하자.
- 티머니, 마이비 등의 교통카드가 전국 여러 지역에서 호환되고, 후불교통카드의 경우 대부분 지역에서 통용되어 편리하다. 지역별로 계속해서 통합이 진행되고 있기 때문에 버스에 교통카드 단말기가 보이면 일단 카드를 찍어 보자.
- 지하철의 경우 대구를 제외한 수도권, 대전, 대구, 부산에서 티머니카드를 사용할 수 있다. 광주에서는 마이비카드와 한페이카드를 쓴다. 후불교통카드는 대부분 호환된다.
- 교통카드 사용이 안 될 경우에 대비해 잔돈을 조금 가지고 다니면 좋다.

시외버스 이용하기

내일로 여행의 기본 교통수단은 기차이지만, 통영, 담양, 해남 등 기차역이 없는 도시에 갈 때는 시외버스를 이용해야 한다. 가까운 도시까지 기차로 이동한 후 버스를 타는 것이 교통비를 절약하는 방법이다. 레일러들이 가장 많이 가는 기차역 없는 도시 5군데로 가는 방법을 소개한다. 이외에 기차역이 있는 도시라도 배차 간격이 너무 길거나 열차를 놓친 경우의 대안으로 시외버스를 이용할 수 있다.

횡계(삼양목장, 양떼목장) 자세한 여행법은 P.321 참고
강릉시외버스터미널에서 횡계행 이용(약 20분 소요, 요금 2,300원).

담양 자세한 여행법은 P.174 참고
광주 광천터미널에서 담양행 직행버스 이용(약 40분 소요, 요금 2,200원). 광주역에서는 311번 일반버스를 이용하면 죽녹원까지 바로 갈 수 있다(약 30분 소요, 요금 1,200원).

해남 자세한 여행법은 P.184 참고
목포시외버스터미널에서 해남행 이용(약 50분 소요, 요금 5,800원). 땅끝마을에 가려면 해남터미널에서 땅끝행 버스로 갈아타야 한다(약 40분 소요, 요금 4,800원). 목포터미널에서 땅끝마을까지 바로 가는 직행버스도 하루 4회 운행한다(약 1시간 40분 소요, 요금 10,600원). 혹은 보성시외버스터미널에서 해남행 이용(약 1시간 30분 소요, 요금 6,400원).

통영
진주시외버스터미널에서 통영행 이용(약 1시간 소요, 요금 4,700원). 마산남부시외버스터미널에서 통영행 이용(약 1시간 10분 소요, 요금 6,500원). 부산 사상역에 있는 서부시외버스터미널에서 통영행 이용(약 2시간 20분 소요, 요금 9,800원).

부여
논산시외버스터미널에서 부여행 이용(약 20분 소요, 요금 2,300원). 대전 서부시외버스터미널에서 부여행 이용(약 1시간 30분 소요, 요금 6,600원).

1일 1식? 맛집 투어?
뭘 먹고 다닐까

여행의 즐거움 중 중요한 것이 식도락이다. 그 지역에서만 맛볼 수 있는 별미가 여행을 더욱 풍성하게 해준다. 한편 식비는 가장 신경 쓰이는 지출이기도 해서 경비를 아낀답시고 '1일 1식'처럼 불안한 식사를 하는 경우가 있다. 하지만 배고프고 고달픈 기분은 여행의 즐거움을 반감시킬뿐더러 체력 문제도 생긴다. 기차 시간에 맞추어 여행을 다니다보면 불가피하게 식사를 거르는 일이 종종 생기기 때문에 애초부터 끼니를 건너뛰려는 생각은 하지 않는 게 좋다.

금강산도 식후경 먹고 죽자 맛집 로드

누구랑 갈까?
동행 정하기

여행은 어디로 가는지도 중요하지만 그보다 중요한 건 누구와 함께하느냐다. 마음에 맞는 사람과 함께라면 여행의 즐거움이 배가되지만 의견 충돌이나 갈등이 잦으면 무척 피곤한 기억만 남을 수도 있다.

혼자 여행

생각보다 많은 레일러들이 용감무쌍하게도 혼자서 여행한다. 여럿이 다니면 필연적으로 발생하게 되는 마찰에서 자유롭고 혼자 호젓하게 다닐 수 있다는 게 장점이다. 다른 여행자들과 우연히 동행할 수도 있고, 현지인들과 말 한 마디라도 더 섞어보는 기회가 된다. 거기에 좋아하는 책이나 음악, 여정을 함께해줄 일기장과 함께라면 외롭지 않을 것!

청춘 시절에 한 번 정도는 혼자 내일로 여행을 떠나보는 것을 권한다. 평소에는 주변 사람들에게 이끌려 내가 원하는지 아닌지도 모르면서 행동하는 일이 많다. 하다못해 점심을 언제 먹을지, 무얼 먹을 것인지조차 스스로 결정하지 못하는 사람들이 생각보다 많다. 하지만 혼자만의 여행 중에는 전부 스스로 결정하고 움직여야 하기 때문에 자기도 모르던 자신의 모습을 발견할 수 있다.

사람들 사이에서 시달리고 지쳤을 때, 생각할 시간이 필요할 때는 혼자 여행을 떠나보자. 처음부터 끝까지 모든 걸 내 맘대로 할 수 있는 혼자 여행은 자유롭다. 하지만 낯선 곳에서 혼자 바깥 잠을 자고, 며칠씩 대화다운 대화를 못해 사람이 그리워지기도 하고, 심심하다면 심심하고……. 외로움과 책임도 따르는 것이 혼자 떠나는 여행이다.

둘이 여행

마음 맞는 친구 한두 명과 함께라면 여행이 두 배로 즐겁다. 심심하거나 외롭지 않고 일정을 서로 상의하며 불안감도 덜 수 있다. 평소에 몰랐던 서로의 모습을 발견하며 더욱 깊은 대화를 나누며 우정도 쌓아가는 기회가 된다.

동행이 있는 여행의 경우 갈등 요소를 미연에 방지할 필요가 있다. 초보 여행자일수록 동행하는 친구와 많이 다투는 모습을 볼 수 있다. 여행 초보일수록 예상치 못한 실수나 돌발 상황을 자주 겪게 되고, 그 때 상대방을 탓하며 짜증을 내기 시작하면 트러블은 끝도 없어지기 때문이다. 따라서 여행 준비 단계에서부터 역할 분담을 확실하게 하고 여행 계획을 탄탄하게 짜고 가는 게 좋다. 불의의 상황이 발생했을 때는 잘잘못을 따질 것이 아니라 머리를 맞대고 문제를 해결하려는 태도가 필요하다.

또한, 원하는 여행 스타일이 맞아야 한다. 나는 회를 먹고 싶은데 친구가 돈을 아끼기 위해 컵라면을 먹자고 하면 불만이 생길 수밖에 없다. 나는 느긋하게 다니는 게 좋은데 새벽부터 일어나 부지런히 구경하자고 채근하면 부담스러운 것도 당연하다. 원하는 여행 스타일에 대해 미리 이야기해보고 의견이 맞는 동행과 함께 떠나자. 일주일이나 되는 여정을 함께 하는 건 결코 만만한 일이 아니다. 무거운 배낭을 메고 여러 날 여행을 하다 보면 피로가 쌓여 자기도 모르게 예민해질 수 있다. 서로에 대한 배려와 양보는 필수. 하지만 기본적인 것들만 서로 지킨다면 더욱 풍성하고 즐거운 게 둘이 떠나는 여행이다.

떼로 여행

여러 명의 무리와 함께, 혹은 동아리 등의 모임에서 여러 명이 떼로 여행을 가면 수학여행이라도 온 듯 왁자지껄한 즐거움을 느낄 수 있다. 여러 사람이 있다 보니 재미있는 일이 많이 생겨 더욱 특별한 추억을 만들 수 있다. 다만 내가 원하는 대로 일정을 구성할 수 없고 기다리는 시간이 길어지는 것이 흠이다.

여러 명이 단체로 여행을 가는 경우 대개 리더 역할을 하는 사람이 일정을 계획하고 이끌기 마련이라 이 사람 말만 잘 들으면 별로 문제가 생기지 않는다. 하지만 내가 가고 싶은 여행지에 초점을 맞추어 고집을 부린다면 불만이 쌓이게 된다. 여행 장소도 중요하지만 같이 가는 사람들 그리고 그들과 어울리는 시간을 즐기고 '사람'에 초점을 맞추고 가야 만족스러운 여행이 된다.

간혹 생기는 문제는 여러 명 가운데 일어나는 미묘한 신경전, 편 가르기, 지나친 장난 같은 것이다. 서로서로 챙겨주고 배려한다면 사건사고 없이 즐거운 추억만 남길 수 있을 것이다.

동행 구하기

주변 친구들과 영 뜻과 일정이 맞지 않아 같이 여행을 갈 수 없는 경우 온라인으로 동행을 구해보자. 바이트레인 cafe.naver.com/hkct의 '동반 함께 해요!' 게시판에서 동행을 구할 수 있다. 검증되지 않은 상대에 대해서 신중을 기하고 함부로 개인정보를 알려주지 않도록 하자. 간혹 불순한 의도를 가진 이들에 의해 곤경에 처하는 경우가 생기기 때문이다. 또한 상대가 나쁜 사람은 아니더라도 나와 잘 맞으리라는 보장은 할 수 없기 때문에 어느 정도 복불복은 감수해야 한다. 이런 위험 부담이 있기는 하지만 내일로 여행 동반을 통해 좋은 친구를 얻었다는 레일러들도 많으니 열린 마음으로 좋은 인연을 기다려보자.

'동행 택시 같이타기' 게시판을 통해서도 여정 일부를 동반할 사람을 구할 수 있다. 횡계 양떼목장처럼 택시가 아니면 가기 어려운 관광지에 갈 때 택시비를 아끼기 위한 목적으로 이용한다. 보통은 글을 올리면서 카카오톡 아이디를 함께 남기면 생각보다 금방 연락이 오는 편이니 필요하면 적극 활용하자. '동행 모바일/당장 만나' 게시판은 일종의 번개모집용인데, 안동찜닭이나 전주막걸리처럼 1인분은 주문하기 어려운 음식이나 술을 함께 먹을 여행자를 찾을 때 유용하다.

얼마나 들까?
예산 짜기

가난한 청춘들에게 가장 염려되는 부분은 아무래도 여행 경비다. 돈이야 자기가 쓰기 나름이기에, 일주일동안 채 20만원도 들이지 않는 알뜰살뜰 여행에서부터 50만원을 넘게 쓰며 편하게 다니는 경우까지 패턴은 다양하다. 적당히 아껴 쓴다는 전제 하에 일주일 기준의 경비는 30만원 정도로 잡으면 될 것 같다. 내일로 티켓 구입비를 제외하면 하루에 35,000원쯤 드는 셈이다. 게스트하우스 숙박을 기본으로 하고 하루 이틀은 찜질방에서 자거나 내일로 플러스 할인 혜택을 이용하면 하루 평균 숙박비가 2만원 미만으로 들고, 세 끼 식사비 각 5,000원 안팎, 그 외에 관광지 입장료와 버스비, 기념품 구입비 등으로 예상하면 된다.

교통비는 내일로 티켓을 이용하므로 비슷비슷하지만 식비와 숙박비 지출에 편차가 있는 편이다. 특히 저녁에 야식이나 술을 즐기는 경우 지출이 늘어난다. 서울이나 부산처럼 먹을 것도 많고 돈 쓸 일 많은 대도시에서는 비용이 많이 들고 시골에서는 적게 든다. 물론 가장 중요한 건 각자의 여행 스타일과 소비 패턴이다.

학생에게 결코 적지 않은 금액인 30만원. 이 액수를 들으면 내일로 여행을 떠나기 부담스럽다고 여길 사람도 있을 것이다. 하지만 이 돈이 언감생심 꿈도 못 꿀 만큼 어마어마한 돈인 것은 결코 아니다. 물가 비싼 도시에서 밥 한 끼만 먹어도 1만원이 넘어가기 일쑤고 술자리 회비로 2~3만원씩 걷는 일도 드물지 않다. 수업에 늦어 택시를 타고 달려가느라 돈을 버

7일 기준 경비는 평균 30만원

여행갈 돈이 없어?

리는 일도 생긴다. 그런데 여행에 가서는 단돈 몇 천원에 벌벌 떠는 경우가 많다. 절약하는 것은 좋지만 경비에 대한 부담으로 밥을 굶거나 구경을 충분히 못 하는 일은 없도록 하자. 먹는 게 남는 거고 이미 내친 걸음 아닌가. 하루 경비 3~4만원은 서울에서 친구 만나 밥 먹고 커피 마시고 영화 한 편 보면 끝나는 돈이다. 옷이나 한 벌 사 입을 수 있을까 싶은 액수다. 여행 전후로 조금만 아끼고 노력하면 충분히 경비를 마련할 수 있을 것이다.

**그래도 경비가 부담된다?
돈 받고 여행가자!**

똑 소리 나는 레일러라면? 청춘들의 여행을 응원하기 위해 기관이나 기업, 학교 차원에서 여행 경비를 지원해주는 프로그램들이 있다. 공모전의 형태로 여행의 추억과 남다른 경험을 함께 얻을 수 있는 프로그램도 있어 일석이조다. 프로그램은 시즌마다 달라지기 때문에 능동적인 정보 수집이 필요하다. 과거 신한은행, 시장경영진흥원 등에서 여행 기획서를 심사해 선발된 대학생에게 여행 경비를 지원해주는 프로그램을 운영했던 바 있다. 자신이 다니는 학교에서 문화탐방을 지원해주는 프로그램이 있는지 확인해보자.

민주화운동기념사업회의 '대학생, 민주로 내일로' 프로그램을 통해 여행 경비를 지원받는 방법도 있다. 4인 1조로 여행 계획을 짜서 제출하면 되는데 민주주의와 관련된 현장 탐방을 여행 일정에 포함시키면 된다. 팀당 60만원의 탐방지원금과 물품이 지원되며 결과보고서 제출 후 우수팀에게는 수상 특전도 주어진다. 매년 6월 중 모집이 이루어진다. www.kdemo.or.kr

**뭐 가져가야 돼?
배낭 꾸리기**

내일로 여행을 위한 짐을 꾸릴 때는 기동성이 좋고 튼튼한 배낭을 준비하는 것이 좋다. 트렁크? 크로스백? 후회하게 될 것이다.

**배낭에 꼭 챙겨야 할
품목 리스트**

배낭 어깨끈이 두꺼운 것으로 준비해야 힘이 덜 든다.
갈아입을 최소한의 옷, 속옷, 양말, 잠옷 반드시 최소한만 챙기자. 한낱 천 쪼가리가 얼마나 무거운지 체감하게 된다. 여름이라도 기차에는 냉방이 잘 되기 때문에 얇은 겉옷 하나 정도는 챙기자.
세면도구, 화장품, 수건 세면도구와 화장품은 무조건 작은 용기에 덜어 무게와 부피를 줄여야 한다. 수건은 스포츠타월로 딱 1장만 준비하는 것이 요

령. 수건이 제공되는 숙소에 묵을 예정이라면 챙길 필요가 없다.
비닐봉투 몇 장을 챙겨 가면 요모조모 쓰임이 많다.
햇빛가리개용 모자와 선글라스, 자외선차단제 여름 내일로 때는 밀짚모자가 무척 유용하다. 겨울이라고 해도 날씨가 좋으면 햇살이 따갑기 때문에 선글라스와 자외선차단제를 꼭 챙기자.
방한용 모자와 장갑 겨울 내일로의 경우에는 따뜻한 모자와 장갑 필수.
우산과 레인커버 우산은 일기예보를 확인하여 꼭 필요한 경우에만 챙기자. 또한 비가 올 때 가방을 감싸줄 수 있는 레인커버가 있으면 좋은데 대부분의 등산용 배낭은 하단 주머니에 레인커버가 들어 있다.
평소 먹는 약, 비상식량 초콜릿 등 비상식량도 조금 챙긴다. 기차 시간에 맞춰 이동하다보면 밥 때를 놓치는 일이 자주 생긴다.
카메라와 충전기 메모리카드의 용량은 충분한지, 배터리는 충전이 돼 있는지 꼭 확인한다. 배터리 충전기도 챙기도록 한다.
휴대폰 충전기 스마트폰을 자주 사용하는 경우 틈날 때마다 충전을 해줘야 한다.
필기도구 여행기를 적을 필기도구를 챙기자. 스탬프북을 겸하는 노트를 가져가면 더욱 특별한 기록을 남길 수 있다.

작은 가방 배낭을 맡길 때 카메라와 지갑, 지도 정도를 따로 넣어서 가지고 다닐 수 있도록 준비하자. 잊어버리기 쉬운 부분인데 없으면 무척 불편하다. 마땅한 가방이 없다면 요즘 흔히 구할 수 있는 에코백을 챙기는 것도 좋다. 부피가 작고 가볍기 때문에 쓰지 않을 때는 배낭 안에 쏙 집어넣으면 되어 편리하다.

> 내일로 배낭 꾸리기의 핵심은 짐을 최소화 하는 것이다.

무엇을 챙기든 다 내 어깨에 짊어지고 다녀야 한다. 가능하다면 역이나 관광안내소 등에 잠깐씩 배낭을 맡기는 게 좋지만 항상 맡기기는 어렵다. 혹시나 하는 노파심에 온갖 물건을 다 집어넣는 바보짓은 하지 말자. 내일로 여행은 해외여행도 오지여행도 아니다. 웬만한 기차역에는 편의점도 있고 주변에 가게도 많다. 정 필요한 물건이 생기면 여행 중에도 충분히 구입할 수 있으니 꼭 필요한지 확신할 수 없는 짐은 되도록 빼자. 막상 없으면 없는 대로 지내기에 별 문제가 없다는 것도 깨닫게 된다.

> 없으면 말고 있으면 럭셔리

편지지, 편지봉투, 우표 평소 같으면 절대 안 할 짓이지만 기왕 일상을 탈출해 여행을 떠난 것이라면 또 하나 새로운 일을 해 보자. 여행길의 감성이 충만한 손편지를 받으면 친구들은 모두 감동할 것이다. 여행지에서 기념엽서를 구하는 것도 좋다. 요즘 우표값은 규격봉투를 사용할 경우 270원, 규격봉투가 아닌 경우에는 360원이다.

알로에 젤 여름에는 알로에 젤을 가져가면 좋다. 특히 남성들의 경우 넓적다리에 삼팔선 그어지도록 대책 없이 살갗을 태우는 경우가 많은데 볼 때마다 안타까움을 금할 수 없다. 일주일 내내 펑펑 쓰고도 남을 양 300ml가 단돈 4,400원이라 '짐승젤'로 불리는 네이처 리퍼블릭의 알로에베라 수딩젤을 추천한다. 작은 통이 있으면 덜어가자. 일주일에 50ml 정도면 충분하다.

물티슈, 손세정제 열차 내 화장실에는 비누가 없는 경우가 많다. 물티슈와 손세정제를 준비하면 보다 깔끔하게 여행할 수 있다.

홍삼 등 영양제 여행 중에는 활동량이 많기 때문에 평소보다 쉽게 피곤해지고 지치게 된다. 홍삼엑기스처럼 원기를 보충할 수 있는 영양제를 챙기면 더욱 힘찬 여행이 가능하다.

레그패치 여행 중에는 평소보다 많이 걷기 때문에 종아리가 붓기 쉽다. 자기 전에 레그패치를 붙여두면 붓기 해소에 도움이 된다. 올리브영에서 파는 휴족시간을 추천한다.

농협 현금카드 평생 서울 밖을 벗어나본 일이 별로 없는 '서울 촌놈'인가? 서울에 널린 신한은행, 외환은행, 우리은행 등을 지방에서는 찾아보기가 쉽지 않다. 대신 농협은 어딜 가나 있으므로 미리 농협 현금카드를 한 장 만들어두면 편리하다.

뭐 입고 갈까?
여행 의상 코디하기

상의 여름에는 땀을 많이 흘리기 때문에 통기성이 좋은 옷을 입도록 한다. 빨리 마르는 소재의 티셔츠를 입으면 쾌적할 뿐만 아니라 빨래를 해도 금방 말라서 편하다.
신발 많이 걸어 다니기 때문에 편안하고 가벼운 신발은 필수다. 밑창이 얇은 신발을 신으면 금세 피곤해지므로 쿠션이 좋은 운동화를 추천한다. 발이 답답할 때 갈아 신을 수 있도록 슬리퍼를 한 켤레 챙기는 것도 좋다.

여름 코디

상의 겨울 여행 복장은 무조건 따뜻한 게 최고다. 지역별로 기온차가 있고 돌아다니다보면 덥게 느껴지기도 하므로 얇은 옷을 여러 벌 겹쳐 입는 게 좋다. 히트텍 등 얇은 내의를 여러 벌 챙겨 갈아입으면 겉옷은 단벌이라도 쾌적함을 유지할 수 있다.
하의 기모 타이즈와 레깅스, 털양말 등을 활용해서 따뜻하게 코디하자. 필요한 경우 바디워머나 레그워머도 활용하자.
양털부츠 추운 날씨에는 따뜻한 양털부츠를 신는 것도 좋은 선택이다. 다만 바닥이 미끄러운 싸구려 양털부츠는 사고의 위험이 있어 추천하지 않는다. 차라리 가벼운 등산화나 운동화가 낫다.
무조건 따뜻하게! 추우면 돌아다니는데 어려움이 크다. 패션 따위 신경 쓰지 말자. 패딩을 2벌 겹쳐 입으면 천하무적이다.

겨울 코디

플레이리스트에 담아가면 좋은
여행길 동반자 음악 10선

김동률 〈출발〉, 몽니 〈그대와 함께〉, 윤종신 〈즉흥 여행〉, 이적 〈같이 걸을까〉, 부가킹즈 feat. 윤도현 〈여행길〉, 마이앤트매리 〈푸른 양철 스쿠터〉, 뜨거운 감자 〈따르릉〉, Jack Johnson 〈Better Together〉, Wouter Hamel 〈Breezy〉, 버스커버스커 〈여수 밤바다〉

Part 2
코스편

7일이나 되는 여행 코스를 짜는 일이 생각처럼 쉽지 않다.
아무리 인터넷을 뒤져봐도 헷갈리기만 할 뿐
머리가 아프다면 묻지도 따지지도 말고 코스편만 따라가자.
생초짜 레일러를 위한 베이직 베스트 코스는 물론
취향 따라 특별한 여행을 만들 수 있는
출사, 역사, 문학, 맛집 등 테마별 코스도 소개한다.
빠듯한 일정으로도 본전 뽑는 여행이 되는
1/2 하프 코스와 당일치기 베스트 코스도 활용도가 높다.

내일로가 처음이라면?

01 생초짜 레일러를 위한 베이직 배낭여행 베스트

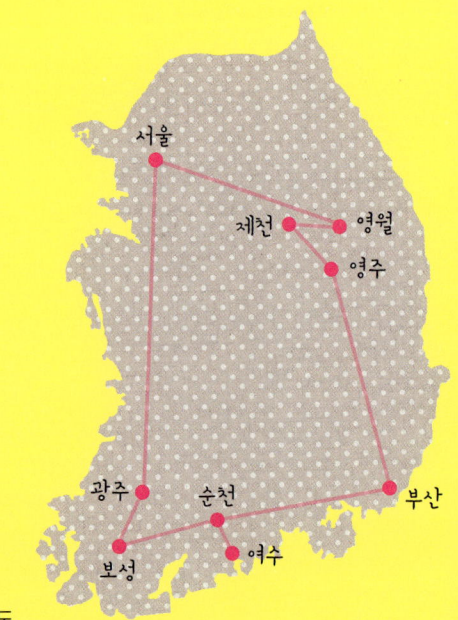

🌲 **코스특징**

영주, 순천, 보성 등 인기 내일로 코스를 중심으로 강원도, 충청도, 경상도, 전라도를 거치며 전국을 한 바퀴 일주하는 코스. 국내여행이 처음인 사람. 어디를 가야 좋을지 전혀 감이 오지 않는 경우 선택하면 무난하다.

총 예산

교통비	42,300원
식비	97,000원
관광지 요금	17,600원
숙박비	108,000원
합계 약	264,900원

1st day 영월 | 제천

- ☐ 청량리역 ➡ 영월역
- ☐ 동강, 관풍헌, 자규루, 청록다방
- ☐ **식사** 영월서부시장
- ☐ 동강사진박물관
- ☐ 청령포
- ☐ 장릉
- ☐ 선돌
- ☐ **식사** 장릉보리밥
- ☐ 영월역 ➡ 제천역
- ☐ 의림지
- ☐ **숙박** 유로스파찜질방

2nd day 영주

- ☐ 제천역 ➡ 영주역
- ☐ 부석사
- ☐ **식사** 산채정식
- ☐ 소수서원
- ☐ 영주역 ➡ 해운대역
- ☐ **숙박** 게스트하우스

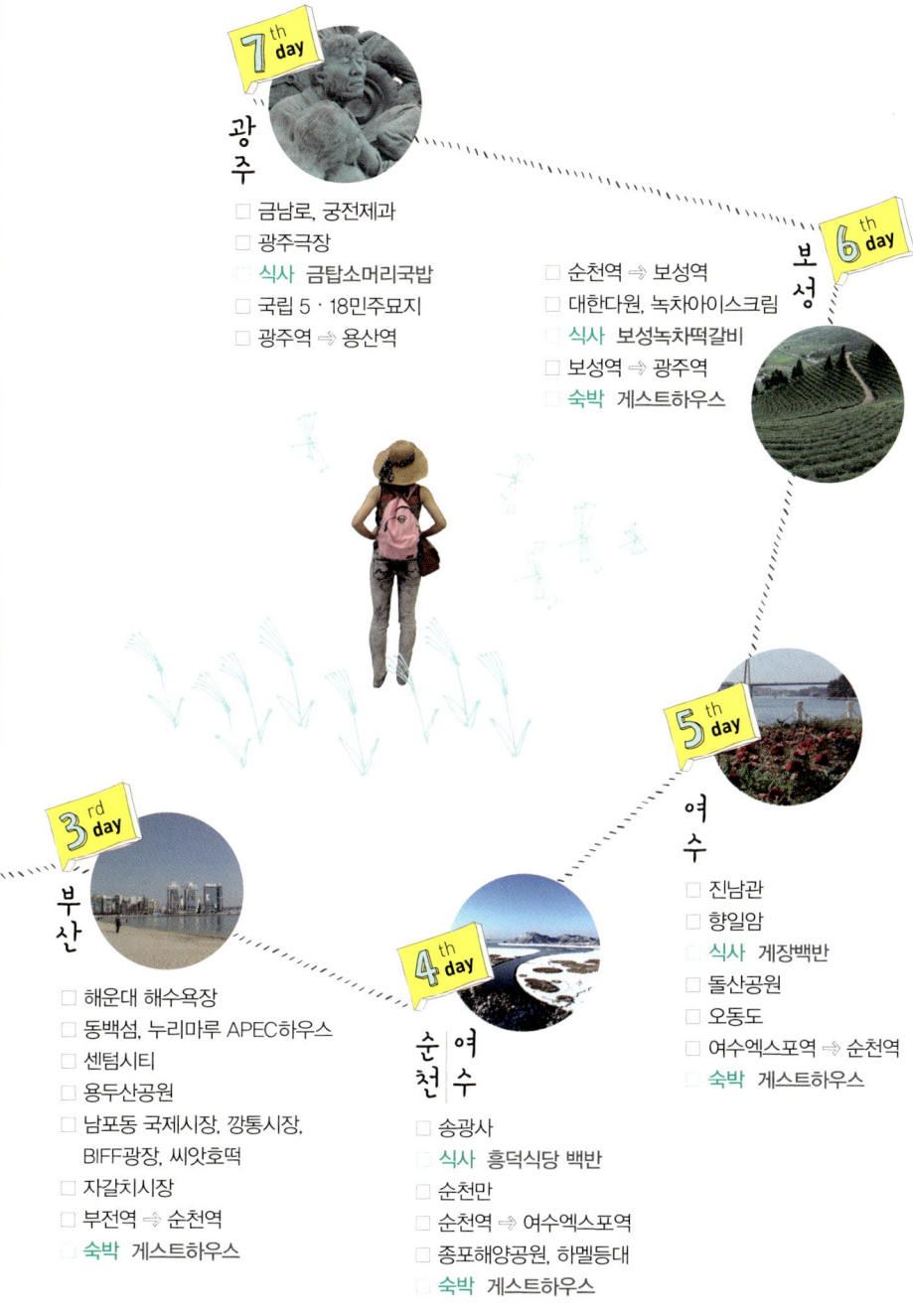

7th day 광주
- 금남로, 궁전제과
- 광주극장
- 식사 금탑소머리국밥
- 국립 5·18민주묘지
- 광주역 ⇨ 용산역

6th day 보성
- 순천역 ⇨ 보성역
- 대한다원, 녹차아이스크림
- 식사 보성녹차떡갈비
- 보성역 ⇨ 광주역
- 숙박 게스트하우스

5th day 여수
- 진남관
- 향일암
- 식사 게장백반
- 돌산공원
- 오동도
- 여수엑스포역 ⇨ 순천역
- 숙박 게스트하우스

4th day 순천 | 여수
- 송광사
- 식사 흥덕식당 백반
- 순천만
- 순천역 ⇨ 여수엑스포역
- 종포해양공원, 하멜등대
- 숙박 게스트하우스

3rd day 부산
- 해운대 해수욕장
- 동백섬, 누리마루 APEC하우스
- 센텀시티
- 용두산공원
- 남포동 국제시장, 깡통시장, BIFF광장, 씨앗호떡
- 자갈치시장
- 부전역 ⇨ 순천역
- 숙박 게스트하우스

와, 여름이다!

02 시원한 여름 피서 베스트

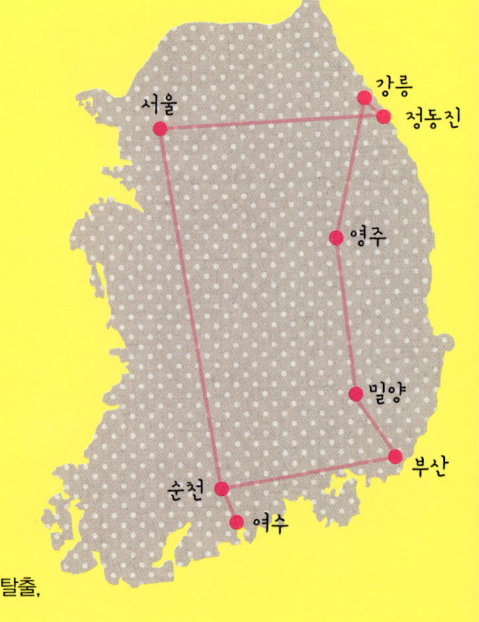

🌱 **코스특징**

강릉, 부산, 여수 등 바닷가 도시들을 중심으로 무더위 탈출,
바다 구경, 기차여행을 동시에 즐기는 전국 일주 코스.
무더운 여름 내일로 시즌, 바다도 실컷 보고
시원한 산바람도 맞으며 더위를 탈출하고 싶은 레일러.

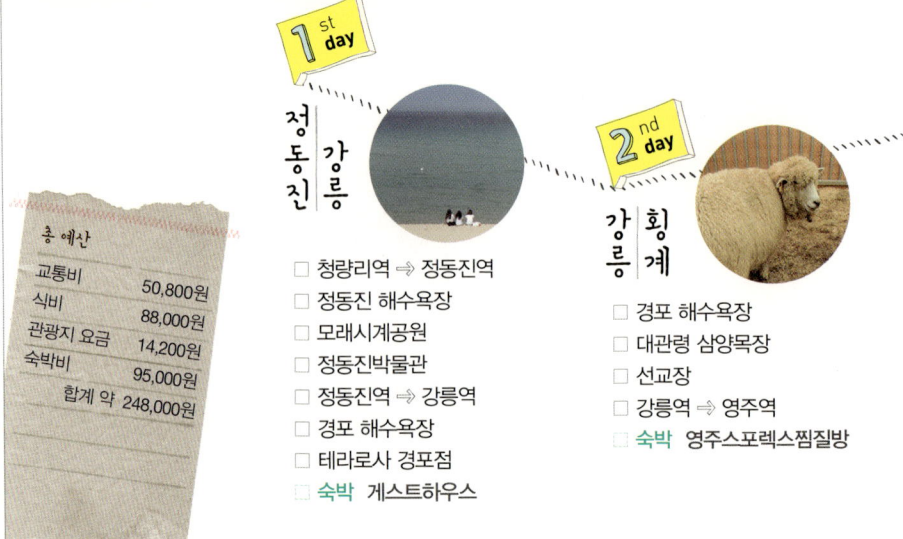

총 예산

교통비	50,800원
식비	88,000원
관광지 요금	14,200원
숙박비	95,000원
합계 약	248,000원

1st day 정동진│강릉
- ☐ 청량리역 ➡ 정동진역
- ☐ 정동진 해수욕장
- ☐ 모래시계공원
- ☐ 정동진박물관
- ☐ 정동진역 ➡ 강릉역
- ☐ 경포 해수욕장
- ☐ 테라로사 경포점
- ☐ **숙박** 게스트하우스

2nd day 강릉│횡계
- ☐ 경포 해수욕장
- ☐ 대관령 삼양목장
- ☐ 선교장
- ☐ 강릉역 ➡ 영주역
- ☐ **숙박** 영주스포렉스찜질방

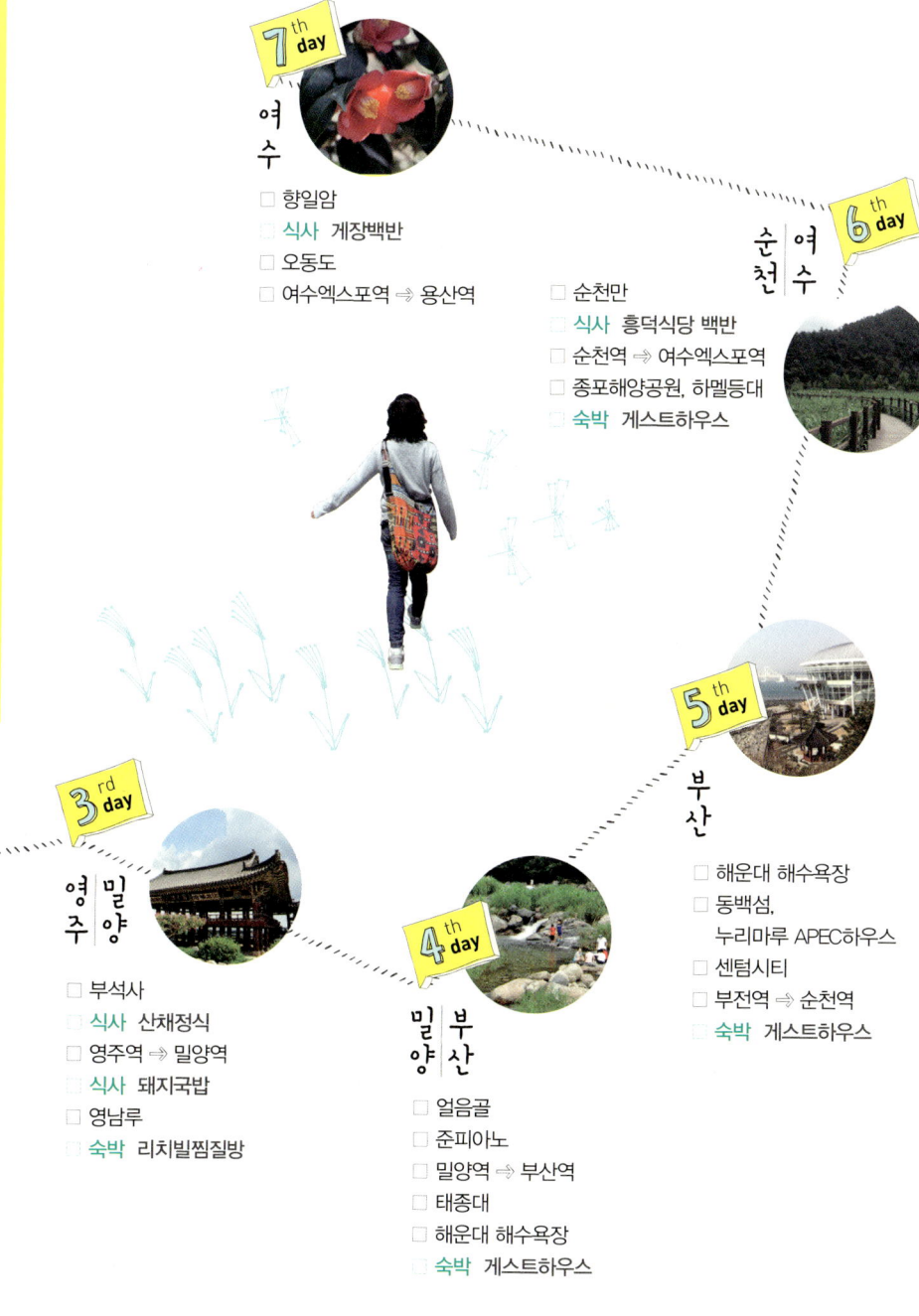

7th day
여수
- 향일암
- 식사 게장백반
- 오동도
- 여수엑스포역 ⇨ 용산역

6th day
여수 순천
- 순천만
- 식사 흥덕식당 백반
- 순천역 ⇨ 여수엑스포역
- 종포해양공원, 하멜등대
- 숙박 게스트하우스

5th day
부산
- 해운대 해수욕장
- 동백섬, 누리마루 APEC하우스
- 센텀시티
- 부전역 ⇨ 순천역
- 숙박 게스트하우스

4th day
밀양 부산
- 얼음골
- 준피아노
- 밀양역 ⇨ 부산역
- 태종대
- 해운대 해수욕장
- 숙박 게스트하우스

3rd day
영주 밀양
- 부석사
- 식사 산채정식
- 영주역 ⇨ 밀양역
- 식사 돼지국밥
- 영남루
- 숙박 리치빌찜질방

설경이 아름다운

03 겨울 내일로 눈꽃 BEST

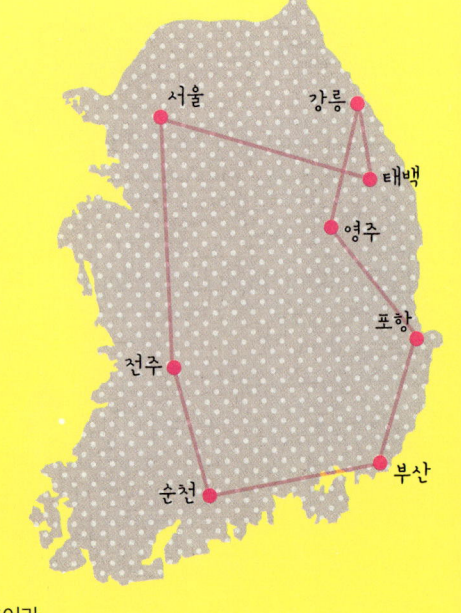

🌲 코스특징

겨울 내일로의 감성은 더욱 특별하다! 눈축제가 열리는 태백산의 설경과 함께 겨울 바다, 순천만 갈대밭 등 겨울이라 더 아름다운 여행지를 모은 전국 일주 코스. 겨울 기차 여행의 낭만을 한껏 만끽하고 싶은 감성 충만 레일러에게 추천!

총 예산

교통비	46,500원
식비	90,000원
관광지 요금	18,700원
숙박비	80,000원
합계 약	235,200원

1st day 태백 | 강릉
- 청량리역 ➡ 태백역
- 황지연못
- 용연동굴
- 태백산도립공원, 태백산 눈축제
- 식사 태백 물닭갈비
- 태백역 ➡ 강릉역
- 경포 해수욕장
- 숙박 게스트하우스

2nd day 강릉
- 대관령 삼양목장
- 오죽헌
- 식사 초당순두부
- 강릉역 ➡ 영주역
- 숙박 영주스포렉스찜질방

7th day 전주

- 식사 왱이집 콩나물국밥, 모주
- 경기전, 최명희문학관, 남부시장
- 식사 베테랑분식 칼국수
- 객사
- 식사 옴시롱감시롱 떡볶이
- 전주역 ➡ 용산역

6th day 순천 | 전주

- 선암사
- 식사 흥덕식당
- 순천만
- 순천역 ➡ 전주역
- 전동성당
- 식사 전주비빔밥
- 한옥마을, 오목대 야경
- 숙박 한옥스파찜질방

5th day 부산

- 해운대 해수욕장
- 식사 소고기국밥 골목
- 동백섬, 누리마루 APEC하우스
- 감천동 문화마을
- 용두산공원
- 남포동, BIFF광장, 씨앗호떡
- 부전역 ➡ 순천역
- 숙박 게스트하우스

4th day 포항

- 죽도시장
- 구룡포, 근대문화역사거리
- 식사 모리국수
- 호미곶, 상생의 손, 새천년기념관
- 포항역 ➡ 해운대역
- 숙박 게스트하우스

3rd day 영주

- 부석사
- 식사 산채정식
- 소수서원
- 영주역 ➡ 경주역 ➡ 포항역
- 숙박 중앙사우나찜질방

051

기차 마니아라면

04 감성 열차 BEST

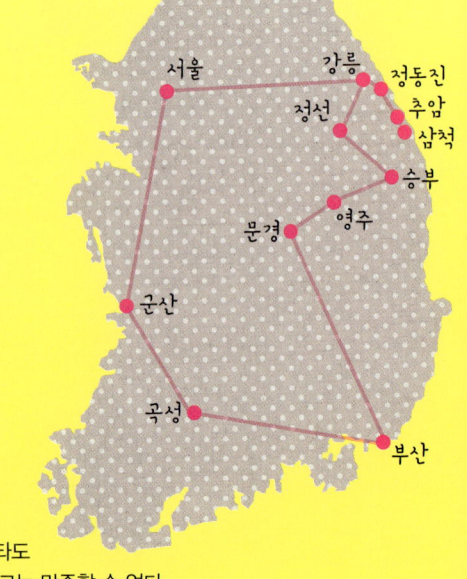

코스특징

당신은 혹시 '철덕'? 기차가 너무 좋아, 열차를 아무리 타도
질리지 않는 기차 마니아라면 주목! 평범한 기차여행으로는 만족할 수 없다.
바다열차, 기차마을, 오지의 간이역, 레일바이크까지 모조리
체험할 수 있는 열차 테마 여행 코스.

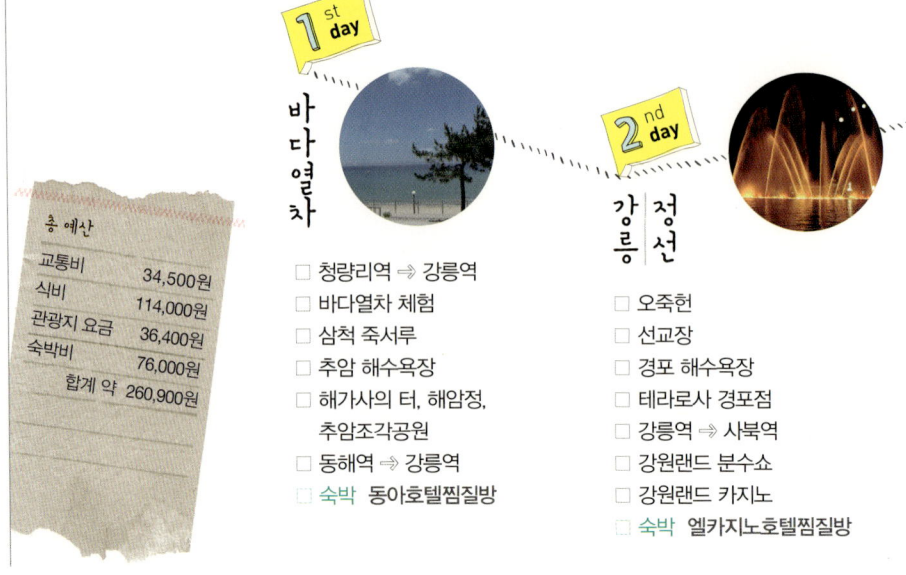

총 예산
- 교통비 34,500원
- 식비 114,000원
- 관광지 요금 36,400원
- 숙박비 76,000원
- 합계 약 260,900원

1st day 바다열차

- ☐ 청량리역 ➡ 강릉역
- ☐ 바다열차 체험
- ☐ 삼척 죽서루
- ☐ 추암 해수욕장
- ☐ 해가사의 터, 해암정, 추암조각공원
- ☐ 동해역 ➡ 강릉역
- ☐ **숙박** 동아호텔찜질방

2nd day 강릉 정선

- ☐ 오죽헌
- ☐ 선교장
- ☐ 경포 해수욕장
- ☐ 테라로사 경포점
- ☐ 강릉역 ➡ 사북역
- ☐ 강원랜드 분수쇼
- ☐ 강원랜드 카지노
- ☐ **숙박** 엘카지노호텔찜질방

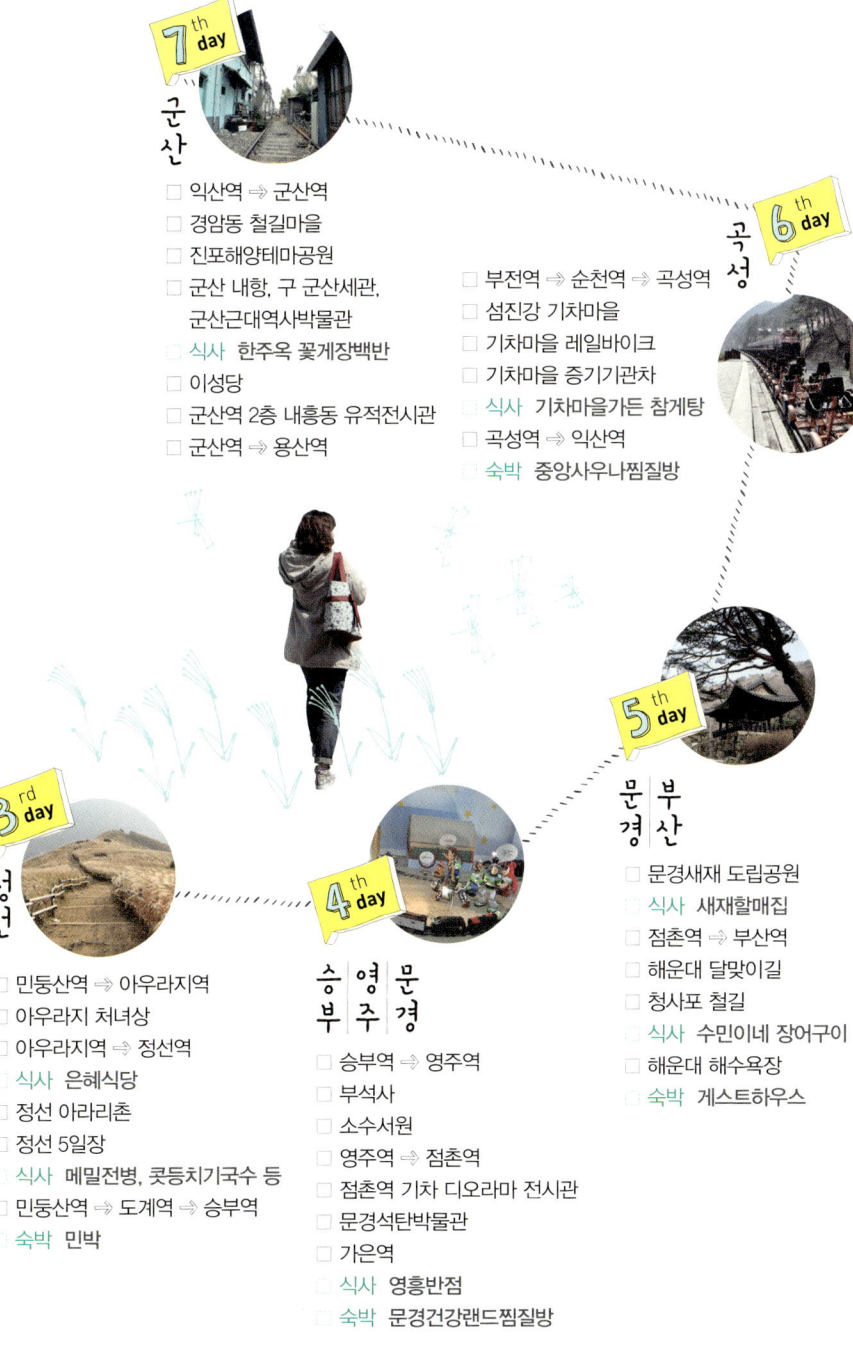

7th day 군산

- 익산역 ➡ 군산역
- 경암동 철길마을
- 진포해양테마공원
- 군산 내항, 구 군산세관, 군산근대역사박물관
- 식사 한주옥 꽃게장백반
- 이성당
- 군산역 2층 내흥동 유적전시관
- 군산역 ➡ 용산역

6th day 곡성

- 부전역 ➡ 순천역 ➡ 곡성역
- 섬진강 기차마을
- 기차마을 레일바이크
- 기차마을 증기기관차
- 식사 기차마을가든 참게탕
- 곡성역 ➡ 익산역
- 숙박 중앙사우나찜질방

5th day 문경 부산

- 문경새재 도립공원
- 식사 새재할매집
- 점촌역 ➡ 부산역
- 해운대 달맞이길
- 청사포 철길
- 식사 수민이네 장어구이
- 해운대 해수욕장
- 숙박 게스트하우스

4th day 승부 영주 문경

- 승부역 ➡ 영주역
- 부석사
- 소수서원
- 영주역 ➡ 점촌역
- 점촌역 기차 디오라마 전시관
- 문경석탄박물관
- 가은역
- 식사 영흥반점
- 숙박 문경건강랜드찜질방

3rd day 정선

- 민둥산역 ➡ 아우라지역
- 아우라지 처녀상
- 아우라지역 ➡ 정선역
- 식사 은혜식당
- 정선 아라리촌
- 정선 5일장
- 식사 메밀전병, 콧등치기국수 등
- 민둥산역 ➡ 도계역 ➡ 승부역
- 숙박 민박

사진을 사랑하는 당신

05 출사 여행 BEST

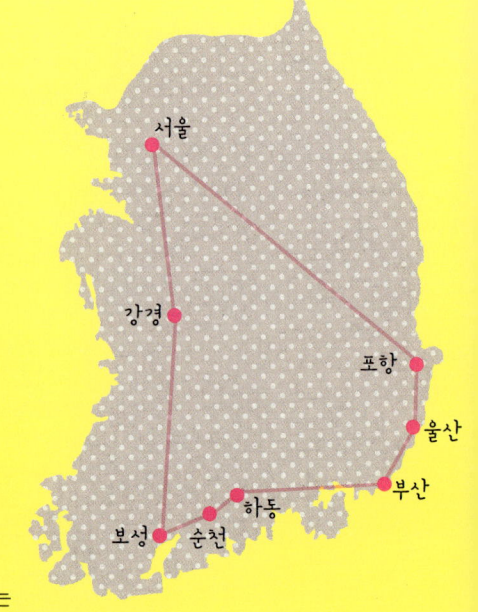

🌲 **코스특징**

'남는 건 사진?' 여행이란 결국 사진을 찍으려 돌아다니는 과정과도 비슷하다. 보다 특별한 순간들을 포착하고 싶다면? 사진 찍기 좋은 코스 위주로 모았다. 카메라 배터리 체크와 메모리카드 용량 확인, 배터리 충전기도 잊지 말고 꼭꼭 챙길 것.

1st day

포항

- □ 서울역 ➡ 포항역
- □ 죽도시장
- □ 식사 죽도시장 물회
- □ 구룡포 근대문화역사거리
- □ 구룡포공원
- □ 호미곶
- □ 숙박 호미곶해수탕찜질방

2nd day

포항 | 울산

- □ 호미곶 일출
- □ 상생의 손
- □ 새천년기념관 전망대
- □ 국립등대박물관
- □ 구룡포항
- □ 식사 모리국수
- □ 포항역 ➡ 태화강역
- □ 대왕암공원 일몰
- □ 롯데백화점 멀티옥상 공중관람차
- □ 숙박 옥정사우나

총 예산

교통비	28,400원
식비	107,000원
관광지 요금	10,500원
숙박비	69,500원
합계 약	215,400원

7th day 강경
- ☐ 광주송정역 ➡ 강경역
- ☐ 남일당한약방, 강경초등학교, 옥녀봉공원
- ☐ 황산포구, 강경젓갈전시관
- 식사 강경해물칼국수
- ☐ 강경역 ➡ 용산역

6th day 순천 | 보성
- ☐ 순천만
- 식사 흥덕식당 백반
- ☐ 순천역 ➡ 보성역
- ☐ 대한다원, 녹차아이스크림
- 식사 보성녹차떡갈비
- ☐ 보성역 ➡ 광주역
- 숙박 빛고을랜드찜질방

5th day 하동
- ☐ 화개장터
- 식사 동백식당 재첩정식
- ☐ 쌍계사
- ☐ 슬로시티 악양
- 식사 명성콩국수
- ☐ 하동역 ➡ 순천역
- 숙박 게스트하우스

3rd day 울산 | 부산
- ☐ 간절곶
- ☐ 태화강역 ➡ 부전역
- ☐ 감천동 문화마을
- ☐ 남포동 국제시장, 깡통시장, BIFF광장
- ☐ 용두산공원
- ☐ 광안리 해수욕장
- 숙박 아쿠아펠리스찜질방

4th day 부산
- ☐ 해운대 해수욕장
- 식사 해운대 소고기국밥 골목
- ☐ 청사포 철길
- 식사 춘하추동 밀면
- ☐ 동백섬, 누리마루 APEC하우스
- ☐ 부전역 ➡ 하동역
- 숙박 하동사우나 1인 수면실

055

여행과 역사 공부를 함께

06 역사 탐방 BEST

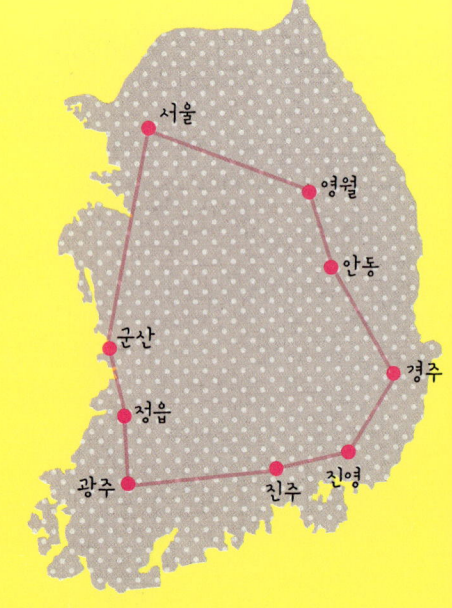

🌲 **코스특징**

여행이 실로 오묘한 이유 중 하나. 짧게는 수십, 길게는 수백, 수천 년씩 묵은 역사의 흔적을 만날 수 있다는 것. 선조들의 희노애락과 대한민국 근현대사를 탐방할 수 있는 코스를 소개한다. 여행도 하고 역사 공부도 하고 싶은 배운 여자, 배운 남자라면 떠나보자.

총 예산

교통비	26,600원
식비	104,500원
관광지 요금	27,400원
숙박비	82,000원
합계 약	240,500원

1st day 영월

단종애사
- ☐ 청량리역 ➡ 영월역
- ☐ 동강, 관풍헌, 자규루, 청록다방
- ☐ 식사 영월서부시장
- ☐ 동강사진박물관
- ☐ 청령포
- ☐ 장릉
- ☐ 식사 장릉보리밥
- ☐ 영월역 ➡ 제천역 ➡ 안동역
- ☐ 숙박 게스트하우스

2nd day 안동·경주

양반고을
- ☐ 하회마을
- ☐ 식사 안동찜닭
- ☐ 봉정사
- ☐ 안동역 ➡ 경주역
- ☐ 첨성대
- ☐ 안압지
- ☐ 숙박 게스트하우스

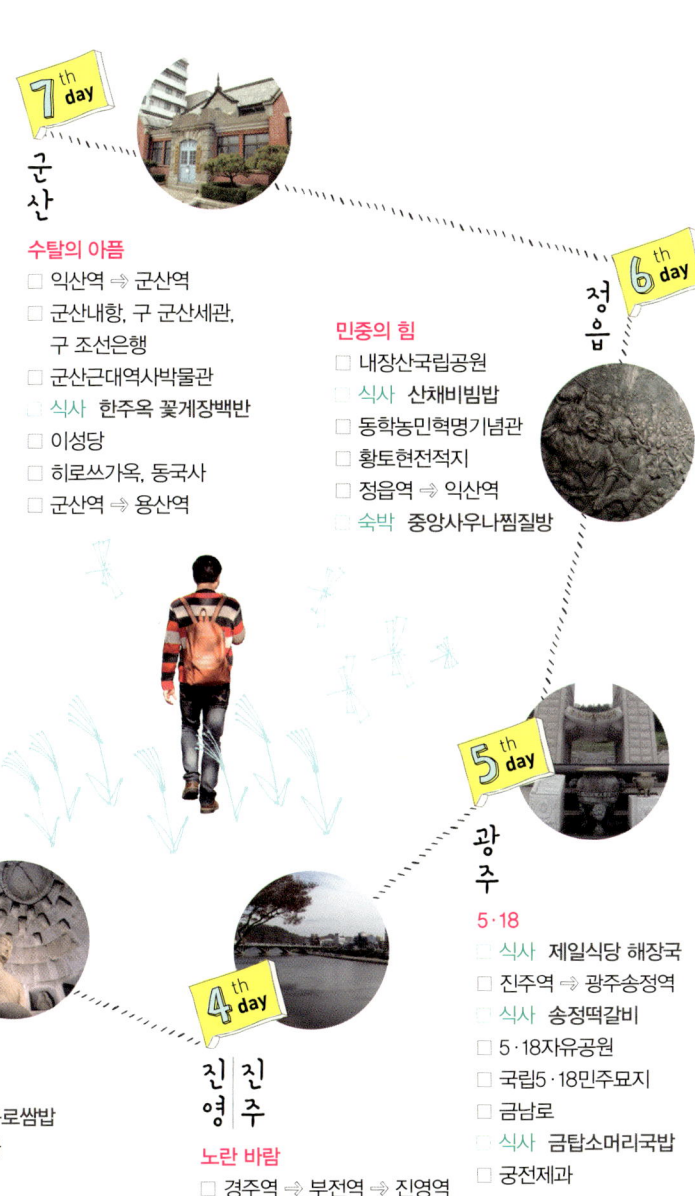

7th day 군산

수탈의 아픔
- ☐ 익산역 ➡ 군산역
- ☐ 군산내항, 구 군산세관, 구 조선은행
- ☐ 군산근대역사박물관
- 식사 한주옥 꽃게장백반
- ☐ 이성당
- ☐ 히로쓰가옥, 동국사
- ☐ 군산역 ➡ 용산역

6th day 정읍

민중의 힘
- ☐ 내장산국립공원
- 식사 산채비빔밥
- ☐ 동학농민혁명기념관
- ☐ 황토현전적지
- ☐ 정읍역 ➡ 익산역
- 숙박 중앙사우나찜질방

5th day 광주

5·18
- 식사 제일식당 해장국
- ☐ 진주역 ➡ 광주송정역
- 식사 송정떡갈비
- ☐ 5·18자유공원
- ☐ 국립5·18민주묘지
- ☐ 금남로
- 식사 금탑소머리국밥
- ☐ 궁전제과
- ☐ 광주역 ➡ 정읍역
- 숙박 하와이찜질방

3rd day 경주

찬란한 신라
- ☐ 불국사
- ☐ 석굴암
- 식사 이풍녀 구로쌈밥
- ☐ 국립경주박물관
- ☐ 대릉원
- 숙박 게스트하우스

4th day 진영|진주

노란 바람
- ☐ 경주역 ➡ 부전역 ➡ 진영역
- ☐ 봉하마을
- ☐ 진영역 ➡ 진주역
- ☐ 진주성, 촉석루, 남강
- 숙박 테마건강랜드찜질방

문학 소년소녀들에게

07 문학 기행 BEST

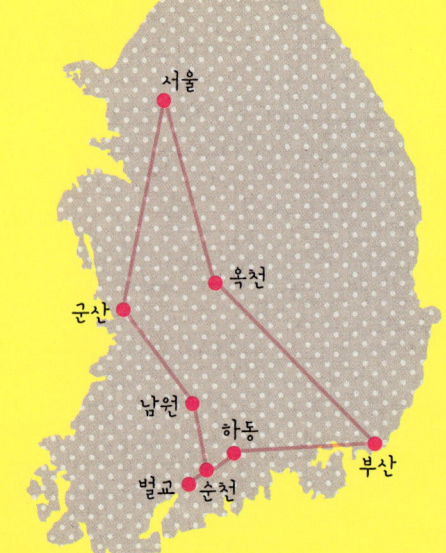

🌲 **코스특징**

여행과 독서는 꽤나 잘 어울리는 조합이다. 느리게 흘러가는 차창 밖 풍경도 슬슬 지루해질 즈음, 배낭에서 꺼내들게 되는 책 한 권. 문학과 내일로가 만난 문학 기행을 떠나보자. 중고등학교 시절 책 깨나 읽었다는 문학소년, 문학소녀는 물론 워너비 문청과 국문학도에게도 추천한다.

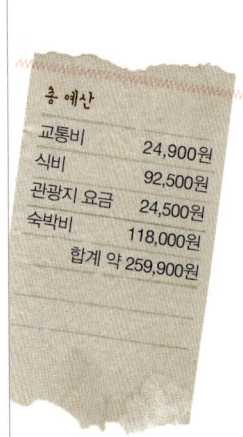

총 예산
- 교통비 24,900원
- 식비 92,500원
- 관광지 요금 24,500원
- 숙박비 118,000원
- 합계 약 259,900원

1st day 군산

조정래 〈아리랑〉, 채만식 〈탁류〉

- ☐ 용산역 ➡ 군산역
- ☐ 채만식문학관
- ☐ 금강하구둑
- ☐ 금강철새조망대
- ☑ 식사 한주옥 꽃게장백반
- ☐ 이성당
- ☐ 군산내항, 구 군산세관, 구 조선은행
- ☐ 군산역 ➡ 익산역 ➡ 남원역
- ☑ 숙박 게스트하우스

2nd day 남원

〈춘향전〉

- ☐ 광한루원
- ☑ 식사 새집추어탕
- ☐ 춘향테마파크
- ☐ 남원역 ➡ 순천역
- ☑ 숙박 게스트하우스

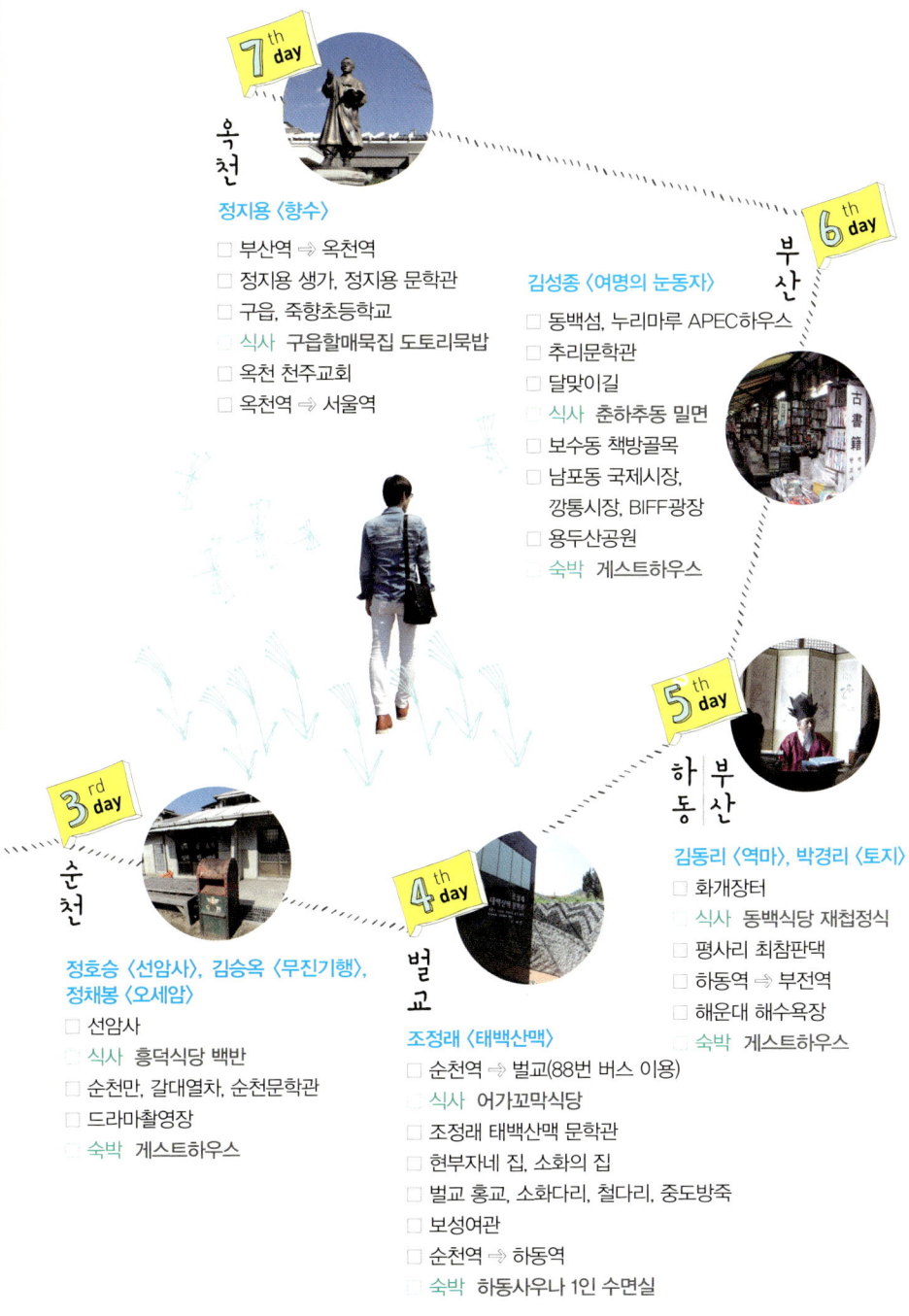

7th day 옥천
정지용 〈향수〉
- 부산역 ➡ 옥천역
- 정지용 생가, 정지용 문학관
- 구읍, 죽향초등학교
- 식사 구읍할매묵집 도토리묵밥
- 옥천 천주교회
- 옥천역 ➡ 서울역

6th day 부산
김성종 〈여명의 눈동자〉
- 동백섬, 누리마루 APEC하우스
- 추리문학관
- 달맞이길
- 식사 춘하추동 밀면
- 보수동 책방골목
- 남포동 국제시장, 깡통시장, BIFF광장
- 용두산공원
- 숙박 게스트하우스

5th day 하동 부산
김동리 〈역마〉, 박경리 〈토지〉
- 화개장터
- 식사 동백식당 재첩정식
- 평사리 최참판댁
- 하동역 ➡ 부전역
- 해운대 해수욕장
- 숙박 게스트하우스

4th day 벌교
조정래 〈태백산맥〉
- 순천역 ➡ 벌교(88번 버스 이용)
- 식사 어가꼬막식당
- 조정래 태백산맥 문학관
- 현부자네 집, 소화의 집
- 벌교 홍교, 소화다리, 철다리, 중도방죽
- 보성여관
- 순천역 ➡ 하동역
- 숙박 하동사우나 1인 수면실

3rd day 순천
정호승 〈선암사〉, 김승옥 〈무진기행〉, 정채봉 〈오세암〉
- 선암사
- 식사 흥덕식당 백반
- 순천만, 갈대열차, 순천문학관
- 드라마촬영장
- 숙박 게스트하우스

059

맛따라 팔도여행

08 맛집 투어 BEST

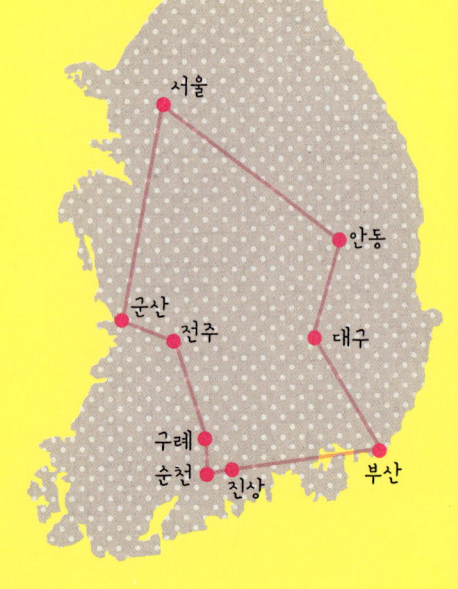

코스특징

뭔가를 구경하며 돌아다니는 여행도 좋지만, 아무렴 맛 여행만큼 매력적인 게 또 없다. 시각뿐 아니라 후각, 미각까지 호강해야 제대로 된 여행. 팔도 맛집을 총망라한 맛집 정복 코스를 따라가며 먹부림을 즐겨보자.

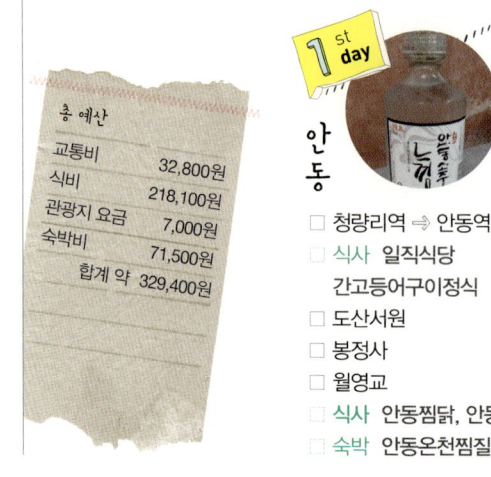

총 예산
- 교통비 32,800원
- 식비 218,100원
- 관광지 요금 7,000원
- 숙박비 71,500원
- 합계 약 329,400원

1st day 안동

- ☐ 청량리역 ⇨ 안동역
- ☐ 식사 일직식당 간고등어구이정식
- ☐ 도산서원
- ☐ 봉정사
- ☐ 월영교
- ☐ 식사 안동찜닭, 안동소주
- ☐ 숙박 안동온천찜질방

2nd day 대구

- ☐ 정도너츠, 하회탈빵, 참마보리빵
- ☐ 안동역 ⇨ 동대구역
- ☐ 식사 동인동 찜갈비, 황떡
- ☐ 국채보상운동기념공원
- ☐ 동성로
- ☐ 삼송베이커리 마약빵
- ☐ 식사 교동시장 납작만두, 매운오
- ☐ 약령시한의약박물관
- ☐ 구 제일교회, 이상화·서상돈 고 근대문화골목 탐방
- ☐ 식사 안지랑 곱창, 평화시장 닭
- ☐ 숙박 궁전라벤더찜질방

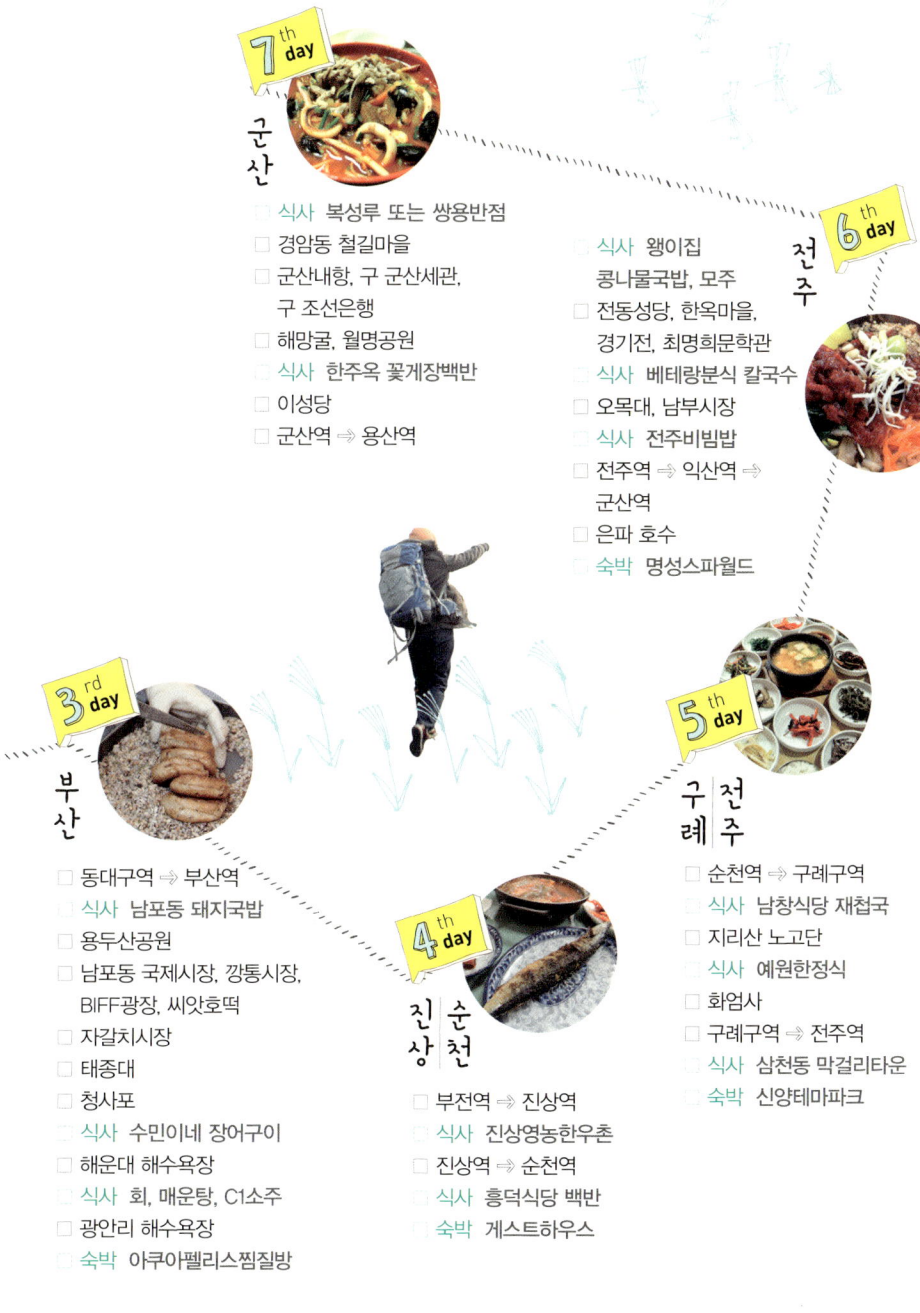

7th day 군산

- 식사 복성루 또는 쌍용반점
- 경암동 철길마을
- 군산내항, 구 군산세관, 구 조선은행
- 해망굴, 월명공원
- 식사 한주옥 꽃게장백반
- 이성당
- 군산역 ➡ 용산역

6th day 전주

- 식사 왱이집 콩나물국밥, 모주
- 전동성당, 한옥마을, 경기전, 최명희문학관
- 식사 베테랑분식 칼국수
- 오목대, 남부시장
- 식사 전주비빔밥
- 전주역 ➡ 익산역 ➡ 군산역
- 은파 호수
- 숙박 명성스파월드

3rd day 부산

- 동대구역 ➡ 부산역
- 식사 남포동 돼지국밥
- 용두산공원
- 남포동 국제시장, 깡통시장, BIFF광장, 씨앗호떡
- 자갈치시장
- 태종대
- 청사포
- 식사 수민이네 장어구이
- 해운대 해수욕장
- 식사 회, 매운탕, C1소주
- 광안리 해수욕장
- 숙박 아쿠아펠리스찜질방

4th day 진상 순천

- 부전역 ➡ 진상역
- 식사 진상영농한우촌
- 진상역 ➡ 순천역
- 식사 흥덕식당 백반
- 숙박 게스트하우스

5th day 구례 전주

- 순천역 ➡ 구례구역
- 식사 남창식당 재첩국
- 지리산 노고단
- 식사 예원한정식
- 화엄사
- 구례구역 ➡ 전주역
- 식사 삼천동 막걸리타운
- 숙박 신양테마파크

061

3일 안에 본전 뽑는

09 1/2 하프 코스 BEST

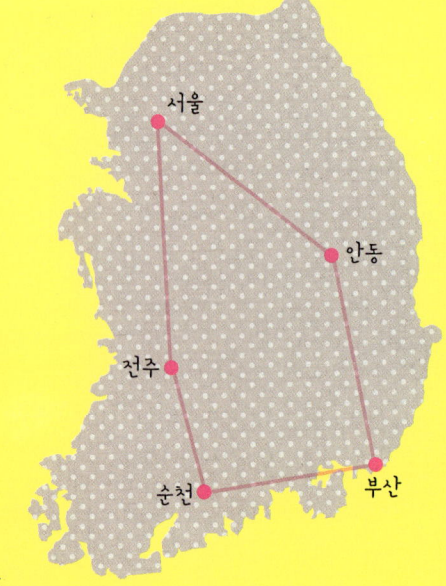

🌲 코스특징

내일로 티켓을 끊었다고 해서 반드시 7일을 채울 필요는 없다. 마라톤에도 하프 코스는 있는 법. 안동, 부산, 순천, 전주 등 인기 내일로 코스만 쏙쏙 뽑았다. 하나로와 다소니에도 응용 가능한 알짜배기 코스! 학교와 동아리, 아르바이트, 저질 체력 등으로 7일을 채우기 힘든 경우 활용하자.

1st day

안동│부산

- ☐ 청량리역 ➡ 안동역
- **식사** 안동찜닭
- ☐ 안동 하회마을
- ☐ 안동역 ➡ 해운대역
- ☐ 해운대 해수욕장
- **숙박** 게스트하우스

총 예산

교통비	12,300원
식비	58,500원
관광지 요금	5,500원
숙박비	47,000원
합계 약	123,300원

4th day

전주
- 식사 왱이집 콩나물국밥, 모주
- 경기전, 최명희문학관, 남부시장
- 식사 베테랑분식 칼국수
- 전주역 ⇒ 용산역

3rd day

순천 | 전주
- 선암사
- 식사 흥덕식당
- 순천만
- 순천역 ⇒ 전주역
- 전동성당, 한옥마을
- 식사 전주비빔밥
- 오목대
- 숙박 한옥스파찜질방

2nd day

부산
- 동백섬, 누리마루 APEC하우스
- 센텀시티
- 남포동 국제시장, 깡통시장, BIFF광장
- 용두산공원
- 자갈치시장
- 식사 회, 매운탕
- 부전역 ⇒ 순천역
- 숙박 게스트하우스

숙박비 제로에 도전!

10 당일치기 여행지 BEST

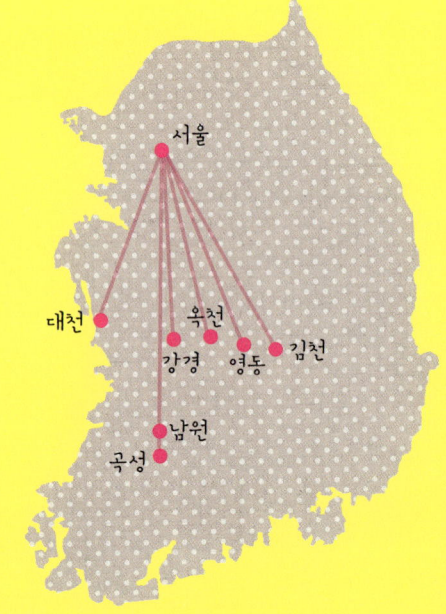

🌳 코스특징

전국이 반일생활권인 대한민국. 아침 일찍 출발했다가 저녁이면 즐거운 나의 집으로 되돌아오는 당일치기 여행으로, 숙박비도 아끼고 무거운 배낭으로부터 해방될 수 있다. 미성년자이거나 부모님의 염려로 외박 허락을 받기 어려운 경우에도 활용도 만점. 자유롭게 응용이 가능한 하루여행 코스 7가지를 소개한다.

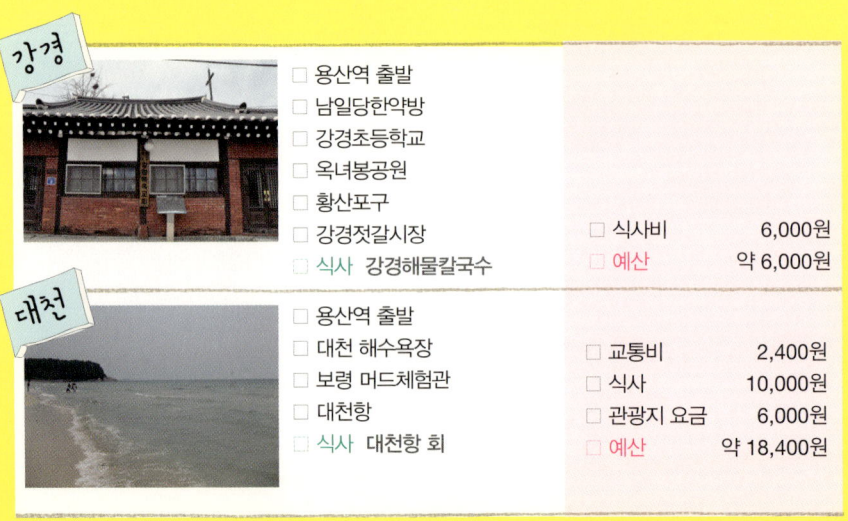

강경
- 용산역 출발
- 남일당한약방
- 강경초등학교
- 옥녀봉공원
- 황산포구
- 강경젓갈시장
- 식사 강경해물칼국수

☐ 식사비	6,000원
☐ 예산	약 6,000원

대천
- 용산역 출발
- 대천 해수욕장
- 보령 머드체험관
- 대천항
- 식사 대천항 회

☐ 교통비	2,400원
☐ 식사	10,000원
☐ 관광지 요금	6,000원
☐ 예산	약 18,400원

옥천
- ☐ 서울역 출발
- ☐ 정지용 생가
- ☐ 정지용문학관
- ☐ 구읍, 죽향초등학교
- ☐ 옥천 천주교회
- ☐ 멋진 신세계
- 식사 구읍할매묵집
       도토리묵밥

☐ 교통비	2,100원
☐ 식사비	7,000원
☐ 예산	약 9,100원

영동
- ☐ 서울역 출발
- ☐ 와인코리아
- ☐ 노근리 평화공원
- 식사 영동올갱이식당
       올갱이국

☐ 교통비	2,100원
☐ 식사비	6,000원
☐ 예산	약 8,100원

김천
- ☐ 서울역 출발
- ☐ 직지사
- ☐ 직지문화공원
- ☐ 세계도자기박물관
- 식사 산채비빔밥

☐ 교통비	2,400원
☐ 식사비	7,000원
☐ 관광지 요금	3,500원
☐ 예산	약 12,900원

남원
자전거 투어
- ☐ 용산역 출발
- ☐ 만복사지
- ☐ 광한루원
- ☐ 춘향테마파크
- 식사 새집추어탕

☐ 자전거 대여료	5,000원
☐ 식사비	8,000원
☐ 관광지 요금	5,000원
☐ 예산	약 18,000원

곡성
- ☐ 용산역 출발
- ☐ 섬진강 기차마을
- ☐ 기차마을 레일바이크
- ☐ 기차마을 증기기관차
- 식사 기차마을가든
       참게탕

☐ 식사비	11,000원
☐ 관광지 요금	11,500원
☐ 예산	약 22,500원

Part 3
실전편

대한민국 구석구석 갈 곳은 많지만
그중에서도 만족할만한 여행지만 꼽았다.
부산, 순천, 안동, 강릉 등 두 말이 필요 없는 내일로 성지와
옥천, 강경, 용궁 등 숨겨진 보석 같은 소읍들,
기차역 자체가 명소인 승부와 진상 등 저마다의 특색도 다양하다.
전국 10개 기차노선을 빛내주는 46곳의 내일로 여행지를 소개한다.

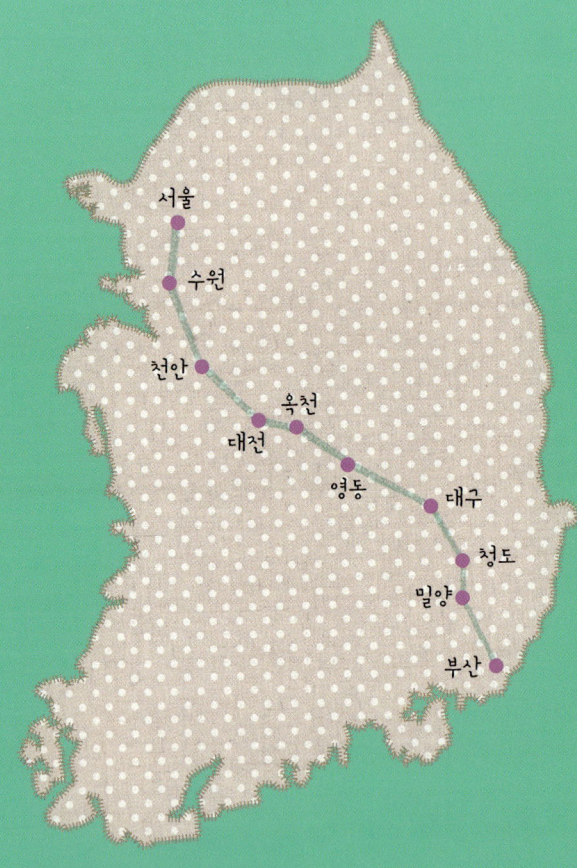

가장 길고 여행객도 많은 우리나라 대표 철도 노선.
한없이 멀게만 느껴지는 서울과 부산의 거리도
마음의 여유만 가지면 의외로 금방이다.
언제나 승객이 많아서 앉을 자리를 찾기는 조금 어렵기도 하다.

✱ 서울에서 부산까지 441.7km **경부선**

서울사람도 잘 모르는
비밀이 가득한 도시 **서울**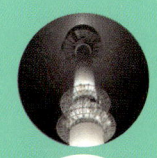

임금님 행차하신
행궁길을 따라서 **수원**

대한독립 염원을 담은
아우내의 함성소리 **천안**

충청도 양반,
한밭을 거닐다 **대전**

그곳이 차마
꿈엔들 잊힐 리야 **옥천**

포도의 고장,
와인의 고향 **영동**

청도 감으로 만든
와인 한 잔 하실래요? **청도**

새빨간 젊음이
출렁이는 곳 **대구**

비밀의 햇볕이
비치는 도시 **밀양**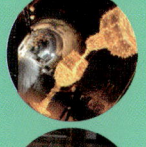

삶, 바다, 문화가 다 있는
초특급 여행지 **부산**

경부
선

서울사람도 잘 모르는 비밀이 가득한 도시
서울

아직 서울구경 한 번 제대로 못했다며 위축될 필요는 없다. 사실은 서울사람조차도 이 매력 넘치는 도시의 비밀을 살살이 알지는 못하니까.

세계적인 여행 가이드북 〈론리 플래닛〉이 '아시아의 숨겨진 보물'이라고 칭하는 서울의 매력은 '공존'이다. 왕이 살던 고궁과 오래된 돌담길에서부터 최첨단의 문명과 트렌드의 절정까지 함께 발견할 수 있는 600년 된 도시가 바로 서울이다.

공기는 나쁘고 사람은 숨 막히게 많다. 서울 나들이가 처음이라면 초장부터 살짝 기가 질려 버릴지도 모를 일이다. 그러나 겁먹지 말자. 표정은 굳어 있지만 말을 걸어 보면 의외로 다정한 게 서울사람들이다.

관광 지수	★★★★★
휴식 지수	★★☆☆☆
교통 지수	★★★★★
맛집 지수	★★★★☆
예산 지수	★★☆☆☆
기차역 지수	★★★★★

서울역 종합안내센터
02-392-1324
서울역 여행센터 02-3149-3333
용산역 여행센터 02-3780-5555
청량리역 02-3299-7290
청량리역 여행센터 02-913-1788
영등포역 종합안내센터
02-2639-3310, 2678-5928
다산콜센터 02-120
App 서울 버스, 지하철

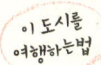
이 도시를
여행하는법

❶ 서울에서는 지하철로 못 가는 곳이 없고 버스도 구석구석 다녀서 세계 최고라고 해도 과언이 아닐 만큼 교통이 편리하다. 다만 워낙 유동인구가 많다보니 지하철이나 버스를 반대로 타는 등의 실수를 하기 쉬우니 유의하자. 지나가는 사람 아무나 붙잡고 물어봐도 길을 잘 알려주는 지방 소도시와는 달리 서울에는 토박이가 아닌 사람이 더 많고, 서울이 워낙 넓다보니 자기가 사는 동네 외에는 잘 모르는 경우가 허다하니 길찾기에 참고하자. ❷ 광화문광장을 중심으로 경복궁, 청계천, 덕수궁, 서울시립미술관 등은 걸어서 돌아볼 수 있는 거리다. 북촌한옥마을, 삼청동, 인사동도 모두 인접해있다. 서울에서는 특정한 박물관이나 관광지를 방문하는 것도 좋지만 명동, 홍대앞, 대학로, 강남역 등을 찾아 그 일대에서만 느낄 수 있는 독특한 분위기를 흡수해보는 것을 추천한다.

추천일정표

AM

10:00 　동대구, 김천, 대전 등에서 출발한 무궁화호 열차로 서울역 도착
　　　　서울에는 장시간 편리하게 짐을 맡길 곳이 별로 없으므로 서울역 물품보관함에 짐을 맡겨놓고 여행 후 돌아와 짐을 찾아 근처에서 숙박하는 것도 괜찮다.

　　　　지하철로 경복궁역 이동(약 16분 소요)

11:00 　경복궁 관람

PM

01:00 　광화문광장 둘러보고 올레스퀘어 앞에서 종로11번 마을버스 타고 삼청동으로 이동(약 10분 소요)

01:30 　천진포자에서 점심식사

02:30 　삼청동 골목길 산책, 북촌한옥마을 둘러보기

03:30 　커피방앗간에서 커피 마시며 휴식

04:00 　종로경찰서 앞에서 151번 파란버스 타고 남대문시장(북창동) 하차(약 10분 소요)
　　　　남대문시장 구경하기

05:30 　남대문시장 내 칼국수골목에서 저녁식사

06:00 　회현역 4, 5번 출구 근처 액세서리 전문상가 앞에서 03번 남산순환버스 타고 종점 N서울타워 하차(약 20분 소요)
　　　　사랑의 자물쇠, 기프트샵 등 구경하고 서울 야경 감상

08:00 　남산순환버스 02, 05번 타고 대한극장 하차해 명동으로 이동해 명동 구경

10:00 　명동역에서 지하철 타고 서울역으로 이동(약 4분 소요)
　　　　서울역 실로암불가마사우나 숙박

＊ 서울역광장으로 나오면 보이는 '문화역 서울 284'는 구 서울역사를 복원해 만든 전시장으로 다양한 문화행사와 전시가 열린다. 오전 10시부터 오후 7시까지 내부를 관람할 수 있다. 매주 월요일 휴관.

예산

서울역 ⇨ 경복궁역 지하철비	1,150원
경복궁 입장료	3,000원
올레스퀘어 ⇨ 삼청동 버스비	850원
천진포자 지짐만두	5,000원
커피방앗간 아메리카노	4,000원
종로경찰서 ⇨ 남대문시장 버스비	1,150원
남대문시장 칼국수골목	4,000원
남대문시장 ⇨ N서울타워 버스비	850원
N서울타워 ⇨ 명동 버스비	850원
명동역 ⇨ 서울역 지하철비	1,150원
실로암불가마사우나	13,000원
합계	= 약 35,000원

경부선

01 경복궁

조선 왕조의 오백년 역사를 간직한 법궁. 1395년 태조 이성계가 창건했다. 이후 임진왜란 때 소실되었다가 고종 때 흥선 대원군의 주도로 중건되었다. 서울 시내 한복판에 위치해 앞으로는 광화문광장이 뒤로는 북악산과 산자락의 청와대가 있다. 고즈넉한 궁궐 주변으로는 갤러리와 미술관들도 많다. 가장 베이직한 서울 투어 코스지만 빼놓기는 역시 아쉬운 고궁이다. 우리가 흔히 알고 있는 광화문이 경복궁의 정문이며 안에는 왕이 집무를 보던 근정전, 생활공간이던 강년전과 교태전, 연회 장소인 경회루 등이 있다. 경복궁 관람은 1~2시간 정도 소요되며, 궐내에는 무료로 관람할 수 있는 국립민속박물관과 국립고궁박물관도 있으니 함께 둘러봐도 좋겠다.

전화번호 경복궁 문화재안내실 02-3700-3904~5 **홈페이지** www.royalpalace.go.kr **요금** 3,000원 (만 24세 이하 무료 입장) **운영시간** AM 09:00~PM 06:00, 여름 PM 06:30까지, 겨울 PM 05:00까지 **휴일** 매주 화요일 **교통** 지하철 3호선 경복궁역 5번 출구 이용 도보 3분. 혹은 지하철 5호선 광화문역 2번 출구 이용 도보 10분.

02 광화문광장

광화문광장은 서울의 심장이라 불리는 세종로 한복판, 광화문 바로 앞에 위치하고 있다. 서울의 상징 이순신장군과 세종대왕 동상이 있는 도심광장이다. 꽃밭이 예쁘게 가꾸어져있고 하절기에는 바닥분수도 가동돼 주말이면 나들이객이 많은 서울시민의 쉼터. 경복궁, 광화문 교보문고, 세종문화회관 등이 가까워 자주 지나게 되는 곳이다.

교통 지하철 5호선 광화문역 2, 8번 출구와 연결돼있다. 경복궁에서 나오면 바로 보인다. 혹은 1호선 시청역 3번 출구에서 코리아나호텔 방향으로 도보 10분.

03 광화문 교보문고

우리나라에서 제일 큰 서점. 2010년 광화문 교보문고가 리모델링 공사를 할 때 우리나라 출판업계가 위기에 빠졌다고 할 정도로 출판시장에 미치는 영향력이 굉장하다. 책을 좋아하는 사람이라면 한 번쯤 들러볼만한 곳으로 다양한 책을

이라면 한 번쯤 들러볼만한 곳으로 다양한 책을 편하게 읽을 수 있도록 갖춰져 있고 온갖 종류의 잡지, 외서들도 고루 갖추고 있다. 핫트랙스 매장도 함께 있어 둘러보기 좋다. 광화문역에 연결돼 있어서 찾기 쉽다.

전화번호 1544-1900 핫트랙스 02-732-9961 **홈페이지** www.kyobobook.co.kr **운영시간** AM 09:30~PM 10:00 **휴일** 설 및 추석 당일

05 덕수궁

경복궁과는 또 다르게 고즈넉하고 세련된 아름다움이 있는 궁궐이다. 선조 이래 쓰인 궁으로 규모는 경복궁에 비해 작지만 가볍게 산책하며 둘러보기에는 딱 좋다. 궁궐 자체도 아름답지만 경내 석조전 서관에 위치한 덕수궁미술관을 찾는 이들도 많다. 덕수궁의 정문 대한문 앞에서 수문장 교대식 행사가 매일 열리며, 대한문 왼편으로 난 골목길은 데이트 코스로도 이름이 높은 덕수궁 돌담길이다.

전화번호 안내실 02-771-9955 덕수궁미술관 02-2022-0600 **홈페이지** www.deoksugung.go.kr **요금** 1,000원(만 24세 이하 무료 입장), 미술관 관람료는 전시에 따라 상이 **운영시간** AM 09:00~PM 09:00 **휴일** 매주 월요일 **교통** 지하철 1호선 시청역 2번 출구나 2호선 시청역 12번 출구에서 대한문으로 입장. 혹은 광화문광장에서 세종문화회관 쪽으로 길을 건너 서울시청 방향으로 걸어가면 10분 소요.

04 청계천

서울 도심 종로와 을지로 일대를 따라 흐르는 복개하천으로 천변을 따라 걷거나 물가에 앉아 노닥거리는 사람들이 많다. 밤에는 조명이 켜지기 때문에 언제 찾아도 좋다. 청계천에 가려면 먼저 유명한 소라기둥이 있는 청계광장을 먼저 찾는다. 청계광장은 각종 문화행사와 집회 · 시위의 현장이 되기도 하는 곳이다. 광장 뒤편의 계단을 따라 내려가면 청계천 물길이 나온다. 길을 따라 걷다보면 광통교, 삼일교, 수표교를 차례로 지나게 되고 계속 걸어 오간수교에 이르면 동대문패션타운에 이른다. 생각보다 거리가 상당하기 때문에 체력을 안배해 걷는 게 좋다.

전화번호 종합상황실 02-2290-7111 **홈페이지** www.cheonggyecheon.or.kr **교통** 지하철 1호선 시청역 4번 출구에서 5~10분 직진하면 청계광장이 나온다. 혹은 광화문광장에서 올레스퀘어 쪽으로 길을 건너 서울시청 방향으로 걸어가면 청계광장까지 10~15분 소요.

06 서울시립미술관(서소문본관)

서울시립미술관은 저렴한 비용으로 수준 높은 문화의 향기를 느낄 수 있는 공공미술관이다. 덕수궁 돌

담길을 따라 10분 정도 걸어가면 미술관이 나온다. 르네상스식으로 지어진 옛 대법원 건물의 전면부를 보존하고 있고 널찍한 실내공간이 화사하게 탁 트여 쾌적하게 관람할 수 있다. 앤디워홀전, 팀버튼전 등 수준 높은 기획전시가 열리는데다 상설전시는 무료이기 때문에 부담 없이 찾기 좋다. 전시도 전시지만 덕수궁 돌담길을 따라 걷는 운치와 야외조각 공원 때문에라도 별 좋은 날 가볼만한 곳이다.

전화번호 02-2124-8800 **홈페이지** seoulmoa.seoul.go.kr **요금** 무료, 기획전 관람료는 전시에 따라 상이 **운영시간** AM 10:00~PM 08:00, 토·일·공휴일 PM 07:00까지, 동절기에는 토·일·공휴일 PM 06:00까지 **휴일** 매주 월요일, 신정 **교통** 지하철 2호선 시청역 10번 출구 이용. 혹은 덕수궁 돌담길 따라 도보 10분.

07 인사동

전통예술 갤러리와 화랑들이 많아 독특한 분위기를 형성하는 인사동은 외국인도 내국인도 금세 반해버리는 공간이다. 골동품가게, 고서점, 전통찻집들 사이로 세계 최초로 한글 간판을 설치한 스타벅스가 보인다. 알 수 없는 외국어투성이인 간판이 무성한 도심에서 유난히 예쁜 우리말 간판을 자주 볼 수 있는 곳이 인사동이다. 인사동에는 쌈지길이라는 특별한 길이 있는데 이는 어느 골목길이 아니라 한 공예 전문 쇼핑몰 건물을 부르는 이름이다. 4층 규모에 옥상 정원까지 갖춘 쌈지길에는 다양한 공예상품과 의류, 액세서리를 파는 가게들이 입점해 있으며 도자기, 유리병, 자개 등의 체험공방도 운영되어 복합문화공간으로 거듭나고 있다.

홈페이지 www.ssamzigil.co.kr **교통** 지하철 3호선 안국역 6번 출구에서 크라운베이커리 골목으로 진입.

08 삼청동

전통과 현대의 공존이라는 단어가 딱 어울리는 동네가 바로 삼청동이다. 예스러운 동네 곳곳에 트렌디하고 아기자기한 옷가게, 카페, 식당, 갤러리들이 즐비하다. 학고재(02-720-1524~6, hakgojae.com), 국제갤러리(02-735-8449, www.kukjegallery.com), 아라리오(02-723-6190, www.ararioseoul.com) 등 관람료 없이 부담 없이 둘러볼 만한 갤러리도 많다. 지금 서울에서 가장 힙한 플레이스 중 하나인 삼청동에서는 수시로 각종 화보나 광고 촬영도 이루어진다.

교통 지하철 3호선 안국역 1번 출구에서 반대 방향으로 도보 1분 풍문여고 골목 진입. 혹은 광화문 올레스퀘어 앞에서 종로 11번 마을버스 이용 정독도서관 하차.

09 북촌한옥마을

경복궁의 윗동네라는 뜻으로 북촌이라 하는 이곳은 조선시대 조성된 사대부 집권세력의 주거지로 아름다운 한옥이 많은 동네다. 삼청동을 포함하여 가회동과 안국동, 사간동, 계동과 소격동, 재동 일대를 말하는데 특히 가회동 31번지와 33번지, 11번지 일대에 한옥이 밀집돼 있다. 북촌에는 한옥을 체험할 수 있는 게스트하우스가 많고 부엉이박물관(02-3210-2902, www.owlmuseum.co.kr), 북촌생활사박물관(02-736-3957, www.bomulgun.com) 등 함께 둘러볼만한 박물관도 여럿이다.

홈페이지 bukchon.seoul.go.kr **교통** 삼청동에서 정독도서관을 지나 가회동 쪽으로 올라가면 본격적인 한옥마을이 시작된다.

서 세종마을이라고도 부른다. 사직동과 필운동, 통인동과 통의동, 옥인동 등을 아우른다.

교통 지하철 3호선 경복궁역 1번 출구 이용 사직공원 방향으로 직진.

11 통인시장

평범한 재래시장을 생각하면 오산이다. 가게마다 벽화를 입고 간판을 꾸몄으며, 가게의 특색에 맞게 개성 있는 오브제들이 넘실거린다. 2011년 시장 조각 설치대회에 참가한 인근 예고·예대생들의 작품이다. 통인시장에는 기름에 볶아 만드는 기름떡볶이가 명물이다. 고추장떡볶이와 간장떡볶이 두 종류가 있으니 골고루 맛보자.

휴일 둘째 주 일요일 **교통** 지하철 3호선 경복궁역 2번 출구에서 직진 5분.

10 서촌(세종마을)

북촌이 양반들의 거주지였다면 경복궁의 서쪽 마을 서촌에는 중인들이 많이 살았다. 조선시대 중인이라 하면 주로 문화예술인들을 말하는데, 근대에 들어서도 화가 이중섭, 시인 윤동주, 소설가 이상 등이 살았으니 나름의 전통이 깊은 셈이다. 으리으리한 북촌에 비해 수더분한 느낌이 정겨운 서촌은 세종대왕이 태어나신 곳이기도 해

12 숭례문&남대문시장

우리나라의 국보 제1호인 숭례문은 조선 태조 때 세워진 한양도성의 남쪽 대문이다. 2008년 2월 화재로 전소되면서 국민들의 마음을 아프게 했으나 복원 후 2013년 5월부터는 다시 관람객에 개방하고 있다. 남대문시장과 가까우니 함께 둘러보면 좋다. 남대문시장은 그 유명세만큼 없는 게 없이 큰 시장으로, 그릇상가, 카메라상가, 숭례문 수입상가 등 각 상가별로 파는 물건이 다르다. 한국을 찾는 외국인의 거의 절반가량이 빼놓지 않고 들르는 관광 명소이기도 하다. 넓어서 헤매기 십상이지만 골목골목 구경하다보면 신기한 구경을 많이 할 수 있고, 칼국수, 갈치조림 등 저렴한 시장통 맛집에서 한 끼 해결하기도 수월하다.

운영시간 숭례문 하절기 AM 09:00~PM 06:30, 동절기 PM 05:30까지 **교통** 지하철 1호선 회현역 5, 6번 출구 이용.

교통 지하철 4호선 혜화역 이용, 2번 출구로 나오면 마로니에 공원.

14 N서울타워(남산타워)

연인들이 영원한 사랑을 약속하며 매다는 사랑의 자물쇠로 커플들의 성지가 된 남산타워의 정확한 명칭은 N서울타워다. 한강을 비롯한 서울의 전망을 가장 잘 내려다볼 수 있는 곳이다. 야경이 예쁘므로 저녁 때 가는 것이 좋다. 전망대 입장료는 9,000원으로 비싼 편인데 굳이 전망대에 오르지 않더라도 충분히 전망이 훌륭하다. 1층 기프트샵에서는 여느 관광지의 판에 박은 기념품과 달리 남산타워를 형상화한 특색 있고 귀여운 상품들이 가득하다. 엔테라스 라운지 카페나 투썸플레이스 등이 있어 뛰어난 전망을 즐기며 목을 축일 수 있다. 입장료가 8,000원으로 비싼 편이기는 하지만 테디베어 뮤지엄도 있으니 참고하자.

전화번호 안내데스크 02-3455-9277, 9288
홈페이지 www.nseoultower.co.kr **교통** 노란색 남산 순환버스가 15~20분 간격으로 다닌다. 지하철 3·4호선 충무로역 2번 출구 대한극장 앞에서 02, 05번, 4호선 명동역 3번 출구에서 05번, 3호선 동대입구역 6번 출구에서 02번 이용. 또는 1·4호선 서울역 9번 출

13 대학로

공연의 메카인 대학로에서는 날마다 실험적인 공연들이 관객을 맞는다. 100개 이상의 소극장에 연극과 뮤지컬을 비롯한 공연이 오르고 대학로의 상징 마로니에 공원에서도 각종 길거리 공연과 퍼포먼스가 펼쳐진다. 마로니에 공원 뒷길을 따라 올라가면 서울의 몽마르뜨라 불리는 낙산공원이 나오고 서울 한복판에서 시간이 멈춘 듯한 이화동 벽화골목도 있어서 구석구석 알면 알수록 매력이 넘쳐나는 곳이 대학로다.

구나 6호선 이태원역 4번 출구, 남대문시장 액세서리 전문상가 앞 정류장에서 03번 이용.

15 이태원

'젊음이 가득한 세상 이태원 프리덤' UV의 코믹한 노래 덕분에 부쩍 인기를 얻고 있는 이태원은 서울 속 작은 지구촌이라 불리는 이국적인 동네다. 세계 곳곳의 다양한 요리를 맛볼 수 있는 맛집, 마치 외국의 펍에 와 있는 듯한 기분을 느끼게 하는 술집, 독특한 의류를 판매하는 옷집 등 즐길거리가 풍성하다. 홍석천이 운영하는 걸로 유명한 마이첼시(02-749-1373), 마이타이(02-794-8090) 등 가격대는 높지만 무척 세련된 가게들이 많다. 해밀턴호텔을 중심으로 골목골목 개성이 넘치며 주말 밤이 되면 사거리를 가득 메운 차들로 일대 교통이 마비되는 지경이다.

교통 지하철 6호선 이태원역 1번 출구로 나오면 해밀턴호텔.

16 한국이슬람중앙성원 Seoul Central Mosque

복작대는 번화가 한편에 이렇듯 경건한 공간이 있는 것 또한 이태원의 매력 아닐까. 흔히 모스크라고 부르는 이슬람교 사원은 무슬림들이 종교 활동을 하는 곳이다. 이슬람교가 대중적이지 않은 한국에서 모스크를 만나는 기분이란 무척 신비롭다. 둘러보는 데 특별한 제한은 없으나 함부로 인물 사진을 찍거나 소란을 피우는 일은 자제해야겠다. 인샬라(신의 뜻대로).

교통 지하철 6호선 이태원역 3번 출구에서 소방서와 주유소 지나 5분 직진 후 오른편 계단 올라 이태원랜드 찜질방 건물 뒤편 골목으로 진입.

17 명동

쇼핑의 메카 명동은 명품관을 갖춘 백화점부터 저렴한 로드샵까지 없는 매장이 없어 옷이나 화장품 쇼핑에 딱 좋은 곳이다. A-LAND나 코즈니 같은 편집매장에서는 꼭 무얼 사지 않더라도 구경하는 재미가 쏠쏠하다. 한국인지 중국인지 분간이 되지 않을 만큼 중국어로 된 간판이나 중국어로 호객하는 상인들이 많다. 에뛰드하우스, 더페이스샵, 미샤, 이니스프리 등 화장품 로드샵들이 즐비한데, 우리나라에서는 가격 착한 저렴이로 알려진 제품들이 수출되면 꽤 몸값이 오르기 때문에 잔뜩 사재기해가는 외국인 관광객들이 많다. 명동은 무척 넓고 복잡하기 때문에 까딱하면 길을 헤매기 십상이다. 주말에는 자칫 인파에 휩쓸리기 쉽기 때문에 초행이라면 가급적 평일에 가자. 밀리오레를 기준으로 길을 찾으면 보다 수월하다. 명동역 지하상가 안에도 쇼핑거리가 풍성하다.

교통 지하철 4호선 명동역 6번 출구로 나오면 밀리오레.

18 여의나루(한강)

서울의 젖줄 한강을 구경하려면 여의나루로 가는 것이 가장 쉽다. 지하철역에서 나오면 곧바로 너른 잔디밭과 함께 한강공원이 펼쳐진다. 날씨가 좋은 날이면 한강에서 조깅이나 자전거 라이딩을 즐기는 사람들도 많지만 경치 구경을 위해 서라면 낮보다는 밤이 정답이다. 반짝반짝 여의도의 마천루들과 함께 불 밝힌 철교들이 화려한 야경을 그려낸다. 가볍게 치맥을 즐기기도 딱 좋은 곳인데 포장마차와 편의점 등이 있어 편리하게 이용할 수 있다.

교통 지하철 5호선 여의나루역 이용.

19 홍대앞

대한민국 문화의 집합소 홍대앞. 클럽만 많다는 고정관념은 오해다. 예쁜 카페들과 트렌디한 옷 가게들, 무엇보다도 저마다의 개성을 뽐내는 멋쟁이들이 많아 구경하는 재미가 넘친다. 동교동,
서교동을 중심으로 상수동, 합정동까지 홍대앞의 범위는 무척 넓지만 첫 방문이라면 걷고싶은 거리와 홍대놀이터, 상상마당을 중심으로 구경해 보길 추천한다. 홍대입구역 9번 출구로 나와 바로 왼편 골목으로 들어가면 걷고싶은거리가 나온다, 오른쪽이 홍익대 방향이다. 걷고싶은거리에는 각종 고깃집이나 술집이 많고, 홍익대학교를 지나쳐 가면 일대의 자유로운 영혼들이 모여드는 홍대 놀이터와 복합문화공간 상상마당이 나온다.

전화번호 홍대관광안내소 02-323-2240 **교통** 지하철 2호선 홍대입구역 9번 출구 이용.

20 강남역

'강남 스타일'에 대해서는 많은 설명이 필요하지 않을 테지만 서울사람이 아니면 의외로 강남에 대해 잘 모른다. 강남은 한강 이남의 서울 혹은 강남구 전체를 지칭하기도 하지만 구체적으로 청담, 신사 등과 구분되는 리얼 강남 스타일은 강남역 일대에서 만나볼 수 있다. 강남대로를 가득 메운 거대한 빌딩들, SPA 브랜드의 대형 매장들이 휘황찬란하고 골목 안쪽으로 들어가면 밥집, 술집, 클럽 등 불야성을 이루는 유흥가가 발달해있다. 퇴근 시간대면 지하철을 제대로 타지 못할 정도로 사람이 많은 곳이라 무척 번잡하지만 사람 구경만큼은 질리도록 할 수 있는 곳이 강남역이다.

교통 지하철 2호선 강남역 10번 출구 이용.

21 국립중앙박물관

유럽에 루브르와 대영박물관, 뉴욕에 현대미술관이 있다면 서울에는 '국중박'이 있다. 세계 6대 박물관에 들어갈 정도로 방대한 규모와 소장품 수준을 자랑하는 국립중앙박물관에서는 국사 교과서에서 자주 보던 국보급 유물들을 어렵지 않게 만나볼 수 있다. 상설전시는 무료라 부담이 없으며, 높은 천장의 회랑이 주는 운치가 있어 산책하듯 둘러보기 좋다. 야외의 거울못도 명물인데 연못에 비치는 박물관의 건축미가 무척 뛰어나다. 멀리 남산타워까지 내다보이는 전망을 자랑하며 전시 수준 외에도 즐길 거리가 많은 곳. 아트샵에서는 독특하고 예쁘면서도 가격이 착한 아트상품도 판매하고 있으니 기념품을 구입하기도 적절하다.

전화번호 02-2077-9000 **홈페이지** www.museum.go.kr **요금** 무료, 기획전 관람료는 전시에 따라 상이 **운영시간** 화·목·금요일 AM 09:00~PM 06:00, 수·토요일 PM 09:00까지, 일요일·공휴일 PM 07:00까지 **휴일** 매주 월요일, 신정 **교통** 4호선 이촌역 2번 출구에서 도보 5분.

22 길상사

성북동 길상사는 본래 대원각이라는 유명한 요정이었다. 요정 주인 김영한씨가 법정스님의 〈무소유〉를 읽고 감화돼 대원각을 불사하며 길상사가 세워졌다. 진흙 속에서 연꽃이 피어나듯, 가장 세속적인 공간 중 하나인 요정이 맑고 향기로운 절집이 된 것이다. 입적 전 법정스님이 지내시기도 했던 길상사는 깊은 산속이 아닌 성북동 주택가에 위치해 가벼운 절 나들이를 즐기기에 제격이다. 성북동에는 우리나라 전통한옥찻집 1호 수연산방과 만해 한용운 선생이 말년을 보낸 집 심우장, 최순우 옛집 등 향기로운 공간들이 많아 쉬엄쉬엄 걸으며 여행하기에 적합하다. 일 년에 두번 밖에 열지 않지만 간송미술관이 있는 곳도 성북동이다.

전화번호 02-3672-5945 **홈페이지** www.kilsangsa.or.kr **교통** 지하철 4호선 한성대입구역 6번 출구에서 도보 20분 혹은 택시 기본요금.

🍴 맛집

우리나라의 수도이자 최대의 메트로폴리스인 서울은 정말로 큰 도시이기 때문에 맛집도 많지만 워낙 사람이 많고 복잡해 지리를 잘 모르면 찾아다니기가 어렵다. 프랜차이즈 식당이나 카페 등은 차고 넘치게 많으니 눈에 띄는 대로 지방에서 찾아보기 힘든 패밀리 레스토랑이나 서래, 새마을식당, 스무디킹 등을 맛보는 것도 재밌겠다. 지방 소도시에 비해서 물가가 비싸다는 것은 감안해야 한다.

🍴 광화문 아띠

세종문화회관 지하에 위치한 전문식당가로, 물가 비싼 도심 한복판에서 비교적 저렴하게 식사를 해결할 수 있는 곳이다. 명동칼국수·샤브샤브, 일식라면 멘무샤, 카레&오믈렛 전문점 커리포트 등이 입점해있어 입맛과 주머니 사정에 따라 고를 수 있다.

위치 광화문광장 바로 옆 세종문화회관 지하 1층 **주소** 서울특별시 종로구 세종로 81-3 **전화번호** 1577-5378 **가격** 명동칼국수 6,000원, 훈제삼겹정식 9,000원

🍴 오향족발

다섯 가지 향이 나는 족발이라는 뜻의 오향족발은 부드러운 육질과 적절히 배합된 콜라겐으로 감동을 선사한다. 식사시간이면 근처 회사원들이 줄 서서 먹는 맛집으로 저녁 6시 이전에 가야 기다리지 않고 먹을 수 있다. 새콤한 소스에 양배추를 재워 곁들이면 맛이 뛰어나며 함께 제공되는 떡만두국도 별미다.

위치 광화문역 1번 출구 옆 로얄지하상가 지하 1층. **주소** 서울특별시 종로구 당주동 5 **전화번호** 02-725-6887 **가격** 오향족발 中 28,000원, 大 33,000원 **운영시간** AM 11:30~PM 10:30 **휴일** 매주 일요일

🍴 온마을

삼청동에서 단연 건강한 한 끼 식사를 할 수 있는 곳이다. 몸에 좋은 저염식을 지향하며 부드럽고 고소한 두부 맛이 무척 뛰어나다. 나무를 많이 써 전통찻집 같은 분위기의 인테리어가 입맛을 돋워준다.

위치 삼청동 주민센터에서 삼청터널 방향으로 가는 삼청로에 위치. **주소** 서울특별시 종로구 삼청동 123 **전화번호** 02-738-4231 **가격** 두부버섯전골(2인 이상) 9,000원, 두부김치전골(2인 이상) 9,000원, 순두부찌개 7,000원, 국산서리태두부 10,000원 **운영시간** AM 10:00~PM 09:00

🍴 천진포자

중국식 만두와 챠오면 등 중국인 주방장이 요리하는 진짜 중국음식으로 유명세를 탄 곳이다.

특히 부추만두의 명성이 자자하다. 본관과 면관이 가게 둘을 사이에 두고 붙어있는데 본관에서는 부추만두, 배추만두 등 다양한 종류의 만두, 면관에서는 만두와 함께 면요리를 판다. 다른 곳에서 흔히 접하기 어려운 리얼 차이니즈 딤섬을 즐겨보자.

위치 풍문여고에서 정독도서관 가는 길에 위치. 아트센터 선재 옆. **주소** 서울특별시 종로구 소격동 148-2 **전화번호** 02-739-6086 **가격** 챠오면 6,000원, 배추만두 6,000원, 지짐만두 6,000원, 부추야채만두 6,000원 **운영시간** AM 10:30~PM 10:00, 본관(포자관)은 매주 수요일, 면관은 매주 월요일 PM 03:00부터

🍴 커피방앗간

삼청동에 자주 오는 사람이라면 모를 리 없는, 매장은 작지만 유명한 로스터리 카페다. 키치한 인테리어가 귀엽고 커피맛도 훌륭해 오랫동안 삼청동 한 자락을 지키고 있다.

위치 정독도서관 바로 옆 티벳박물관 표지판이 보이는 골목으로 도보 3분. **주소** 서울특별시 종로구 화동 102-1 **전화번호** 02-732-7656 **홈페이지** blog.naver.com/redcrowst **운영시간** AM 08:30~PM 11:00 **가격** 아메리카노 4,000원, 이디오피아 예가체프 핸드드립 7,000원, 벨기에와플 9,000원

🍴 코끼리가 먹었어

사장님의 각별한 코끼리 사랑으로 가게 곳곳이 깜찍한 코끼리 천지인 돈까스 전문점. 콘셉트도 귀엽지만 맛도 뛰어나 서울 시내에 분점도 냈다. 서촌에 위치한 본점은 한옥을 개조해서 분위기도 운치 있다.

위치 경복궁역 1번 출구에서 직진 10분. 서촌 사직동 주민센터 골목에 위치. **주소** 서울특별시 종로구 필운동 148-1 **전화번호** 02-734-0122 **가격** 코끼리돈까스 6,500원, 마늘돈까스 7,000원, 매운돈까스 7,000원 **운영시간** AM 11:00~PM 09:00

🍴 학림다방

반세기 이상 한 자리에서 대학로를 지켜온 클래식 다방이다. 낡은 계단, 유리문, 오래된 탁자와 벽을 가득 채운 레코드판 등 여기저기 세월의 흔적이 묻어난다.

위치 지하철 4호선 혜화역 3번 출구에서 반대 방향으로 직진 5분. **주소** 서울특별시 종로구 명륜동 94-2 **전화번호** 02-742-2877 **홈페이지** www.hakrim.pe.kr **가격** 레귤러 커피 4,500원, 아메리칸 커피 4,500원 **운영시간** AM 10:30~AM 00:00

🍴 명동교자(본점)

칼국수와 교자만두의 심플한 조합으로 무척 유명한 집이다. 양념이 칼칼하게 배어 매콤한 김치가 맛을 더해준다. 요청 시 조밥을 공짜로 주며 칼국수는 무한 리필이 가능하지만 기본으로 제공되는

양도 무척 많아 부족할 일은 별로 없다.

위치 지하철 4호선 명동역 8번 출구 이용. 편의점과 뚜레주르 사이 골목으로 직진 200m. **주소** 서울특별시 중구 명동2가 25-2 **전화번호** 02-776-5348 **홈페이지** www.mdkj.co.kr **가격** 칼국수, 만두, 비빔국수, 콩국수 각 8,000원 **운영시간** AM 10:30~PM 09:30

인 요리사가 직접 만든다.

위치 지하철 6호선 이태원역 3번 출구 바로 앞. 해밀턴호텔 건너편. **주소** 서울특별시 용산구 이태원동 127-11 **전화번호** 02-793-2550 **가격** 닭고기케밥 4,000원, 양고기케밥 5,000원, 믹스케밥 6,000원

포탈라(명동점)

우리나라에서 유일하게 정통 티베트 요리를 맛볼 수 있는 티베트·인도·네팔 음식 전문점이다. 망명 티베트인 김민수씨가 운영하는 곳으로 생소한 티베트 요리 외에 인도 커리와 난도 맛이 제대로다. 메뉴 선택이 어려우면 주저하지 말고 도움을 구하자.

록키 마운틴 태번 Rocky Mountain Tavern

서울에서 캐나다를 느낄 수 있는 주점. 한국인보다 서양인이 더 많은 손님 구성이나 매장 분위기에서 마치 외국에 온 것 같은 기분을 느낄 수 있다. 매주 화요일에는 윙을 한 조각에 400원에 판매하는 윙나잇을 실시해 인기가 높다. 깔끔한 캐네디언 맥주인 앨리캣을 추천한다.

위치 명동성당 맞은편 편의점 골목 안. **주소** 서울특별시 중구 명동2가 32-14 4층 **전화번호** 02-775-8860 **홈페이지** www.potala.co.kr **가격** 툭빠 8,000원, 샤부레 7,000원, 치킨 티카 마살라 커리 12,000원 **운영시간** AM 11:00~PM 11:00

위치 지하철 이태원역 3번 출구 이용 직진 5분. 이태원랜드 올라가는 계단을 지나면 간판이 보인다. **주소** 서울특별시 용산구 이태로 210 **전화번호** 02-792-5392 **홈페이지** www.rockymountaintavern.com **가격** 앨리캣 6,000원, 스탠다드 칵테일 7,000원, 윙 조각 당 800원

앙카라 피크닉

이태원에 왔으면 케밥을 먹어야 한다. 앙카라 피크닉은 이태원역에서 찾기 쉽고 맛도 좋아 언제나 사람이 몰리는 조그만 케밥 가게. 터키

홍대돈부리(홍대본점)

우리나라에 돈부리 열풍을 일으킨 일본식 덮밥 전문점. 분점도 많이 생겼지만 홍대 앞에 있는 조그만 본점은 언제나 문전성시를 이룬다.

위치 홍대 상상마당 근처. 죠스떡볶이 뒤편 골목에 위치. **주소** 서울특별시 마포구 서교동 366-18 **전화번호** 02-3141-8398 **가격** 히레가츠동 7,500원, 사케동 9,500원, 믹스가츠동 7,500원 **운영시간** AM 11:00~PM 10:00, 브레이크타임 PM 02:30~04:40

조폭떡볶이

감칠맛 나는 떡볶이의 중독성이 강해 마약을 탔다는 의심을 사고, 사장님 인상이 무뚝뚝해 조폭이 아니냐는 소문이 나돌며 가게 이름이 조폭떡볶이가 되었다. 새벽이면 홍대의 밤문화를 즐기다 출출해진 사람들이 배를 채우는 단골 가게이다. 최근엔 홍대역 근처에 분점이 생겼다.

위치 홍대 상상마당 주차장 근처. **주소** 서울특별시 마포구 서교동 407-21 **전화번호** 02-337-9933 **가격** 조폭떡볶이 3,000원, 옛날순대 3,000원, 부산오뎅 2,000원 **운영시간** AM 11:00~익일 AM 06:00

세컨 플로어 2ND FLOOR

북유럽 스타일의 깔끔한 주방과 따뜻한 느낌의 인테리어가 예쁜 카페. 한때 홍대 여신 요조가 자주 오는 곳으로 소문나 성황을 이루기도 했다. 아늑하고 가정적인 분위기 속에서 편안하게 커피를 즐길 수 있는 작은 가게.

위치 상상마당과 주차장길을 지나 상수·합정 방향으로 가다보면 1층에 'cafe 시작' 간판이 크게 보인다. **주소** 서울시 마포구 서교동 403-9 **전화번호** 02-6403-8558 **가격** 아메리카노 5,000원, 1인 팥빙수 7,000원 **운영시간** PM 04:30~AM 00:00

BAR다

새파란 바다 빛 칵테일을 파는 바로 작명 센스가 무척 훌륭하다. 솔잎향이 나는 바다칵테일을 추천. 기본안주로 멸치와 고추장을 주는 점도 매력적이다.

위치 동교동 걷고싶은거리에서 상상마당 쪽으로 길 건너서 조그만 옷가게 많은 골목으로 들어가면 왼편에 위치. **주소** 서울시 마포구 서교동 365-12 2층 **전화번호** 02-337-1818 **가격** 바다칵테일 6,000원, 오사카의 추억 6,000원 **운영시간** PM 06:00~AM 04:00

수연산방

구한말의 소설가 상허 이태준의 생가이자 우

리나라 전통한옥찻집 1호다. '산 속에 문인들이 모이는 집'이라는 이름처럼 집 곳곳에서 문인의 자취가 느껴지는 일본풍 고택이다. 몸에 좋은 전통차와 다과가 주력 메뉴.

위치 한성대입구역 6번 출구에서 1111, 2122번 버스 이용 동방대학원대학교 정류장 하차, 소요시간 약 5~10분. 성북글로벌빌리지센터 뒤편에 위치. **주소** 서울특별시 성북구 성북동 248 **전화번호** 02-764-1736 **가격** 인절미 5,500원, 생강차 7,500원, 12곡 미숫가루 8,000원 **운영시간** AM 11:30~PM 10:00

 | 숙소

서울 시내 어디에서나 모텔을 쉽게 찾아볼 수 있고 대형 찜질방도 많아 숙박 걱정을 할 필요가 없다. 최근에는 북촌, 종로, 홍대 등 여행자가 많은 지역은 물론이고 시내 곳곳에 게스트하우스가 성업하고 있어서 편리한 위치에서 숙박할 수 있다.

드래곤힐스파

용산역 바로 앞에 위치한 지상 6층 규모의 대형 스파 찜질방이다. 수면실은 물론 각종 부대시설이 무척 잘 갖춰져 있어서 최근에는 외국인 관광객들도 많이 찾아올 정도로 유명세를 타는 중.

위치 용산역광장 오른편. 지하철 4호선 신용산역 4번 출구에서 150m. **주소** 서울특별시 용산구 한강로3가 40-712 **전화번호** 02-792-0001 **홈페이지** www.dragonhillspa.co.kr **요금** 주간 11,000원, 8시 이후와 주말 및 공휴일 13,000원

실로암불가마사우나

서울역 근처에 위치한 불가마 찜질방으로 규모와 시설 모두 만족스럽다. 600석 규모의 대형 수면실이 특징인데 2층 침대가 설치돼있어서 더욱 편안하게 잘 수 있다.

위치 서울역에서 도보 5분. 서울역에서 지하철과 버스환승센터가 있는 광장으로 내려가지 말고 롯데마트가 있는 서부역 쪽으로 내려가면 찾기 쉽다. **주소** 서울특별시 중구 중림동 128-104 **전화번호** 02-364-3944~5 **홈페이지** www.silloamsauna.com **요금** 주간 10,000원, 8시 이후 13,000원

이태원랜드

비교적 저렴한 가격 대비 모자람이 없는 시설과 이태원 한복판이라는 입지 조건이 좋은 찜질방.

위치 지하철 이태원역 3번 출구에서 5분 정도 직진 후 나오는 계단 이용. **주소** 서울특별시 용산구 한남동 732-20 **전화번호** 02-749-4122 **홈페이지** www.itaewonland.com **요금** 주간 7,000원(내일로 6,000원), 6시 이후와 주말 및 공휴일 9,000원

Other Choices

나무 게스트하우스 홍대 중심부에서 살짝 벗어난 연남동에 위치. www.namugh.co.kr, 070-8291-4878

앤 게스트하우스 홍대입구역 1번 출구 던킨도너츠 건물에 위치. www.annguesthouse.co.kr, 070-8279-0835

선샤인 게스트하우스 종로3가역 근처에 위치. www.sunshineguesthouse.com, 02-747-5544

옐로우브릭 호스텔 종로3가역 근처에 위치. yellowbrick.co.kr, 02-744-4647

M&K 하우스 신사동에 위치한 고급 게스트하우스. mnkhouse.com, 070-4913-5945

임금님 행차하신 행궁길을 따라서
수원

'대왕'이라는 호칭이 어울리는 임금이 많지는 않다. 한글을 지은 세종대왕처럼 누구나 고개를 끄덕일만한 업적이 필요하다. 정조대왕은 화성을 지었다. 18세기 조선의 실사구시 정신과 어진 임금의 애민 정신을 담고 있는 이 견고한 건축물은 유네스코도 인정한 세계문화유산이다.

아버지 사도세자가 정파싸움에 희생되는 모습을 지켜본 정조는 화성을 축조하며 왕권도 함께 튼튼히 세우고자 했다. 화성의 생김을 보면 그의 굳건한 의지도 엿보인다. 근엄하게 다문 임금의 입술처럼 꽉 짜인 화성은 과학과 예술이 만나 실용과 미를 모두 만족시킨 조선 최고의 건축물이다.

관광 지수	★★★☆☆
휴식 지수	★★☆☆☆
교통 지수	★★★★★
맛집 지수	★★★☆☆
예산 지수	★★★★☆
기차역 지수	★★★★★

수원역 031-247-7788
지하철 1호선 수원역
031-253-2724
수원 관광안내소(수원역 앞)
031-228-4672
화성행궁 관광안내소
031-228-4480

추천일정표

AM
10:43   부산, 밀양, 대구, 김천, 영동, 대전 등에서 출발한
        경부선 새마을호 열차로 수원역 도착
        수원역에서 버스 타고 화성행궁으로 이동

11:20   수원화성 및 화성행궁, 박물관 관람 화성열차 이용
        화성열차는 탑승 시간이 정해져 있고 주말에는 일찍 매진되므로
        미리 티켓팅을 하는 것이 좋다.

PM
03:00   통닭골목에서 시골통닭 맛보기
04:00   버스 타고 수원역으로 이동
05:04   누리로 열차 타고 서울로 이동

이 도시를 여행하는 법

수원은 수도권 지하철로도 갈 수 있기 때문에 내일로 여행지로 인기가 높지는 않다. 하지만 지방에서 수도권으로 여행을 오는 경우나 역사에 관심이 많은 여행자에게 추천할 만하다. 지방에서 출발한 기차를 타고 수원에서 한나절을 보낸 뒤 서울로 올라가는 것도 좋겠다. 수원역은 지하철 1호선과 연결돼있고 역 앞에 온갖 곳으로 가는 버스가 나녀 교통이 무척 편리하다.

예산	
수원화성 통합 입장권	3,500원
화성열차	1,500원
진미통닭 시골통닭 (13,000원/2인 기준)	6,500원
합계 = 약	11,500원

01 수원화성

수원화성은 조선 정조대왕이 아버지 사도세자의 무덤을 양주 배봉산에서 조선 최대의 명당으로 알려진 수원 화산으로 옮기며 함께 축조되었다. 효심이 지극했던 정조는 아버지 사도세자가 당파싸움에 희생되는 모습을 보며 당파정치를 근절하고 강한 왕도정치를 실현하겠다는 포부를 담아 화성을 축조했다. 18세기를 대표하는 세계적인 건축물로 유네스코 세계문화유산에도 등재돼있다. 화성은 규모가 워낙 커서 성벽을 따라 걷는 데만 두 시간 이상 걸린다. 팔달산~연무대 구간을 운행하는 화성열차를 타면 보다 편하게 둘러볼 수 있다. 화성열차 운행 소요시간은 편도 30분, 탑승요금은 1,500원이다.

전화번호 031-290-3600 **홈페이지** www.swcf.or.kr
요금 화성 1,000원, 화성·행궁·수원박물관·수원화성박물관 4종 통합 3,500원 **운영시간** AM 09:00~PM 06:00, 동절기 PM 05:00까지 **교통** 수원역 4번 출구(북측광장)에서 일반 시내버스 11, 13, 13-3, 36, 39번 이용 화성행궁·수원성지 정류장 하차. 소요시간 약 20분.

화성에서는 정조대왕 거둥 행사, 장용영 수위의식, 무예24기 시범공연 등 다양한 상설공연 및 각종 문화공연이 열려 더욱 다채로운 화성 관람을 할 수 있다.

02 화성행궁

정조가 화성에 행차할 때 머물던 임시 처소로 평상시에는 부사가 집무를 보는 관아로도 쓰였다. 뒤주에 갇혀 비극적으로 생을 마감한 아버지에 대한 효심이 남달리 애틋했던 정조는 12년간 13차례에 걸쳐 화성에 행차해 아버지의 넋을 애도했다. 아직 300년도 채 되지 않은 조선 후기의 건축물인지라, 지어진지 500년을 훌쩍 넘기는 고궁에 비해 고즈넉한 분위기는 다소 떨어진다. 하지만 규모가 상당한 데다 특히 주말이면 다양한 체험거리가 마련돼 모자람 없는 관람을 할 수 있다.

전화번호 화성행궁 매표소 031-228-4677
요금 1,500원 **운영시간** AM 09:00~PM 06:00, 동절기 PM 05:00까지

03 행궁길

화성행궁에서 팔달문에 이르는 420m의 거리를 행궁길 혹은 공방거리라고 부른다. 아기자기한 예술품을 만들어 파는 공방과 맛집들이 모여있는 아름다운 길이다. 군데군데의 벽화와 예술품이 운치 있는 거리 분위기를 만들어 준다. 행궁길을 따라 산책을 즐겨보자. 공방거리가 끝나고 나면 트렌디한 카페와 옷가게가 즐비한 번화가가 이어진다.

교통 화성행궁과 수원화성 홍보관 사이 골목으로 진입.

맛집

화성행궁이 있는 팔달구 행궁동 일대는 통닭골목으로 유명하다. 옛날 방식 그대로의 튀김통닭을 맛보기 위해 긴 줄도 마다하지 않고 사람들이 몰린다. 진미통닭이 가장 유명하고, 가장 오래된 매향통닭(031-255-3584)이나 용성통닭(031-242-8226) 등이 손꼽힌다. 진미통닭 맞은편에 있는 장안통닭(031-252-5190)도 맛이 좋다.

진미통닭

〈생활의 달인〉에 방영되며 통닭골목을 유명하게 만든 바로 그 집이다. 커다란 가마솥에 튀겨내는 프라이드치킨의 바삭함이 일품. 쫄깃한 닭똥집이 서비스로 제공된다.

위치 화성행궁 앞 광장과 팔달문 사이 중앙 치킨타운 내. **주소** 경기도 수원시 팔달구 팔달로1가 50 **전화번호** 051-255-3401 **가격** 프라이드치킨 13,000원, 시골통닭 13,000원, 양념통닭 14,000원, 반반 14,000원 **운영시간** PM 12:00~익일 AM 01:00 **휴일** 매주 화요일

숙소

수원역이나 화성 주변에서 모텔을 쉽게 찾아볼 수 있다. 찜질방으로는 지하철 성균관대역 2번 출구 가까이 위치한 북수원 스파플렉스(031-293-7005)를 추천할 만하다.

대한독립 염원을 담은 아우내의 함성소리
천안

아우내 장터를 가득 채우며 울려 퍼졌던 대한독립만세의 함성이 귓가에 쟁쟁하다. 서울에서 전철로도 갈 수 있는 등 교통이 편리해 유동인구가 무척 많은 천안은 국민 성금을 모아 지은 독립기념관과 유관순 열사의 사적지가 있어 유난히 뜨거운 민족혼을 느낄 수 있는 도시다.

경부선과 호남선 대부분의 열차가 천안역에 정차하기 때문에 서울로 들어가거나 나올 때 잠시 들리기도 수월하다. 천안역 앞의 학화 호두과자는 전국 고속도로 휴게소를 점령한 국민 간식 호두과자의 원조집으로, 이 호두과자를 사기 위해서 천안역에 잠시 하차하는 여행자도 많다.

관광 지수	★★☆☆☆
휴식 지수	★★☆☆☆
교통 지수	★★★★★
맛집 지수	★★★★☆
예산 지수	★★★★★
기차역 지수	★★★★★

천안역 041-562-7034
내일로 문의 041-557-7788
천안아산역 041-549-8788
App 천안 독립기념관

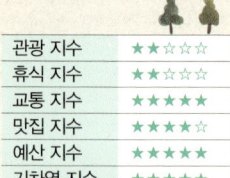

경부선

추천일정표

AM
- **10:56** 서울역에서 출발한 경부선 새마을호 열차로 천안역 도착
천안역 앞에서 학화 호두과자 구입
- **11:30** 천안역 앞에서 400번 버스 타고 병천 순대거리로 이동(약 1시간 소요)

PM
- **12:30** 병천 순대로 점심식사
- **01:30** 유관순 열사 사적지 관람
- **02:30** 400번 버스 타고 독립기념관으로 이동 (약 30분 소요)
- **03:00** 독립기념관 관람
- **06:00** 400번 버스 타고 천안역으로 이동(약 30분 소요)
- **06:51** 경부선 무궁화호 열차 타고 대전, 김천, 대구, 밀양, 부산 등으로 이동

이 도시를 여행하는법

경부선과 호남선 열차가 지나며 수도권 지하철 1호선과도 연결돼있는 천안역은 규모가 무척 크고 역 주변의 편의시설도 잘 발달해있다. 천안역 앞에서 10분 간격으로 다니는 400번 버스를 타고 독립기념관, 유관순 열사 사적지, 아우내장터 등에 갈 수 있다. 가는 길에는 〈흥타령〉에 등장하는 천안삼거리도 볼 수 있다. 천안아산역은 KTX 전용역으로 천안역과는 전철로 3정거장 거리다.

예산

학화 호두과자 24개입	5,000원
천안역 ⇒ 병천면 버스비	1,200원
순대국밥	6,000원
병천면 ⇒ 독립기념관 버스비	1,200원
독립기념관 ⇒ 천안역 버스비	1,200원
합계 = 약	14,600원

01 독립기념관

우리 민족이 일제로부터 독립한 것을 기리는 기념관이다. 큰 규모의 실내 전시관은 물론 태극기한마당, 불굴의 한국인 상 등 야외에도 볼거리가 많으니 관람시간을 넉넉하게 잡는 것이 좋다. 워낙 넓기 때문에 입구에서 태극 열차(편도 1,000원)를 이용하는 것을 추천한다. 6개 전시관마다 기념 스탬프를 마련해 관람에 재미도 더해준다.

전화번호 041-560-0114 **홈페이지** www.i815.or.kr **요금** 무료 **운영시간** AM 09:30~PM 06:00, 동절기 PM 05:00까지 **휴일** 매주 월요일 **교통** 천안역 앞에서 400번 버스 이용, 소요시간 약 30분.

02 유관순 열사 사적지

유관순 열사의 생가 주변에 조성된 사적지다. 지난 2003년에는 유관순 열사 탄생 100주년을 맞아 기념관도 문을 열었다. 열사의 수형자 기록표, 호적등본, 재판 기록문 등 관련 전시물과 아우내 독립만세운동을 재현한 디오라마 등으로 순국선열의 발자취를 따라가 볼 수 있다.

전화번호 041-564-1223 **홈페이지** yugwansun.cheonan.go.kr **운영시간** AM 09:00~PM 06:00, 동절기 PM 05:00까지 **교통** 천안역 1번 출구(동편) 버스정류장에서 400번 버스 이용, 소요시간 약 1시간. 병천3리 정류장 하차 후 도보 10분.

맛집

병천 순대거리

천안 아우내장터에서 유명한 병천 순대를 맛보자. 유관순 열사 사적지와도 가깝다. 400번 버스를 타고 병천3리 정류장에서 하차해 유관순 열사 사적지 반대 방향으로 10분 정도 걸어가면 아우내장터. 가게마다 맛과 가격은 비슷하지만 충남집(041-564-1079)과 가수 이효리의 고모가 하는 가게로 유명해진 고모네순대(041-555-3359)를 추천한다. 가격은 순대국밥 6,000원, 순대 한 접시 10,000원 정도.

학화 호두과자(본점)

유사품의 추종을 불허하는 뛰어난 맛을 자랑하는 호두과자 원조집. 본점에서만 맛볼 수 있는 부드러운 흰 앙금 속 고소하게 씹히는 호두 맛이 일품.

위치 천안역 1번 출구 이용. **주소** 충남 천안시 동남구 대흥동 124-4 **전화번호** 041-551-3370 **홈페이지** www.hodoo.co.kr **가격** 24개입 5,000원, 50개입 10,000원 **운영시간** AM 07:00~PM 10:00

숙소

천안역이나 터미널 주변에서 모텔 등 숙소를 쉽게 찾아볼 수 있다. 찜질방으로는 천안역 1번 출구에서 가까운 열라불한증막사우나(041-522-3020)를 이용하면 편리하다.

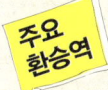

주요 환승역

충청도 양반, 한밭을 거닐다

대전

경부선

관광 지수	★★☆☆☆
휴식 지수	★★★☆☆
교통 지수	★★★★★
맛집 지수	★★★★☆
예산 지수	★★★★☆
기차역 지수	★★★★★

대전역 여행센터 042-253-7960
대전역 종합안내센터 042-259-2429
서대전역 042-524-0988
대전광역시 관광문화재과 042-471-0101
App 대전버스, 지하철

tip 경부선 대전역을 나오면 지하철 대전역으로 가는 입구를 쉽게 찾을 수 있다. 대전역은 규모가 무척 크고 역 안에 푸드코트, 커피숍, 편의점 등 시설이 잘 갖춰져 있어 이용에 불편함이 없다. 호남선 서대전역은 지하철 서대전네거리역까지 5분 정도 걸린다.

대전처럼 기차 덕을 본 도시가 또 있을까? 대전의 순 우리말은 한밭, 즉 큰 밭이라는 뜻이다. 예로부터 대전에는 넓고 큰 밭이 많았을 뿐 내로라하는 대도시였던 적이 없다. 그러다가 일제 강점기에 철도가 놓이면서 급격한 발전을 하게 된 것. 코레일 본사가 위치한 곳도 대전이다.

대전은 관광지라기보다는 살기 편한 도시, 과학도시, 교육도시의 성격에 더 가깝다. 하지만 코레일 본사도 위치한 철도 교통의 요지이기 때문에 내일로 여행 중 자주 지나게 되는 지역이다. 호남선 서대전역과 경부선 대전역이 있는데, 규모가 더 큰 대전역에는 두 말 하면 입 아픈 성심당이 있고 아직도 추억의 가락국수를 판다.

01 으능정이거리(은행동 문화의 거리)

대전역에서 갑천을 지나 오목교를 건너가면 나오는 으능정이거리는 대전의 번화가로 십대와 젊은 층이 주로 노는 곳이다. 저렴한 음식점이나 분식집, 프랜차이즈 커피숍과 옷가게, 화장품가게, 쇼핑몰 등이 있다. 특히 성심당 본점이 있어 많은 레일러들이 잠시 들리곤 하는 곳이다.

교통 대전역광장에서 길을 건너 큰길 따라 직진 10분.

02 대전 오월드

흔히 대전 동물원이라고 부른다. 동물원인 주랜드와 플라워랜드, 놀이기구 시설을 갖춘 테마파크로 가족 단위 나들이객이 많이 찾는다.

전화번호 042-580-4820 **홈페이지** www.oworld.kr **요금** 입장권 8,000원, 자유이용권 25,000원, 하절기 야간개장 및 동절기 입장권 6,000원, 동절기 자유이용권 17,000원 **운영시간** 하절기 평일 AM 09:30~PM 07:00 기준(시즌마다 다름) **교통** 대전역에서 311, 314번 버스 이용, 소요시간 30~35분. 혹은 서대전역입구에서 318, 서대전역네거리에서 314, 서대전네거리에서 311, 315번 버스 이용, 소요시간 20~25분.

03 엑스포 과학공원

대전 엑스포 과학공원은 국내 유일의 과학 주제공원으로 1993년 엑스포 개최로 널리 알려졌다. 시뮬레이션관, 전기에너지관 등 과학과 관련된 전시를 운영하는데 엑스포 이후 체계적으로 운영되고 있지는 않다. 그래도 엑스포 개최 장소라는 의미로 방문을 원한다면 대전시 전경을 내려다볼 수 있는 한빛탑에 올라가보자. 과학공원 옆에 있던 놀이공원 꿈돌이랜드는 현재 엑스포 과학공원 재창조 사업으로 운영이 중단된 상태다.

전화번호 042-866-5114 **홈페이지** www.expopark.co.kr **요금** 공원 입장 무료, 개별 전시관 2,500원, 빅3권 7,000원 **운영시간** AM 10:00~PM 06:00 **휴일** 한빛탑 등 일부 전시관 매주 월요일 **교통** 대전역에서 606, 705번 버스 이용, 소요시간 약 30분. 혹은 서대전역입구에서 318번 버스 이용, 소요시간 약 20분.

맛집

호남선과 경부선이 교차하는 대전역은 유난히 긴 환승 대기 시간동안 사먹는 가락국수가 예전부터 명물이었다. 지금도 타는곳은 물론 역 안팎에 가락국수 가게가 많다. 대전역광장에서 오른편에 있는 횡단보도를 건너면 바로 있는 역전 가락국수(042-253-6087)에서는 단돈 3,000원에 추억의 가락국수 맛을 후루룩 회고할 수 있다.

대전역에서 으능정이거리 방향으로 걷다보면 꽤 큰 규모로 재래시장이 있다. 충청도 사람들의 소박한 말씨와 맘씨를 느껴볼 수 있는 대전 중앙시장 입구 근처의 부광홍올레튀김(042-256-5372) 등 저렴한 맛집이 많다.

성심당

대전에서는 모르는 사람이 없는 빵집이다. 〈제빵왕 김탁구〉의 모티브가 되었으며, 2011에는 국내 제과업계 최초로 미슐랭 가이드에 등재되기도 했다. 튀김소보로와 부추빵 등 흔한 프랜차이즈 빵집과는 차별화된 메뉴로 50년 이상 대전 시민들의 사랑을 듬뿍 받고 있다. 인기에 힘입어 대전역

에도 지점을 열었는데 늘 긴 줄이 늘어서 있다. 대전 롯데백화점에서도 지점이 있으며, 빵 가격은 좀 비싼 편이지만 다양한 빵을 시식해볼 수 있는 게 매력이다.

위치 으능정이거리 위치. 지하철 중앙로역 2번 출구에서 1분. **주소** 대전 중구 은행동 145 **전화번호** 042-256-4114 **홈페이지** www.sungsimdang.co.kr **가격** 튀김소보로 1,500원, 부추빵 1,800원 **운영시간** AM 08:00~PM 10:00

 | 숙소

대전은 인구가 많은 광역시인 만큼 숙박시설이나 편의시설이 충분해 여행에 불편이 없다. 역 주변이나 번화가 등지에서 여관, 모텔을 쉽게 찾아볼 수 있고 찜질방도 여럿 있어 선택의 폭이 넓다. 게스트하우스는 많지 않은 편.

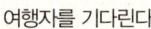 산호여인숙

오래된 여인숙을 개조해 만든 무척 인디한 게스트하우스. 최근 카페거리가 형성되며 떠오르고 있는 대전 시내 대흥동에 위치하며, 단순한 숙박장소가 아닌 문화예술공간의 성격을 띤다. 1층은 전시실이자 공연장으로 쓰이고 있어 구경거리가 더해지고 숙박료도 저렴한 장점이 있지만, 시내 한복판이라 주말에는 소음이 있고 오래된 건물이라 외풍이 드는 점을 감안하는 게 좋다. 안락한 숙박만 바라기보다는 문화예술을 이해하는 여행자를 기다린다.

위치 지하철 중앙로역 5번 출구에서 200m 직진 후 베스트올 편의점 골목으로 들어가 100m 직진 후 황금연못과 BOBO 사이 길로 20m 직진. **주소** 대전광역시 중구 대흥동 491-5 **전화번호** 070-8226-2870 **홈페이지** blog.naver.com/sanho2011 **요금** 도미토리 12,000~15,000원 **체크인/아웃** 체크인 PM 04:00~10:00 체크아웃 AM 11:00 **제공내용** 조식(라면, 토스트, 우유 및 음료), 수건, 샴푸, 치약, 비누

용수골장작불가마

규모가 상당히 크고 시설이 준수한 찜질방으로 추천할 만하다. 근처에 대전대학교와 우송대학교가 위치해 있다.

위치 대전역 서광장으로 나와 중앙시장 앞(신한은행 앞)에서 605번 버스 이용 우송대입구 하차, 소요시간 약 10분. **주소** 대전광역시 동구 용운동 707 **전화번호** 042-285-5500 **요금** 주간 7,000원, 6시 이후 8,000원, 이불 대여 2,000원

동방삭레포츠

대전 시내에서 가장 규모가 크고 시설이 좋은 축에 속하는 찜질방. 근처에 충남대학교와 카이스트, 한밭수목원, KBS 대전 등이 위치해 있다. 엑스포 과학공원에서 도보로는 20분 정도 거리.

위치 대전역에서 606, 705번 버스 타고 서구보건소 하차, 소요시간 약 25분. 혹은 지하철 정부청사역 3번 출구에서 둔산경찰서 골목으로 직진 20분 후 S-Oil 삼정주유소 골목 진입. **주소** 대전광역시 서구 만년동 330 **전화번호** 042-489-6677 **홈페이지** www.dongbangsak.com **요금** 주간 7,000원, 8시 이후 8,000원

신촌사우나

시설이 특별히 좋은 것은 아니지만 무난한 편이며 서대전역에서 가장 가까운 찜질방이다. 다음 날 아침 일찍 기차를 타야 하는 경우 숙박 장소로 선택할만하다.

위치 서대전역에서 서대전사거리 방향에 있는 대전연정회관(구 시민회관) 옆에 위치. 도보 20~30분. **주소** 대전광역시 중구 문화1동 1-182 **전화번호** 042-224-4545 **요금** 주간 6,000원, 야간 7,000원

그곳이 차마 꿈엔들 잊힐 리야
옥천

향수 시인 정지용의 고향인 옥천은 '옥빛 시내'라는 뜻의 지명부터 서정적이다. 시인이 태어난 옛 집이나 다녔던 학교, 시가 넘실대는 간판을 단 구읍의 골목골목들을 돌아보노라면 시인이 이 아름다운 고향을 차마 꿈엔들 잊지 못했던 게 암, 지당했지 싶다.

한적한 소읍의 정취를 느끼며 걸어보자. 성모처럼 편안한 푸른색 옷을 입은 옥천 천주교회를 지나면 시인의 생가가 있는 구읍사거리도 금방이다. 장계관광지까지 걷는것은 무리지만, 버스를 이용하든, 시의 향기를 따라 멋진 신세계에 도달해보는 향수 30리길은 무척이나 유혹적이다.

관광 지수	★★★★☆
휴식 지수	★★★★☆
교통 지수	★★★☆☆
맛집 지수	★★★☆☆
예산 지수	★★★★☆
기차역 지수	★★★☆☆

옥천역 043-733-7788
옥천버스(시내버스터미널)
043-732-7700, 731-3450
옥천군청 문화관광과
043-730-3082

추천일정표

AM
11:01 영동, 김천, 대구, 밀양, 부산 등에서 출발한 무궁화호 열차로 옥천역 도착

옥천역 앞 중앙로 따라 옥천군청 방향으로 도보 이동(약 15분 소요)

옥천 천주교회 구경 후 구읍사거리까지 도보 이동(약 20분 소요)

PM
12:00 구읍할매묵집에서 점심식사

01:00 구읍 시 간판 거리, 죽향초등학교, 정지용 생가 및 문학관 관람

03:00 구읍사거리에서 안남행 버스 타고 장계관광지로 이동(약 30분 소요)

03:30 멋진 신세계, 장계관광지 둘러보기

05:00 옥천시내버스터미널로 이동(약 30분 소요)

06:30 옥천역에서 경부선 무궁화호 열차 타고 대전, 서울 등으로 이동

이 도시를 여행하는법

옥천역 맞은편에 우체국 옆에 시내버스터미널이 있다. 옥천군은 시골이긴 하지만 대전과 가깝고 경부선의 한복판에 위치해 열차 교통은 좋은 편이다. 시인 정지용이 그 자체로 테마가 된 옥천에서는 매년 5월 시인을 기리는 지용제도 개최된다.

예산

구읍할매묵집 도토리묵밥	7,000원
구읍사거리 ⇨ 장계관광지 버스비	1,050원
장계관광지 ⇨ 구읍사거리 버스비	1,050원
합계	약 9,100원

01 정지용 생가&정지용 문학관

'향수' '유리창' '호수' 등 모더니즘 서정시의 최고 봉이라 불리는 시인 정지용의 차마 꿈엔들 잊지 못하던 고향집이다. 서정적인 시골 풍경을 시인이 그리워했던 것도 당연했을 듯. 시인이 6·25 전쟁 중 납북된 이후 월북 작가로 몰리면서 작품이 금지되기도 하였으나 많은 문학인들의 노력으로 88년 해금되었다. 실개천이 휘돌아 나가는 초가집 옆에는 정지용 문학관이 있어 시인의 숨결을 더듬어볼 수 있다.

전화번호 043-730-3408 **홈페이지** www.jiyong.or.kr
요금 무료 **운영시간** AM 09:00~PM 06:00 **휴일** 매주 월요일, 신정, 설 및 추석 당일 **교통** 옥천시내버스터미널에서 안남행 혹은 보은행 시내버스 이용 구읍사거리 하차, 소요시간 약 10분. 혹은 옥천역에서 옥천군청 방향으로 도보 약 35분.

안남행 버스 운행시간표
옥천시내버스터미널 출발시간 AM 06:20 07:20 08:00 09:00 09:30 10:30 PM 12:00 01:00 02:00 03:00 04:00 05:00 06:00 07:00 07:40 **종점 출발시간** AM 07:00 08:00 08:50 09:40 10:30 11:30 PM 01:00 01:50 02:50 03:50 05:00 05:50 06:50 07:40

보은행 버스 운행시간표
옥천시내버스터미널 출발시간 AM 05:30 08:20 09:20 10:20 PM 12:20 02:20 03:20 04:20 06:20 07:05
종점 출발시간 AM 08:00 10:15 PM 04:15

향수
정지용

넓은 벌 동쪽 끝으로
옛 이야기 지줄대는 실개천이 휘돌아 나가고,
얼룩백이 황소가
해설피 금빛 게으른 울음을 우는 곳,

- 그 곳이 차마 꿈엔들 잊힐 리야.

질화로에 재가 식어지면,
비인 밭에 밤바람 소리 말을 달리고,
엷은 졸음에 겨운 늙으신 아버지가
짚베개를 돋워 고이시는 곳,

- 그 곳이 차마 꿈엔들 잊힐 리야.

(중략)

하늘에는 성긴 별
알 수도 없는 모래성으로 발을 옮기고,
서리 까마귀 우지짖고 지나가는 초라한 지붕,
흐릿한 불빛에 돌아앉아 도란도란거리는 곳,

- 그 곳이 차마 꿈엔들 잊힐 리야.

02 구읍

정지용 시인의 생가 주변이 옥천의 옛 중심가인 구읍이다. 구읍사거리의 구읍우편취급소를 중심으로 시 간판 거리가 조성돼있다. 가게마다 콘셉트에 맞춰서 향수시인의 아름다운 시구로 장식한 간판들에 냅다 마음을 빼앗긴다.

03 죽향초등학교

구읍의 복잡할 것도 없는 골목들을 더듬어 구경하다보면 정지용 시인과 육영수 여사의 모교 죽향초등학교가 나온다. 정감 가는 시골 초등학교인데다 1936년에 지어진 구 교사도 아직 남아있어 향수를 곱씹어보기에 제격이다.

04 육영수 여사 생가

박정희 전 대통령의 부인인 육영수 여사가 결혼 전까지 살던 집이다. 교동리에 소재해 '교동집'이라고 불렸던 명문가로, 전형적인 충청도 상류주택 양식으로 지어진 기와집이다. 충청북도 기념물로 지정·보존되고 있으며 박근혜 대통령의 당선 이후 하루에도 수십 대씩 관광버스가 들어온다.

전화번호 옥천군청 문화관광과 043-730-3417 **운영시간** AM 09:00~PM 06:00 **휴일** 매주 월요일, 신정, 설 및 추석 당일 **교통** 정지용 생가에서 구읍사거리 반대 방향으로 도보 10분.

05 멋진 신세계(장계관광지)

정지용 생가로부터 장계관광지를 잇는 향수 30리길 내내, 이름 그대로 멋진 신세계가 펼쳐진다. 한국 최초의 모더니스트 시인 정시용의 감각적인 시 세계와 금강을 주제로 도로변에 벽화를 그리고 시비와 조형물을 설치했다. 건축가, 디자이너, 문학인 등 아티스트 100여명이 참여한 시문학 아트밸리다. 시인의 마음을 느끼며 아름다운 금강과 대청호의 정경을 눈에 담자. '모단가게'에서 차를 한 잔 마시는 것도 좋다. 모단광장에 있는 옥천향토전시관에서는 옥천의 과거와 현재를 함께 돌아볼 수 있다.

전화번호 043-730-3070 **운영시간** AM 09:00~PM 06:00 **휴일** 매주 월요일, 신정, 설 및 추석
교통 옥천시내버스터미널에서 안남행, 청산행, 월외리행 시내버스 이용 장계 하차, 소요시간 약 40분. 장계 버스정류장에서 도보 10분.

청산행 버스 운행시간표
옥천시내버스터미널 출발시간 AM 06:20 06:40 07:40 09:40 09:50 10:40 PM 12:40 01:40 02:50 04:40 06:00 06:40 **종점 출발시간** AM 07:00 07:30 08:10 09:10 11:10 11:30 PM 12:10 02:10 03:10 04:10 05:10 06:00 07:20 07:40

월외리행 버스 운행시간표
옥천시내버스터미널 출발시간 AM 06:20 08:10 10:10 PM 12:10 02:10 06:10 **종점 출발시간** AM 07:00 08:50 11:10 PM 01:00 03:00 07:00

06 옥천 천주교회

맑은 날이면 옥천의 파란 하늘과 완벽한 조화를 이루는 아름다운 푸른색의 성당이다. 붉은 벽돌로 견고하게 지어진 성당들과 달리 시골 사람들의 순박한 마음씨처럼 고운 본당 건물은 보는 이의 마음을 부드럽게 누그러뜨린다. 옥천 지역 천주교의 구심점이 되는 성당으로 등록문화제로 지정돼있다.

교통 옥천역 앞 중앙로 따라 옥천군청 방향으로 도보 15분. 옥천군청 옆 언덕에 위치.

위치 구읍사거리 근처. **주소** 옥천군 옥천읍 문정리 2-2 **전화번호** 043-732-1853 **가격** 도토리묵밥 7,000원, 도토리 골패묵 8,000원, 도토리전 8,000원

아바이순대

아바이순대는 본래 함경도 음식이지만, 옥천역 앞 아바이순대집은 3대째 내려오는 진한 맛으로 무척 유명하다. 허영만의 〈식객〉에 나왔을 정도니 맛이 보증되는 건 당연지사.

위치 옥천역 앞. **주소** 옥천군 옥천읍 금구리 126-15 **전화번호** 043-732-8813 **가격** 순대국밥 中 6,000원, 大 7,000원, 순대 中 7,000원

숙소

옥천에는 찜질방이 없으며, 가까운 대전에서 숙박을 쉽게 해결할 수 있다. 옥천역 주변에서도 여관이나 모텔을 찾기는 어렵지 않으며, 대호모텔(043-732-0001)이 깔끔하여 평이 좋다.

맛집

구읍할매묵집

시골 음식 하면 떠오르는 것 중 하나가 바로 묵 아닐까. 토종 도토리로 정직하게 쑨 도토리묵밥에 뜨끈한 육수를 부어 먹으면 할머니댁 아랫목에 와 있는 착각이 든다. 별미 도토리전도 강력 추천.

경부선

포도의 고장, 와인의 고향
영동

볕이 잘 들고 따뜻한 동네는 과일이 달다. 영동의 포도가 그렇다. 영동의 감, 복숭아도 맛이 좋지만 아무래도 포도가 제일 유명하다. 영동은 우리나라 최초의 와인 샤토마니가 생산된 한국 와인의 고향이기도 하다.

자그마한 시골 읍에서 마주치는 사람들은 하나같이 정이 많고 순박하지만 이들의 가족, 친구, 이웃이 희생된 노근리 사건의 아픔을 품고 있기도 한 곳이 충북 영동이다. 난계 박연 선생의 혼을 느낄 수 있는 난계 국악박물관 등 볼거리가 있는 편이지만 교통편은 좋지 않다. 영동을 방문하는 레일러들은 대개 영동에서만 보고 느낄 수 있는 와인코리아와 노근리 평화공원을 찾곤 한다.

관광 지수	★★★☆☆
휴식 지수	★★★★☆
교통 지수	★★★★☆
맛집 지수	★★★☆☆
예산 지수	★★★★★
기차역 지수	★★★★☆

영동역 043-743-7759
황간역 043-744-7788
영동시외버스공용터미널
043-744-1700
영동군청 문화관광과
043-740-3114

추천일정표

PM

01:17 서울, 수원, 대전 등에서 출발한 경부선 새마을호 열차로 영동역 도착
영동역 맞은편 정류장에서 황간행 버스 타고 와인코리아로 이동(약 10분 소요)

02:00 와인코리아 관람 및 와인 시음

03:00 와인코리아 앞 정류장에서 황간행 버스 타고 노근리 평화공원으로 이동(약 10분 소요)

03:30 노근리 평화공원과 기념관 관람

05:00 영동행 버스 타고 영동역 앞으로 이동(약 20분 소요)
영동역 앞 영동올갱이식당에서 저녁식사

06:58 영동역에서 무궁화호 열차 타고 대전, 수원, 서울 등으로 이동

✱ 전국에서 유일한 영동역의 '포도화장실'에 들러보자.

이 도시를 여행하는 법

❶ 영동역 맞은편에서 황간행 농어촌버스를 이용해 와인코리아와 노근리 평화공원에 갈 수 있다. 버스 배차간격은 30분 정도로 시골 치고는 무난한 편이다. 영동군의 규모 자체가 작아 택시를 타도 큰 부담은 되지 않는다. ❷ 많이 걷지 않는 무난한 코스이고 경부선의 한가운데 위치해 열차 교통이 편리하다. 때문에 내일로 티켓 이용기간이 하루 이틀 남았을 때 당일치기로 다녀오는 것도 추천할 만하다.
❸ 매년 8월 말~9월 초에 영동 포도축제가 개최된다.

 예산

영동역 ➡ 와인코리아 버스비	1,150원
와인코리아 ➡ 노근리 버스비	1,150원
노근리 ➡ 영동역 버스비	1,150원
영동올갱이식당 올갱이국	6,000원
합계	= 약 9,450원

01 와인코리아

국내 유일의 포도 와이너리이자 최대 규모의 와인 생산 설비를 갖춘 영동 와인코리아는 질 좋은 와인을 생산할 뿐만 아니라 와인 족욕, 와인 시음 등 다양한 체험거리를 갖추고 있어 관광지로도 이름이 높다. 서울에서 출발하는 와인트레인 관광열차가 있을 정도. 입구에 들어서자마자 달콤한 포도향이 반겨준다. 와인갤러리에서는 다양한 영동 와인의 특징과 역사를 살펴볼 수 있으며 와인을 보관하고 있는 토굴도 직접 둘러볼 수 있다. 달콤한 샤토마니 와인 시음은 덤.

전화번호 043-744-3211~5 **홈페이지** www.winekr.co.kr **운영시간** AM 10:00~PM 05:00 **교통** 영동역 맞은편 농협하나로마트 앞 버스정류장에서 황간행 농어촌버스 이용 조현 하차, 소요시간 약 10분. 영동역에서 택시 이용 시 약 3,500원.

02 노근리 평화공원

노근리 양민학살 사건은 6·25 전쟁 당시 미군이 쌍굴다리에 피난민들을 가둬놓고 남녀노소 할 것 없이 사살한 전쟁범죄다. 유족들의 진상규명 요구와 국내 언론의 보도가 있었지만 오랫동안 묵살되다가 1999년 AP통신의 보도로 세계의 주목을 받으며 진상규명 및 클린턴 대통령의 사과가 이루어졌다. 이후 특별법이 제정되어 노근리 평화공원이 설립되기에 이르렀으며, 당시 노근리 사건을 탐사보도한 AP기자들은 2000년 퓰리처상을 수상했다. 사건의 현장인 쌍굴다리에는 아직도 차가 다니며 총탄의 흔적이 선연히 남아있다. 평화기념관이 닫는 날이라도 야외의 위령탑, 조각공원, 쉼터 등은 항상 개방하며 주변에는 너른 메밀밭이 펼쳐져 있어 한적한 시골 여행을 즐길 겸 찾아봐도 좋겠다.

전화번호 043-744-1941 **홈페이지** www.nogunri.net **운영시간** AM 09:00~PM 06:00 **휴일** 매주 월요일, 신정, 설 및 추석 연휴 **교통** 영동역 맞은편 농협하나로마트 앞 버스정류장에서 황간행 농어촌버스 이용 조현 하차, 소요시간 약 20분. 혹은 경부선 황간역에서 도보 30분.

맛집

영동올갱이식당

토속적이고 시원한 맛의 올갱이국과 고소한 올갱이전 모두 추천할 만하다.

위치 영동역광장 왼편으로 도보 1분. **주소** 영동군 영동읍 계산리 205-79 **전화번호** 043-744-1077 **가격** 올갱이국 6,000원, 올갱이전 6,000원 **운영시간** AM 08:00~PM 09:00

숙소

영동역 근처에는 24시 찜질방이 없지만 여관이나 모텔을 쉽게 찾아볼 수 있다.

새빨간 젊음이 출렁이는 곳

대구 대구역, 동대구역

대구는 빨강이다. 붉은 태양이 작열하는 대구의 여름 날씨, 교동시장의 빨간 어묵과 대구식 매운 떡볶이, 평화시장의 매콤한 닭똥집, 유명한 대구 사과의 빨간색 같은 것들. 그리고 젊음. 젊음이 발산하는 열정에는 역시 빨강만큼 잘 어울리는 색도 없을 것이다.

확실히 대구는 젊은 도시다. 500년 된 궁궐이나 천년 된 사찰보다는 백 년이 채 안 된 근대문화유산을 보러 다니는 게 더 쏠쏠한 곳이다. 도시에서 벗어나 적적한 시골동네만을 찾아 다녔다면 한 번쯤 대구에 들러 활력을 재충전하는 것도 추천할 만하다. 번화가가 어디나 다 비슷한 거 아니냐고? 대구 동성로에는 경북 특유의 재치 넘치는 간판과 패션산업의 중심지답게 아기자기한 가게들이 있다. 젊은층 인구가 많은 곳으로 또래 대구 멋쟁이들의 감각을 가늠해보는 재미도 더해진다. 약령시와 근대문화골목, 김광석 다시그리기 길 등 골목마다 특징적인 볼거리가 있고, 특색 있는 먹을거리가 밀집한 안지랑 곱창골목, 동인동 찜갈비골목 등도 찾아봄직하다.

관광 지수	★★★★☆
휴식 지수	★★★☆☆
교통 지수	★★★★★
맛집 지수	★★★★★
예산 지수	★★★★☆
기차역 지수	★★★★★

대구역 053-940-2315
동대구역 053-940-2456
동대구역 여행센터
053-940-2223
대구관광정보센터
053-627-8900
대구역 관광안내소
053-660-1432
동대구역 관광안내소
053-939-0080
대구약령시 관광안내소
053-661-3324
App 대구버스, 지하철

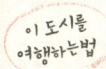
이 도시를 여행하는 법

❶ 대구는 교통이 무척 편리하다. 동성로나 근대문화골목에 가려면 대구역, 평화시장에 가려면 동대구역을 이용하는 것이 좋다. 하지만 대구역과 동대구역 사이의 거리가 멀지 않은데다 지하철로 쉽게 이동할 수 있어서 얽매일 필요는 없다. ❷ 대구역, 동대구역 모두 번듯하지만 KTX가 정차하는 동대구역이 훨씬 규모가 크고 편의시설이 잘 갖춰져 있다. ❸ 대구에는 도처에 관광안내소가 있어 여행자 편의도가 높다. 대구역 앞에 있는 관광안내소에서는 컴퓨터도 쓸 수 있다.

추천일정표

PM

12:13 서울, 수원, 대전, 김천 등에서 출발한 경부선 새마을호 열차로 대구역 도착
대구역 앞에서 길 건너 동성로로 이동해 교동시장 납작만두와 매운오뎅 먹고 동성로 구경 후 삼송베이커리 마약빵 사먹기

01:00 약령시한의약박물관 관람

01:30 구 제일교회, 이해영 정형외과, 계산성당, 이상화·서상돈 고택 등 근대문화골목 탐방
계산성당 맞은편에서 3·1 90계단 오르고 제일교회와 선교사 주택들 관람

03:30 401번 버스 타고 팔공산 갓바위로 이동(약 40분 소요)

04:10 갓바위 구경

06:20 401번 버스 타고 평화시장으로 이동(약 40분 소요)

07:00 평화시장 닭똥집골목에서 닭똥집 먹은 후 버스 타고 동대구역 이동

09:20 동대구역에서 무궁화호 열차 타고 경주, 울산(태화강), 해운대, 부전 등으로 이동

	예산
교동시장 납작만두, 매운오뎅	5,000원
삼송베이커리 마약빵	1,300원
동성로 ⇨ 갓바위 버스비	1,200원
갓바위 ⇨ 평화시장 버스비	1,200원
평화시장 닭똥집	7,000원
평화시장 ⇨ 동대구역 버스비	1,200원
합계 = 약	16,900원

01 동성로

대구의 대표적인 번화가로 젊음의 거리라고 일컫는 곳이다. 대구 사람들이 '대백'이라고 부르는 대구백화점 등 큰 백화점과 영화관이 있고, 재치 넘치는 간판을 단 가게들이 많아 구경하는 재미가 있다. 대구의 명물 빨간 양념오뎅을 맛보는 것도 동성로의 묘미. 교동시장, 약령시, 근대문화골목 등과 가까워 대구 여행에서 빼먹기 어려운 곳이 동성로다.

전화번호 동성로 관광안내소 053-252-2696 **교통** 대구역 앞에서 길 건너면 동성로 시작.

대구에 홍대입구가?!

동성로를 지나다 보면 빵 터지는 웃음을 선사하는 대구의 명물 '홍대입구역'

02 약령시한의약박물관

동성로에서 큰길을 따라 쭉 걷다보면 약령시길인 남성로로 이어진다. 짙게 풍기는 한약재 냄새가 약령시에 들어섰음을 알려준다. 대구 약령시는 조선 팔도는 물론 일본, 중국, 러시아 등지에 한약재를 공급했던 유통 거점으로 우리나라에서 가장 역사가 깊고 규모가 큰 한약재 전문시장이다. 약령시한의약박물관에서는 이러한 약령시의 역사와 문화, 한약재에 대해서 알아볼 수 있다. 입장료도 따로 없으니 가벼운 마음으로 둘러보자.

전화번호 053-253-4729 **홈페이지** dgom.daegu.go.kr **요금** 무료 **관람시간** AM 10:00~PM 06:00 **휴일** 매주 월요일, 신정, 설 및 추석 당일 **교통** 대구 약령시 내.

03 대구 근대문화골목

약령시 주변으로는 최근 대구 여행의 하이라이트로 떠오르고 있는 근대문화유산들을 만나볼 수 있다. 청소아과, 대구제일교회 구관, 이해영 정형외과(옛 YMCA 건물), 계산성당 등이 남아있는데 거리가 가까워 걸어 다니며 구경하기 적당하다. 계산성당은 박정희 대통령과 육영수 여사가 결혼식을 올렸던 곳으로 대구에 사는 천주교 신자들에게 인기 있는 결혼식 장소다.

전화번호 053-661-2194 **홈페이지** gu.jung.daegu.kr/alley

TIP ① 동성로에서 출발해 약령시, 근대문화골목, 선교사 주택까지를 묶어서 돌아보면 좋다. ② 대구 중구청에서 운영하는 골목투어 홈페이지에서는 근대골목 지도를 비롯해 유용한 정보가 잘 정리되어 있으며, 해설사가 안내해주는 무료 골목투어 참가 신청도 할 수 있다.

App 대구 중구 골목투어

04 이상화·서상돈 고택

근대골목 깊숙이 '빼앗긴 들에도 봄은 오는가'라는 시로 잘 알려진 시인 이상화와 국채보상운동을 통해 국권 회복을 갈망한 민족운동가 서상돈의 고택이 나란히 있다. 도시개발로 인해 여러 번 사라질 뻔한 위기가 있었지만 시민들의 노력으로 보존된 곳이다. 고택의 운명마저 시인과 민족운동가의 저항정신을 되올리는 듯하다. 상화고택 옆에는 근대문화체험관 계산예가가 있으니 함께 둘러보자.

전화번호 053-256-3762 **운영시간** AM 10:00~PM 05:30 **휴일** 매주 월요일, 설 및 추석 연휴

05 3·1 90계단&선교사 주택

이상화·서상돈 고택과 계산성당을 지나 큰길을 건너면 3·1 만세운동길이라고도 하는 3·1 90계단이 나온다. 계단을 올라가면 대구제일교회 신관 뒤편으로 서양인 선교사들이 살던 집들이 남아있다. 지금은 각각 종교박물관(스윗츠 주택), 의료박물관(챔니스 주택), 교육·역사박물관(블레어 주택)으로 쓰인다. 외래 문물을 막 받아들이기 시작한 조선의 정취를 물씬 느낄 수 있으며, 주택들 주변으로는 은혜정원, 우리나라 최초의 사과나무 등이 있어서 내부를 개방하지 않는 휴일에 찾게 되더라도 발걸음이 아깝지는 않을 것이다. 주택 내부를 둘러보는 데는 각 20분 정도면 충분하다.

전화번호 챔니스 주택 053-661-2000 **운영시간** AM 10:00~PM 12:00, PM 01:00~05:00 **휴일** 매주 토요일, 공휴일, 국경일

06 김광석 다시그리기 길

'서른 즈음에' '이등병의 편지' '흐린 가을 하늘에 편지를 써' '너무 아픈 사랑은 사랑이 아니었음을' 등 숱한 히트곡을 남기고 서른셋의 젊은 나이로 세상을 떠난 가수 김광석의 고향 동네에 조성된 벽화거리다. 350m 정도 되는 짧은 거리로 30분이면 다 둘러볼 수 있는 규모지만 김광석을 추모하는 이들이 꾸준히 찾아오고 있으며 바로 옆에는 방천시장이 있어 함께 둘러보기에도 좋다.

교통 대구지하철 2호선 경대병원역 3번 출구에서 도보 10분. 대구 수성교와 방천시장 사이 위치.

tip 삼덕동 문화마을

김광석 다시그리기 길 가까이에는 마을이 예술이 된 삼덕동 문화마을이 있으니 시간 여유가 있으면 함께 둘러봐도 좋겠다. 경대병원역 4번 출구로 나가 동부교회와 평화연합신경외과 옆 골목의 삼덕초등학교에서부터 구경을 시작하면 된다.

전화번호 관리사무소 053-554-7907 **홈페이지** www.daegu.go.kr/Dalseongpark **운영시간** AM 05:00~PM 09:00 **교통** 서문시장 끝자락. 지하철 2호선 서문시장역에서 도보 15분.

대구에는 경상감영공원(053-254-9404), 국채보상운동 기념공원(053-254-9401), 2·28 기념중앙공원(053-254-9405), 두류공원(053-656-9401) 등 공원이 많다. 역사적으로 의미 있는 장소를 중심으로 만들어진 곳이 대부분이고 조경을 잘 해 놓아서 날씨 좋은 날 햇볕바라기를 하기에 무척 좋은 장소들이다.

07 서문시장

대구에는 전통시장이 많지만 그 중 제일 오래되고 큰 시장이 서문시장이다. 전통시장이 어렵다고 말이 많지만 서문시장은 대형마트의 공습에도 굴하지 않고 여전히 잘 나가는 중. 생선부터 짚신까지 안 파는 게 없고 삼각만두, 양념어묵 등 먹거리도 많아 즐거운 시장 구경을 할 수 있다. 삶의 현장을 지키는 사람들 특유의 자부심이 넘쳐나는 상인들의 얼굴에서는 활기와 생동감이 느껴진다.

교통 지하철 2호선 서문시장역 1번 출구로 나와 출구 반대편 길 따라 도보 3분.

09 팔공산 갓바위

팔공산 갓바위야말로 대구의 랜드마크라고 할 만하다. 평생 한 가지 소원은 꼭 들어준다는 갓바위에는 기도하러 오는 신도들이 무척 많다. 가파른 돌산이라 힘은 들지만 높지는 않아서 편도 1시간이면 충분히 올라갈 수 있다. 갓바위에 올라서 내려다보는 대구 시내 전망도 훌륭하다. 한 밤이나 새벽보다는 밝을 때 다녀오는 것을 추천한다.

전화번호 053-851-1869 **홈페이지** 선본사 www.seonbonsa.org **교통** 대구역 앞 버스정류장에서 401번 시내버스 이용 종점 하차, 소요시간 약 40분. 동대구역에서는 약 50분 소요. 10분 간격으로 자주 다니는 401번 버스는 약령시와 경상감영공원, 평화시장 등 시내 주요 지점들을 많이 거쳐 이동하기 편리하다.

08 달성공원

대구에는 공원이 많아 시민들이 휴식처로 애용되고 있는데 그 중 가장 역사가 깊은 곳이 달성공원이다. 달성은 대구의 옛 이름 '달구벌'의 토성을 이르는 말. 공원 안에는 동물원도 있어서 가족 나들이 장소로도, 커플들의 데이트 장소로도 항상 인기가 많다. 서문시장을 구경한 뒤 함께 둘러보기 적당하다.

맛집

대구는 맛집 탐방의 천국이다. 볼거리만큼이나 먹을거리가 풍성한 곳이 대구다. 평화시장 닭똥집, 안지랑 곱창, 교동시장의 납작만두와 양념오뎅 등 대구에서만 먹을 수 있는 특별한 음식들은 가격까지 착해 여행자를 감동시킨다.

교동시장

대구역 바로 앞에 펼쳐진 동성로 입구 왼편으로 접어들면 교동시장이 나온다. 교동시장 납작만두가 유명하다. 만두피만 부쳐놓은 듯 납작해서 이게 무슨 맛일까 싶지만 양념간장을 곁들이면 쉴 새 없는 흡입이 시작된다. 얼큰한 국물의 빨간 양념오뎅도 추천. 시장통에 납작만두, 양념오뎅, 빈대떡, 소라 등을 파는 가게들이 여럿이다.

안지랑 곱창골목

대구지하철 1호선 안지랑역에 있는 안지랑시장 근처에 곱창골목이 펼쳐져 있다. 유명한 대구의 곱창, 막창과 염통, 삼겹살 등을 저렴한 가격에 먹을 수 있는 곳이다. 곱창 한 바가지면 두세 명이 먹는데, 가격이 단돈 10,000원 선이니 감동스러울 뿐. 쫄깃한 염통꼬치는 5,000원 정도. 안지곱창(053-622-3086), 또또(053-622-1531), 돼지천국(053-621-6220) 등.

평화시장 닭똥집골목

동대구역에서 도보 15분 거리에 있는 평화시장 안에는 닭똥집과 닭 요리를 다양하게 내놓는 닭똥집골목이 있다. 10,000원 안쪽의 저렴한 가격에 닭똥집튀김, 양념구이 등을 맛볼 수 있다. 대개 새벽까지 영업하므로 늦게 가게 되더라도 염려 없다. 평화통닭(053-955-1014, 958-0816), 신암통닭(053-941-6498) 등.

동인동 찜갈비골목

지하철 1호선 칠성시장역에서 중구청 방향으로 10분 정도 걸어가면 동인동 찜갈비골목이 나온다. 찜갈비를 먹고 매콤달콤한 양념에 밥까지 비벼먹으면 만족스러운 한 끼 식사 완성. 실비찜갈비, 봉산찜갈비(053-425-4203), 벙글벙글찜갈비(053-424-6881, www.jjimgalbi.com) 세 곳이 유명하다. 가격대는 호주산 육우 기준 1인분에 14,000원 정도로 비슷하게 맞춰져 있다.

실비찜갈비

동인동 찜갈비골목의 터줏대감으로 40년 이상 한 자리를 지키고 있다. 매콤하고 부드러운 국내산 육우 찜갈비에서 대구의 맛이 느껴진다.

위치 동인동 찜갈비골목 내. **주소** 대구광역시 중구 동인동1가 301-1 **전화번호** 053-424-3443 **홈페이지** www.silbijjim.com **가격** 국내산 육우 찜갈비 16,000원, 뉴질랜드산 육우 찜갈비 14,000원, 공기밥 별도 **운영시간** AM 10:00~PM 10:00

황떡

황떡은 대구식 매운 떡볶이의 원조격인 집이다. 중구청 앞에 떡볶이집 여럿이 나란히 붙어 있는데 이곳이 원조. 매운 정도를 선택할 수 있는데 순한 맛을 선택해도 충분히 매콤하다.

위치 동인동 찜갈비골목에서 나와 종각네거리에서 좌회전한 뒤 국채보상로를 따라 걷다보면 중구청 앞에 위치. 도보 10분. 주소 대구광역시 중구 동인동4가 315-9 전화번호 053-741-3261 홈페이지 www.hwangdduk.com 가격 떡볶이 1,500원, 튀김오뎅 1,500원, 쿨피스 1,500원 운영시간 AM 11:00~PM 10:00 휴일 매주 일요일

빨간지붕

양념오뎅을 택배 주문해서 먹기도 하는 대구의 유명 분식집. 대구 곳곳에 분점이 있으며 맛있게 매운 맛을 자랑한다. '참비'라고 부르는 참치양념비빔밥도 인기.

위치 동성로 대백백화점 뒤. 주소 대구광역시 중구 공평동 57-8 전화번호 053-252-5669 가격 양념오뎅 2,500원, 치즈떡볶이 2,500원, 참치양념비빔밥 4,000원

삼송베이커리

동성로에 위치한 작은 빵집으로, 일명 마약빵으로 알려진 콘크림치즈빵 덕분에 유명해졌다. 튀기지 않고 구워 촉촉하면서도 부드러운 고로케도 인기다.

위치 동성로 구 제일극장 맞은편. 국민은행과 농협은행 사이에 위치. 주소 대구광역시 중구 동성로3가 7-6 전화번호 053-254-4064 가격 마약빵 1,300원, 고로케 1,300원

숙소

다님 백팩커스 진골목점(대구 2호점)

순천역 앞에도 지점이 있는 다님 백팩커스의 대구 2호점이다. 반월당역에 있는 1호점에 이어 동성로 한복판 진골목에 2호점을 오픈했다. 진골목은 그 자체가 근대문화유산이다. 언제든 문밖을 나서 근대문화골목을 다니거나 동성로를 쏘다니기에도 제격이다. 외국인 배낭여행객도 많이 찾는 호스텔 분위기의 게스트하우스라 활기가 넘친다.

위치 지하철 중앙로역 1번 출구에서 미도다방 골목 진입. 주소 대구광역시 중구 종로2가 84-2 3층 전화번호 070-7504-4115 홈페이지 cafe.naver.com/danimbackpackers 요금 도미토리 20,000원(내일로 18,000원) 체크인/아웃 체크인 PM 01:00~10:00 체크아웃 AM 11:00 제공내용 조식(토스트, 달걀, 수프), 수건, 샴푸, 치약, 비누

Other Choices

다님 백팩커스 봉산동점 1호점 대구지하철 2호선 반월당역에서 가깝다. cafe.naver.com/danimbackpackers, 070-7532-9119

피터팬 게스트하우스 대구점 동성로 노보텔 근처에 위치. www.대구게스트하우스.kr, 010-4023-7982

궁전라벤더

규모가 크고 시설도 준수한 찜질방. 동대구역과 가깝고 평화시장 닭똥집골목 맞은편에 위치해 닭똥집을 먹고 들어와 숙박하는 레일러들도 많다.

위치 동대구역에서 도보 10분. 평화시장 닭똥집골목 바로 맞은편에 있다. 주소 대구광역시 동구 신암3동 214-12 전화번호 053-952-3000 홈페이지 www.goongjeon.com 요금 주야간 9,000원(내일로 주중 6,000원)

청도 감으로 만든 와인 한 잔 하실래요?

청도

경부선

사실 청도에 뭐가 있으리라 기대를 했던 건 아니다. 그냥, 경부선을 타고 서울과 부산 사이를 오갈 때면 자주 귀에 들려오던 그 이름이 참 맑고 듣기 좋았다. 그래서 한 번쯤 들러보고 싶었다.

막상 도착한 청도는 짐작보다도 훨씬 더 시골이었고, 와인터널로 가는 버스는 겨우 두세 시간에 한 대씩 있었으며, 24시 영업하는 찜질방도 하나 없어 잘 자리를 찾아 헤매야 했다. 그러나 물 좋기로 소문난 용암온천과 국내 최대의 비구니 사찰 운문사, 폐터널을 개조해 만든 와인터널에서 마시는 쌉싸래한 감와인 한 잔은 청도를 훌륭한 휴식 여행지로 기억하게 해주었다.

청도를 여행할 계획이라면 우선 마음을 느긋하게 갖자. 유난히 띄엄띄엄한 시내버스의 배차간격만큼이나 릴랙스하지 못한다면, 그래서 도시에서의 습관처럼 서두르려 한다면 아마 답답증이 일고 말지도. 하지만 충분히 여유로운 자세로 소나무 숲과 감나무 밭의 맑은 공기를 들이마실 준비를 마친다면 당신도 청도를 사랑하지 않고는 못 배길 것!

관광 지수	★★★☆☆
휴식 지수	★★★★☆
교통 지수	★☆☆☆☆
맛집 지수	★★★★☆
예산 지수	★★☆☆☆
기차역 지수	★★★☆☆

청도역 054-373-9046
청도공용버스터미널
054-371-5100
운문사 정류소 054-373-8070
청도군청 문화관광과 관광진흥담당
054-370-6372

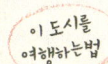

이 도시를 여행하는 법

❶ 청도역 바로 옆에 청도공용버스터미널이 위치해 있으며 여기서 모든 버스가 출발한다. 청도 버스는 노선이 몇 개 없어 복잡하지는 않으나 같은 번호의 버스라도 행선지가 다를 수 있으니 확인하고 탑승하자. ❷ 청도 군내 곳곳에 지석묘군, 석빙고, 청동기유적지공원 등의 유적지가 있지만 대중교통으로 돌아보기는 어렵다. ❸ 청도는 역과 터미널이 있는 읍내를 벗어나면 버스는커녕 택시조차 찾아보기 어렵다. 콜택시를 부르면 출발지에서부터 미터기를 켜고 와서 요금이 많이 나온다.

추천일정표

PM

08:59	김천, 대구 등에서 출발한 경부선 무궁화호 열차로 청도 도착
09:20	청도공용버스터미널에서 3번 버스 타고 운문사로 이동 (약 1시간 소요)
10:20	운문사 관람

PM

12:00	운문사 맛집 어화벗님에서 점심식사
01:30	3번 버스 타고 청도 읍내로 이동(약 1시간 소요)
02:50	7번 버스 타고 와인터널로 이동(약 20분 소요)
03:10	와인터널 관람 및 와인 시음
04:15	7번 버스 타고 청도 읍내로 이동(약 20분 소요)
04:45	2번 버스 타고 이서면 파출소 앞 하차, 택시로 니가쏘다쩨까지 이동
05:20	니가쏘다쩨에서 짬뽕과 화덕피자 맛보기
07:00	택시로 청도역 이동
07:16	청도역에서 경부선 무궁화호 열차 타고 밀양, 부산 등으로 이동

* 청도역 안에는 소, 초가집 등이 있는 전통생활문화관이 꾸며져 있으니 열차를 기다리며 사진도 찍고 둘러보자.

예산

청도터미널 ⇒ 운문사 버스비	1,200원
운문사 관람료	2,000원
어화벗님 시골손칼국시	7,000원
운문사 ⇒ 청도터미널 버스비	1,200원
청도터미널 ⇒ 와인터널 버스비	1,200원
와인터널 ⇒ 청도터미널 버스비	1,200원
청도터미널 ⇒ 이서면 파출소 버스비	1,200원
이서면 파출소 ⇒ 니가쏘다쩨 택시비(6,000원/2인 기준)	약 3,000원
니가쏘다쩨 해물짬뽕과 마르게리따 피자 (26,000원/2인 기준)	약 13,000원
니가쏘다쩨 ⇒ 청도역 택시비(20,000원/2인 기준)	약 10,000원
합계	약 41,000원

경부선

01 와인터널

쓰이지 않은 채 방치되고 있던 폐터널을 개조해 와인 저장소가 되었다. 터널을 와인 저장소로 만든 것이나, 감으로 와인을 만들 생각을 한 것이나 모두 아이디어가 번뜩인다. 안쪽에 와인을 보관하고 있어서 연중 60~70도의 습도를 유지하는 터널 안은 비오는 날의 실내처럼 습한 느낌이 든다. 와인터널 내부는 넓지 않아 둘러보는 데는 30분이면 충분하다. 세계 최초 감으로 만들어진 청도 감와인은 맑은 빛깔과 더불어 텁텁하지 않고 쌉싸래한 맛이 독특해 매력적이다. 와인터널에서 무료 시음을 해볼 수 있다. 감와인과 간단한 안주거리도 팔고 있으니 여행길에 와인 한 잔의 여유를 즐겨 보는 것도 좋겠다.

전화번호 054-371-1904 **홈페이지** www.gamwine.com **요금** 입장 무료, 감와인 레귤러 3,000원, 감와인 스페셜 4,000원, 감식초 주스 4,000원 **운영시간** AM 09:30~PM 08:00, 주말 및 공휴일 PM 09:00까지 **교통** 청도공용버스터미널에서 남성현 방면 7번 버스 이용, 소요시간 약 20분. 와인터널 혹은 송금교회 하차 후 도보 10분.

남성현 방면 7번 버스 운행시간표
청도터미널 출발시간 AM 07:00 07:50 09:40 11:20 PM 01:20 02:50 04:00 06:00 07:20 08:20 와인터널(혹은 송금교회) 출발시간 AM 07:15 08:05 09:55 11:35 PM 01:35 03:05 04:15 06:00 07:35 08:35

청도 와인터널에서는 드라마 <떼루아>를 촬영하기도 했다. 와인터널 근처에 세트장이 있는데 규모가 작아 큰 볼거리는 되지 못하지만 시골 정취를 느끼며 산책하는 느낌으로 돌아보는게 괜찮다.

02 용암웰빙스파(용암온천)

용암온천은 온천물이 좋기로 유명해서 경북 일대에서 많이들 찾아온다. 용암온천 관광호텔 안에 온천탕이 있다. 규모가 상당하고 게르마늄이 다량 함유된 천연 옥으로 시공돼 피로를 말끔히 씻어준다. 평일 오전 6시~8시 30분에는 조조할인이 적용돼 지역 주민들이 많이 찾는다. 저녁 7시 30분~9시에도 할인을 받을 수 있다.

전화번호 용암웰빙스파 054-371-5500, 5508 **홈페이지** www.yongamspa.co.kr **요금** 주중 9,000원, 주말 10,000원 **운영시간** AM 06:00~PM 09:00, 주말 PM 09:30까지 **교통** 청도공용버스터미널에서 남성현 방면 7번 버스 이용, 소요시간 약 10분. 터미널에서 출발한 버스가 용암온천을 지나 와인터널로 들어갔다가 다시 용암온천을 경유해 터미널로 돌아간다.

03 프로방스 포토랜드

프로방스는 원래 청도에 있는 레스토랑 이름인데 주변을 테마파크처럼 예쁘게 꾸며놓아서 출사나 데이트 장소로 이름이 높았다. 이곳을 프로방스 포토랜드로 재단장, 365일 빛축제 콘셉트로 운영하고 있다. 알록달록 예쁜 조형물, 벽화 등이 있어 사진 찍기도 좋다. 4D 미니라이더, 컵에 사진 인화하기, 원목공예 등 다양한 체험거리가 마련돼 있어 저렴하지 않은 입장료에도 불구 많은 관광객들이 찾아온다. 특히 프로방스가 온통 빛세상이 되는 야간에는 커플 데이트 코스로 무척 인기가 많다.

전화번호 054-372-5050 **홈페이지** www.cheongdo-provence.co.kr **요금** 6,000원, PM 03:00 이전에는 3,000원 **운영시간** AM 10:00~PM 11:00 **교통** 용암온천에서 오르막길을 따라 도보 15분. 청도공영버스터미널에서 고평리, 범곡, 눌미 방면 2번 버스 이용 고평리회관 정류장 하차 후 도보 10분. 혹은 소라, 무등, 용암온천 방면 7번 버스 이용 삼신1리 정류장 하차 후 도보 10분.

하는 운문승가대학도 함께 있다. 주변 산세가 수려하고 경내가 아기자기하게 예뻐서 찾아오는 사람들이 많다. 매표소를 지나 15분쯤 걸어야 절 입구가 나오기 때문에 1시간 반 정도는 잡아야 충분히 구경하고 매표소로 돌아올 수 있다. 운문사의 명물은 막걸리를 먹고 자란다는 운문사 처진 소나무다. 운문사 입구에서 볼 수 있으며 천연기념물로도 지정돼 있는데 수령이 오백 년이나 되었다고 한다. 청도군에는 처진 소나무가 두 그루 있다. 하나는 운문사에(천연기념물 180호), 하나는 매전면에(천연기념물 295호) 있다.

전화번호 종무소 054-372-8800 **홈페이지** www.unmunsa.or.kr **요금** 2,000원 **교통** 청도공용버스터미널에서 운문사 방면 3번 버스 이용, 소요시간 약 1시간.

운문사 방면 3번 버스 운행시간표
청도터미널 **출발시간** AM 07:40 09:20 10:40 11:30 PM 01:10 03:30 05:30 07:30 운문사 **출발시간** AM 06:50 09:30 11:00 PM 12:00 01:30 03:30 05:30 07:15

맛집

청도역전추어탕
추어탕은 조리 방식에 따라 경상도식과 전라도식으로 구분된다. 남원 추어탕이 전라도식으로 유명하다면 청도역 앞의 추어탕거리에서는 걸쭉한 경상도식 추어탕의 진수를 맛볼 수 있다.

위치 청도역 앞 추어탕거리. 청도공용버스터미널로 가는 방향에 위치. **주소** 청도군 청도읍 고수 8리 969-21 **전화번호** 054-371-2367 **홈페이지** www.yeokcheon.com **가격** 전통추어탕 6,000원, 소고기국밥 5,000원, 미꾸라지튀김 中 10,000원

니가쏘다쩨
특이하게도 짬뽕과 피자를 같이 파는 콘셉트의 레스토랑으로 개그맨 전유성이 차린 곳이다. 옛 성당 건물을 개조한 외관과 빈티지 느낌의 내관이 모두 볼거리고 음식 맛도 괜찮은

04 운문사
청도군의 오른쪽 끝에 위치한 운문사는 비구니 사찰로 유명하다. 여승들만 있는 곳이라 여느 절과는 분위기가 사뭇 다르다. 비구니 스님을 교육

편이다. 짬뽕 그릇에 꽂혀 나오는 젓가락이나 커피를 쏟아놓은 그림의 테이블보 등 여러 모로 재미있는 가게이니 불편한 교통편에도 불구하고 한 번 가볼만하다.

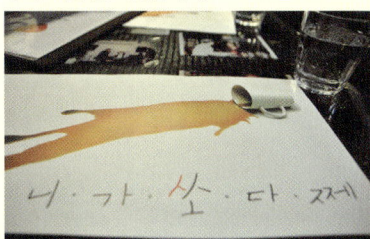

위치 양원리 칠곡초교 앞. 청도공용버스터미널에서 이서 방면 2번 버스를 타고 가다가 이서면 파출소 앞에 하차 후 택시 이용, 택시비 약 6,000원. 혹은 청도역에서 택시 이용 시 요금 약 12,000원. 이서개인택시 054-372-8333 **전화번호** 054-373-9889 **주소** 청도군 이서면 양원리 131-9 **가격** 해물짬뽕 9,000원, 마르게리따 피자 17,000원 **운영시간** 런치 AM 11:50~PM 03:20, 디너 PM 04:30~08:00

🍴 망향비빔국수 청도점

용암온천 근처에 식당이 많지는 않다. 망향비빔국수에서는 실패하지 않는 무난한 맛으로 요기를 할 수 있다.

위치 용암온천 관광호텔 바로 앞. **주소** 청도군 화양읍 삼신리 929 **전화번호** 054-371-2755 **홈페이지** www.manghyang.com **가격** 비빔국수 5,000원, 잔치국수 5,000원, 만두 3,000원

🍴 어화벗님

운문사 앞에 있는 전통찻집 겸 음식점으로 인테리어가 아늑한 가게다. 가격이 저렴한 편은 아니지만 시골손칼국시와 해물파전 등 음식 맛이 일품이다. 직접 담근 솔잎동동주를 마시다가 버스를 놓치지 않도록 주의.

위치 운문사 주차장 맞은편. **주소** 청도군 운문면 신원리 2034 **전화번호** 054-372-6638 **가격** 시골손칼국시 7,000원, 해물파전 17,000원, 솔잎찹쌀동동주 12,000원 **운영시간** AM 10:00~PM 11:00

🍴 Other Choices

프로방스 포토랜드 안에 레스토랑 프로방스(054-373-6680)와 하늘정원(054-373-3334)이 있다. 1인당 15,000원 정도는 잡아야 하는 가격대지만 맛도 분위기도 훌륭해 인기가 높은데, 식사만 한다 하더라도 프로방스 포토랜드에 입장해야 하기 때문에 입장료까지 감안해서 선택하자.

🏠 숙소

청도에서는 대중교통으로 찾아갈 수 있는 24시 찜질방이 없다. 역 주변에서 여관, 모텔을 찾아볼 수 있고 용암온천 주변에 민박과 모텔이 몇 군데 있다. 용암온천 바로 뒤편의 비바모텔(054-371-5666)이 시설은 그저 그렇지만 30,000원 이내로 저렴하게 묵을 수 있고, 용암온천에서 언덕 쪽으로 보이는 수모텔(054-371-4840)은 40,000원의 숙박비 대비 시설이 깨끗하고 좋은 편이다.

경부선

비밀의 햇볕이 비치는 도시
밀양

'날 좀 보소~ 날 좀 보소~ 날~ 좀~ 보소~'
자길 좀 봐달라고 애절하게 매달리는 밀양의 아리랑. Secret Sunshine, 비밀의 햇볕이 비치는 이 남쪽도시는 퍽 쓸쓸한 느낌이다. 도시마다 마음속에 와 닿는 온도가 다 다르다. 밀양의 온도는 뜨거운 한여름의 열기에도 불구하고 꽤 낮았다. 영화 때문일까. 아니면 한여름에 냉기를 뿜는 얼음골, 혹은 시례 호박소의 찬 계곡물 때문이었을까. 아니면 영남루 위에 올라 신선놀음하며 맞았던 그 시원한 바람 때문일지도.

밀양은 유난히 자연경관이 독특하고 아름다운 곳이다. 천황산 얼음골과 시례 호박소, 오천평반석이 유명하지만 계곡과 폭포 하나하나 장관이 아닌 것이 없다. 표충사에서 바라보는 재약산의 운해와 땀 흘리는 표충비, 종소리 나는 만어사의 경석들 역시 쉬이 구경할 수 있는 것은 아니다. 그 신비를 지켜보고 있노라면 이 비밀의 햇볕이 비치는 도시와 영화 〈밀양〉이 썩 잘 어울린다는 생각이 든다.

관광 지수	★★★☆☆
휴식 지수	★★★☆☆
교통 지수	★★☆☆☆
맛집 지수	★★☆☆☆
예산 지수	★★☆☆☆
기차역 지수	★★★★☆

밀양역 055-352-7778
밀양시외버스터미널(밀성여객) 055-355-1928
밀양교통(농어촌버스) 055-354-5392
밀양 관광안내소 055-359-5582

이 도시를 여행하는법

❶ 표충사나 얼음골에 가려면 밀양시외버스터미널에서 시외버스를 이용해야 한다. 밀양역 앞에서 짝수번 시내버스가 터미널로 간다. 2번이나 6번을 타면 20분 정도 걸리고, 10분 이상 빙 돌아가는 버스도 있으니 차 시간이 빠듯하다면 미리 물어보고 타자. 터미널까지 가는 버스는 자주 있다. ❷ 밀양역 앞의 관광안내소에서는 다양한 안내 책자를 얻을 수 있는 것은 물론 편안하게 쉬어갈 수 있는 안락의자가 구비돼 있다. ❸ 매년 7월 말 밀양여름공연예술축제가 열린다. 밀양역 내일로 플러스를 이용하면 공연표 할인이나 연극촌 내 숙박 등의 혜택을 받을 수 있다.

추천일정표

AM

10:21 서울, 대전, 영동, 김천, 동대구 등에서 출발한 경부선 무궁화호 열차로 밀양역 도착
역에서 도보 10분 거리의 전도연거리와 준피아노 둘러보기

10:50 시내버스 타고 영남루로 이동(약 5분 소요)

11:00 영남루 경치 즐기기
박시춘선생 옛집, 아랑각 등도 가까이에 있으니 함께 둘러보자.

PM

12:00 영남루 맞은편 시장 안 단골집에서 돼지국밥으로 점심식사

01:00 영남루 앞에서 시내버스 타고 시외버스터미널로 이동 (약 10분 소요)

01:30 밀양시외버스터미널에서 버스 타고 얼음골로 이동 (약 1시간 소요)

02:30 얼음골 결빙지 구경

03:30 시례 호박소, 오천평반석 구경
시례 호박소와 오천평반석을 구경할지, 밀양 시내로 일찍 돌아갈지 남은 체력에 따라 결정하자.

05:40 석남사에서 출발한 밀양행 버스 타고 밀양시외버스터미널로 이동(약 1시간 소요)

07:00 시내버스 타고 밀양역으로 이동(약 20분 소요)

07:34 밀양역에서 경부선 무궁화호 열차 타고 부산 등으로 이동

예산

준피아노 ⇨ 영남루 버스비	1,200원
단골집 돼지국밥	6,000원
영남루 ⇨ 터미널 버스비	1,200원
터미널 ⇨ 얼음골 버스비	4,100원
얼음골 입장료	1,000원
얼음골 ⇨ 터미널 버스비	4,100원
터미널 ⇨ 밀양역 버스비	1,200원
합계 = 약	18,800원

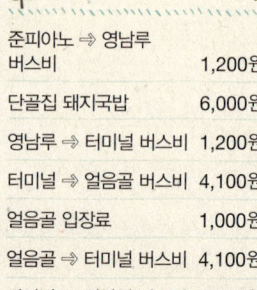

경부
선

01 준피아노(영화 〈밀양〉 세트장)

칸영화제 수상 영화 〈밀양〉이 밀양 시내 곳곳에서 촬영됐다. 널찍한 밀양역광장과 역에서 도보 5분 거리의 '전도연거리'에서 그 흔적을 찾아볼 수 있다. 전도연거리에 위치한 '준피아노'는 영화에 등장했던 피아노학원으로, 영화 속 가구, 의상, 소품 등을 그대로 보존해 놓았다. 친절한 해설사가 상주해 관람을 안내해주어 밀양 여행의 산뜻한 출발점으로 삼기 적절하다.

전화번호 055-356-1044 **운영시간** AM 09:00~PM 06:00 **휴일** 매주 월요일 및 화요일 **교통** 밀양역광장을 지나 큰길에서 우측으로 도보 10분.

02 영남루

밀양 시내 한가운데 위치한 영남루는 진주 촉석루, 평양 부벽루와 함께 우리나라 3대 누각으로 꼽힌다. 누각에 올라 발아래 흐르는 밀양강을 바라보고 있노라면 꼭 신선놀음 하는 기분. 영남루 야경은 밀양8경에 들어갈 정도로 아름다워 밤에 찾아가도 좋다. 영남루 뒤쪽에는 작곡가 박시춘선생 옛집, 아랑각 등이 있어서 볼거리가 더욱 풍성하다.

전화번호 관리사무소 055-359-5590 **교통** 밀양역 앞에서 시내버스 이용 영남루 하차, 소요시간 약 10분. 1번 버스를 비롯해 대부분의 버스가 영남루를 지난다. 내린 곳에서 다시 밀양역 방향으로 도보 1분.

03 표충사

신라 때 원효대사가 창건하였으며 사명대사의 넋이 모셔져 있는 대찰이다. 표충사 사계는 밀양8경에도 들어가는데 그만큼 절 주변 경치가 아름답다. 대웅전 앞에서 멀리 재약산을 바라보면 신비스러운 운해가 비치고, 너른 경내에 삼층석탑과 석등이 있고 범종루도 갖췄다. 호국박물관에서는 국보 청동은입사향완과 사명대사의 유품을 전시하고 있다. 표충사는 절 뿐만 아니라 절 아래 조성된 유원지 때문에도 많이 찾아오는데 수려한 계곡 덕에 여름철에 방문하는 물놀이객이 많다.

전화번호 종무소 055-352-1070, 1150 매표소 055-353-3366 **홈페이지** www.pyochungsa.or.kr **요금** 3,000원 **운영시간** 호국박물관 AM 09:00~PM 05:00, 12월과 1월에는 PM 04:30까지 **휴일** 호국박물관 매주 화요일과 우천 시 **교통** 밀양시외버스터미널에서 표충사행 시외버스 이용, 소요시간 약 40분. 요금 3,100원.

표충사행 시외버스 운행시간표
밀양시외버스터미널 출발시간 AM 08:00 10:10 11:00 11:40 PM 12:40 02:20 03:00 05:30 06:20 07:50
표충사 출발시간 AM 08:45 11:00 11:40 PM 12:40 01:40 03:10 04:20 06:10 07:10 08:30

밀양교통 동어촌버스를 이용할 수도 있는데, 자주 다니지 않을 뿐더러 운행시간이 더 오래 걸린다. 버스요금은 2,300원이며 시외버스와 마찬가지로 터미널에서 승차권을 구입해 타면 된다.

tip 얼음골행 버스는 하루에 두세 편 밖에 없으므로 알맞은 시간에 선택해 버스에 오르자. 자주 다니지는 않지만 밀양교통 농어촌버스나 얼음골 종점 시외버스를 이용해도 된다. 버스요금은 2,300원

04 얼음골

한여름에 얼음이 얼고 찬바람이 나오는 신기한 계곡. 밀양의 3대 신비 중 하나로 손꼽힌다. 천연기념물로도 지정돼있다. 계곡을 따라 올라가는 내내 찬바람이 불어와 땀을 식힌다. 겨울에는 반대로 바위틈에서 더운 김이 나와 물이 얼지 않는 희한한 곳. 최근에는 기후 변화의 문제로 얼음이 얼어 있는 모습을 직접 관찰하기는 어렵지만 냉기만은 쌩쌩히 뿜어져 나온다. 돌산이라서 튼튼한 신발을 신지 않으면 오르내릴 때 발이 아플 수 있으니 주의. 얼음골 신비도 놀랍지만 계곡이 수려하고 물이 차 여름철 피서 나온 행락객들로 주변이 붐빈다. 버스에서 내려 결빙지로 올라갔다 내려오는 데는 빠듯하게 1시간 정도 소요.

전화번호 055-356-5640 **요금** 1,000원 **교통** 밀양시외버스터미널에서 얼음골행 혹은 얼음골 경유하는 석남사행 시외버스 이용, 소요시간 약 1시간, 요금 4,100원.

얼음골 경유 석남사행 시외버스 운행시간표

밀양시외버스터미널 출발시간 AM 08:05 09:05 10:40 11:30 PM 12:30 01:30 03:05 04:40 **석남사(얼음골까지 약 15분 소요) 출발시간** AM 08:30 09:30 11:00 PM 12:20 01:20 02:20 04:00 05:40

05 시례 호박소&오천평반석

밀양에는 특이한 지형지물이 많다. 이무기가 살고 있다 전해지는 시례 호박소는 화강암이 수십만 년 동안 물에 씻겨 커다란 연못을 이룬 곳이다. 사람이 들어가면 머리까지 잠길 정도로 깊어 자연 폭포수의 힘을 느낄 수 있다. 호박소에서 20분 정도 더 걸어 올라가면 오천평반석이 나온다. 판판한 바위가 오천평이나 되듯 넓다는 뜻으로 붙은 이름. 시례 호박소와 오천평반석은 모두 천황산 계곡 기슭에 위치해 여름철이면 물놀이 나오는 피서객들이 많다.

교통 얼음골 입구에서 표지판 따라 오르막길, 도보 30분 정도.

tip 시례 호박소와 오천평반석으로 가는 길에 얼음골 케이블카 매표소가 있다. 국내 최장거리 왕복식 케이블카를 타고 편안하게 천황산의 아름다운 경치를 감상할 수 있다. 탑승요금은 왕복 9,500원, 편도 7,000원 문의 055-359-3000

06 밀양 연극촌

매년 7월 말 펼쳐지는 밀양여름공연예술축제에 맞추어 밀양을 찾으면 최고의 밀양 여행을 할 수 있다. 밀양 연극촌은 우리 시대의 진짜배기 극단인 연희단 거리패의 본거지로, 단원들이 연습하고 생활하는 터전이며 공연도 펼치는 장소다. 밀양여름공연예술축제는 연희단 거리패의 공연은 물론 엄선된 초청 및 경연 작품을 관람할 수 있는 절호의 기회다. 노천극장에서 한여름 밤의 정취와 함께 공연의 열기를 뜨겁게 느낄 수 있다. 축제가 열리는 여름철에는 연극촌 주변에 연꽃이 만개해 한결 낭만을 더한다.

전화번호 055-355-2308 **홈페이지** www.stt1986.com
교통 밀양역 앞이나 밀양시외버스터미널에서 가산행 농어촌버스 이용, 소요시간 약 30분. 밀양역에서 택시 이용 시 약 10,000원. 연극제 기간에는 셔틀버스 운행.

맛집

영남루 맞은편의 밀양전통시장 안에 국밥이나 보리밥 등 한 끼 해결할 시장통 맛집들이 있다.

밀양돼지국밥

부추를 넣어 돼지 냄새를 잡은 국밥이 깔끔하다. 순대국밥도 인기. 국밥 마니아라면 그냥 지나치기 아쉬운 국밥집이다.

위치 밀양시외버스터미널에서 오른편의 큰길로 나와 농협 방향으로 직진 5분. **주소** 밀양시 내이동 1185-5 **전화번호** 055-354-9599 **가격** 돼지국밥, 순대국밥, 섞어국밥 5,000원 **운영시간** AM 10:00~PM 10:00

단골집

밀양에서는 칼칼한 부산 돼지국밥과는 다르게 깔끔한 맛을 자랑하는 밀양 돼지국밥을 맛볼 수 있다. 60년 전통을 자랑하는 단골집은 시장에서 '6시 내고향 나온 국밥집'으로 통한다.

위치 영남루 맞은편 밀양전통시장 내. 내일동 주민센터 맞은편 골목으로 들어가면 시장. **주소** 밀양시 내일동 192-1 **전화번호** 055-354-7980 **가격** 돼지국밥 6,000원 **운영시간** AM 05:00~PM 09:00

숙소

밀양역이나 터미널 근처에서 여관이나 모텔을 쉽게 찾아볼 수 있다. 밀양여름공연예술축제 기간에는 밀양 연극촌 내에서 숙박할 수 있는 프로그램이 운영되기도 하며 시내에 찜질방은 한 군데 정도다.

리치빌찜질방

밀양 시내에서 찾아볼 수 있는 유일한 찜질방. 소박한 시설에 비해 요금이 다소 비싼 편이지만 하룻밤 묵기에는 나쁘지 않다.

위치 밀양역 앞에서 대부분의 버스 이용해 청구아파트 정류장 하차, 소요시간 약 5분. 혹은 밀양역에서 영남루 방향으로 도보 20분. **주소** 밀양시 삼문동 15-24 **전화번호** 055-354-3366 **요금** 주간ع 9,000원

경부선

삶, 바다, 문화가 다 있는 초특급 여행지

부산

내일로 여행 다녀온 이야기를 하다 보면 으레 "어디가 제일 좋았어?"라는 질문을 받게 된다. 도시별로 저마다의 매력과 개성이 있는데 어떻게 한 곳만 꼽을 수가 있을까. 하지만 내 모범답안은 언제나 "부산"이다. 인구도 많은 도시고 누군가에겐 너무 뻔한 곳일지도 모르겠다. 하지만 몇 번을 찾아도 부산이 질리지 않는 건 도시의 슬로건처럼, 그 '다이내믹'함 때문이다.

단연, 부산은 '완벽'하다. 삶도 있고 바다도 있고 문화도 있다. 부산에서는 모든 걸 다 할 수 있다. 한국의 산토리니로 불리는 산비탈 동네에서 피란민들의 삶을 반추해볼 수 있고, 해운대나 광안리의 수려한 바다 경관에 대해서는 여러 말 할 필요가 없으며, 세계 최대 백화점에서의 쇼핑, 남포동 관광 등. 대도시의 활기와 휴양지의 여유 그리고 시장 상인들에게서 끼치는 사람 냄새, 삶 냄새 같은 것들이 조화롭게 공존하는 곳이 바로 부산이다. 싱싱한 회는 물론 돼지국밥, 밀면, 씨앗호떡 등 별미도 즐비하다. 만만찮은 대도시지만, 바다 덕분일까, 사람을 고갈시키는 메트로폴리스의 분주함과 신경질은 한결 누그러져 있다. 이런 부산, 어찌 사랑하지 않을 수 있을까.

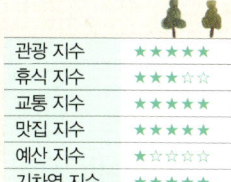

관광 지수	★★★★★
휴식 지수	★★★☆☆
교통 지수	★★★★★
맛집 지수	★★★★★
예산 지수	★☆☆☆☆
기차역 지수	★★★★★

부산역 051-440-2516
부전역 051-809-7088
해운대역 051-747-7788
부산종합버스터미널
1577-9956
서부시외버스터미널
1577-8301
부산역 관광안내소
041-441-6565
부산종합관광안내소
051-253-8253
App 부산 버스, 지하철

이 도시를 여행하는 법

❶ 부산은 서울만큼이나 교통이 편리하고 지하철이 구석구석 다니기 때문에 지하철만 잘 타도 부산 여행길에서 헤맬 일은 없다. 부산 지하철에는 4,000원짜리 1일권이 있다. ❷ 부산에는 경부선 부산역뿐만 아니라 사상역과 구포역이 있고, 동해남부선 부전역, 해운대역, 송정역도 있어서 열차 시간과 이동 경로에 따라서 편리한 기차역을 이용하면 된다. 경부선 사상역에서 가까운 서부시외버스터미널(사상터미널)에서 시외버스를 타고 통영 등 다른 도시로 이동할 수 있다. ❸ 도시 규모가 크고 도심에는 교통체증도 있기 때문에 이동 시간을 넉넉하게 잡아야 한다. 부산 여행은 크게 용두산공원, BIFF 광장, 국제시장이 있는 남포동 권역과 해운대 해수욕장, 달맞이길, 해동용궁사 등이 있는 해운대 권역으로 나뉜다. ❹ 기차역 스탬프 모으기의 매력에 푹 빠진 사람이라면 주목, 부산의 각 지하철역마다 기념 스탬프가 있다. 역무실에 비치돼있으니 주저 말고 문을 두드려보자.

추천일정표

PM **첫째날**
- 02:38 서울, 대전, 김천, 대구 등에서 출발한 경부선 무궁화호 열차로 부산역 도착 후 지하철로 남포동 이동
- 03:00 남포동에서 돼지국밥으로 점심식사
- 04:00 용두산공원 올라 부산 전경 감상
- 05:00 BIFF광장, 국제시장, 깡통시장, 보수동 책방골목 구경
- 07:00 부평동 족발골목에서 부산족발로 저녁식사
- 08:30 지하철로 광안역 이동(약 39분 소요)
- 09:30 10분 걸어 광안리 해수욕장으로 이동해 광안대교 야경 감상
- 10:00 호텔 아쿠아펠리스찜질방 숙박

AM **둘째날**
- 08:00 기상, 여행 준비. 찜질방 통유리로 아침 바다 보기
- 09:00 지하철로 해운대역 이동(약 12분 소요)
- 09:30 해운대 소고기국밥골목에서 아침식사
- 10:30 해운대 해수욕장 즐기기 산책로 따라 동백섬으로 도보 이동(약 30분 소요)
- 11:00 누리마루 APEC하우스 관람

PM
- 12:00 해운대 춘하추동 밀면에서 점심식사
- 01:00 해운대전화국(스펀지)에서 마을버스 타고 추리문학관으로 이동(약 10분 소요)
- 01:10 추리문학관 관람 후 차 마시며 휴식
- 03:00 달맞이고개 걸어 내려와 해운대로 이동
- 04:30 해운대 옵스에서 빵 사기
- 05:00 지하철 타고 센텀시티역으로 이동(약 6분 소요)
- 05:10 세계 최대 백화점 센텀시티 구경
- 06:00 지하철 타고 서면역으로 이동(약 24분 소요)
- 06:30 서면 시내 구경 후 무뽔나촌닭에서 저녁식사
- 07:50 부전역에서 동해남부선 무궁화호 열차 타고 경주, 동대구 등으로 이동

예산

부산역 ⇒ 남포동역 지하철	1,100원
돼지국밥	6,500원
부산족발 (25,000원/2인 기준)	12,500원
남포동역 ⇒ 광안역 지하철	1,300원
호텔 아쿠아펠리스 찜질방	12,000원
부산지하철 1일권	4,000원
해운대 소고기국밥	3,500원
춘하추동 밀면	5,500원
해운대 ⇒ 추리문학관 마을버스	1,000원
추리문학관	5,000원
옵스 빵 구입	5,000원
무뽔나촌닭 (20,000원/2인 기준)	10,000원
합계 = 약	67,400원

경부선

01 용두산공원

부산 시내 전경을 한 눈에 볼 수 있는 용두산공원을 부산 여행의 시작점으로 잡으면 어떨까. 남포동 한복판에 있기 때문에 공원을 둘러보고 내려와 바로 남포동 여행을 시작할 수 있다. 에스컬레이터가 설치돼있어서 공원까지 편하게 올라갈 수 있고, 올라가는 길 중간에는 용두산 미술전시관이 있으니 잠시 들러 둘러보아도 좋겠다. 용두산공원 안에는 서울로 치면 남산타워라고 할 수 있는 부산타워와 광화문광장을 연상시키는 이순신장군 동상도 있어 쌍둥이를 보는 것 같은 재미를 느낄 수 있다.

전화번호 용두산공원 051-860-7820 부산타워 051-245-5025 **홈페이지** yongdusanpark.bisco.or.kr **요금** 부산타워 전망대 4,000원 **운영시간** 부산타워 AM 09:00~PM 10:00 **교통** 지하철 남포동역 1번 출구에서 도보 10분, 광복동 에스컬레이터 이용.

02 비프BIFF광장(영화의 거리)

매년 10월 열리는 부산국제영화제의 주 개최지로 여러 영화관이 밀집해있다. 거리 곳곳에서 부산국제영화제에서 수상한 국내외 영화배우 및 감독들의 핸드프린트 동판이 장식된 것을 볼 수 있다. BIFF광장은 KBS〈1박 2일〉의 이승기가 사먹는 걸로 유명한 씨앗호떡을 파는 곳이기도 하며, 국제시장, 부평동 족발골목, 남포동 국밥거리, 남포동 구제시장 등과도 연결돼 번화가이면서도 영화의 거리다운 활기가 느껴진다.

교통 지하철 남포동역 1, 2번이나 자갈치역 7, 10번 출구 이용.

03 국제시장

부산 국제시장은 서울 남대문시장에 비견되는 부산 최대의 재래시장으로 없는 물건이 없다. 일찍이 항구를 통해 외국 문물이 많이 드나들었던 시장의 특색을 반영하듯 국제시장이라는 이름이 붙어있으며 다른 곳에서 쉽게 구할 수 없는 수입 물품을 많이 볼 수 있다. 눈썰미만 있으면 단돈 1,000원으로도 괜찮은 옷을 건질 수 있는 구제골목, 한국전쟁 이후 몰래 미제 통조림 제품을 들여와 팔던 깡통시장 등 골목 마다 특색이 있어 구경만 해도 즐거워진다. 영화〈국제시장〉의 천만 관객 돌파 이후로 더 많은 방문객이 찾아와 활기를 더하고 있다.

교통 지하철 자갈치역 7번 출구로 나와 비프 광장을 지나 좀 더 가면 국제시장 입구.

04 자갈치시장

"오이소! 보이소! 사이소!" 부산은 물론 우리나라 최대의 수산물시장이다. 수산시장의 활기와 리듬감 있는 부산 사투리가 어우러지며 싱싱한 삶의 현장을 이룬다. 무엇보다도 바로 고른 신선한 횟감으로 친 회와 매운탕을 즐길 수 있는 곳이라 좋다. 시장통 인심이 주는 편안함과 저렴한 가격은 기본.

전화번호 051-713-8000 홈페이지 www.jagalchimarket.or.kr 교통 지하철 남포동역 2번 혹은 자갈치역 10번 출구 이용.

05 광안리 해수욕장

영어로는 Diamond Bridge라고 하는 국내 최장 현수교 광안대교를 볼 수 있는 해수욕장이다. 밤이면 색색의 조명으로 빛나는 광안대교 덕분에 환상적인 야경을 자랑한다. 해운대 해수욕장과 함께 부산의 대표적인 해수욕장으로 꼽히며, 해변에는 카페거리가 형성돼 있어 한가로이 커피를 마시며 해변 경관을 즐길 수 있다. 해변에서 왼편으로 보이는 '민락회타운'에서는 자갈치시장 못지않게 저렴한 가격에 괜찮은 회를 먹을 수 있다.

전화번호 051-610-4741, 4211 홈페이지 gwangalli.suyeong.kr 교통 지하철 광안역 3, 5번 출구에서 도보 20분.

06 보수동 책방골목

남포동에서 국제시장을 지나면 나오는 보수동 책방골목은 우리나라의 유일한 헌책방 전문 골목이다. 헌책을 싼 값에 살 수 있고 새 책도 정가보다 저렴하게 구입할 수 있으며, 각종 희귀본 도서를 포함해 없는 책이 없어서 애서가라면 그냥 지나치기 어려운 곳이다. 골목은 생각보다 짧고 책을 읽지 않는 세태를 반영하듯 아동도서와 수험서, 토익책 중심의 매물이 잔뜩 쌓여있어 아쉬움을 남기기도 한다.

전화번호 051-253-7220 홈페이지 www.bosubook.com 교통 지하철 자갈치역 7번 출구로 나와 BIFF광장, 국제시장을 지나 대청로네거리까지 15분 정도 직진하면 '보수동 책방골목' 표지판이 보인다.

경부선

07 해운대 해수욕장

부산 하면 해운대다. 부산까지 와서 해운대에 들리지 않는다는 건 얼마나 섭섭한 일인가. 여름마다 전국 최대 인파를 자랑하는 해수욕장은 물빛이 옅게 푸르고 백사장이 깨끗하게 쾌적하게 즐길 수 있다. 해수욕장 주변에는 고급 호텔과 바, 클럽 등이 밀집돼 있어서 외국인 관광객들도 많이 찾는다. 아쿠아리움, 해운대 재래시장, 달맞이길 등이 가까워 해수욕장 외에도 볼거리가 많은 곳. 여름, 겨울 할 것 없이 찾는 사람도 갈매기도 많은 사계절 부산의 랜드마크.

전화번호 해운대 종합관광안내소 051-749-5700 **교통** 지하철 해운대역 3, 5번 출구에서 도보 10분. 동해남부선 해운대역을 이용해도 된다.

08 부산 아쿠아리움

지하 3층 규모에 400여종 40,000여 마리의 전시 동물을 볼 수 있는 국내 최대 아쿠아리움. 시간대에 따라 수달, 펭귄, 상어 먹이주기 쇼 등이 펼쳐져 다채로운 관람을 즐길 수 있다. 기념품 가게에서는 합리적인 가격에 귀여운 해양동물 기념품을 팔고 있어 선물을 구입하기도 좋다. 부산 아쿠아리움에서는 국내에서 유일하게 개복치를 전시한다. 이 생기다 만 것 같은 신기한 모습의 물고기는 한 번에 3억 개가 넘는 알을 낳아 알을 가장 많이 낳는 어류로 꼽히는데, 이 중 성체로 성장하는 개체는 극소수에 불과하다.

전화번호 051-740-1700 **홈페이지** www.busanaquarium.com **요금** 21,000원(내일로 12,000원, 제휴 게스트하우스 투숙객 17,000원 등 다양한 할인혜택 있음) **운영시간** 평일 AM 10:00~PM 08:00, 주말 및 여름 성수기 AM 09:00~PM 10:00 **교통** 해운대 해수욕장 해변에 위치.

09 동백섬&누리마루 APEC하우스

해운대 해수욕장 오른편으로 동백섬이 보인다. 푸른 바다와 동백꽃이 어우러지는 절경이 옛 사람을 유혹했으며, 오늘날에는 부산의 타워팰리스로 일컬어지는 초고층 주상복합 아파트와 요트 경기장 등이 이국적인 경관을 연출한다. 동백섬에 위치한 누리마루 APEC하우스는 2005년 APEC 정상회의가 열렸던 장소로 역대 APEC 정상회의장 가운데 가장 전망이 뛰어난 곳으로 꼽힌다. 정상회의가 열렸던 회의장, 오찬장과 기념시설을 둘러볼 수 있다. 야경도 빼어나 사진을 찍으러 오는 이들도 많다.

전화번호 051-744-3140 **요금** 무료 **운영시간** 누리마루 AM 09:00~PM 06:00 **휴일** 매월 첫째 주 월요일 **교통** 지하철 동백역 1번 출구 이용. 혹은 해운대 해수욕장에서 도보 30분.

교통 지하철 동백역 1번 출구 이용. 혹은 해운대 해수욕장에서 도보 30분.

10 달맞이고개(문탠로드)

해운대에 위치한 나지막한 언덕길인 달맞이고개는 일몰과 야경이 무척 아름다운 산책로다. 바다를 보면서 향긋한 커피를 즐길 수 있는 로스터리 카페와 레스토랑, 갤러리 등이 많아 문화를 사랑하는 부산 젊은이들에게 사랑받는 곳. 카페 반(051-746-8853), 해오라비(051-742-1253) 등이 인기며 투썸플레이스(051-747-3075) 등 프랜차이즈 카페들도 들어와 있다. 분위기가 좋은 만큼 가격대는 다소 높은 편.

교통 해운대역 1, 3번 출구에 있는 해운대전화국(스펀지)에서 2, 8, 10번 마을버스 이용해 달맞이길 입구 하차. 소요시간 약 10분.

11 청사포

해운대에서 달맞이고개를 넘어가면 나오는 청사포는 조용한 어촌이다. 복작대는 해운대 해수욕장과는 달리 부산에도 이런 데가 있었나 싶을 정도로 조용하고 작은 해변. 동해남부선이 지나는 청사포 철길과 해변의 등대가 있어 사진 동호인들의 출사지로도 인기를 얻고 있다. 한적한 해변에서 파도소리를 듣는 것도 운치 있지만 장어구이가 유명해 맛집 탐방을 위해서라도 찾아볼 만한 곳이다.

교통 해운대역 1,3번 출구에 있는 해운대전화국(스펀지)에서 20분 간격으로 다니는 2번 마을버스 이용해 청사포 종점 하차. 소요시간 약 20분.

12 김성종 추리문학관

드라마 〈여명의 눈동자〉를 쓴 추리소설가 김성종 작가가 추리문학 보급·발전을 위해 사재를 털어 만든 세계 유일의 추리문학관이다. 북카페 형태로 운영되어 입장료를 내면 차 1잔을 제공한다. 추리소설을 포함 5만여 권에 이르는 장서를 마음껏 읽을 수 있으며, 위대한 작가들의 사진과 유물, 희귀도서와 셜록홈즈 관련 자료를 상설 전시하고 있어 둘러볼 거리도 풍부하다. 통유리 창문으로 내다보는 바다 전망은 덤.

전화번호 051-743-0480, 742-2346 홈페이지 www.007spyhouse.com 요금 입장료 5,000원(차 1잔 제공)

휴일 신정, 설 및 추석 당일 교통 해운대역 1,3번 출구에 있는 해운대전화국(스펀지)에서 2,10번 마을버스 이용 추리문학관 하차. 소요시간 10분 미만.

전화번호 1588-1234 홈페이지 www.shinsegae.com
운영시간 AM 10:30~PM 08:00 교통 지하철 센텀시티역 이용.

13 해동용궁사

뻔한 바다, 뻔한 절이라도 그 두 가지가 합쳐지면 무척 특별해진다. 바닷가 기암절벽 위에 자리한 해동용궁사는 바다 위에 절이 떠 있는 느낌을 주어 이름 그대로 용궁을 찾아온 듯하다. 엄숙한 산자락 사찰들과 달리 부산 특유의 활기를 느낄 수 있는 절이다. 다른 절에서 보기 어려운 독특한 절경과 소원을 이뤄준다는 소문으로 언제나 방문객들이 많다.

전화번호 051-722-7744 홈페이지 www.yongkungsa.or.kr 요금 무료 교통 지하철 해운대역 7번 출구 앞 정류장에서 20분 간격으로 다니는 181번 버스 이용, 소요시간 약 25분. 용궁사·국립수산과학원 하차 후 도보 10분. 혹은 동해남부선 송정역에서 택시 이용 시 3,000원 정도.

15 감천동 문화마을(태극도 마을)

2012년 아시아에서 가장 아름다운 마을로 선정됐으며, '한국의 산토리니' 혹은 '한국의 마추픽추'라고 불리는 산촌이다. 본래 이곳은 6·25 전쟁 당시 피난지였던 부산에서 힘겨운 삶을 영위하던 사람들이 한 집 두 집 모여 등 비비던 언덕이었다. 이웃의 조망권을 해치지 않도록 배려해 집을 지었고 미로 같은 골목을 맞대고 살면서도 오순도순 사이가 좋다. 마을이 꽤 넓기 때문에 감천문화마을 아트샵에서 지도를 구입해 보면서 다니는 편을 추천한다. 아트샵 맞은편의 하늘마루 마을정보센터 옥상은 전망대다. 멀리 용두산타워까지 내려다보이는 전망에는 가슴이 뻥 뚫리고 온통 햇볕을 묻힌 집들마다 색깔이 따뜻하다. 담벼락에 그려진 화살표를 따라 보물찾기하듯 마을 곳곳을 탐험해보자. 스탬프 투어지도를 구입해 도장을 모으면 기념엽서도 받을 수 있다.

14 센텀시티(신세계백화점 센텀시티점)

기네스북에 등재된 세계 최대의 백화점으로, 건물 안에 아이스링크, 수영장, 찜질방이 있을 만큼 규모가 크다. 국내 브랜드는 물론 명품관까지 고루 갖추고 있어 외국인 관광객들도 많이 찾는 곳이다. 교보문고와 CGV가 있어 편리하게 이용 가능하며 4층에는 푸드파크, 지하 1층에는 푸드홀이 있어 식사도 디저트도 걱정이 없다. 평소 관심 있었던 특정 매장을 찾아보는 식으로 돌아본다면 어렴풋이나마 이 거대한 백화점의 분위기를 느껴볼 수 있을 것이다.

전화번호 하늘마루 070-4219-5556 요금 스탬프 투어지도 2,000원 운영시간 하늘마루 AM 09:00~PM 06:00, 동절기 PM 05:00까지 교통 지하철 토성역 6번 출구로 나

와 부산대학병원 앞에서 1-1, 2, 2-2번 마을버스 이용 감
정초등학교 하차. '감천문화마을' 표지판을 따라가면 하늘
마루 마을정보센터가 나온다.

16 서면

부산 최대의 번화가. 부산역, 부전역과 가까우며 지하철 1호선과 2호선의 환승역이라 부산 여행 중 한 번쯤은 지나치게 되는 곳이다. 다양한 음식점, 영화관, 쇼핑몰 등이 있어 먹을거리와 놀거리가 모두 풍족하다. 서울의 명동이나 강남역 뺨치게 넓은 편이니 헤매지 않도록 주의하자.

교통 지하철 서면역 이용.

17 부산박물관

전시 수준이 높은 데 반해 관람료가 없어 즐거운 마음으로 방문할 수 있는 박물관이다. 선사시대부터 통일신라, 고려, 조선에 이르는 우리나라의 역사와 문화, 부산을 중심으로 한 민속 문화와 한일관계, 근현대사 등을 주제로 전시가 이루어지고 둘러보며 사진 찍기도 좋다. 규모가 상당해서 다 둘러보려면 2~3시간은 잡아야 한다.

전화번호 051-610-7111 **홈페이지** www.museum.busan.go.kr **요금** 무료 **운영시간** AM 09:00~PM 08:00 **휴일** 매주 월요일, 신정 **교통** 지하철 대연역 3번 출구로 나와 UN로터리 방향으로 도보 10분.

18 태종대

태종 무열왕 김춘추가 활을 쏘며 놀던 곳이라 태종대라는 이름이 붙었다. 가파른 해안절벽이 절경을 자랑하는 유원지. 부산 끝자락의 섬 영도에 위치하는데 부산대교와 영동대교로 육지와 연결돼있어서 버스를 타고 갈 수 있다. 유원지 안에 전망대와 전시실이 있어 함께 둘러보면 좋으며, 무척 넓어 많이 걸어야하니 태종대의 마스코트 다누비열차 탑승을 추천한다. 도보로 한 바퀴 돌아보려면 2시간 정도 예상해야 한다.

전화번호 051-405-2004 **홈페이지** taejongdae.bisco.or.kr **요금** 입장 무료, 다누비열차 1,500원 **운영시간** 다누비열차 AM 09:30~PM 08:00, 동절기 PM 07:00 **교통** ① 부산역 교원빌딩 맞은편에서 88, 101번 버스 이용, 소요시간 약 40분. ② 서면 쥬디스 태화 맞은편에서 88번 버스 이용, 소요시간 약 1시간. ③ 자갈치시장에서 8, 30번 버스 이용, 소요시간 약 30분.

🍴 맛집

부산의 회는 말할 것도 없고 돼지국밥, 밀면, 부산족발 등 특유의 음식 문화가 발달해있다. 부산에서 시작해 서울로 역수출된 무뼜나촌닭(서면본점 051-808-9280)은 서면에만 지점이 3군데나 있다. '부산의 파리바게트'라고 불리는 비엔씨 B&C, 옵스OPS 등도 남포동이나 해운대 등지에서 쉽게 만나볼 수 있다. 부산 시내 어디에서나 회를 만날 수 있다. 또 자갈치시장이나 민락회타운에서 횟감을 구입하면 양념값 정도만 더 내고 맛있는 회와 매운탕을 먹을 수 있다.

부산의 소주는 시원한 C1과 좋은데이 회와 함께 곁들이면 최고.

🍴 남포동 국밥거리

남포동에 국밥거리가 있다. 돼지고기 수육이 들어간 돼지국밥, 순대가 들어간 순대국밥, 섞어국밥, 내장국밥 등이 있는데 부산에서는 돼지국밥을 많이 먹는다. 푸짐한 양도 국밥집다운 인심도 가게마다 큰 차이는 없다. 옥천 돼지국밥(돼지국밥 6,500원, 051-243-3579) 등. 남포동 외에도 부산에서는 백반집만큼 흔한 것이 돼지국밥집이다.

🍴 소고기국밥 골목

남포동에 국밥거리가 있다면 해운대에는 소고기국밥 골목이 있다. 해운대 세이브존과 가까운 31번 버스 종점 맞은편에 소고기국밥집이 죽 늘어섰다. 단돈 3,500원에 속 뜨뜻해지는 소고기국밥으로 한 끼를 해결할 수 있는 곳. 소시지무침, 달걀말이 등 푸짐한 밑반찬과 요구르트 서비스까지 나오니, 초현실적인 가격이 놀라울 따름. 가게마다 맛이나 서비스는 비슷

하다. 해운대 원조할매국밥(051-731-2866), 김희대할머니가마솥국밥(051-746-7069) 등.

🍴 춘하추동 밀면

밀면은 냉면과 비슷한 경남지역 음식이다. 해운대 춘하추동 밀면은 부드러운 식감과 감칠맛이 뛰어나다. 보통 밀면집에서는 만두를 함께 파는데 밀면과 곁들여 먹으면 더 맛있다. 매콤새콤한 비빔밀면을 추천.

위치 해운대 올리브영 골목 안. **주소** 부산광역시 해운대구 우동 1359 **전화번호** 051-746-8658 **가격** 밀면 5,500원, 비빔밀면 5,500원, 만두 4,000원

🍴 부산족발

부산에 가서 회만 먹고 온다면 당신은 부산 여행 초보. 국제시장에서 가까운 부평동 족발골목을 찾으면 유명한 부산 냉채족발을 먹을 수 있다. 부산족발은 혀에서 사르르 녹는다는 게 무슨 의미인지 느끼게 해주는 원조 부산족발 맛집.

위치 부평동 족발골목 내. **주소** 부산광역시 중구 부평동1가 35-5 **전화번호** 051-245-5359, 051-246-0136 **가격** 족발, 냉채족발, 오향장육 각 小 25,000원, 中 30,000원, 大 35,000원 **운영시간** AM 09:00~익일 AM 02:00

🍴 수민이네

감동적인 장어구이를 먹을 수 있는 곳. 부산의 미식가들에게 '청사포 수민이네'는 이미 고유명사다. 장어의 신선함은 물론이고 매콤한 양념맛이

뛰어나다. 호불호가 갈리기는 하지만 경남지역에서 많이 먹는 채소인 방아 잎에 장어를 싸먹으면 톡 쏘면서도 향긋한 느낌이 더해진다.

위치 청사포 망부송 위. **주소** 해운대구 중2동 595-2 **전화번호** 051-701-7661 **가격** 조개구이 기본 30,000원, 장어구이 기본 30,000원 **운영시간** AM 10:00~AM 12:00

금수복국

해운대에서 시작된 뚝배기 복국의 원조집. 복찜, 복지리는 물론 복수육, 복불고기, 복튀김, 복오꼬노미야끼 등 복어로 만든 다양한 요리를 내놓고 있다. 현재 부산은 물론 전국에 매장이 있지만 본점의 명성은 여전히 대단하다. 신세계백화점 센텀시티점 9층에도 직영점이 있다.

위치 해운대시장 근처. **주소** 부산광역시 해운대구 중동 1394-65 **전화번호** 051-742-3600 **홈페이지** www.ksbog.com **가격** 은복지리 10,000원, 은복찜 소 25,000원, 복국시 12,000원, 복튀김 20,000원, 돈북군만두 4,000원 **운영시간** 24시간

Other Choices

옵스(OPS) 해운대점 수많은 종류의 프랑스 빵과 양과자에 눈도 혀도 즐겁다. 해운대시장 맞은편 농협 옆에 위치. 학원전 1,500원. www.ops.co.kr, 051-747-6886

비엔씨(B&C) 광복동점 부산의 30년 전통 제과점으로 빵의 종류가 무척 다양하다. 매장이 크고 남포동 한복판에 위치해 찾기 쉽다. 몽블랑 5,000원. 051-245-2361

숙소

부산에서는 호텔이나 모텔은 물론이고 찜질방, 게스트하우스도 많아 숙박 걱정을 할 필요가 없다. 해운대 권역에 게스트하우스가 많이 분포하고 있고 부산역이나 서면 등 시내 번화가에도 편리한 위치에 숙소가 많다. 바다 전망을 덤으로 얻는 찜질방에서 묵는 것도 추천할 만하다.

호텔 아쿠아펠리스찜질방

부산 찜질방의 진리. 통유리 창문을 통해 눈이 시리도록 파란 광안리 앞바다를 보며 감격할 수 있다. 시설이 잘 갖춰져 있고 깔끔하며 넓고 쾌적한 남녀 수면실도 갖춰져 있다. 코레일 제휴 혹은 내일로 할인 행사를 시기별로 열어서 저렴하게 이용하기도 좋다.

위치 광안리 해수욕장. **주소** 부산광역시 수영구 광안2동 192-5 **전화번호** 051-790-2343, 5 **홈페이지** www.aquapalace.co.kr **요금** 주간 10,000원, 10시 이후 12,000원, 이불 이용 무료

호메르스호텔찜질방(헤라)

호텔 찜질방답게 시설이 무척 좋고 깨끗하다. 아쿠아펠리스찜질방보다는 규모가 조금 작고, 단골 목욕 고객이 많은 사우나. 남자 사우나에는 노천탕이 있다는 것이 장점이다. 아침에 통유리 창문으로 멋진 광안리 일출을 볼 수 있다.

위치 광안리 해수욕장. **주소** 부산광역시 수영구 광안2동 193-1 **전화번호** 051-750-8056 **홈페이지** www.homershotel.com **요금** 주간 8,000원, 야간 11,000원, 이불 이용 무료

해운대 베스타 온천

온천 시설이 무척 좋은 찜질방. 해운대 앞바다가 내려다 보이는 통유리 전망을 자랑함은 물론 옥상에 노천탕이 있는 등 제대로 사우나를 즐길 수 있다. 그만큼 이용객이 무척 많다는 점은 감안해야 한다.

위치 해운대 달맞이길. **주소** 부산광역시 해운대구 중동 1509-6 **전화번호** 051-743-5705 **홈페이지** www.vesta.co.kr **요금** 주야간 9,000원, 이불 이용 무료

WOW 게스트하우스

시설은 호텔급, 분위기는 호스텔! 복층으로 된 휴게실 겸 식당은 분위기 좋은 와인바를 연상시키지만 방은 경쾌한 여행자 숙소 분위기다. 수용 인원이 많은 편이고 외국인 게스트도 꽤 있어서 해운대에 위치한 게스트하우스답게 활기찬 분위기가 형성된다. 뛰어서 1분이면 바닷물에 풍덩 할 수 있는 입지 조건도 최적이다.

위치 지하철 해운대역 5번 출구로 나와 직진하다 올리브영 건물에 우회전, CU 옆 골목에 위치. **주소** 부산광역시 해운대구 우동 1380 **전화번호** 010-3564-1509, 010-8951-0959 **홈페이지** cafe.naver.com/wowgeniehouse **요금** 도미토리 20,000~30,000원 **체크인/아웃** 체크인 PM 02:00 체크아웃 AM 11:00 **제공내용** 조식(토스트, 달걀, 주스, 우유, 시리얼), 수건, 샴푸, 치약, 비누

 ## 호스텔 더뉴데이

호스텔이라는 이름이 믿기지 않을 정도의 럭셔리한 시설 대비 저렴한 숙박요금을 자랑한다. 부산 여행자들 사이에서 알 만한 사람은 안다는 핫한 게스트하우스. 호텔급 침구가 제공되며 무료로 세탁도 쓸 수 있는 등 여행자의 편안한 휴식에 최적이다. 7층의 야외 정원도 빼놓지 말아야 할 더뉴데이의 명물. 바이트레인 회원에게는 할인 혜택이 있으니 예약 전 카페에서 확인하자. 예약이 일찍 마감되기 때문에 서두르는 게 좋다.

위치 지하철 해운대역 1번 출구로 나와 30m 직진 후 오른편에 위치. **주소** 부산광역시 해운대구 해운대로 632 **전화번호** 051-741-8200 **홈페이지** www.hostelthenewday.com **요금** 도미토리 15,000~30,000원 **체크인/아웃** 체크인 PM 02:00 체크아웃 AM 11:00 **제공내용** 조식(토스트, 달걀, 커피), 수건, 샴푸, 치약, 비누

 ## 스토리 게스트하우스

백여 명 이상의 게스트를 수용할 수 있는 대규모 게스트하우스다. 하지만 단순히 규모만 큰 거라고 생각하면 오산. 널찍한 휴게실, 세탁실, 파우더룸, 공용 컴퓨터, 매점에 야외 정원까지 갖춰 여행자들의 편의와 편안함을 고루 배려했다. 한국관광공사 굿스테이 인증도 받은 업소니 믿고 선택해도 될 듯.

위치 지하철 해운대역 1번 출구로 나와 스펀지 골목으로 진입, 150m 직진 후 부산은행 있는 골목으로 들어가 중1동 주민센터 지나 우회전, 바이더웨이 골목에 위치. **주소** 부산광역시 해운대구 중동 1398-7 마린타워 5층, 7층 **전화번호** 051-744-9500 **홈페이지** www.storyguesthouse.com **요금** 도미토리 25,000~35,000원(내일로 티켓 제시 시 5,000원 할인) **체크인/아웃** 체크인 PM 03:00 체크아웃 AM 11:00 **제공내용** 조식(토스트, 달걀, 주스), 수건, 샴푸, 치약, 비누

 ## Other Choices

포비 게스트하우스 해운대시장 근처 위치. www.pobihouse.com, 051-746-7990

더 게스트하우스 해운대 위치. 여성 전용 층이 있어 더욱 안전하고 편안하다. www.theguesthousekorea.com, 051-909-9049

헬로우 게스트하우스 해운대 위치. cafe.naver.com/hell0house, 010-5585-8590

숨 게스트하우스 부산역 인근. busan.sumhostel.com, 010-5898-1616

오렌지 게스트하우스 부산역 1번 출구에서 가깝다. www.housebusan.com, 051-441-5171

블루 백팩커스 호스텔 서면에 위치. www.bluebackpackers.com, 051-634-3962

남포동 블루보트 게스트하우스 남포역에서 3분 거리. www.blueboat-hostel.com, 010-8511-9049

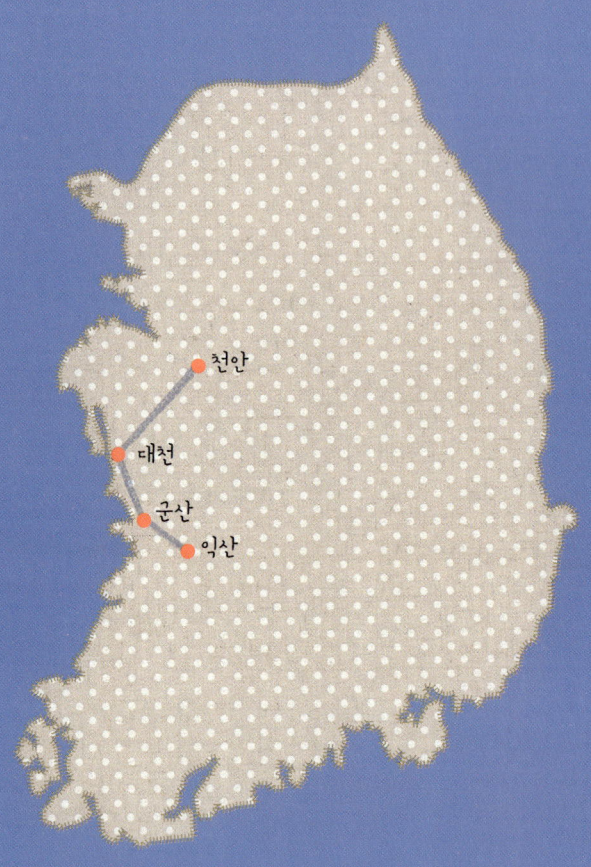

서해안을 둥글게 에둘러 가는 장항선을 타자.
느릿한 충청도, 전라도 사투리에 귀를 적시자.
장항선이 껴안은 생소한 지명들은
개발에서 소외된 시골이라는 이미지가 강하지만
새로 지은 기차역들만은 하나같이 삐까 번쩍이다.

*천안에서 익산까지 154.4km **장항선**

게으르게 즐기는
만만한 바다 **대천**

수탈의 아픔,
흑백사진으로 승화하다 **군산**

게으르게 즐기는 만만한 바다

대천

관광 지수	★★★☆☆
휴식 지수	★★★★☆
교통 지수	★★★★☆
맛집 지수	★★★☆☆
예산 지수	★★★☆☆
기차역 지수	★★★☆☆

대천역 041-935-7788
보령종합터미널
041-1688-0137
대천여객(시내버스)
041-932-3353
보령시 관광안내소
041-932-2023, 930-3672, 930-3748
대천관광협회 041-933-7051

서울에서 두 시간이면 닿으니 가깝고 갈매기는 낮게 날며 파도는 잔잔하다. 동해의 푸른 물처럼 맑지는 못해도 차갑지 않아 만만하다. 대천 해수욕장에서는 얼마든지 게을러져도 좋다. 백사장에 돗자리를 깔고 누워 책을 읽거나 조개를 줍고 조그만 게들이 사는 진흙 위를 거닐어보자. 여유가 필요한 낭만 여행에는 맑은날 오후의 대천 해수욕장이 제격이다.

바다를 봐야 한다. 파도가 잔잔한 날이면 옅은 하늘색으로부터 그라데이션을 이루며 푸른 물빛에 눈이 아릴 지경이다. 인간이 아무리 어리석게 굴지라도 자연은 늘 일정하고 넉넉한 풍광을 선사한다. 황혼 무렵 광장에 서서 수평선을 바라보면 이곳이 떠들썩한 관광지임을 잊을 만큼 신비스러운 기분이 든다.

장항선

추천일정표

PM

12:00 용산, 천안 등에서 출발한 장항선 새마을호 열차로 대천역 도착
역 앞에서 대천 해수욕장행 버스 이용(약 25분 소요)

01:00 대천 해수욕장 주변 식당에서 점심식사

02:00 대천 해수욕장 즐기기
대천항까지 산책, 대천항 구경, 대천항 회 맛보기
해수욕장으로 다시 이동해 석양 감상

06:00 대천역으로 이동(약 25분 소요)
다른 지역으로 이동

✱ 대천역은 보령종합터미널과 나란히 붙어 있다. 역 근처에 이마트가 있어서 필요한 물품을 편리하게 구입할 수 있다.

이 도시를 여행하는 법

❶ 대천역 앞에서 해수욕장행 버스가 자주 다녀 편리하게 이동할 수 있다. ❷ 매년 7월 중순에는 유명한 보령머드축제가 열린다. 외국인 관광객들도 많이 찾아오는 인기 축제니 여행 시기가 맞는다면 체험해보자. ❸ 뜻 맞는 친구들과 함께라면 대천 해수욕장은 더없이 훌륭한 MT 장소가 된다. 실제로 충남 지역의 대학에서는 이곳으로 MT를 많이 온다. 바비큐 시설이 갖춰진 숙소가 많고 해수욕도 즐길 수 있다.

예산

대천역 ⇨ 대천 해수욕장 버스비	1,200원
해물칼국수	6,000원
대천항 회(1인당)	약 10,000원
대천 해수욕장 ⇨ 대천역 버스비	1,200원
합계	= 약 18,400원

01 대천 해수욕장

대천 해수욕장은 무창포, 꽃지 해수욕장과 함께 서해안의 대표 해변 휴양지다. 물이 얕고 수온이 적당해 가벼운 해수욕을 즐기기에 그만이다. 해변에 식당, 편의점, 숙박업소 등 각종 편의시설이 잘 갖추어져 있으며 서해안답게 일몰이 무척 아름답다.

홈페이지 보령머드축제 www.mudfestival.or.kr **교통** 대천역 앞에서 10분 간격으로 다니는 대천 해수욕장행 버스 이용, 소요시간 약 25분.

02 보령머드체험관

대천은 매년 7월의 보령머드축제로 유명하다. 해수욕장에 위치한 보령머드체험관은 피부 미용에 좋기로 소문난 보령머드로 해수탕, 머드사우나 등 다양한 체험을 할 수 있는 곳이다. 보령머드에 대해서 알 수 있는 전시홍보관과 머드 제품 판매장도 같이 운영하고 있다.

전화번호 041-931-4021 **홈페이지** mud.brcn.go.kr **요금** 머드탕 6,000원, 얼굴 머드팩 26,000원, 전신 머드팩 36,000원 **운영시간** AM 08:00~PM 06:00 **휴일** 매주 월요일, 신정, 설 및 추석 연휴, 관공서의 공휴일 다음날 **교통** 대천 해수욕장 시민탑광장 근처.

03 대천항

대천 해수욕장에서 슬슬 걸어가면 나오는 대천항은 항구 특유의 활력을 느낄 수 있는 곳이다. 저렴한 가격에 신선한 회와 꽃게 요리를 먹을 수 있고 깨끗한 바닷물이 청량감을 준다. 여객터미널에서는 유람선을 타고 주변 섬을 둘러보거나 원산도, 삽시도, 안면도, 장고도 등에 들어가는 배를 탈 수 있다.

전화번호 대천항번영회 041-931-7087, 여객터미널 041-934-8772 **홈페이지** www.dcharbor.com **교통** 대천역 앞에서 대천 해수욕장행 버스 타고 종점 보령항 하차, 소요시간 약 30분. 대천 해수욕장에서 도보 약 30분.

04 개화예술공원

55,000평 규모의 세계 최대 조각공원으로 모산조형미술관, 비림공원, 육필시공원, 허브랜드 등을 포함하는 예술종합단지. 볼만한 작품들이 많고 여름에는 공원 곳곳에 있는 연꽃이 만개해 또 하나의 볼거리를 선사한다. 허브랜드 안에는 허브식당, 허브찻집이 운영되고 있는데 관광지에 딸린 음식점답지 않게 수준이 높은 편이고 허브찜질방이 있어 숙박을 해결할 수도 있다.

전화번호 041-931-6789, 933-8444 **홈페이지** www.gaehwaartpark.com **요금** 입장료 4,000원, 찜질방 6,000원(찜질방 비용에는 입장료 포함) **운영시간** AM 09:00~PM 10:00 **교통** ① 대천역 바로 옆에 있는 보령

종합버스터미널에서 30분마다 있는 성주·외산 방면 버스 이용, 소요시간 약 30분. 택시로는 약 12,000원 정도. ② 대천 해수욕장에서 가는 경우 신광장 레그랜드펀비치호텔 근처에서 시내 방면 버스를 타고 약 10분 거리의 대천 시내로 이동한 후 감초당한의원 앞에서 성주·외산 혹은 성주·대농 방면 버스를 이용.

성주·외산 버스 운행시간표
감초당한의원 출발시간 AM 07:25 08:25 09:05 09:45 10:05 11:05 11:45 PM 12:25 01:45 02:25 03:05 03:45 04:05 05:05 06:05 07:05 07:45 08:45

성주·대농 버스 운행시간표
감초당한의원 출발시간 AM 07:00 07:40 10:05 11:25 PM 12:25 02:45 03:45 10:00

맛집

대천 해수욕장 주변에는 매장이 널찍한 횟집이나 무한리필 조개구이집이 많다. 간단하게 식사하려면 해물칼국수 같은 메뉴를 선택하자.

팔도강산 해물뚝배기

대천 해수욕장에는 해물뚝배기를 하는 식당이 많다. 팔도강산 해물뚝배기는 20년 전통 원조의 맛을 자랑한다.

위치 대천 해수욕장 시민탑광장 앞. **주소** 보령시 신흑동 1991 **전화번호** 041-933-6388 **가격** 해물뚝배기(2인 기준) 20,000원, 해물칼국수(2인 기준) 14,000원, 황태해장국 7,000원

숙소

대천 해수욕장에서는 2~3만원 대의 저렴한 모텔, 민박에서부터 수십만원에 이르는 고급 펜션까지 다양한 숙박업소가 있다.
대천넷(www.daecheon.net)에서 자세한 테마별 숙소, 맛집 정보를 얻을 수 있다. 대천관광협회 홈페이지(www.daechonbeach.or.kr)에서 해수욕장→숙박업소 링크를 따라 들어가면 가격을 포함한 숙소 정보 확인이 가능하다. 특히 성수기의 경우 가격이 오르니 미리 확인하고 예약하면 바가지를 쓰지 않는다. 말만 잘 하면 더 싸게 묵을 수도 있다.

허브찜질방

개화예술공원 안에 있는 조용한 찜질방으로 개화예술공원 관람도 덤으로 할 수 있어 괜찮은 선택지다. 매표 시 찜질방 입장권을 구입한다.

위치 개화예술공원 내. **주소** 보령시 성주면 개화리 177-2 **전화번호** 041-931-4611 **요금** 6,000원(개화예술공원 입장료 포함)

스파랜드

대천 해수욕장 가까이에 위치해 접근성이 좋은 찜질방. 비교적 최근에 지어져 시설이 깨끗한 편으로 바다가 보이는 전망을 자랑한다.

위치 대천 해수욕장 신광장. **주소** 보령시 신흑동 해수욕장길 15 **전화번호** 041-935-1300 **요금** 8,000원, 이불 대여 2,000원

대천스파밸리

서해안 최대 규모의 찜질방으로 시설이 준수해 평이 좋은 찜질방이다. 남녀 수면실은 물론 다양한 사우나 시설과 찜질방, 옥상공원까지 갖췄다.

위치 대천역에서 도보 10분. 택시로는 기본요금 거리. 혹은 대천 해수욕장에서는 시내 방면 버스 이용, 소요시간 약 30분. 다리 건넌 뒤 하차. **주소** 보령시 동대동 828-5 구 대천프라자 **전화번호** 041-935-7007 **홈페이지** daechonspa.com **요금** 7,000원, 이불 이용 무료

장항선

수탈의 아픔, 흑백사진으로 승화되다
군산

식민지가 된 나라에서 제일 괴롭힘을 당하는 곳은 언제나 교통의 요지였다. 군산은 호남의 너른 평야에서 재배한 쌀을 손쉽게 배에 실을 수 있는 편리한 항구였다. 내항을 중심으로 군산에는 그 시대의 흔적을 느끼게 하는 근대건축물들이 많다. 한때는 아픔이었겠으나 지금은 흑백사진 속 아련한 옛날처럼 그저 역사로만 남은 곳이다. 그래서 그곳에 가면 분하기보다는 그저 이 상처 많은 도시를 감싸 안아주고 싶은 마음이 된다.

군산에 가봐야 할 이유는 이뿐이 아니다. 단 한 끼도 소홀히 넘길 수 없게 만드는 전라도 맛집들. 우리나라 최초의 빵집 이성당의 단팥빵, 개점 전부터 줄을 서야 먹을 수 있는 복성루 짬뽕, 합리적인 가격에 상다리가 휘어지는 감동의 한주옥 꽃게장백반 등. 이름만 대면 알고 전국에서 먹으러 오는 개념집들이다. 이런 솔찬함에 더더욱 이 한가로운 도시를 끌어안고 싶어지는 거다.

관광 지수	★★★☆☆
휴식 지수	★★★☆☆
교통 지수	★★★☆☆
맛집 지수	★★★★★
예산 지수	★★★★☆
기차역 지수	★★★☆☆

군산역 063-445-7782
군산시내버스 공동관리위원회
063-443-3077
군산 관광안내소
063-453-4986
군산역 관광안내소
070-7743-9205

이 도시를 여행하는 법

❶ 군산의 구경거리는 크게 시내의 근대문화유산거리와 금강하구둑, 은파유원지 일대로 나뉜다. 근대문화유산거리를 중심으로 한 시내권은 대부분 걸어서 돌아볼 수 있고, 택시를 이용하기도 편리하다. ❷ 군산역은 시내에서 좀 떨어진 편으로 버스로 약 30분 정도 이동해야 한다. 시내로 들어가는 버스는 자주 다닌다. 군산 시내버스는 노선이 무척 복잡하고 배차간격도 뜸한 편이니 반드시 물어보고 탑승하자. ❸ 군산역 안에 관광안내소가 있어 자세한 정보를 얻을 수 있다. 군산에는 입장료 드는 관광지가 별로 없어서 이곳저곳 둘러보는 데 부담이 없다.

추천일정표

PM
첫째날
08:49 용산역, 대천역 등에서 출발한 장항선 새마을호 열차로 군산역 도착
버스 타고 은파 입구 이동(약 1시간 소요)
10:00 은파 호수 야경 감상 후 명성스파월드 숙박

AM
둘째날
09:00 기상 여행준비
10:00 버스 타고 구 시장으로 이동(약 30분 소요)
10:00 복성루에서 짬뽕 먹기
10:00 걸어서 경암동 철길마을로 이동(약 30분 소요)

PM
12:00 경암동 철길마을 둘러보고 진포해양테마공원으로 이동
군산내항, 구 군산세관, 구 조선은행, 해망굴, 월명공원, 히로쓰가옥, 동국사 등 걸어다니며 구경하기
이성당 빵 구입
군산 근대역사문화거리 스탬프투어
04:00 한주옥에서 꽃게장백반 먹기
05:30 교보빌딩이나 군산초교 앞에서 버스 타고 군산역으로 이동 후 다른 지역으로 이동

✱ 군산역 2층에는 군산역을 지을 때 발견된 유적들을 전시해놓은 내흥동 유적 전시관이 있으니 기차를 기다리며 둘러보자.

예산

군산역 ⇨ 은파 입구 버스비	1,200원
명성스파월드	8,000원
군산대 ⇨ 구 시장 버스비	1,200원
복성루 짬뽕	7,000원
이성당 빵 구입	5,000원
한주옥 꽃게장백반	12,000원
군산초교 ⇨ 군산역 버스비	1,200원
합계	약 35,600원

근대문화유산 거리 map

01 은파유원지

미제 저수지 혹은 은파라고 하는 호수를 주변으로 경관이 아름다워 군산 시민들에게 사랑받는 휴식처다. 봄에는 벚꽃이 만개해 특히 아름답고 조명시설이 되어 있어 야경을 감상하기에도 좋다. 호수 주변에는 제대로 된 커피집이 몇 군데 있으니 잔잔한 호수를 바라보며 여유를 즐겨보자. 호수가 무척 넓어서 한 바퀴 도는 데 한 시간 가량이 소요되는데, 일단 걷기 시작하면 끝까지 돌아야 하므로 체력을 감안하자. 물빛다리까지만 다녀오는 걸로도 은파를 맛보기에는 충분하다.

전화번호 관광안내소 063-453-4985 **교통** 군산역 앞 버스 정류장에서 은파 입구로 가는 버스가 많다. 군산대 방향으로 가는 버스를 타면 된다. 소요시간 약 1시간. 근대문화유산거리에서는 버스로 약 15분 정도.

군산시에서는 패스포트 스탬프투어를 운영한다. 진포관광안내소, 은파관광안내소, 채만식문학관 등에서 패스포트를 얻을 수 있는데, 25군데의 장소를 모두 방문해 스탬프를 찍으면 기념품을 받을 수 있고 군산관광 명예홍보요원으로 위촉된다.

스탬프 비치 장소 은파관광지, 진포해양테마공원, 월명공원, 구 군산세관, 구 히로쓰가옥, 은적사, 동국사, 금강철새조망대, 채만식문학관, 구암동산, 비응관광어항, 신시도, 가력도, 이영춘가옥, 발산리5층석탑, 최호장군유지, 불주사, 상주사, 임피향교, 오성산, 깐치멀마을, 진남정, 청암산, 옥구향교, 월명호수

스로 사랑받고 있는데, 아직도 주민들이 살고 있는 곳이니 무리하게 사진을 찍거나 소란을 피우지 않도록 주의하자.

교통 군산역 앞 버스 정류장에서 이마트 가는 버스 이용, 소요시간 약 25분. 철길마을은 이마트 건너편에 위치.

tip 군산 근대문화유산거리

월명공원, 해망굴, 구 군산세관, 히로쓰가옥 등은 모두 군산 근대문화유산거리 안에 모여 있어서 충분히 걸어서 돌아볼 수 있다. 구 시청 사거리나 이성당을 중심으로 대부분 도보 20분 안에 닿는다. 근대문화유산거리는 경암동 철길마을에서도 도보 30분 정도 거리. 철길마을을 보고 택시나 도보로 진포해양테마공원으로 이동한 다음 본격적인 근대역사투어를 해보는 것을 추천한다. 중간에 지치면 군산의 성지 이성당에 들러 단팥빵과 팥빙수를 먹으며 쉬어 가자.

02 경암동 철길마을

지금은 기차가 다니지 않는 옛 철로로 철길 앞뒤로 살림집들이 다닥다닥 붙어있다. 이곳은 신문용지 제조업체인 페이퍼코리아 공장과 군산역을 이어주던 화물철로였다. 군산역이 이전하면서 운행을 멈추었지만 2008년까지도 이곳으로 열차가 다녔다니 놀랍기만 하다. 지금은 사진 동호인들의 출사 장소나 철도 애호가들의 필수 답사 코

03 진포해양테마공원&군산내항

세계 최초의 함포해전이라는 진포대첩이 일어났던 현장에 꾸며놓은 테마공원으로 해군함선과 공군전투기 등이 전시돼있다. 군산내항과 이어져있는데 내항에서는 일제강점기 수탈의 현장인 부잔교를 볼 수 있다. 부잔교는 서해의 조수간만의 차이가 큰 서해의 특성상 부두에 배를 대

기 어려워 물에 뜨도록 만든 다리. 부잔교 때문에 군산내항을 '뜬다리부두'라고도 불렀다.

전화번호 진포관광안내소 063-445-4472 **교통** 군산역 앞 버스 정류장에서 자주 다니는 시내 방면 버스 이용, 소요시간 약 30분. 구 시청 사거리에서 하차.

체도 흥미롭지만 내부에는 군산의 과거를 보여주는 흑백사진과 세관에서 압수한 가짜상품을 전시하고 있어 둘러보는 재미도 더해진다.

전화번호 063-440-5500 **운영시간** 평일 AM 09:00~PM 06:00, 토요일 PM 01:00까지 **휴일** 매주 일요일, 공휴일

04 구 조선은행

군산내항에서 백년광장을 지나면 구 조선은행 건물을 볼 수 있다. 일제 강점기의 대표적인 상흔으로 남은 이 건물은 한동안 나이트클럽으로 쓰이다 화재 사고가 났다. 그러고도 몇 년째 방치되다가 보수공사를 실시해 현재는 대부분 복원되었다.

06 군산근대역사박물관

군산의 과거와 현재를 한 자리에 모아놓은 박물관이다. 항구도시 군산은 근대 이후 군산항을 통한 해양물류의 중심지 역할을 하며 많은 근대문화유산을 갖게 되었는데, 특히 일제 강점기에 지어진 근대 건축물이 많이 남아있어 역사적 자료이자 관광자원으로 이용되고 있다. 군산근대역사 박물관에서는 탁본, 술지게미, 의복체험 등 다양한 체험거리가 있다. 규모가 상당하고 사진 찍기에도 좋아 관람료가 아깝지 않다.

전화번호 063-450-4384, 4541 **홈페이지** museum.gunsan.go.kr **요금** 2,000원 **운영시간** AM 09:00~PM 06:00, 동절기 PM 05:00까지 **휴일** 신정 **교통** 군산 시내에서 1, 2, 8, 9, 11~14, 88, 89번 버스 이용 박물관 앞 승강장 하차.

05 구 군산세관

항구도시인 군산의 정체성을 보여주는 구 군산세관은 서울에 있는 한국은행 본점, 서울역사와 함께 국내에 남아있는 서양고전주의 3대 건축물 가운데 하나로 꼽힌다. 근대 양식을 한 건물 자

07 신흥동 일본식가옥(히로쓰가옥)

군산에는 일제 강점기 때 지어진 건물들이 많이 남아있다. 히로쓰가옥이라 불리는 신흥동 일본식가옥은 일제 강점기 지역 유지 히로쓰가 살던 고급 주택으로, 영화 〈타짜〉,〈장군의 아들〉을 촬영한 장소이기도 하다. 내부 관람도 가능하다. 반듯하고 단정한 일본 특유의 가옥 형태와 잘 가꿔진 정원을 둘러볼 수 있다.

08 동국사

현존하는 국내 유일의 일본식 사찰이다. 개항 후 들어온 일본인들에 의해 일본 조동종 금강사로 세워졌으나 광복 후 조계종 동국사로 바뀌었다. 산 속에 숨어있는 우리네 절들과 달리 주택가에 자리해 색다른 느낌을 받을 수 있다. 내항에서 걸어가면 30분 정도 소요된다. 근대문화유산거리 골목골목을 구경하며 찾아가보자.

전화번호 063-462-5366 **홈페이지** www.dongguksa.or.kr

09 해망굴&월명공원

월명공원은 꼭대기의 수시탑과 함께 군산시의 상징과도 같은 곳이다. 수시탑은 시를 지키는 탑이라는 뜻. 번영을 상징하는 불꽃모양의 흰 수시탑은 좋은 포토 포인트가 되어주기도 한다. 야트막한 언덕에 위치한 월명공원 정상에 오르면 금강 하구둑과 서해를 조망할 수 있다. 월명공원은 벚꽃이 날리는 봄철이나 눈꽃이 날리는 겨울철에 찾으면 가장 좋다. 흩날리는 꽃밭 사이로 견고한 자태를 뽐내는 수시탑과 함께 내려다 보이는 일대 전경이 장관이다. 군산 시내에서 해망굴을 지나면 온통 재미있는 벽화로 꾸며진 해망동이 나온다. 마을을 구경하면서 슬슬 길을 따라 올라가면 월명공원이다. 해망굴을 지나 월명공원을 둘러보고 내려오는 데 두 시간 정도는 잡아야 한다.

교통 군산 시내 월명동에서 군산 서초등학교를 지나 직진하다보면 해망굴과 월명공원 입구가 나온다.

반짝이는 금강의 정경에 눈이 맑아진다. 채만식 문학관에서 구불길을 따라 10분 정도 걸으면 닿는다.

교통 군산역에서 도보 40분. 군산역 앞 도로변 버스 정류장에서 한 시간에 한 대꼴로 다니는 71, 72번 버스 이용 시 약 5분 소요. 택시 이용 시 약 3,000원. 혹은 군산 시내에서 71, 72번 버스를 이용, 소요시간 약 30분.

10 채만식 문학관

채만식의 소설 〈탁류〉는 군산을 배경으로 쓰였다. "맑고 깨끗한 금강의 물줄기도 군산에 오면 탁류로 변한다." 일제 강점기 수탈의 중심지 군산에서 도도히 흐르던 금강이 탁류가 되듯 우리 민족이 일본의 압제 속으로 빠져드는 과정을 탁월하게 묘사했다. 채만식 문학관에는 채만식 선생의 육필 원고를 비롯하여 관련 도서와 사진, 유품 등이 전시돼있다.

전화번호 063-450-4467 **홈페이지** chae.gunsan.go.kr **운영시간** AM 09:00~PM 06:00 **교통** 금강하구둑에서 도보 5분. 혹은 군산역에서 도보 30분. 택시 이용 시 약 3,000원.

12 금강철새조망대

가을이면 군산세계철새축제가 열리는 금강철새조망대는 아름다운 금강을 내려다볼 수 있는 철새조망대는 물론 생태체험학습관, 철새신체탐험관, 부화체험관, 식물생태관 등을 갖춰 사계절 어느 때 찾아도 만족스러운 관람을 할 수 있다. 입장료가 아깝지 않을 만큼 규모가 크고 다양한 동식물도 만나볼 수 있어 관람 시간을 넉넉히 잡는 것이 좋다.

전화번호 063-453-7213~4 **홈페이지** www.gmbo.kr **요금** 2,000원 **운영시간** AM 10:00~PM 06:00 **교통** 금강하구둑에서 도보 30분. 혹은 군산 시내에서 한 시간에 한 대 꼴로 다니는 57, 58, 59, 82번 버스 이용.

11 금강하구둑

새만금을 간척하며 건설한 금강하구둑은 강물과 바닷물이 만나는 곳으로 다양한 어류와 조류가 서식한다. 가을이면 수많은 철새들이 날아와 하늘을 새까맣게 뒤덮는 장관이 연출되기도 한다.

맛집

 이성당

우리나라에서 가장 오래된 빵집인 이성당은 군산의 성지와도 같은 곳으로 역사뿐 아니라

빵맛도 최고다. 단팥빵과 야채빵이 유명하지만 어떤 빵을 골라도 실패하지 않는다. 여름에는 팥빙수 또한 인기. 쌀로 만든 빵도 여러 종류 갖추고 있어서 밀가루를 싫어하는 사람도 맛있는 빵을 먹을 수 있다. 하루에 여러 번 빵이 나오기는 하지만 인기 있는 빵은 나오자마자 순식간에 매진될 때가 많으니 일찍 가는 것이 좋다.

위치 근대문화유산거리 한가운데. 군산초등학교 대각선 방향. **주소** 군산시 중앙로 1가 12-2 **전화번호** 063-445-2772 **가격** 단팥빵(찰앙금빵) 1,200원, 소보루빵 1,000원, 야채빵 1,400원, 팥빙수 5,000원, 밀크셰이크 1,700원 **운영시간** AM 07:30~PM 09:00 **휴일** 첫째 주, 셋째 주 일요일

🍴 한주옥

간장게장이 비리다고 멀리해온 사람, 한주옥에 오면 당장 그 마음 고쳐먹을 것이다. 왜 게장을 밥도둑이라고 부르는지 이해하게 된다. 비리지 않고 고소한 꽃게장에 윤기 자르르 흐르는 돌솥밥, 얼큰한 생선탕과 신선한 회까지 한 상 거나하게 차려진다. 꽃게장백반보다 5,000원 비싼 꽃게장정식에는 아귀찜도 나온다. 남김없이 아귀처럼 먹어치울 자신이 있다면 도전하자.

위치 이성당에서 도보 5분 거리. 여성회관 옆. **주소** 군산시 영화동 15-11 **전화번호** 063-445-6139, 443-3812 **가격** 꽃게장백반 12,000원, 꽃게장정식 17,000원

tip 군산 맛집 찾기 내비게이션

식당 입구에 '군산 맛집'이라는 주황색 패가 붙어있는 곳은 어느 정도 맛이 보장된다고 생각해도 좋다. 한주옥 역시 군산시에서 인정받은 맛집.

🍴 복성루

가히 국보급이라 불리는 짬뽕을 파는 복성루는 짬뽕투어를 하는 미식가들의 성지다. 짬뽕 국물이 맵고 얼큰하며 해산물은 물론 돼지고기가 고명으로 올라가는 것이 특징이다. 가게문이 열기 전부터 기다리는 사람들이 진을 치기 시작해, 점심시간 무렵이면 한 시간은 예사로 기다려야 하지만 전국 각지에서 찾아오는 손님들로 언제나 만원이다. 군산에서 꼭 한 번은 먹어볼만한 짬뽕이다.

위치 군산역에서 1, 2, 3, 7, 11, 12번 등 버스 타고 흥남사거리 하차, 소요시간 약 30분. 이후 도보 5분. 혹은 구시장에서 도보 5분. **주소** 군산시 미원동 332 **전화번호** 063-445-8412 **가격** 짬뽕 7,000원, 짬뽕밥 7,000원, 볶음밥 7,000원 **운영시간** AM 10:30~PM 3:50 **휴일** 매주 일요일

🍴 쌍용반점

복성루만한 유명세는 아니지만 역시 군산의 명물인 짬뽕집이다. 맵고 진한 불맛이 나는 복성루 짬뽕과는 달리 해산물이 듬뿍 들어가 국물이 매콤하면서도 시원하다. 탕수육도 인기다. 튀김옷이 쫄깃하면서도 바삭해 자꾸만 손이 간다. 내항을 향해 난 통유리로 전망을 즐기며 식사할 수 있는 것

또한 장점.

위치 옥도면사무소 옆. 옛 군산세관에서 도보 10분. **주소** 군산시 금동 1-69 **전화번호** 063-445-2633 **가격** 짬뽕 6,000원, 탕수육 18,000원 **운영시간** AM 11:30~PM 08:30

산타로사

은파 호수 주변에 경관을 즐길 수 있는 카페가 여럿 있다. 핸드드립 커피 전문점 산타로사는 호수가 내려다보이는 전망에 직접 로스팅한 커피가 무한 리필되는 사랑스런 가게다. 제대로 교육받은 바리스타가 향긋한 커피를 내려주고, 와플 등 디저트도 먹음직하다. 널찍한 매장이 2층까지 있지만 주말에는 자리가 없을 정도. 현지인들이 단연 군산 제일로 꼽는 카페.

위치 은파 호수 주변 카페촌에 위치. **주소** 군산시 나운동 248-15 **전화번호** 063-471-9061 **홈페이지** www.santarosa.co.kr **가격** 아메리카노 4,500원, 산타 커피 4,500원, 산타 와플 세트(커피 2잔+와플) 17,000원 **운영시간** AM 10:00~PM 11:30

숙소

고우당 게스트하우스

일제 강점기 지어진 일본식 가옥을 개조해 만든 게스트하우스 겸 펜션이다. 근대역사문화공간으로서 찻집, 편의점, 일식 주점 등이 함께 운영되어 숙박은 물론 식사, 문화체험까지

할 수 있는 매력적인 공간이다. 조식은 제공되지 않으며 일본식 다다미 느낌의 방에서 특별

한 하룻밤을 보낼수있다.

위치 월명동 히로쓰가옥 근처. 다원파크빌아파트와 현대오솔아파트 사이에 위치. **주소** 군산시 월명동 16-6 **전화번호** 063-443-1042 **홈페이지** www.gowoodang.com **요금** 도미토리 15,000원~20,000원, 펜션형 객실 32,000원~160,000원 **체크인/아웃** 체크인 PM 02:00 체크아웃 AM 11:00 **제공내용** 수건, 비누, 세면도구 세트(1,000원)

Other Choices

나비잠 게스트하우스 히로쓰가옥에서 3분 거리. cafe.naver.com/gunsannabijam, 010-8436-8810

명성스파월드

깨끗하고 시설도 좋은 5층 규모의 찜질방이다. 은파 호수와 가까워서 밤산책을 즐긴 뒤 숙박하기 적당하다.

위치 군산대 정문 맞은편. 은파 입구에서 군산대 앞까지 도보 약 20분 거리. **주소** 군산시 미룡동 산363-1 **전화번호** 063-462-4133 **요금** 8,000원

금강레저타운

불가마와 노천탕 등 시설이 알차고 역에서 버스로 20분 거리로 접근성도 무난한 찜질방. 콘센트 사용이 불편한 것이 단점이다.

위치 미원동 복성루 옆. **주소** 군산시 미원동 370 **전화번호** 063-442-7400 **요금** 주간 7,000원, 9시 이후 8,000원

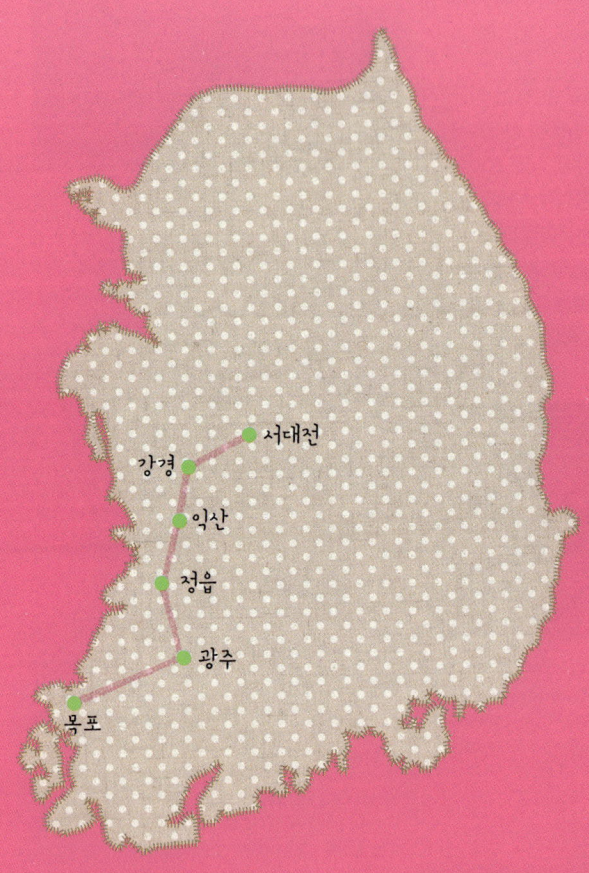

드넓은 호남평야를 가로지르는 호남선 열차에는
들판의 푸른 논처럼 풍성함이 가득하다.
익산, 정읍, 광주를 지나며 레일러들이 하나둘씩 내리고
마침내 도착하는 종점 목포역.
하품하며 기지개 켜며 사뿐히 내려 보자.

대전조차장에서 목포까지 252.5km # 호남선

멈추고 헤매며 돌아보는
근대기행 **강경**

보석과 종교의 도시 **익산**

어긔야 어강됴리,
아으 다롱디리 **정읍**

5·18 버스 타고 돌아보는
빛고을 역사기행 **광주**

호남선 종점까지
근성을 보여줘 **목포**

멈추고 헤매며 돌아보는 근대기행
강경

관광 지수	★★★☆☆
휴식 지수	★★★★☆
교통 지수	★★★★☆
맛집 지수	★★★☆☆
예산 지수	★★★★☆
기차역 지수	★★★☆☆

강경역 041-745-7788
논산시청 문화관광과
041-1688-0137

　　젓갈로 유명한 강경은 군산항이 생기기 전까지 전성기를 누린 포구도시였다. 시장에서 팔다 남은 해산물을 처리하기 위해 젓갈을 담그다보니 염장 기술이 발달했다. 근대문화유산기행이라고 하면 흔히 군산을 떠올리지만 강경도 알고 보면 그에 못지않다.

　　잠깐, 이면 충분하다. 바지런한 여행자에게 강경은 오래 머물라 떼쓰지 않는다. 다음 열차가 오기 전까지의 두어 시간 동안 역전을 헤매는 것으로도 충분하다. 과거를 향수하는 퇴기 같은 강경의 매력을 엿보기에는. 낡고 닳은, 쓰다 버려진, 누구 하나 돌보지 않는, 그러나 원망하지도 않는 순박한 충청도 사람 같은 그런.

호남선

추천일정표

AM
10:30 호남선 무궁화호 열차로 강경역 도착
강경젓갈시장, 강경노동조합, 한일은행 강경지점, 북옥감리교회, 옥녀봉공원, 남일당 한약방, 황산포구, 강경중앙초등학교, 강경고등학교 등 근대 문화재 구경하며 읍내 거닐기

PM
01:30 강경 해물칼국수에서 점심식사
02:30 강경역으로 돌아가 정읍, 익산, 광주 등 다른 지역으로 이동

* 강경은 논산시에 속해 있는 읍의 이름으로 '논산시 강경읍'을 말한다.

이 도시를 여행하는 법

강경 여행은 반나절이면 충분하다. 북옥감리교회, 옥녀봉, 황산포구 등을 포인트로 삼고 걸어 다니며 골목골목 구경하자. 강경노동조합, 한일은행 강경지점 등 건물을 구경하는 것만으로도 세월의 향기를 느낄 수 있는 근대문화유산이 많이 남아있다. 작은 읍이지만 호남선 열차가 자주 다녀 기차 시간 걱정은 덜어도 좋은 곳이다.

예산
강경 해물칼국수   6,000원
합계 = 약 6,000원

근대문화유산 거리 map

01 강경젓갈시장

유명한 강경젓갈시장이 읍내 한가운데에 있다. 커다란 항아리에 담긴 새우젓에서부터 어리굴젓, 창란젓, 오징어젓 등 다양한 젓갈을 파는 가게가 밀집해 있다. 짠 소금내를 흠씬 맡으며 젓갈 구경을 할 수 있다.

02 강경노동조합

1920년대 내륙의 수산물 유통은 대부분 강경포구를 통해 이루어졌다. 포구에서 일하는 노동자들이 많은 만큼 노동조합의 규모와 세력 또한 굉장했다고 한다. 노동조합 사무실로 쓰던 건물이 남아있다.

의 영향을 받았다. 남일당 한약방이라는 이름은 '남쪽에서 제일 큰 한약방'이라는 뜻으로 1920년대 호남 지역에서 가장 큰 규모였다 한다. 단정한 이층 건물에 세월의 더께가 고스란히 내려앉아 독특한 아우라를 형성한다.

03 한일은행 강경지점

빨간 벽돌을 단정하게 올려 지은 건물. 은행은 모름지기 이래야 하지 않을까 싶을 정도로 크고 튼튼한 느낌이다. 1913년 건축되어 근대 강경의 상징과도 같은 건물이다. 이후 조흥은행, 중앙도서관, 젓갈창고 등으로 이용되었는데 지금은 사용하지 않아 비어 있다. 문이 열려있는 경우 내부를 구경할 수도 있다.

05 북옥감리교회

옥녀봉에 올라가는 길목에 있는 북옥감리교회는 우리나라 유일의 한식 목조건물 교회다. 마을 가운데 아무렇지 않은 듯 자리 잡은 모양이 새침데기 같다. 우리나라 기독교 선교 역사의 상징적 건축물이다.

06 옥녀봉공원

강경 전통맛깔젓 체험전시관이 있는 황산포구에서 강을 바라보고 오른쪽 방향으로 쭉 걸어가면 옥녀봉에 오를 수 있다. 야트막한 봉우리 주변으로 공원을 꽤 잘 조성해놓았다. 봉수대와 놀이터가 있다. 산과 강이 보이는 전망이 좋다. 금강이

04 남일당 한약방

1923년 지어진 근대 한옥으로 일본식 가옥 건축

품은 소읍 강경이 한눈에 내려다 보인다. 여기서 보이는 금강 경치가 아름다워서 '강경'이라는 지명이 유래했다고 한다. 강경의 랜드마크라고 할 수 있는 곳이니 한 번 올라가 보자.

08 강경고등학교 스승의 날 기념탑

5월 15일 스승의 날이 강경에서 제일 먼저 시작된 것을 알고 있는가? 확실히 충청도는 예향의 고장이라 할 만하다. 지금은 강경고등학교가 된 옛 강경여고에서 스승의 날 기념탑을 볼 수 있다. 강경고등학교는 강경중앙초등학교 맞은편에 있다.

09 강경전통맛깔젓 체험전시관

황산대교 앞에 배 모양으로 생긴 강경젓갈전시관이 있다. 강경 젓갈에 대해서 배워보는 자료와 사진, 강경의 옛 사진들이 있다. 전시관 4층에는 포토존이 있고 배 위로 올라가볼 수도 있으니 한 번 들어가 둘러보자.

07 황산포구

강경 황산포구는 조선시대 원산포구와 함께 조선의 2대 포구로 꼽히며 번성하였다. 1960년대까지 군산~강경 간 정기운항선이 다니고 황산나루터에서는 배로 강 양편을 이었다. 1980년대 이후 황산대교가 지어지며 황산포구의 해상교통이 쇠퇴했다. 강변의 등대가 야간운항을 도왔으나 필요가 없어지자 철거되었다가 2008년 전망대 기능을 더해 복원했다. 등대 앞에는 박범신 문학비가 세워져있고 포구는 공원 형태로 조성돼 한적하게 바람 쐬기 딱 좋은 곳.

10 강경중앙초등학교 강당

강경중앙초등학교는 강경 최초의 근대교육기관이다. 이 강당은 1937년 지어졌는데 아직도 원형이 거의 그대로 보존되고 있다. 강경중앙초등학교에서는 강당 뿐 아니라 책 읽는 소녀와 운동하는 소년 등 재미있는 동상을 구경하며 동심에 젖어볼 수 있다.

11 구 강경공립상업학교 관사

지금은 강경정보산업고등학교로 이름이 바뀌었다. 강경상고는 논산 지역에서 최초로 세워진 중등교육기관. 옛날 강경·논산 지역의 엘리트 학교로 지금 논산 지역의 공직자 중에는 '강상' 출신이 많다. 관사는 조그만 일본식 벽돌집인데 원형이 잘 보존되고 있다. 학교 안에 있으니 들어가서 찾아야 한다. 교무실에 문의하면 문을 열어주기도 한다.

강경 해물칼국수

강경은 물론 논산 일대에서 유명한 칼국수집으로 항상 손님들로 북적댄다. 푸짐한 양에 신선한 해산물이 가득하다. 칼국수에 굴이 들어가는 것이 특징이다.

위치 강경역에서 황산초교로 가는 방향에 있는 강경시외버스터미널 앞. **주소** 논산시 강경읍 대흥리 56-8 **전화번호** 041-745-3940 **가격** 해물칼국수 6,000원 **운영시간** AM 11:00~PM 8:30

맛집

황산옥

강경에서는 모르는 사람이 없는 가게. 우어회, 매운탕 등이 유명하며 100년 가까이 성업 중이다. 황산대교 근처에 간판이 크게 보인다.

위치 황산대교 근처. **주소** 논산시 강경읍 황산리 81-16 **전화번호** 041-745-4836 **가격** 복탕 12,000원, 메기탕 10,000원, 아구탕 10,000원, 우어회 소 30,000원

우어회
우어회는 금강 주변지역에서만 먹을 수 있는 생선회로 생선을 뼈째 양념과 함께 무친 것이다. 어른들은 좋아하지만 다소 비린 감이 있어 내일로 세대의 입맛에는 별로 맞지 않을 수 있다.

숙소

강경 읍내에 좋은 모텔은 별로 없지만 묵을만한 여관이나 여인숙 정도는 쉽게 찾을 수 있다.

금강와이키키

강경에 있는 유일한 24시 찜질방이다. 재래식 황토 불가마와 대형 사우나 시설을 갖춰 쾌적하게 휴식할 수 있다.

위치 강경역에서 직진하다가 새마을금고가 있는 사거리에서 좌회전 후 10분 정도 직진, 주유소 전에 있는 골목으로 들어가면 있다. 황산대교 근처. **주소** 논산시 강경읍 채산리 533 **전화번호** 041-745-9009 **요금** 주간 7,500원, 10시 이후 8,500원, 이불 대여 1,000원

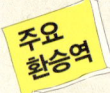

보석과 종교의 도시
익산

관광 지수	★★☆☆☆
휴식 지수	★★☆☆☆
교통 지수	★★★★★
맛집 지수	★★★☆☆
예산 지수	★★★★☆
기차역 지수	★★★★☆

익산역 063-855-7786
익산 관광안내 1577-0072

tip 기차여행을 하다보면 목적지로 택하지는 않더라도 몇 번쯤 지나치게 되는 곳이 익산이다. 익산역은 환승역으로서의 역할이 중요한 만큼 역사도 잘 갖춰져 있고 이용객도 많다. 익산역 앞에 은근히 맛집들이 많기 때문에 갈아탈 열차 시간을 기다리며 식사를 하는 것도 좋겠다. 또한 역 안에 한식당, 핫도그집, 초밥집 등 편리하게 이용할 수 있는 음식점도 많다.

01 원광대학교

캠퍼스가 아름답기로 소문난 원광대학교. 특히 벚꽃철이면 장관을 이룬다. 익산역에서 멀지 않기 때문에 열차 환승을 기다리며 가볍게 구경하기 좋은 곳이다. 외지 사람 북적이는 관광지와 달리 또래 대학생들이 생활하는 공간이어서 또 다른 재미와 매력을 느낄 수 있다.

전화번호 063-850-5114 **홈페이지** www.wku.ac.kr
교통 익산역에서 대부분의 버스가 원광대사거리까지 간다. 소요시간 약 10분. 택시를 타도 3,000원 정도 나오는 가까운 거리로 원광대에서 운영하는 통학버스도 30분마다 다닌다.

익산역은 장항선과 호남선, 전라선을 잇는 중요한 역이다. KTX가 정차함은 물론이고 여러 방향으로의 열차가 많이 다니기 때문에 단연 전북 교통의 요충지라 할 수 있다. 익산이 전북에서 무게감 있는 도시로 성장한 데는 열차 교통이 편리한 데 힘입은 바가 크다. 익산에는 원불교 중앙총부와 원광대학교가 있어서 원불교의 성지라 할 수 있으며, 보석가공단지를 시작으로 보석 관련 산업이 발달해 보석의 도시라고도 불린다.

02 원불교중앙총부

익산은 우리나라 토종 종교인 원불교가 탄생한 땅이다. 원불교중앙총부는 백 년 전 원불교 태동기의 고즈넉함이 남아있어 인근에서 출사를 하러 많이 찾는 곳. 입장에 제한은 따로 없으나 관광지가 아닌 종교시설이기 때문에 필히 정숙해야 한다.

전화번호 063-850-3333 **홈페이지** www.won.or.kr
교통 익산역에서 시내버스 타고 원광대사거리 하차. 원광대학교 맞은편에 위치.

03 보석박물관

보석의 도시 익산에서는 역 앞에서부터 보석상을 많이 볼 수 있다. 국내 유일 보석박물관에서는 보석의 역사, 보석과 과학, 보석의 아름다움과 즐거움 등 보석의 매력을 흠씬 느낄 수 있는 전시가 준비돼있다. 화석전시관이 함께 운영된다.

전화번호 063-859-4641~3 **홈페이지** www.jewelmuseum.go.kr **요금** 3,000원 **운영시간** AM 10:00~PM 06:00 **휴일** 매주 월요일, 신정 **교통** 익산역에서 좌석버스 555, 555-1번, 시내버스 63, 63-1번 이용. 소요시간 약 45분. 각 버스는 하루 3편 이하로 적게 다니는 편이니 홈페이지에서 미리 버스 시간을 확인하자.

맛집

태백칼국수

전주에 베테랑칼국수가 있다면 익산에는 태백칼국수가 있다고 할 정도로 유명한 익산의 맛집. 통통한 면발에 국물이 일품이다.

위치 익산역에서 GS25편의점 골목으로 들어가 세 블록 직진 후 파리바게트와 익산중앙방사선과의원 사이 골목으로 진입. **주소** 익산시 중앙동1가 52 **전화번호** 062-855-1529 **가격** 칼국수 5,000원, 왕만두 5,000원 **영업시간** AM 11:00~PM 09:00

정순순대

순대국밥을 직접 끓이지 않고 순대와 고기 위에 뜨거운 국물을 부어 내는 토렴 방식의 순대국밥을 내어놓는 맛집. 순댓국에 면이 들어있는 순대국수 또한 별미다.

위치 익산역에서 도보 5분. 중앙시장 내 침구골목 위치. **주소** 익산시 창인동 1가 103-2 **전화번호** 062-854-0922 **가격** 순대국밥 5,000원, 순대국수 3,000원 **영업시간** AM 05:00~PM 09:00

숙소

중앙사우나찜질방

익산역에서 가장 가깝고 내일로 할인 혜택도 있어서 많은 레일러들이 이용한다. 하룻밤 보내기에 무난한 찜질방.

위치 익산역에서 도보 2분. 역에서 나오면 오른편에 큰 간판이 보인다. **주소** 익산시 중앙동 1가 13 **전화번호** 063-852-1300 **요금** 7,000원(내일로 6,000원)

어긔야 어강됴리, 아으 다롱디리
정읍

관광 지수	★★★☆☆
휴식 지수	★★★★☆
교통 지수	★★★☆☆
맛집 지수	★★★☆☆
예산 지수	★★★☆☆
기차역 지수	★★★★☆

정읍역 063-531-0283
정읍시외버스공용터미널
1688-6676
정읍 종합 관광 안내소
063-536-6776

어긔야 어강됴리, 아으 다롱디리. 남편이 가는 길이 어둡고 위험할까봐 달을 보며 기도하던 행상인 아내의 노래라는 정읍사. 우리네 문학 가운데 애절하고 한 맺히지 않은 것이 없건만 유난히 정읍사가 뇌리에 남았다.

그래서 찾아간 정읍에서 흐르는 음악은 애절하면서도 경쾌했다. 정읍역 앞에서는 시원한 분수가 하늘을 찌르고 밀짚모자를 쓴 레일러 서너 명이 기타를 치며 노래를 불렀다. 행상 떠난 남편이 머잖아 꽃신이랑 참빗을 사들고 몸 건강히 돌아왔을 것만 같았다. 둥근 달 보며 기도하던 새악시는 반가운 님 부둥키며 그 달처럼 활짝 함박웃음 지었으리라.

호남선

추천일정표

AM
- 09:00　정읍시내 종로약국 앞에서 내장산 가는 171번 버스 탑승(약 30분 소요)
- 09:30　내장산 국립공원 도착
　　　　매표소~내장사~전망대 코스로 등산

PM
- 01:00　내장산 입구 삼일회관에서 점심식사
- 02:30　171번 타고 정읍 시내로 이동
- 03:30　124번 버스 타고 동학농민혁명기념관으로 이동
- 03:55　동학농민혁명기념관과 맞은편 황토현전적지 돌아보기
- 05:00　기념관 앞에서 덕천사거리까지 도보 이동 후 정읍 시내로 돌아가는 버스 탑승
　　　　정읍역에서 다른 지역으로 이동

예산

종로약국 ➡ 내장산 버스비	1,300원
내장산 국립공원 입장료	3,000원
삼일회관 산채비빔밥	8,000원
내장산 ➡ 종로약국 버스비	1,300원
정읍 시내 ➡ 동학농민혁명기념관 버스비	1,100원
덕천사거리 ➡ 정읍 시내 버스비	1,100원
합계 = 약	15,800원

이 도시를 여행하는 법

❶ 역 앞에 관광안내소가 있는데 아주 친절하게 안내를 잘 해주니 적극 이용하자. ❷ 정읍 시내 한가운데에 시외버스공용터미널이 있는데 대부분의 시내버스가 이곳에서 출발한다. 터미널은 정읍역에서 도보 약 5분 거리에 위치한다.

01 동학농민혁명기념관

동학농민혁명은 1894년 봉건 체제에 반기를 들고 일어난 우리나라 역사상 최초의 민족운동이다. 지금의 정읍에 해당하는 고부 군수 조병갑의 학정에 항거하며 불길이 붙었으며, 결과적으로 갑오개혁을 일으켰다. 이를 기념하는 동학농민운동기념관은 2층 규모로 넓고 전시내용도 알차다. 19세기 조선의 역사를 되새겨볼 수 있다. 기념관은 동학농민혁명이 일어났던 황토현 인근에 위치해 있다.

전화번호 063-536-1892~4 **홈페이지** www.donghak.go.kr **요금** 무료 **운영시간** AM 09:00~PM 06:00 **휴일** 매주 월요일, 신정 **교통** 정읍시외버스공용터미널 뒤 슈퍼 앞 장난감나라 정류장에서 황토현행 124번 버스 이용, 소요시간 약 25분.

124번 버스 운행시간표
장난감나라 경유시간 AM 08:00 09:30 11:00 PM 01:40 03:30 05:25 **기념관 앞 경유시간** AM 07:20 08:50 10:20 11:50 PM 02:50 04:40 05:50

※ 정읍 시내에서 덕천면으로 가는 버스가 비교적 많다. 덕천사거리에서 동학농민혁명기념관까지는 도보 20분 정도 거리로 걸어가는 것도 괜찮다. 다시 정읍 시내로 돌아올 때도 마찬가지로 덕천사거리까지 걸어가서 버스를 타면 된다.

02 황토현전적지

황토현은 동학농민혁명 당시 농민군이 관군을 상대로 크게 승리한 최초의 전승지다. 전승기념탑과 녹두장군 전봉준 동상, 파랑새 노래비 등이 세워져 있다. 동학농민혁명기념관을 둘러보고 나와 버스를 기다리면서 둘러보면 좋다. 황토현전적지에서는 매년 5월 황토현동학농민혁명기념제도 개최된다.

03 정읍사공원

백제 행상인 아내의 노래 정읍사를 테마로 꾸며

놓은 공원. 백제여인의 망부상, 정읍사사우, 정읍사노래비 등이 조성돼있다. 규모가 별로 크지는 않으니 일부러 들리기보다는 기차 시간이 남을 때 둘러보기 괜찮다. 20분 정도면 휘적휘적 다 둘러볼 수 있다.

교통 정읍역에서 순환1, 순환2, 101, 124, 171, 211, 215, 272번 버스 이용, 소요시간 약 10분.

정읍사

달하 노피곰 도다샤
달이여 높이 좀 돋으시어
어긔야 머리곰 비취오시라
아! 멀리 좀 비치옵소서
어긔야 어걍됴리
아으 다롱디리

져재 녀러신고요
시장에 가 계신가요
어긔야 즌 대를 드대욜셰라
아! 진 곳을 디딜까 두려워라
어긔야 어걍됴리
어느이다 노코시라
어느 곳에든 놓고 오십시오
어긔야 내 가논 대 졈그를셰라
아! 내 님 가는 그 길 저물까 두려워라
어긔야 어걍됴리
아으 다롱디리

04 내장산 국립공원

산 안에 숨겨진 것이 많다고 해서 내장산이라는 이름이 붙어있다. 가을 단풍으로 유명한 곳이지만 여름에 가도 녹음이 우거져 걷기 좋다. 내장사를 돌아보고 내려오는 코스로 걸으면 좋다. 매표소에서 내장사 일주문까지 도보 약 40분이 걸린다. 내장사를 관람하고 다시 버스정류장으로 돌아오는 데까지 세 시간 정도 예상해야 한다.

전화번호 063-538-7875 **홈페이지** www.naejangsa.org
요금 국립공원 입장료 3,000원 **교통** 시내 종로약국 앞에서 20분 간격으로 다니는 171번 버스 이용, 소요시간 약 30분.

맛집

 ### 돗가비

내장산 등산객들 사이에 갈비찜이 맛있기로 소문난 맛집이다. 갈비찜과 갈비탕이 유명해 멀리서 찾아오는 손님도 많다.

위치 부영1차아파트 상가에 위치. 정읍역에서 도보 15분. **주소** 정읍시 수성동 951-9 **전화번호** 063-532-6080 **홈페이지** www.돗가비.kr **가격** 갈비찜 小 25,000원, 갈비탕 6,000원, 영양갈비탕 7,000원, 물냉면 5,000원 **운영시간** AM 09:30AM~PM 09:30

 ### 삼일회관

산채정식이 유명한데, 상다리가 휘어지게 한 상 가득 차려지는 음식에 다시 찾는 단골들이 많은 가게다.

위치 내장산 정문 매표소 앞. **주소** 정읍시 내장동 53-28 **전화번호** 063-538-8131 **가격** 버섯전골찌개백반 10,000원, 돌솥산채비빔밥 9,000원, 산채비빔밥 8,000원, 산채정식(2인) 40,000원 **운영시간** AM 08:00~PM 08:30

숙소

하와이찜질방

시설 및 규모가 무난하고 조용한 찜질방. 수면실이 있어 편하게 쉴 수 있다.

위치 정읍역에서 나와 왼편으로 가다가 사거리에서 우회전. 역에서 5분 거리. **주소** 정읍시 연지동 350-14 **전화번호** 063-533-3857 **요금** 8,000원, 이불 이용 무료

5·18 버스 타고 돌아보는 빛고을 역사기행

광주

광주는 뜨겁다. 빛 광光자를 쓰는 희고 붉고 노란 태양 같은 이름부터 뜨겁다. 여름이면 지글지글 끓어오르는 광역시의 아스팔트. 그 너머로 새파란 오월 같은 잔디가 겨우 싱그럽다.

광주는 뜨겁다. 뜨거웠던 근현대사가 산 채로 묻혀있는 곳이라 뜨겁다. 죄 없는 이들이 총에 맞았고 순박한 그의 아들들이 총을 쏘았다. 죽은 이도 죽인 이도 모두 희생자였다. 전쟁보다 더 참혹한 전쟁이었다.

이 뜨거운 도시에 이르면 뜨거웠던 오월의 울음에 귀를 기울여보자. 5·18자유공원, 5·18기념공원, 국립5·18민주묘지를 연결하는 지선버스의 노선번호가 518인 것은 우연이 아니다. 518을 타고 이 뜨거운 도시에 남겨진 역사의 상흔들을 들추다 보면, 여행자의 마음까지 뜨거워지는 것도 우연은 아니다.

관광 지수	★★★★☆
휴식 지수	★☆☆☆☆
교통 지수	★★★★☆
맛집 지수	★★★☆☆
예산 지수	★★★★☆
기차역 지수	★★★☆☆

광주역 여행센터
062-525-4835
광주송정역 062-942-3376
서광주역 062-655-7788
광주 종합관광안내소
062-233-9320
광주역 관광안내소
062-522-5147
광주종합버스터미널 관광안내소
062-360-8733
App 광주 버스, 지하철

이 도시를 여행하는 법

❶ 광주는 광역시답게 교통이 잘 발달해있어 편리하지만 규모가 커서 그만큼 헷갈리기도 쉬우니 주의하자. 교통체증도 있는 편이니 기차를 타러 갈 때는 이동 시간을 넉넉하게 계산하자. ❷ 518번 버스만 잘 타면 광주여행이 쉽다. 상무지구, 5·18자유공원, 5·18기념공원, 금남로, 전남대, 국립5·18민주묘지 등 5·18 관련 유적은 물론 광주종합버스터미널과 광주역을 경유해 편리하다. 배차간격은 30분. ❸ 버스터미널이 광천동에 위치해 광천터미널이라고도 부른다. 터미널과 유스퀘어 쇼핑몰, 신세계백화점이 나란히 연결돼있다. 유스퀘어 안에는 교보문고와 CGV를 비롯 프랜차이즈 카페와 음식점 등이 입점해 있어서 편리하다. ❹ 광주는 인근 중소도시로의 연계관광이 발달한 곳이다. 터미널이나 광주역에서 버스를 타고 담양, 화순, 나주, 장성 등에 갈 수 있다. ❺ 광주의 교통카드는 한페이 카드, 티머니는 호환되지 않는다.

추천일정표

AM
- 09:30 광주역(서) 버스정류장에서 518번 버스 타고 국립5·18민주묘지로 이동(약 40분 소요)
- 10:30 국립5·18민주묘지와 망월동 구 묘역, 추모관 등 둘러보기

PM
- 12:00 518번 버스 타고 금남로 4가 혹은 5가로 이동 (약 50분 소요)
- 01:00 금탑소머리국밥에서 점심식사
- 02:00 금남로와 충정로 주변 금남로공원, 광주학생독립기념탑, 궁전제과 등 둘러보기
- 03:30 518번 버스 타고 5·18자유공원으로 이동(약 40분 소요)
- 04:10 5·18자유공원 둘러보기
- 05:00 김대중컨벤션센터(마륵)역에서 지하철 타고 송정리역으로 이동(약 10분 소요)
  송정리떡갈비골목 송정떡갈비에서 저녁식사 후 광주송정역에서 다른 지역으로 이동

✱ 광주에는 광주역, 광주송정역, 서광주역 등 역이 여럿이니 이동 경로에 따라 이용할 기차역을 선택하자.

예산

광주역(서) ⇨ 국립518민주묘지 버스비	1,100원
국립518민주묘지 ⇨ 금남로 버스비	1,100원
금탑소머리국밥	7,000원
궁전제과	5,000원
금남로 ⇨ 518자유공원 버스비	1,100원
김대중컨벤션센터(마륵)역 ⇨ 송정리역 지하철비	1,100원
송정떡갈비와 공기밥	12,000원
합계 = 약 28,400원	

01 국립5·18민주묘지

1980년 5월 광주를 중심으로 한 전라남도 지역에서는 신군부 집권세력의 반민주통치를 규탄하는 목소리가 높아지며 민중항쟁이 발생했다. 그 과정에서 군부가 계엄령을 선포하고 시민들을 무자비하게 진압해 수많은 사상자가 났다. 국립5·18민주묘지는 당시 희생된 영령들이 묻힌 곳이다. 추모탑, 추모관 등을 둘러보고 추모하는 마음으로 묘비들을 살펴보자. 드넓은 부지에 흔들리는 잔디가 시리게 파랗다. 단순한 묘지 이상의 의미가 있는 곳이기 때문에 교육적으로 활용하도록 꾸며 놓았다. 국립묘지 뒤편에는 망월동 구 묘역이 있다. 국립묘지가 정갈하게 과거를 추모하는 분위기라면 망월동 구 묘역은 역사가 아직도 계속되고 있음을 느끼게 한다.

전화번호 062-266-5187 **홈페이지** 518.mpva.go.kr **운영시간** 하절기 AM 08:00~PM 07:00, 동절기 AM 08:00~PM 06:00, 민주묘지 내 5·18추모관 AM 09:00~PM 06:00 **휴일** 연중무휴, 추모관은 매주 월요일 휴관하나 5월 중에는 휴관 없음 **교통** 상무지구, 터미널, 금남로, 광주역 등에서 518번 버스 이용. 광주역(서) 정류장 기준 약 40분 소요.

02 5·18자유공원

5·18민주화운동 당시의 법정, 영창, 헌병대 등을 원래 있던 위치에서 100m 거리에 복원해놓은 곳이다. 공원 형태로 꾸며 놓아 휴식을 즐기며 자유롭게 둘러볼 수 있다. 자유관에서는 광주민주화운동의 흐름을 한 눈에 살필 수 있다.

전화번호 062-613-5184 **요금** 무료 **운영시간** 자유관 PM 06:00까지 **교통** 518, 순환01, 상무64번 버스 이용 5·18자유공원 하차. 일곡38, 상무64번 버스를 타고 김대중컨벤션센터 앞에 내려도 된다. 지하철 이용 시 김대중컨벤션센터(마륵)역에서 내려 도보 10분.

TIP ① 광주에는 5·18과 관련된 시설이 많다. 5·18자유공원 근처에는 5·18기념공원도 있는데 이곳은 광주 시민들의 문화생활에 초점이 맞춰진 곳이라 여행자라면 5·18자유공원을 둘러보는 것이 낫다. 5·18기념공원에 가려면 518번 버스를 타고 5·18기념문화센터 정류장에서 내리면 된다. ② 5·18기념공원과 가까운 김대중컨벤션센터 뒤편으로 먹자골목이 형성돼 있다.

03 금남로&충장로

금남로와 충장로는 광주의 중심가로 5·18민중항쟁이 벌어진 역사적 현장이다. 광주학생독립운동기념탑과 구 전남도청 등 역사적인 상징물들이 남아 있으며, 비엔날레가 열리는 문화의 도시 광주를 느껴볼 수 있는 곳이기도 하다. 젊은이들이 많이 찾는 번화가로 프랜차이즈 카페와 음식점들도 많지만 궁전제과, 충장서림 등 존재감 있는 가게들이 자리를 지켜주어 세월의 흔적을 간직하고 있다. 최근에는 충장로에 분위기 있는 카페골목도 형성됐다.

교통 지하철 금남로 4가역이나 금남로 5가역 이용. 518번 등 많은 시내버스가 경유한다.

04 광주극장

아직도 손으로 그린 간판이 올라가는 영화관이 있다면 믿을 텐가. 출장로의 터줏대감 광주극장의 손간판에는 그린 이의 기백이 붓 자국처럼 묻어난다. 예술영화전문 광주극장은 겉보기에 허름하지만 카드 결제도 되고, 팝콘, 콜라는 없지만 원두커피를 판매하고 있어 따뜻한 영화 관람을 할 수 있다. 꼭 영화를 보지 않더라도 계단을 올라가면 옛날 영화 자료가 전시돼 있어서 구경하

는 재미가 쏠쏠하다. 단관인데다 상영 횟수가 많지 않으니 시간표는 미리 확인하고 가자.

전화번호 062-224-5858 **홈페이지** cafe.naver.com/cinemagwangju **교통** 금남로 4가역에서 하나은행과 파리바게트 골목으로 직진.

05 광주시립미술관

광주는 격년으로 비엔날레가 열리는 문화예술의 도시이기도 하다. 수준 높은 현대 미술 작품들을 만나볼 수 있다. 매일 오후 3시에 도슨트를 운영한다. 예술을 사랑하는 여행자라면 광주시립미술관과 맞붙어있는 비엔날레전시관을 함께 돌아봐도 좋겠다.

전화번호 062-613-7100 **홈페이지** www.artmuse.gwangju.go.kr **요금** 500원 **운영시간** AM 10:00~PM 06:00 **휴일** 매주 월요일, 신정, 설과 추석 당일 **교통** ① 광주역(서) 정류장에서 용봉 83번, 광천터미널이나 5·18자유공원에서 상무64번 이용 비엔날레전시관 하차. 배차간격은 각 20분 정도. ② 문흥48, 송정29, 상무63번 버스를 타고 구 전남도교육청에 내리거나 금남56, 금남57, 풍암26, 첨단30번 버스를 타고 용주초교에 내려 10분 정도 걸어가도 된다.

광주디자인비엔날레는 격년제로 홀수년도 가을에 개최된다. 광주비엔날레 www.gb.or.kr

06 무등산

대도시 근교의 산으로는 드물게 해발고도(1,187m)가 높고 산세도 수려한 무등산은 광주사람들에게 있어서 정신적 지주와도 같다. 무등산도립공

호남선

원이 국립공원으로 승격된 이후, 동절기를 제외한 주말마다 하루 6차례 광주역에서 무등산순환버스가 운영되고 있다. 담양, 화순 등 인근도시까지 거치며 무등산 둘레를 도는 순환버스를 타고 편안하게 무등산 풍광을 즐길 수 있다. 운행 소요시간은 왕복 2시간 30분. 등산코스도 다양하게 있는데 해발고도에 비해 등산로는 완만한 편이다.

전화번호 062-365-1187 **교통** 광주역(동) 정류장에서 원효사행 1187번 버스 이용, 40~50분소요. 무등산순환버스 요금은 편도 2,000원.

07 양동시장

호남 지역 최대의 재래시장으로 농수산물은 물론 공산품, 의류 등 다양한 품목을 취급한다. 다른 지역에서는 흔히 볼 수 없는 홍어를 많이 팔고 있는 점이 특이하다. 시장 내 분식점이 많아 떡볶이나 순대, 단팥죽 등 시장 인심으로 요기를 하기도 괜찮다. 광주 시내 중심부에 가까워 자투리 시간이 한두 시간쯤 남을 때 둘러보기 적당하다.

교통 지하철 양동시장역 1번, 2번 출구 이용.

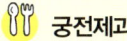 | 맛집

궁전제과

충장로 YMCA 근처에 있는 궁전제과는 70~80년대 광주 젊은이의 데이트 장소로 인기를 끌었던 제과점이다. 빵이 맛있을 뿐만 아니라 2층에 편안한 카페 공간도 마련돼 있으니 충장로에 가면 꼭 들러볼 것. 추천 메뉴는 케이크와 팥빙수.

위치 충장로 광주 YMCA 근처. **주소** 광주광역시 동구 충장로 1가 1-9 **전화번호** 062-222-3477 **홈페이지** www.kungjeun.co.kr **가격** 나비파이 1,800원 **운영시간** AM 08:00~PM 10:30

금탑소머리국밥

광주 현지인이 추천하는 소머리국밥 맛집. 맛깔스런 배추김치와 깍두기가 입맛을 돋궈준다. 다른 곳에도 지점이 있지만 금남로 본점이 제일 훌륭하다는 평.

위치 금남로 롯데백화점 근처. **주소** 광주광역시 동구 금남로 5가 9-2 **전화번호** 062-224-3380 **가격** 소머리국밥 7,000원, 소머리국밥(특) 10,000원 **운영시간** AM 10:30~PM 09:00

나주식당

국밥을 2그릇 이상 시키면 서비스로 순대와 부속고기를 내어준다. 고소한 들깨가루 솔솔 뿌린 모

둠고기는 쫄깃한 맛이 일품일뿐더러 서비스라는 게 믿기지 않을 정도로 양이 푸짐해서 시장인심을 제대로 느끼게 해 준다.

위치 대인시장 국밥골목 제일 안쪽에 위치. 지하철 금남로4가역 4번 출구로 나와 예술의 거리를 지나서 길을 건너면 대인시장 간판이 보인다. **주소** 광주광역시 동구 대인동 307-38 **전화번호** 062-224-6943 **가격** 국밥 6,000원, 국밥(특) 7,000원 **운영시간** AM 10:00~PM 10:00 **휴일** 둘째 주, 넷째 주 월요일

송정떡갈비

광주는 담양, 보성 못지않게 떡갈비가 유명하다. 광주송정역 맞은편에 송정리 떡갈비거리가 형성돼 있다. 그 중 제일 오래된 원조집이 송정떡갈비로 단연 맛이 뛰어나다. 떡갈비를 주문하면 갈비탕이 기본으로 나오는 것이 특징. 후식으로 아이스크림과 요구르트 제공한다.

위치 송정리 떡갈비거리 안. 광주송정역에서 도보 5분. **주소** 광주광역시 광산구 송정동 826-3 **전화번호** 062-944-1439 **홈페이지** www.sjddukgalbi.co.kr **가격** 떡갈비 11,000원, 유황오리떡갈비 11,000원, 한우떡갈비 22,000원, 육회비빔밥 7,000원 **운영시간** AM 09:00~PM 10:00 **휴일** 둘째 주, 넷째 주 월요일

골목집식당

터미널 앞의 허름한 기사식당으로 친절한 이모 덕에 정이 가는 식당. 셀프백반이 저렴하고 삼겹살 1인분도 파는 놀라운 가게다.

위치 광주종합터미널 유스퀘어 맞은편. **주소** 광주광역시 서구 광천동 232-2 **전화번호** 062-351-0029 **가격** 셀프백반 3,000원, 삼겹살 1인분 9,000원 **운영시간** AM 07:30~PM 09:00

달콤 Coffee

도로와 모텔들로 숨 막힐 듯 번잡스런 터미널 주변에서 무척 반가운 파란 대문 카페. 번잡한 도시여행 중 분위기 있는 카페에서 휴식이 필요하다면 찾아보자. 작은 카페지만 와플과 샌드위치 등 디저트류도 다양하고 컴퓨터도 쓸 수 있다.

위치 광주종합터미널 신세계백화점에서 대각선 방향. **주소** 광주시 서구 광천동 36-3 **전화번호** 062-351-8830 **가격** 아메리카노 3,300원, 와플 6,000원 **운영시간** AM 09:00~PM 10:00

숙소

남도게스트하우스 광주점

광주에는 모텔 등 숙박시설이 많아서인지 여행자들을 위한 숙소인 게스트하우스는 많지 않은 편이다. 순천에도 지점이 있는 남도게스트하우스 광주점은 가정집 분위기의 편안한 게스트하우스로 외국에서 온 배낭여행자들도 많이 찾는다.

위치 지하철 쌍촌역 4번 출구에서 약 50m 직진 후 육교 앞에서 좌회전해 나들가게 건물 3층. **주소** 광주광역시 서구 내방동 839-18 3층 **전화번호** 010-6476-3255 **홈페이지** www.namdohostel.com **요금** 도미토리 20,000원(내일로 18,000원) **체크인/아웃** 체크인 PM 12:00 체크아웃 PM 12:00 **제공내용** 조식(토스트, 달걀, 우유, 시리얼, 커피), 수건, 샴푸, 치약, 비누

광주 별밤 게스트하우스

아담한 정원이 있는 2층 가정집을 개조한 게스트하우스로 남도의 친척집에 놀러온 듯한 편안함을 느낄 수 있다. 과다한 음주는 금지되는 등 시끌벅적함과는 거리가 멀고, 조용한 휴식을 위한 여행자에게 최적의 숙소다.

위치 광주역에서 도보 5분. **주소** 광주광역시 북구 경양로 147번길 8-6 **전화번호** 011-645-8980 **홈페이지** byulbam.kr **요금** 도미토리 20,000원(내일로 10,000원) **체크인/아웃** 체크인 PM 5:00~11:00 체크아웃 AM 11:00 **제공내용** 조식(한식), 수건, 샴푸, 치약, 비누

게스트하우스 씨엠쁘레

말바우시장 인근에 위치한 여성 전용 게스트하우스로 최대 7인까지 수용하는 아담한 규모라 번잡하지 않고 편안한 휴식을 취할 수 있다. 늦은 체크인과 체크아웃 시간으로 다음날 아침 늦잠을 자고 빈둥거리고 싶은 사람에게 최적이다.

위치 말바우시장(동) 버스정류장에서 김밥천국 골목으로 진입해 직진 후 한마음마트 오른쪽 골목으로 진입하면 나오는 두암1동 주민센터 왼쪽 골목 두 번째 집. **주소** 광주광역시 북구 두암동 862-16 **전화번호** 010-9383-6993 **홈페이지** blog.naver.com/casasiempre **요금** 도미토리 20,000원 **체크인/아웃** 체크인 PM 05:30 체크아웃 PM 02:00 **제공내용** 조식(토스트, 달걀, 커피, 라면), 수건, 샴푸, 치약, 비누

빛고을랜드

시설이 준수하고 규모도 작지 않은 찜질방으로 PC방, 식당 등 부대시설이 잘 갖춰져 있다. 콘센트도 많은 편이라 이용이 편리하다. 광주역에서 가깝고 내일로 할인이 되는 것도 장점이다.

위치 광주역에서 나와 길 따라 오른쪽으로 10분 정도 직진 후 GS칼텍스 건너편. **주소** 광주광역시 북구 신안동 263-7 **전화번호** 062-514-6886 **요금** 주간 6,000원(내일로 5,000원), 오후 9시 이후 7,000원, 이불 이용 무료

현대웰빙랜드

광주에서 가장 좋은 찜질방 축에 속하며 콘센트도 많고 시설이 잘 갖춰져 있다. 그만큼 이용객은 많은 편이다. 1층에 카페베네가 있으니 참고하자.

위치 북광주세무서와 비엔날레전시관 사이. 용봉83, 용전85, 지원51, 금남58, 첨단195번 버스를 타고 중앙여고 앞에 내리거나 문흥18, 봉선27, 송암47, 풍암16, 풍암26, 송암72, 상무64, 문흥48, 순환01번 버스를 타고 경신여고 앞에 내려 도보 10분. 금남58, 문흥48번 등이 광주역을 경유하는데 소요시간은 10분 미만이다. 광주역에서 택시 이용 시 요금 약 3,000~4,000원. **주소** 광주광역시 북구 운암동 118-14 **전화번호** 062-526-2001 **요금** 주간 7,000원, 오후 10시 이후 8,000원, 이불 이용 무료

히딩크모텔

히딩크모텔은 숙박비 대비 훌륭한 시설과 서비스로 입소문을 탄 곳. 간단한 음료는 물론이고 팝콘, 커피, 컵라면 등 깨알 같은 간식을 제공한다. 다음날 아침에는 간단한 식사까지 객실로 배달해준다. 객실마다 컴퓨터도 갖춰져 있어 편리하게 이용 가능.

위치 광주역 앞 오거리에서 전남일보 골목으로 진입해 도보 5분. **주소** 광주광역시 북구 중흥동 705-9 **전화번호** 062-528-0071~3 **요금** 스탠다드룸 기준 평일 30,000원, 주말 35,000원

광주에서 30분, 대나무의 도시
담양

대나무가 유명한 담양에는 기차역이 없기 때문에 광주역이나 광주종합버스터미널에서 버스를 타고 가야 한다. 광주종합버스터미널에서 약 20분 간격으로 다니는 시외버스 이용 시 소요시간은 약 40분, 요금은 2,200원이다.
광주역에서 바로 담양에 가려면 광주역 육교를 건너면 나오는 동광고속 버스정류장에서 311번이나 225번 버스를 이용한다. 약 10분 간격으로 자주 운행하는 311번 버스는 담양터미널과 죽녹원으로, 225번 버스는 소쇄원으로 가며 요금은 1,200원. 죽녹원 가까이 관방제림, 메타세쿼이아 가로수길도 있으니 함께 돌아보면 좋겠다.

225번 버스 운행시간표(약 30분 소요, 요금 1,200원)
광주역 육교 경유시간 AM 07:27 08:08 09:08 10:08 PM 12:08 01:08 02:08 04:08 05:08 06:08 07:08 08:08 09:08

01 죽녹원

청량한 죽림욕을 즐길 수 있게 산책로를 조성한 대나무숲이다. 여행자들의 머릿속에서는 '담양=죽녹원'이 아닐까 싶을 정도로 죽녹원이 담양 여행에서 갖는 비중은 크다. 운수대통길, 죽마고우 길, 철학자의 길 등 각각의 테마를 가진 8길이 있어 대나무 향기 따라 산책하는 재미가 쏠쏠하다. KBS 〈1박 2일〉이 다녀간 후 더 유명해졌다.

전화번호 061-380-2680 **홈페이지** juknokwon.go.kr
요금 2,000원 **운영시간** AM 09:00~PM 07:00 **교통** 광주역 육교 버스정류장에서 311번 버스 이용, 죽녹원 앞 하차. 담양터미널에서 도보 10분 거리.

담양은 떡갈비와 죽통밥이 유명한데 죽녹원 입구께 관광객들을 대상으로 하는 식당가가 형성돼 있다. 또한 도보 5분 거리에 국수거리가 있는데 진우네집국수(061-381-5344)의 멸치국수와 비빔국수가 맛있다. 가격도 한 그릇 3,500원으로 부담 없다.

02 관방제림

관방제림은 조선 인조 때 처음 형성된 숲으로 수해 예방을 목적으로 만들어졌다. 제방 위에 조성한 숲으로 느티나무, 푸조나무, 팽나무, 벚나무 등 300여 그루의 나무가 자생하고 있다. 천연기념물 제366호로 조용히 걸으며 사색하기 좋은 곳이다.

교통 죽녹원 맞은편 징검다리를 건너면 관방제림.

03 메타세쿼이아 가로수길

쭉 뻗은 줄기에 부챗살처럼 정연히 퍼진 잎이 이국적인 풍경을 자아내는 메타세쿼이아 가로수길. 살아있는 화석나무로 불리는 메타세쿼이아 나무는 오랫동안 화석으로만 존재가 확인되었으나 1940년대 중국 사천성에서 발견되어 여러 곳으로 퍼지게 되었다. 우리나라에서 아름다운 길로 손꼽히는 담양 메타세쿼이아 가로수길은 여러 CF에 등장했을 뿐만 아니라 철철이 출사 나오는 사진 애호가들로 늘 성황을 이룬다.

전화번호 061-380-3154 **요금** 1,000원 **교통** 관방제림 길 끝에 위치.

메타세쿼이아 가로수길 앞에서 파는 감순옥찹쌀도너츠가 유명하다.

호남선

호남선 종점까지 근성을 보여줘

목포

목포는 끝이자 시작이다. 용산에서부터 출발한 호남선의 맨 끄트머리 삐죽 나온 종점이며 다도해의 무수한 섬들로 통하는 뱃길을 여는 항구다. 그냥 항구인 것만은 아니다. 그 자체로 퍽이나 사랑스런 해양도시이기도 하다. 역 앞에 바로 펼쳐진 빛의거리, 그리고 유달산 등산로는 레일러들에게는 더없이 편리한 여행 여건이다. 느지막이 목포역에 내려 가벼운 걸음으로 야트막한 산에 오른다. 그곳에서 바라보는 아름다운 해양도시의 야경은 누구라도 목포를 사랑할 수밖에 없게 만드는 이유다. 목포의 눈물을 노래한 삼학도의 난영공원도 가볍게 산책하며 오르기 좋은 언덕배기다.

전라도 중에서도 끝의 끝이어서일까. 뭐든지 힘이 넘치거나 웅장하기보다는 그저 어여쁘고 다정한 게 여기 전남 스타일이다. 아열대의 따뜻한 기운이 물씬 느껴지는 조엽수의 거리가 그렇고 문학이니 도자기 따위를 다루는 친근한 박물관들이 그렇다. 낙지니 콩물이니 오밀조밀한 먹거리들도 맛나다. 아, 갓바위를 빼먹으면 안 된다. 아버지바위와 아들바위가 나란히 갓을 쓰고 바다에 솟았다. 그 나란한 생김새가 어찌나 사이 좋아 보이는지. 다정도 병인 양하여.

관광 지수	★★★★☆
휴식 지수	★★☆☆
교통 지수	★★★★☆
맛집 지수	★★★★☆
예산 지수	★★★☆☆
기차역 지수	★★★★☆

목포역 061-240-4377
목포종합버스터미널
061-276-0220
목포종합관광안내소
061-270-8598

목포역은 시내 한가운데에 위치하고 있어 여행이 편리하다. 역을 중심으로 대부분의 관광지가 모여 있다. 유달산, 난영공원 등에 걸어서 갈 수 있고 갓바위 문화타운도 버스로 15분 정도면 닿는다. 목포역은 해남 땅끝마을로 갈 수 있는 가장 가까운 기차역이기도 하다.

추천일정표

AM
11:59 　용산, 서대전, 익산, 광주송정 등에서 출발한 호남선 무
　　　궁화호 열차로 목포역 도착
　　　독천식당에서 점심식사

PM
01:30 　목포역 앞에서 15번 버스 타고 갓바위 문화타운으로 이
　　　동(약 15분 소요)
　　　목포문학관 관람 후 해상보행교 지나며 갓바위 구경
03:30 　평화광장에서 바다 보고 목포역으로 돌아오기
　　　　(약 20분 소요)
04:00 　목포근대역사관 관람 후 국도 1, 2호선 기점과 구 일본
　　　영사관 둘러보기
05:30 　유달콩물에서 저녁식사
06:30 　유달산 올라 일몰 보기
08:30 　빛의거리 둘러보고 휴식
　　　목포 숙박 혹은 목포역에서 다른 지역으로 이동

＊ 목포역 2층에는 미술관이 있어서 때에 따라 간단한 기획 전시를 개최한다.

예산	
독천식당 낙지비빔밥	10,000원
목포역 ⇒ 갓바위 문화타운 버스비	1,100원
목포문학관 입장료	2,000원
평화광장 ⇒ 목포역 버스비	1,100원
유달콩물 콩국수	7,000원
합계 = 약 21,200원	

호남선

01 유달산

목포 하면 유달산이다. 목포역을 마주보고 있는 야트막한 산으로 해발 228m 정도의 높이다. 정상까지 한 시간도 채 걸리지 않아 산책하듯 편하게 다녀올 수 있다. 높지는 않아도 전망은 훌륭하다. 노적봉에서 탁 트인 목포 전경을 바라볼 수 있다. 일몰이 무척 아름다우니 시간 맞춰 올라가면 더욱 좋다. 여름에는 해진 뒤에 야경을 보러 가는 것도 추천할 만하다. 야경이 예쁠뿐더러 여름밤 바람 쐬러 나온 사람들이 만들어내는 흥겨움에 절로 기분이 좋아진다.

전화번호 노적봉관광안내소 061-270-8411 노적봉 예술공원 061-270-8300 유달산공원관리사무소 061-270-8357 **교통** 목포역 앞 빛의거리를 지나 노적봉 방향으로 올라간다.

02 빛의거리

역 앞 루미나리에가 설치된 거리의 이름으로 각종 음식점과 카페, 로드샵 등 편의시설이 모여 있다. 유달산으로 가는 길목이기도 하다. 거리 곳곳에서 과거 항구도시의 영화를 누리던 목포의 향수를 마주칠 수 있다.

03 목포근대역사관

풍채가 남다른 흰 벽돌로 지어진 목포근대역사관은 일제강점기 때 동양척식주식회사로 쓰이던 건물을 역사 교육의 장으로 탈바꿈한 것이다. 목포의 옛 모습을 담은 사진들과 관련 자료를 소장, 전시하고 있다. 일제 침략의 만행과 관련해 특히 참혹한 사진 9점은 따로 모아 원하는 관람객에게만 공개하고 있다.

전화번호 061-270-8728 **요금** 무료 **운영시간** AM 09:00~PM 06:00 **휴일** 매주 월요일, 신정 **교통** 유달동 사거리에서 GS주유소 골목으로 진입. 목포역에서 왼편으로 도보 15분.

04 국도 1, 2호선 기점&구 일본영사관

한반도 끝자락의 목포는 국도 1, 2호선이 시작되는 기점이 있는 곳이기도 하다. 목포에서 신의주까지 이어지는 국도 1호선과 부산까지 이어진 국도 2호선의 도로원표를 확인할 수 있다. 그 뒤편의 붉은 건물은 일제강점기 수탈의 현장이었던 구 일본영사관이다. 목포에 현존하는 가장 오래된 건물로, 해방 이후에는 시립도서관과 목포문화원 등으로 활용되다가 현재는 박물관으로 재개장을 준비 중이다.

전화번호 목포문화원 061-244-0044　**교통** 목포역에서 나와 왼편으로 도보 15분.

06 갓바위 문화타운

목포의 명물 갓바위 근처에 조성해놓은 문화타운으로 다양한 주제를 가진 박물관이 모여 있다. 갓바위로 가는 길목이니 걸어가면서 두어 군데 들러보면 좋겠다. 문화타운 주변은 남도에서만 볼 수 있는 조엽수로 경관도 잘 꾸며져 있다.

교통 목포역에서 15번 버스 이용, 갓바위 문화타운 하차. 소요시간 약 15분.

매주 월요일에는 대부분의 박물관이 휴관하니 여행 일정을 세울 때 고려하자.

05 삼학도(이난영공원)

삼학도는 한 청년을 사모하던 세 여인이 죽어 각각 학이 되어 떨어져 죽은 자리에 생겼다는 섬으로 목포 시내에서 가까워 걸어서 다녀올 수 있다. 삼학도 안에 있는 이난영공원에 가보면 좋은데 이난영은 부모님 세대의 히트곡 '목포의 눈물'을 부른 가수다. 고인이 된 후 수목장 형태로 공원에 안장되었다. 우리나라 최초의 수목장이었다고 한다. 공원에서는 '목포의 눈물'과 '목포는 항구다'의 노래비 등이 갖춰져 있는데 꼭대기에 오르면 바다와 함께 목포 시내를 조망할 수 있어서 가벼운 산책 겸 다녀오면 좋겠다. 여유로운 걸음으로도 1시간 30분 정도면 구경하고 목포역으로 돌아올 수 있다.

교통 목포역에서 나와 광주은행 맞은편 길 따라 도보 약 20분. 폐선된 기찻길이 보이는데 쭉 따라가면 된다.

07 목포문학관

우리나라에 근대극을 도입한 극작가 김우진, 사실주의 연극의 선구자 차범석, 최초로 장편소설을 쓴 여류 소설가 박화성, 평단의 독보적인 존재 김현 등 목포 문인 4인의 삶과 문학 세계를 엿볼 수 있는 복합 문학관이다.

전화번호 061-270-8400　**홈페이지** munhak.mokpo.go.kr　**요금** 2,000원　**운영시간** AM 09:00~PM 06:00　**휴일** 매주 월요일, 신정

08 목포자연사박물관

자연사관과 문예역사관으로 나누어진 전시관에서 지구의 역사와 문예작품들을 만나볼 수 있다. 자연사박물관 입장권으로 생활도자박물관도 관람할 수 있다.

전화번호 061-270-8367 홈페이지 museum.mokpo.go.kr 요금 3,000원 운영시간 AM 09:00~PM 06:00 휴일 매주 월요일

10 남농기념관

한국 남종화의 대가 남농 허건 선생이 건립한 미술관으로 조선시대부터 현대까지의 우수한 한국화 작품들이 전시돼있다. 특히 소치 허련, 미산 임인 허림, 낭농 허건의 작품을 중심으로 약 300여 점의 그림을 전시하고 있다.

전화번호 061-276-0313, 273-3500 홈페이지 www.namnongmuseum.com 요금 1,000원 운영시간 AM 10:00~PM 06:00 휴일 매주 월요일

09 국립해양문화재연구소

국립해양문화재연구소에서는 고대부터 현대에 이르기까지의 선박과 해양문화에 대한 조사연구 및 전시가 이루어진다. 고려선실, 신안선실, 어촌민속실, 선박사실로 나뉘는 해양유물전시관이 있고 야외에도 각종 선박과 부속 장비가 전시돼 있어 둘러봄 직하다.

전화번호 061-270-2000 홈페이지 www.seamuse.go.kr 요금 무료 운영시간 AM 09:00~PM 06:00 휴일 매주 월요일

11 갓바위

자연이 만들어낸 희귀한 조각품인 목포 갓바위는 갓을 쓴 사람의 모양으로 지금의 이름을 얻었다. 천연기념물로 지정돼있으며 해상보행교를 따라 걸어서 돌아볼 수 있다. 갓바위에는 아버지와 아들에 대한 전설이 전해져온다. 옛날에 한 효자가 돌아가신 아버지의 관을 메고 가다가 실수로 이를 바다에 빠뜨렸다. 젊은이는 차마 하늘을 볼 수 없다며 갓을 쓰고 그 자리를 지키다가 죽었는데 훗날 그 자리에서 두 개의 바위가 솟아올랐

다. 사람들은 큰 바위를 아버지바위, 작은 바위를 아들바위라고 불렀다.

전화번호 061-273-0536 **교통** 갓바위 문화타운 끝.

12 평화광장(춤추는 바다분수)

갓바위에서 유람선 선착장을 지나 계속 걸어가면 바닷가에 평화광장이 조성돼 있다. 바다 경치를 즐기며 걷거나 자전거를 타기에 좋은 곳이다. 평화광장에는 야간 분수쇼 춤추는 바다분수가 설치돼 있어 밤에 산책을 즐기기도 좋다. 동절기를 제외한 야간에 매일 2, 3회 각 20분 정도 공연되는 분수쇼가 펼쳐진다. 매주 월요일은 점검으로 운영이 없으며 기상과 에너지 상황에 따라 변동된다.

전화번호 061-270-8581 **홈페이지** seafountain.mokpo.go.kr

tip 목포연안여객선터미널

목포는 남도의 여러 섬으로 가는 길목이기도 하다. 외달도, 사량도, 가거도, 비금도, 도초도, 흑산도, 홍도 등 날씨만 좋으면 여러 섬으로 들어갈 수 있다. 외달도 등 배로 시간도 안 걸리는 가까운 섬에 가보는 것도 좋을 것이다. 목포연안여객선터미널에서 배를 탈 수 있고 국제여객선터미널에서는 제주도 등에도 갈 수 있다. 날씨가 나쁘면 배가 뜨지 못하고 일단 섬으로 들어갔다 하더라도 나오지 못할 수 있으니 일기예보를 미리 확인하는 것은 필수다.

전화번호 목포연안여객선터미널(목포항) 061-240-6060 **교통** 목포역에서 1번 버스 이용, 소요시간 10분 미만. 택시로는 기본요금, 도보 약 20분 거리.

맛집

독천식당

목포는 세발낙지가 유명한데 역에서 가까운 독천식당이 독보적인 맛과 인기를 자랑한다. 가격이 저렴하지는 않지만 목포에 왔으면 꼭 한 번 먹어보자.

위치 목포역에서 나와 오른쪽으로 조금 걷다가 KT목포지사가 있는 KT사거리에서 감초한의원 골목으로 들어가 두 번째 골목에서 오른편으로 보이는 ABC볼링센터 옆. **주소** 목포시 호남동 10-36 **전화번호** 061-242-6528, 244-8622 **가격** 연포탕 15,000원, 갈낙탕 17,000원, 낙지비빔밥 10,000원 **운영시간** AM 09:30~PM 09:30

유달콩물

콩물이라는 생소한 음식이 도무지 상상되지 않는다면 콩국수 국물을 떠올려보자. 콩국수도 있지만 콩물만 따로 판다. 그다지 비리지 않고 고소하면서도 담백해 식사대용으로도 많이 먹는다. 콩물만 따로 포장해가는 사람도 많다. 콩물과 콩국수가 주 메뉴지만 팥칼국수나 매생이떡국 등 메뉴 하나하나가 다 맛있다.

위치 목포역에서 도보 5분. 목포세무서 맞은편. **주소** 목포시 대안동 11-5 **전화번호** 061-244-5234 **가격** 노란콩 콩물 3,500원, 콩국수 7,000원, 매생이떡국 7,000원 **운영시간** AM 06:30~PM 08:30

시골여행

주택가에 위치한 조그만 칼국수집으로 목포 사람들 사이에서는 꽤 입소문을 탄 맛집이다. 풍성한 들깨가루가 고소한 맛을 더한다. 맛과 위생, 친절 모든 면에서 흠잡을 데가 없어 갓바위 주변에서 식사할 곳이 마땅치 않을 경우 추천한다.

위치 갓바위에서 도보 10분, 우미파크빌과 롯데마트 사이. **주소** 목포시 상동 1116-9 **전화번호** 061-285-8553 **가격** 들깨손칼국수 6,000원, 김치왕만두 6,000원, 해물파전 10,000원

 갓바위 문화타운 안에는 식사할 곳이 많지 않다. 갓바위에서 평화광장을 지나오면 롯데마트 주변으로 아파트촌이 나오는데 이 일대가 목포의 신시가지로 든든하게 한 끼를 해결할 수 있는 음식점이 많다.

숙소

게스트하우스 목포 1935

도미토리에서 고급 호텔의 서비스를 누릴 수 있는 게스트하우스. 새하얀 린넨 침구가 깔린 편안한 침대, 개인별 물품보관함과 깨끗한 시설 모두 훌륭하다. 한옥을 개조한 곳으로 무척 운치가 있을뿐더러 간단한 조식도 직접 준비해주어 체크아웃 순간까지 기분 좋은 여운을 남긴다. 함께 운영되는 카페 봄에서 커피나 막걸리 한 잔을 즐겨보는 것도 좋겠다.

위치 목포역 앞 빛의거리에 위치. 역에서 도보 5분. **주소** 목포시 죽동 44-1 **전화번호** 061-243-1935 **홈페이지** cafe.daum.net/mokpo1935 **요금** 도미토리 25,000원 **체크인/아웃** 체크인 PM 04:00 체크아웃 AM 11:00 **제공내용** 조식(토스트, 달걀, 우유) 수건, 샴푸, 치약, 비누

대송한방건강랜드

목포종합버스터미널에서 가까워 여행자들이 이용하기 편리한 찜질방. 규모가 상당히 크고 시설도 좋은 편으로 그럭저럭 하룻밤을 보낼 만하다. 남녀 수면실 완비.

위치 목포역 앞에서 1번 버스 이용, 버스터미널 다음 정류장에 하차, 소요시간 약 10분. **주소** 목포시 석현동 741-14 **전화번호** 061-285-3102 **요금** 8,000원 (내일로 7,500원)

목포에서 90분, 한반도 땅끝

해남

해남행 버스 운행시간표
(약 50분 소요, 요금 5,800원)
목포종합버스터미널 출발시간 AM
06:45 07:30 08:10 09:40
10:30 11:30 PM 12:30 01:30
02:10 02:40 03:20 04:05
04:45 06:00 07:10 08:10
09:00

한반도의 끝자락 땅끝마을이 있는 해남에는 기차역이 없다. 목포, 보성, 광주 등에서 해남행 시외버스를 탈 수 있는데 목포종합버스터미널이 해남에서 가장 가깝고 운행편수도 많다. 땅끝마을까지 바로 들어가는 직행 버스도 다녀서 해남 여행자는 대개 목포를 거쳐간다.

목포역 앞에서 1번 시내버스를 타고 10분 정도면 목포종합버스터미널에 갈 수 있다. 내린 곳에서 진행방향으로 조금 걸어가 횡단보도를 건너면 터미널이다. 해남행 시외버스를 타고 해남종합버스터미널로 이동해 땅끝행 버스로 갈아타거나 목포에서 땅끝직행 버스를 이용할 수 있다.

01 땅끝마을

한반도의 끝자락에 위치한 마을로 일몰과 일출을 동시에 조망할 수 있어 매력적이다. 한적한 바닷가 마을이지만 관광지인 만큼 여행에 불편함이 없을 정도로 있을 건 다 있는 곳이다. 민박집이 많고 게스트하우스도 운영되고 있다. 작은 마을이라 걸어 다니며 충분히 구경할 수 있다.

**땅끝~땅끝마을 버스 운행시간표
(약 40분 소요, 요금 4,800원)**
해남종합버스터미널 출발시간 AM 06:10 08:00 08:30 09:10 10:15 10:40 PM 12:00 01:00 01:55 02:30 02:50 03:40 04:20 07:05 이외에 완행인 군내버스도 한 시간에 한 대꼴로 운행되는데 막차는 PM 08:30에 있다.

**땅끝직행 버스 운행시간표
(약 1시간 40분 소요, 요금 10,600원)**
목포종합버스터미널 출발시간 AM 07:30 09:40 PM 01:30 02:40

02 땅끝 모노레일

땅끝 모노레일을 이용하면 땅끝전망대까지 7분 만에 편하게 올라갈 수 있다. 올라가는 동안 통유리를 통해 내려다 보이는 전망도 훌륭하다. 올라갈 때는 모노레일을 이용하고 내려올 때는 땅끝탑을 거쳐 걸어 내려오며 여유롭게 구경하는 코스를 추천한다.

전화번호 061-533-4414 **요금** 편도 3,000원, 왕복 4,000원 **운영시간** AM 08:00~일몰 시

03 땅끝전망대

땅끝마을과 다도해의 전망을 한눈에 조망할 수 있는 전망대로 땅끝마을에 와서 꼭 올라가봐야 할 곳이다. 근처의 섬들을 알아볼 수 있게 표시해놓았는데 날씨가 좋으면 제주도도 볼 수 있다. 전망대 내부의 계단에는 땅끝마을을 콘셉트로 한 벽화가 그려져 있어 심심하지 않게 구경할 수 있다.

전화번호 061-530-5544 **요금** 1,000원
운영시간 AM 09:00~PM 06:00

땅끝마을 관광안내소에서 마을 지도를 받을 수 있다. 땅끝전망대 매표소에서 땅끝 해남 스탬프랠리 도장을 찍을 수 있다.

04 맴섬

땅끝마을 해변에 있는 바위섬인 맴섬은 형제처럼 나란한 바위가 나란히 마주보는 모양을 하고 있다. 매년 2월 13~18일 경과 10월 23~28일 경에 두 바위섬 사이로 해가 솟는 독특한 일출을 볼 수 있다.

06 두륜산 케이블카

국내 최장거리의 왕복식 케이블카로 두륜산의 아름다움을 감상하며 8분 만에 상부역사에 도착한다. KBS 〈1박 2일〉에 나온 설경으로 더욱 알려졌다. 상부역사에서 나무계단을 밟고 전망대 정상에 오르면 다도해의 비경을 내려다 볼 수 있다.

전화번호 061-534-8992 **홈페이지** haenamcablecar.com **요금** 8,000원(특정역 발권 시 할인) **운영시간** AM 08:00~PM 06:00, 동절기 PM 05:00까지

05 두륜산 권역

해남읍에서 버스로 약 15분 거리에 있는 두륜산은 천년고찰 대흥사와 국내 최장 거리의 케이블카가 있어 찾는 이가 많은 곳이다. 해남읍에서 대흥사행 버스를 타고 갈 수 있다. 버스정류장에서 왼편으로 올라가면 케이블카, 오른편은 대흥사 가는 길이다. 대흥사로 가는 길에 보리밥정식이나 산채정식을 하는 식당이 많다.

교통 해남시외버스터미널에서 한 시간에 한 두대 다니는 대흥사행 버스 이용, 소요시간 약 15분. 택시 이용 시 약 10,000원.

07 대흥사

신라 진흥왕 5년에 아도화상이 창건한 절로 사적 제508호로 지정된 조계종 정통 도량이다. 신라고찰의 고즈넉함이 마음을 편안하게 만들어준다. 버스정류장에서 절까지는 도보 약 30분이 소요되므로 두 시간은 잡고 다녀와야 한다.

전화번호 061-534-5502 **홈페이지** www.daeheungsa.co.kr **요금** 3,000원

맛집

동산회관

매생이 요리가 맛있기로 소문난 맛집. 땅끝마을 중심부에 위치해 쉽게 찾을 수 있다. "매생이는 반드시 밥을 말아 잡쑤시오"라는 인상적인 문구는 찾는 이마다 웃음 짓게 만든다. 매생이국도 매생이굴전도 고소하니 맛이 좋다.

위치 땅끝마을 내 **주소** 해남군 송지면 송호리 땅끝길 52 **전화번호** 061-532-3004 **가격** 생선구이(2인 이상) 13,000원, 매생이국 10,000원, 매생이굴전 10,000원

전라도가정식백반

케이프 게스트하우스와 같이 운영되는 식당이다. 전라도백반답게 맛깔스런 반찬들이 푸짐하게 한 상 차려져 여행길 든든한 한 끼 식사를 해결할 수 있다. 1인분도 주문이 가능해 혼자 온 여행자라도 걱정이 없다.

위치 땅끝마을 내 케이프 게스트하우스 옆 **주소** 해남군 송지면 송호리 1205-2 **전화번호** 061-535-5008 **가격** 가정식굴비백반 8,000원, 삼치구이백반 10,000원

숙소

케이프 게스트하우스

땅끝마을 유일의 게스트하우스로 외국의 호스텔마냥 여행자 친화적인 분위기가 인상적이다. 강단 있는 성격의 사장님은 본인이 여행을 많이 다닌 만큼 배낭여행자의 자세와 게스트하우스 이용 시의 매너를 중시한다. 아기자기하게 꾸며진 사무실 겸 휴게실에서는 컴퓨터, 책, 보드게임 등이 갖춰져 있고 잔잔한 음악이 흘러나와 게스트들 간 친목을 도모하며 시간을 보내기 좋다.

위치 땅끝마을 내. 땅끝마을에서 가장 높은 건물인 하얀집 모텔 앞. **주소** 해남군 송지면 송호리 1205-2 **전화번호** 070-4144-4055 **홈페이지** capekorea.com/ko **요금** 도미토리 20,000~25,000원 **체크인/아웃** 체크인 PM 02:00~10:00 체크아웃 AM 11:00 **제공내용** 조식(토스트, 달걀, 우유 혹은 주스, 원두커피), 수건, 샴푸, 치약, 비누

해남참숯불가마

해남읍에서 유일한 찜질방으로 해남종합버스터미널에서 무척 가까워 이용이 편리하다. 시설이 좋은 편은 아니지만 해남읍에서 간단하게 숙박해야 하는 경우 찾아보자.

위치 해남종합버스터미널 옆. **주소** 해남군 해남읍 해리 361-7 **전화번호** 061-533-5500 **요금** 9,000원

호남선과 쌍둥이로 나란히 흘러내리는 전라선에는
주옥같은 인기 여행지가 한가득 이다.
내일로 성지 중의 성지인 순천과 밤바다가 아름다운 엑스포도시 여수 등
푸진 맛과 넉넉한 인심에 뱃속까지 행복한 여행이 된다.

익산에서 여수엑스포까지 180.4km **전라선**

한바탕 전주, 내일로를 비비다
전주

낭랑 18세, 춘향이처럼 사뿐히
그네를 저어 볼까 **남원**

추억이 머무는 기차마을 **곡성**

처음 만나는 지리산 **구례**

철새, 그리고
레일러들의 성지 **순천**

소금냄새 진한
전라선 끝 고운 바다 **여수**

전라
선

한바탕 전주, 내일로를 비비다
전주

참, 예쁜 곳이다. 전통의 향기가 물씬, 예스럽게 지어놓은 한옥마을이 그렇고, 그 한옥마을 구석구석 손으로 만든 공예품을 팔고 있는 예술가들이 그렇다. 고운 돌 깔아 만든 길바닥엔 전주의 청계천이라는 '전계천'이 흐른다. 당장 들어가 전통차를 주문하고 싶어질 만치 세련된 카페들도 즐비하다.

한옥마을이라고 해서 마냥 오래되기만 한 동네는 아니다. 한바탕 신나게 비벼먹는 전주비빔밥처럼 전통과 현대가 감각적으로 조화하는 문화와 예술의 공간이다.

전주 여행은 맛있는 여행이다. 전주에 전주비빔밥만 먹으러 간다면 전주 여행 초보임에 틀림없다. 한옥마을과 남부시장 곳곳에 맛집들이 지천이다. 막걸리타운에서 인심 좋게 나오는 안주와 함께 막걸리 한 주전자를 마시고 다음날 아침은 콩나물국밥과 모주로 해장하자. 아, 전주에서는 김밥천국만 들어가도 오첩반상이 차려진다는 소문이 있다. 하지만 아마 확인해볼 기회는 없을 것이다. 전주에 머무르는 짧기만 한 여정 동안, 이름난 맛집들만 찾아다녀도 부족하기만 한 위가 원망스러울테니.

관광 지수	★★★★☆
휴식 지수	★★★☆☆
교통 지수	★★★★☆
맛집 지수	★★★★★
예산 지수	★★★☆☆
기차역 지수	★★★☆☆

전주역 063-243-7788
전주역 관광안내소
063-281-2024
App 전주버스

이 도시를 여행하는 법

① 전주 여행은 한옥마을이 중심이다. 전주역에 도착하면 역 앞에 보이는 웨딩의전당 맞은편 정류장에서 버스를 타고 전동성당으로 이동하자. 약 25분 정도 걸리며 노선이 여럿이라 버스는 자주 있다. 전동성당에 내리면 거기서부터가 한옥마을이다. 걸어 다니며 골목골목 구경해보자. ② 전주는 크지 않은 도시라 한옥마을을 중심으로 웬만한 구경거리와 맛집이 다 모여 있다. 한옥마을을 기준으로 삼천동이나 서신동, 평화동 등은 택시를 타도 요금이 5,000원을 넘지 않는다.

추천일정표

AM
09:00 왱이집에서 콩나물국밥과 모주로 아침식사
전주에는 먹을거리가 많으니 저녁 무렵 도착해 막걸리나 가맥을 즐기고 1박하는 것을 추천한다

10:00 전동성당, 경기전, 최명희문학관, 공예품전시관 등 한옥마을 탐방

PM
12:00 베테랑분식에서 점심식사

01:00 오목대 올라 전주시 전경 조망

02:00 외할머니 솜씨에서 팥빙수 먹으며 휴식

03:30 풍년제과에서 초코파이와 전병 구입

04:00 남부시장에서 피순대 맛보기

04:50 전주역으로 이동

05:37 전라선 무궁화호 타고 익산, 강경, 서대전, 용산 등으로 이동

예산
왱이집 콩나물국밥과 모주	7,000원
경기전 입장료	1,000원
베테랑분식 칼국수	6,000원
외할머니 솜씨 팥빙수	6,000원
풍년제과 초코파이, 전병	8,600원
남부시장 피순대	10,000원
남부시장 ➡ 전주역 버스	1,100원
합계 = 약	39,700원

전라
선

01 전동성당

한옥마을 여행을 시작하는 곳. 고풍스런 로마네스크 양식의 성당 뒤편으로 전통이 살아있는 한옥마을이 펼쳐진다. 전동성당은 랜드마크의 기능을 할 뿐 아니라 건물이 무척 아름다워 그 자체가 볼거리다. 호남지역 최초의 서양식 건물로 사적 제288호로 지정돼 있으며 전주 지역의 천주교 성지로서 상징적인 역할을 하고 있다. 영화 〈약속〉에 등장하기도 했다.

전화번호 063-284-3222 **교통** 전주역 앞에서 웨딩의전당 맞은편 승강장에서 12, 60, 79, 109, 119, 142, 508, 513, 536, 542~546번 등 버스 타고 전동성당 앞 하차. 소요시간 약 25분. 전동성당에서 전주역으로 돌아갈 때는 전동성당에서 나와서 정관장 쪽으로 30m 정도 걸으면 있는 정류장에서 버스를 타면 된다.

02 한옥마을

전주 여행의 핵심. 풍남문, 전동성당과 경기전을 지나 골목으로 들어가면 본격적인 한옥마을 산책이 시작된다. 안동 하회마을이나 경주 양동마을이 훼손되지 않은 수백 년의 역사를 자랑한다면, 일제강점기 이후 본격 형성된 전주 한옥마을은 전통과 현대가 조화를 이룬 느낌이 물씬하다. 전통공예품을 파는 가게나 공방이 많고, 서울 삼청동이나 인사동에 갖다 둬도 밀리지 않을 만치 세련된 찻집도 여러 군데다. 돌을 깔아놓은 길바닥에는 수로를 조성해 놓았는데 전주 사람들은 이를 '전계천' 혹은 '전주천'이라고 부른다고. 밤에는 조명이 빛나 더욱 운치가 있다. 전주 한옥마을은 최근 국제 슬로시티로 지정되기도 했다.

전화번호 한옥마을 관광안내소 063-282-1330 경기전 관광안내소 063-287-1330 **홈페이지** hanok.jeonju.go.kr

한옥마을은 골목골목 도보로 돌아다니며 구경하는 것이 가장 좋다. 한옥마을 관광안내소에 짐을 맡길 수 있다.

03 경기전

전동성당 맞은편에 위치한 경기전은 태조 이성계의 어진을 모신 곳이다. 어진은 임금의 초상화를 말하며 이외에 실록을 보관했던 사고, 예종대왕의 태를 묻어두었던 태실과 기념비 등이 있다. 본래는 규모가 더 컸으나 일제 강점기 때 절반 규모로 축소되었다고 한다. 현재는 복원으로 인해 옛 모습을 많이 되찾았다. 경내에 대숲이 시원스레 우거져 있다.

전화번호 063-281-2790, 284-2337 **요금** 1,000원 **운영시간** AM 09:00~PM 07:00, 6~8월에는 PM 08:00까지, 11~2월에는 PM 06:00까지 **휴일** 어진박물관 월요일

04 최명희 문학관

〈혼불〉의 작가 최명희를 기념하는 문학관이다. 전주가 고향인 최명희는 풍성한 전라도말의 어휘력을 질펀하게 구사한 작품들을 남겼다. 문학관 내부는 소담스레 꾸며져 있어 가벼운 마음으로 둘러보며 문학의 숨결을 느껴볼 수 있다. 고인이 쓴 육필 원고와 편지, 문방구 등이 전시돼 있다.

전화번호 063-284-0570 **홈페이지** www.jjhee.com
운영시간 AM 10:00~PM 06:00 **휴일** 매주 월요일, 신정, 설 및 추석 **교통** 한옥마을 내 최명희길에 위치. 경기전과 중앙초등학교 사이 골목으로 들어가서 오른쪽으로 꺾으면 나온다.

05 오목대&이목대

한옥마을 끝자락에서 나무 계단을 올라가면 오목대가 나온다. 야트막한 언덕 위에 있는 누각으로 전주 시내를 한 눈에 조망할 수 있는 곳이다. 태조 이성계가 왜적을 무찌르고 돌아가던 길에 잔치를 열었던 장소라고 한다. 오목대에서 육교를 건너면 이목대도 있는데 분위기는 비슷하다. 오목대와 이목대는 전주 시민들의 휴식처로도 애용되는 곳인데 밤에는 환한 조명이 밝혀져 또 다른 매력이 있다. 연인들의 프로포즈 장소가 되기도 한다.

전화번호 063-281-2168

06 풍남문&남부시장

전동성당을 기준으로 한옥마을 반대편에는 풍남문과 남부시장이 있다. 전주 남부시장은 유명한 피순대와 남부시장식 콩나물국밥 등 맛난 먹거리가 많은 곳이다. 여느 전통시장처럼 한복이나 생활용품 등도 판매하니 오가며 구경해보자.

전화번호 063-284-1344

07 남부시장 청년몰

남부시장 2층에는 청년 장사꾼들이 창업의 꿈을 펼치고 있는 청년몰이 자리하고 있다. 전통시장 침체가 웬 말. '같이 놀다 가게', '고구마니아' 등 상호부터 재치 넘치는 가게를 운영하는 젊은 사장님들의 활기로 청년몰은 오늘도 성업 중이다.

2012년 5월 문을 연 이래 한옥마을을 뺨치는 전주의 새로운 랜드마크로 부상하고 있는 청년몰에서는 매주 첫째 주와 셋째 주 토요일에 야시장이 열려 볼거리가 한층 더해진다.

08 전주객사(풍패지관)

객사는 다른 지역에서 관리나 사신들이 방문했을 때 머무르던 숙소다. 객사 자체는 크게 볼거리가 못 되지만 전주객사 뒤편이 번화해 있다. 전주 사람들은 흔히 객사길이라 부르는 곳인데 영화관, 옷가게, 카페 등 전주 청년들이 즐기는 문화시설들이 밀집해 있다. 봄이면 전주국제영화제가 열리는 주요 개최지로 영화의 거리도 형성돼 있다.

교통 전주역 앞에서 웨딩의전당 맞은편 정류장에서 12, 60, 79, 109, 119, 142, 508, 513, 536, 542~546번 등 버스 타고 전주객사 하차, 한옥마을에서 도보 약 20분 거리.

09 삼천동 막걸리타운

전주에는 맛있는 먹거리가 정말 많은데 전주비빔밥, 콩나물국밥 말고도 꼭 먹어봐야 하는 게 막걸리다. 삼천동, 서신동, 경원동 등에 막걸리골목이 형성돼 있는데 삼천동 막걸리골목이 가장 규모가 크고 유명하다. 막걸리를 시키면 안주가 함께 나오는데 상다리가 부러져라 다양하게 차려진다. 막걸리를 한 주전자 추가할 때마다 다른 안주가 계속 나와서 다음엔 뭐가 나올지 기대하는 재미도 있다.

교통 전주역에서 105번 버스 이용. 소요시간 약 30~40분. 혹은 전동성당 앞에서 87, 88, 89번 버스 이용, 소요시간 약 10~15분. 삼천도서관이나 삼천주공아파트에 내려 맞은편 골목으로 들어가면 된다. 한옥마을에서 택시 이용 시 요금 약 4,000원.

맛집

베테랑분식

전주 사람들은 다 아는 맛집 베테랑분식은 이제 한옥마을 여행 코스의 일부라고 해도 과언이 아니다. 칼국수와 쫄면, 만두 세 가지의 단출한 메뉴만 양도 많고 맛도 좋아 끊이지 않는 유명세를 타고 있다.

위치 경기전 정문에서 맞은편 골목으로 들어가면 성심여중고 맞은편. **주소** 전주시 완산구 교동 85-1 **전화번호** 063-285-9898 **가격** 칼국수 6,000원, 쫄면 6,000원, 만두 4,000원 **운영시간** AM 09:00~PM 09:30

베테랑분식 앞에 있는 성심여고는 영화 <클래식>을 찍은 장소이기도 하다. 전교생이 엑스트라로 출연했다는 후문.

왱이집

유명한 전주의 콩나물국밥 맛집. '손님이 주무시는 동안에도 육수는 끓고 있습니다.'라고 적힌 간판이 강렬하다. 기다리는 동안 서비스로 제공되는 튀밥 등 곳곳에 센스가 묻어난다. 콩나물국밥과 함께 모주도 꼭 먹어보자.

위치 한옥마을에서 전주한옥스파를 등지고 왼쪽으로 직진하다가 미니스탑에서 우회전하면 바로 보인다. **주소** 전주시 완산구 경원동2가 12-1 **전화번호** 063-287-6980 **가격** 콩나물국밥 5,000원, 모주 한 잔 1,000원 **운영시간** 24시

🍴 현대옥

전주 콩나물국밥은 끓이는식과 남부시장식 두 가지가 있다. 남부시장식은 국밥을 끓이지 않고 뚝배기에 밥과 콩나물, 뜨거운 육수를 부어 말아 내는 것으로 오늘날 주류를 이루고 있다. 현대옥은 남부시장식 콩나물국밥의 원조집으로 최근 전국으로 지점을 확장하고 있다. 남부시장 안에 있는 작은 매장에서 시장 인심과 함께 후루룩 넘기는 국밥 맛이 일품이다.

위치 전주 남부시장 내. **주소** 전주시 완산구 전동3가 2-242 남부시장2동 74 **전화번호** 063-282-7214 **홈페이지** www.hyundaiok.com **가격** 콩나물국밥 5,000원, 오징어 3,000원 **운영시간** AM 06:00~PM 02:00

🍴 조점례남문피순대

전주 남부시장의 별미 중 하나가 피순대다. 피순대는 당면이 아니라 선지로 속을 채운 순대를 말하는데 조점례남문피순대가 유명하다. 순대국밥에는 부추를 넣어 먹고, 피순대는 초장과 함께 깻잎에 싸서 먹으면 맛있다. 식사 시간에는 긴 줄이 늘어서는데, 근처 풍남피순대나 한가득순대국밥 등도 뒤지지 않는 맛이니 기다리기 싫을 때 선택하자.

위치 전주 남부시장 내. **주소** 전주시 완산구 전동3가 2-198 **전화번호** 063-232-5006 **가격** 순대국밥 6,000원, 피순대 소 10,000원 **운영시간** 24시간

🍴 성미당

전주 사람들이 추천하는 전주비빔밥 맛집. 전주비빔밥은 원래 육회비빔밥인데 성미당은 육회비빔밥을 잘 하기로 유명하다.

위치 객사 건너편. 경원동우체국 근처. **주소** 전주시 완산구 중앙동3가 31-2 **전화번호** 063-287-8800 **가격** 전주전통육회비빔밥 13,000원, 전주비빔밥 11,000원 **운영시간** AM 10:30~PM 09:30 **휴일** 설 및 추석 당일

🍴 가족회관

명인의 손맛을 느낄 수 있는 맛집이다. 향토전통음식 전주비빔밥 1-1호로 지정된 업소이니 이정도면 원조격으로 봐도 될 듯.

위치 객사 건너편. 경원동우체국 맞은편 건물 2층. **주소** 전주시 완산구 중앙동 3가 80 **전화번호** 063-284-0982 **홈페이지** www.jeonjubibimbap.com **가격** 전주비빔밥정식 12,000원, 육회비빔밥 15,000원 **운영시간** AM 11:30~PM 09:30

tip 전주 3대 비빔밥 맛집으로는 성미당과 가족회관, 한국관이 꼽히곤 한다. 막상 전주 사람들은 10,000원이 훌쩍 넘어가는 전주비빔밥이 비싸서 잘 먹지 않는다고. 여행차로 왔으니 한번쯤은 맛을 봐도 좋겠지만 전주에는 전주비빔밥 외에도 먹을거리가 무척 많으니 굳이 고집할 이유는 없다.

🍴 옴시롱감시롱

쫄깃한 쌀떡볶이가 맛있는 집. 고구마, 밤, 인삼이 들어간 떡볶이로 유명세를 탔으나 물가 인상 탓에 밤과 인삼은 재료에서 빠졌다. 그래

도 유명한 만큼 맛있는 집이니 객사길에 가면 한 번 맛보기를. 튀김도 실하고 맛이 좋다.

위치 객사길 끝 구 프리머스 영화관 옆. **주소** 전주시 완산구 고사동 429-3 **전화번호** 063-231-7367 **가격** 정보떡볶이, 순대, 튀김 각 1인분에 3,000원 **운영시간** AM 11:00~PM 09:00 **휴일** 매주 화요일

🍴 용진집

삼천동 막걸리타운에서 유명한 집을 꼽으라면 전주명가, 두여인생막걸리와 함께 용진집을 들 수 있다. 막걸리를 시키면 다 먹을 수도 없을 만큼 다양한 안주가 끝도 없이 나오며 술을 추가하면 다른 안주가 계속 나온다. 용진집은 해산물 안주가 많은 것이 특징이다.

위치 삼천동 막걸리타운 위치. 삼천도서관 맞은편 막걸리골목으로 쭉 들어가면 왼편에 있다. **주소** 전주시 완산구 삼천동1가 627-9 **전화번호** 063-224-8164 **가격** 기본 한주전자 17,000원, 추가 한주전자 15,000원 **운영시간** PM 04:00~AM 12:00 **휴일** 첫째 주, 셋째 주 일요일

🍴 옛촌막걸리

서신동 막걸리타운을 삼천동 못지않게 유명하게 만든 가게가 바로 옛촌막걸리다. 서신동 막걸리타운의 특징은 안주로 삼계탕이 나온다는 점인데, 옛촌막걸리는 삼계탕과 함께 족발, 두부김치 두루치기, 김치전, 꽁치조림 등 굵직굵직한 안주가 나와 내일로 여행자를 비롯한 젊은층 사이에서 큰 인기를 끌고 있다.

위치 서신동 막걸리타운 위치. 한옥마을에서 택시비 약 4,000원 거리. **주소** 전주시 완산구 서신동 843-16 **전화번호** 063-272-9992, 010-6747-5477 **가격** 기본 한주전자 20,000원, 추가 한주전자 15,000원 **운영시간** PM 04:00~AM 01:00

🍴 오원집

전주 중앙시장에서 시작된 일종의 실내포장마차로 우리나라 최초의 야식집이라고 한다.

전주를 중심으로 10개 이상의 분점이 있다. 김밥을 고추장연탄돼지구이와 함께 싸먹는 것이 별미. 저렴한 가격에 양이 푸짐해 늦은 밤 출출한 배를 흡족하게 채울 수 있다.

위치 전주 중앙시장 위치. 본점 이외에도 전북대점, 평화점, 중화산점, 서신점 등이 있다. **주소** 전주시 완산구 태평동 8-37 **전화번호** 063-275-1123 **홈페이지** www.owonhouse.com **가격** 고추장연탄돼지구이 8,000원, 닭발 8,000원, 가락국수 2,500원, 김밥 1,500원 **운영시간** PM 05:00~AM 06:00

🍴 전일갑오수퍼

겉에서는 평범한 수퍼인 듯 보이지만 가게 안에 테이블이 있어서 술을 마실 수 있고 황태구이와 달걀말이 안주도 판다. 매콤한 양념장에 찍어먹는 황태구이가 일품. 전주에는 가맥 문화 즉 가게에서 맥주를 마시는 문화가 있는데 술값이 저렴할뿐더러 가게에서 파는 과자나 라면 등을 즉시 안주로 취할 수 있어 매력적이다. 전일갑오수퍼 외에도 전주에는 가맥을 즐길 수 있는 가게가 많다.

위치 한옥마을 초입 경기전 뒤편 골목. 전북대 평생교육원 근처. **주소** 전주시 완산구 경원동 3가 13-12 **전화번호** 063-284-0793 **가격** 맥주 2,200원, 황태구이 9,000원, 달걀말이 5,000원

🍴 Other Choices

풍년제과 프랜차이즈 제과점의 위세에도 굴하지 않는 전주의 터줏대감. 초코파이와 전병이 무척 인기다. 초코파이 1,600원, 전병류 7,000원. 063-285-6666

마닐마닐 경기전 옆 중앙초등학교 맞은편 골목에 위치한 예쁜 카페. 아메리카노 3,500원, 카페모카 5,500원. 063-283-8711

외할머니 솜씨 팥빙수로 유명한 한옥마을 맛집. 옛날흑임자팥빙수 6,000원, 단팥죽 6,000원, 궁중쌍화탕 7,000원. 063-232-5804

풍남정 경기전 앞에 위치. 비교적 낮은 가격에

전주비빔밥을 맛볼 수 있다. 전통비빔밥 8,000원, 육회비빔밥 10,000원. 063-285-7782

숙소

전주 한옥마을에는 한옥 민박 형태의 게스트하우스가 많다. 대부분 규모가 작고 도미토리는 없는 경우가 많으니 예약 시 확인하자. 모텔에 묵으려면 전주역 앞 숙박촌을 이용하면 좋다. 말만 잘하면 1박에 30,000원도 안 되는 가격에 묵을 수 있다.

전주게스트하우스

한옥마을에는 한옥 민박 형태의 게스트하우스가 많은데, 배낭여행자들이 부담 없이 묵을 수 있는 도미토리를 갖춘 곳으로는 전주게스트하우스가 최초다. 젊은 여행자들이 많아 활기찬 분위기가 형성된다. 외국인 여행자들이 많이 모이는 곳으로도 알려져 있다.

위치 경기전 뒤 우듬지소극장 옆. **주소** 전주시 완산구 경원동 2가 62 **전화번호** 063-286-8886 **홈페이지** cafe.daum.net/chonjukorea **요금** 도미토리 19,000~30,000원, 2인실 60,000~70,000원 **체크인/아웃** 체크인 PM 03:00 체크아웃 AM 10:00 **제공내용** 조식(3,000원, 토스트, 잼, 주스), 수건(대여료 1,000원)

나무그늘 게스트하우스

방이 4개밖에 없는 작은 게스트하우스로 조용하게 휴식을 취하기에 적합하다. 여자들끼리의 아기자기한 여행이나 조용한 휴식형 여행에 선택하면 딱 좋은 게스트하우스. 조식은 제공되지 않는다.

위치 교동소방서 대각선 맞은편. 남부시장에서 가깝다. **주소** 전주시 완산구 교동 222-11 **전화번호** 070-8807-6899 **홈페이지** blog.naver.com/dudntjsdk **요금** 2인실 55,000~80,000원 **체크인/아웃** 체크인 PM 02:00 체크아웃 AM 11:00 **제공내용** 수건, 샴푸, 치약, 비누

Other Choices

기와지붕아래 여누 게스트하우스 한옥마을 남천교, 강암서예관 인근. 도미토리는 없고 요금은 1인실 40,000원에서 2인실 80,000원까지. yeonu128_10.blog.me, 010-3777-5025

모련다원 한옥마을 향교길에서 기린로 방향 인근. 도미토리는 없고 2인실 40,000~80,000원. cafe.daum.net/jang707, 063-282-8687

베가 게스트하우스 한옥마을 전주한옥스파 맞은편에 위치. 여성 전용 게스트하우스로 도미토리 25,000원. www.vegaguesthouse.com, 063-288-4208

새와 나무 한옥마을 경기전 뒤 우듬지소극장 인근. 도미토리 20,000원. cafe.daum.net/saewanamu, 063-288-8957

전주한옥스파

조용하고 시설이 준수한 찜질방. 남녀 수면실 완비. 내일로 시즌에는 이용객이 무척 많을 수도 있으니 감안하고 찾아가자.

위치 객사 옆 경기전 정문 옆에 있는 풍남정을 오른쪽에 끼고 돌담길을 쭉 따라가면 보인다. **주소** 전주시 완산구 경원동 1가 126-18 **전화번호** 063-232-0015 **요금** 주간 6,000원, 야간 7,000원, 이불 이용 무료

신양테마파크

삼천동에서 막걸리를 먹고 나서 숙박할 생각이라면 슬슬 걸으며 밤공기에 술을 깨고 신양테마파크에서 묵어도 괜찮겠다. 시설도 괜찮고 친절한 찜질방.

위치 삼천도서관 맞은편에서 완산소방서 방향으로 도보 10~15분. 호반리젠시빌아파트와 신일강변아파트 사이에 위치. **주소** 전주시 완산구 삼천동 1가 284-7 **전화번호** 063-222-0206 **요금** 주간 5,000원, 야간 6,000원, 이불 이용 무료

낭랑 18세, 춘향이처럼 사뿐히 그네를 저어 볼까

남원

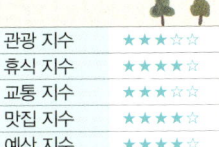

관광 지수	★★★☆☆
휴식 지수	★★★★☆
교통 지수	★★★☆☆
맛집 지수	★★★★☆
예산 지수	★★★★☆
기차역 지수	★★★☆☆

남원역 063-631-3229
남원 시내버스 안내소
063-631-3116
종합관광안내센터
063-632-1330

　춘향이가 그네 타다 몽룡이랑 사랑에 빠졌다는 이 낭만적인 도시는 곳곳에서 사랑스러움이 묻어난다. 기분 탓일까? 도대체 사랑에 빠져본 게 언제던가 기억도 안 나는 연애 세포 궤멸자라고 해도 왠지 이 조그만 지방 소도시에서는 알콩달콩 로맨틱해지고픈 기분이 든다. 그러고 보면 열여섯, 열여덟 꽃다운 나이에 백년을 가약했던 두 사람이 부러워지기도 하는데.

　남원은 참 소담스러워 좋은 곳이다. 춘향과 몽룡이 차린 신방마냥 작고 아담해 어여쁘다.

추천일정표

PM

12:10 용산, 수원, 익산, 전주 등에서 출발한 전라선 새마을호 열차로 남원역 도착
역에서 자전거 대여해 만복사지 지나 광한루원까지 이동

01:00 광한루원 인근 추어탕거리 새집추어탕에서 점심식사

02:00 광한루원 관람

04:00 자전거로 춘향테마파크 이동(약 10분 소요)
춘향테마파크 관람

05:30 남원역으로 이동(약 30분 소요) 후 자전거 반납
다른 지역으로 이동

이 도시를 여행하는 법

❶ 남원은 반나절이면 충분히 돌아볼 수 있어 당일치기에 적합하다. 남원역에서 만복사지, 광한루원 등은 멀지 않으니 도보나 자전거로 가보는 것을 추천한다. ❷ 남원역에서 자전거를 빌려준다. 대여료 2,000원에 보증금 10,000원을 내야 한다. 남원 시내는 언덕이 없어 편평하고 차가 많이 다니지 않아 자전거로 다니기에 좋다. ❸ 남원역 앞에 버스가 많이 다니는데 노선이 여럿이라 헷갈리기 쉬우니 반드시 행선지를 물어보고 탑승하자. ❹ 남원은 지리산 둘레길로 가는 길목이기도 하다. 남원시외버스터미널에서 연계 버스를 타고 둘레길의 여러 구간으로 이동할 수 있다.

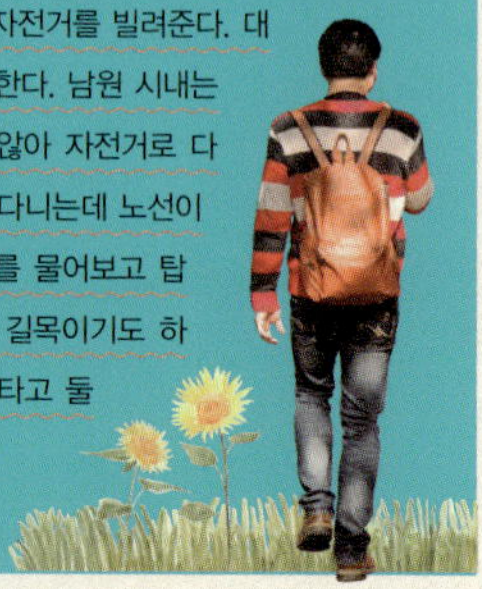

예산	
자전거 대여료	2,000원
새집추어탕	8,000원
광한루원 입장료	2,500원
춘향테마파크 입장료	3,000원
합계	약 15,500원

01 광한루원

광한루원은 춘향과 몽룡의 사랑이 깃든 정원이다. 오백 년 전 황희 정승이 처음 지었다는 광한루를 중심으로 방장정과 완월정 등의 누각, 오작교 등이 아름다운 조화를 이루고 있다. 광한루원 내 춘향관에는 춘향전의 줄거리를 유화로 표현한 작품들이 전시돼있는데 무척 정교해서 보는 이의 감탄을 자아낸다. 광한루원은 최소 1시간 이상은 여유를 갖고 쉬엄쉬엄 둘러보자.

전화번호 063-625-4861 홈페이지 www.gwanghallu. or.kr 요금 2,500원 운영시간 AM 08:00~PM 08:00, 하절기 PM 07:00 이후, 동절기 PM 06:00 이후 무료 개장 교통 남원역 앞 버스정류장에서 시내버스 이용. 소요시간 약 25분. 도보 이용 시 남원역에서 나와 오른쪽 도로를 따라 쭉 가다가 만복사지를 지나고 계속 시내 쪽으로 가다 보면 나온다. 도보 약 40분 소요. 자전거 이용 시 약 20분 소요. 택시비 약 5,000원 거리.

광한루원에서 춘향이처럼 그네 타기

02 춘향테마파크

우리 민족의 대표적인 사랑 이야기 춘향전의 내용을 바탕으로 꾸며놓은 테마파크다. '만남의 장' '맹약의 장' '사랑과 이별의 장' 등 테마가 있어 더욱 재미있게 구경할 수 있다. 임권택 감독의 영화 〈춘향뎐〉을 찍은 배경이기도 하다. 춘향과 몽룡의 아기자기한 사랑이 예뻐서 질투가 날 지경. 관람시간은 1시간 30분 정도 잡는 것이 좋다.

전화번호 063-620-6180 홈페이지 www.namwontheme.or.kr 요금 3,000원 운영시간 AM 09:00~PM 10:00, 동절기 PM 09:00까지 교통 광한루원 서문으로 나와 추어탕거리 쪽으로 쭉 올라가다가 천변에서 승월교나 춘향교를 건너가면 있다. 광한루원에서 도보 20분 정도, 자전거로는 약 10분 소요.

춘향테마파크는 음악분수대, 바닥분수 등이 있어 운치를 더한다. 동절기에는 운영하지 않는다.

03 만복사지

고려 문종 때 창건된 절 만복사가 있던 터다. 만복사는 김시습의 〈금오신화〉 중 〈만복사저포기〉의 무대이기도 하다. 절은 소실되고 만복사지오층석탑과 만복사지석불입상 등 보물들만 남아있어 일부러 보러가기는 살짝 아쉽다. 남원역에서 광한루원으로 가는 길목에 있으니 도보나 자전거로 이동하면서 들러 보면 좋다.

교통 남원역에서 도보 약 15분.

맛집

새집추어탕

추어탕이 유명한 남원에서 가장 유명하며 원조라 손꼽히는 추어탕집. 밑반찬도 깔끔하게 나와 호평받고 있다. 중국산이 아닌 토종 미꾸리와 미꾸라지만 사용하여 요리한다. 비위가 약한 사람도 편하게 먹을 수 있도록 삶은 미꾸라지를 체에 걸러내어 먹을 때 부담이 덜하다.

위치 광한루원 근처 추어탕거리. 광한루원에서 도보 3분. **주소** 남원시 천거동 160-206 **전화번호** 063-625-2443 **가격** 추어탕 8,000원, 도토리묵 5,000원, 미꾸리튀김 반 접시 10,000원, 소라매실무침 10,000원 **운영시간** AM 08:30~PM 10:00

부산집

새집추어탕, 현식당과 함께 남원 3대 추어탕집으로 손꼽히는 곳. 비교적 조그만 매장에서 수다분한 맛을 느낄 수 있다. 남원 현지 사람들이 많이 찾는 가게다.

위치 추어탕거리 승사교 앞. **주소** 남원시 천거동 160-163 **전화번호** 063-632-7823 **가격** 추어탕 8,000원, 미꾸라지튀김 20,000원 **운영시간** AM 08:00~PM 09:00 **휴일** 매주 월요일

숙소

뜰아래 차와 게스트하우스

전통찻집과 함께 운영하는 게스트하우스. 한옥을 개조해 예스런 분위기가 좋은 곳이다. 남원 시내에 위치해 관광이 편리하다. 숙박고객에게 전통차를 제공하며 자전거를 대여해주기도 한다.

위치 광한루원에서 도보 3분. 메가박스 근처. **주소** 남원시 쌍교동 33 **전화번호** 063-626-8338 **홈페이지** cafe.naver.com/ddlarae **요금** 1인 15,000원 **체크인/아웃** 체크인 PM 03:00 체크아웃 AM 11:00 **제공내용** 전통차, 수건, 치약, 비누

녹주맥반석찜질방

남원 시내에 있는 유일한 찜질방이다. 가격에 비해 시설은 소박한 편. 내부에 식당이 없으니 참고하자.

위치 도통동 부영아파트 근처. 광한루원에서 시청 방향으로 도보 약 20분. 남원역에서 도통동에 가는 버스가 그런대로 자주 있는 편이다. 소요시간 약 30분. **주소** 남원시 도통동 140-3 **전화번호** 063-633-8200 **요금** 10,000원

남원한증원

불가마가 좋은 찜질방으로 시설이 깨끗하고 괜찮다. 남원에서 지리산 둘레길로 가는 길목에 있어서 접근성은 떨어지지만 4명 이상일 경우 미리 전화로 예약하면 남원역 등에서 픽업이 가능하니 문의해보자.

위치 남원역에서 주천 방향 버스 이용. 택시 이용 시 약 7,000원. **주소** 남원시 주천면 호기리 487-11 **전화번호** 063-634-5555 **홈페이지** www.namwonfd.co.kr **요금** 10,000원(내일로 8,000원)

추억이 머무는 기차마을
곡성

　푸른 산과 잔잔한 강을 좌우로 낀 철로 위, 증기기관차는 칙칙, 폭폭 달린다. 느리게, 추억을 싣고 달린다. 계모임에서 단체로 여행 온 아주머니들은 창밖의 그림 같은 정경에 감탄사를 연발한다. 이날만큼은 엄마도 아줌마도 아닌 소녀가 되어 해사하게 웃는다. 청바지 입고 선글라스 걸친 멋쟁이 아저씨는 여자 동창들에게 지난 여행길에서의 무용담을 쏟아놓는다. 어쩜, 우리는 부모 세대의 감성을 너무도 모르고 있었다는 생각이 든다. 어른들에게는 향수를 불러일으키고 젊은 세대에게는 마냥 재미난 게 바로 이 기차놀이다. 추억이 머무는 섬진강 기차마을로 낭만여행을 떠나보자.

관광 지수	★★★★☆
휴식 지수	★★★☆☆
교통 지수	★★★★★
맛집 지수	★★★★☆
예산 지수	★★☆☆☆
기차역 지수	★★★★★

곡성역
061-362-7788

곡성버스터미널
061-362-0740, 7824

추천일정표

AM
- 11:19   여수, 순천, 구례 등에서 출발한 전라선 무궁화호 열차로 곡성역 도착
  기차마을까지 도보 이동(약 10분 소요)
- 11:30   기차마을 구경

PM
- 12:30   기차마을가든에서 점심식사
- 01:30   김봉찬커피에서 아이스 아메리카노 사들고 증기기관차 탑승(약 25분 소요)
- 01:55   가정역 도착해 주변 구경 후 쫀디기와 쥐포 사먹기
- 02:25   가정역 출발(약 25분 소요)
- 02:50   구 곡성역 도착
  기차마을 내 영화세트장 구경
- 03:30   기차마을 레일바이크 탑승(약 20분 소요)
- 04:00   곡성역 복귀
- 04:53   전라선 무궁화호 타고 남원, 전주, 용산 등으로 이동

* 곡성역 주변은 경치가 아름다워 자전거 여행자들도 많이 찾는다.

이 도시를 여행하는 법

곡성 여행의 핵심은 곡성역에도 도보 10분 거리에 있는 섬진강 기차마을에 있다. 기차역에서 나와 다리를 건넌 뒤 왼편으로 직진하면 된다. 섬진강 기차마을은 혼자보다는 가족, 친구, 연인이 함께 찾을 때 더 좋은 곳이다. 레일바이크 탑승을 고려하면 더욱 그렇다.

예산

기차마을 입장료	2,000원
기차마을가든 참게탕과 공기밥 (22,000원/2인 기준)	11,000원
김봉찬커피 아이스 아메리카노	3,500원
증기기관차 왕복	6,000원
쫀디기, 쥐포	3,500원
기차마을 레일바이크 (7,000원/2인 기준)	3,500원
합계	약 29,500원

01 섬진강 기차마을

곡성 여행의 시작과 끝인 섬진강 기차마을. 지금은 열차가 다니지 않는 구 곡성역을 중심으로 만들어진 기차 테마 관광지다. 기차마을을 한 바퀴 가볍게 도는 레일바이크를 타고 경치를 즐길 수도 있다. 기차마을 안에는 조그만 영화세트장과 장미공원도 조성돼 있어서 증기기관차 출발시간을 기다리며 둘러보기 심심치 않다.

전화번호 061-363-9900~1 **홈페이지** www.gstrain.co.kr **요금** 4~10월 3,000원, 11~3월 2,000원 **운영시간** AM 09:00~PM 06:00

※ 섬진강 기차마을을 내의 증기기관차나 레일바이크 이용은 홈페이지를 통해 미리 예약이 가능하다.

에 타 보면 좋겠다. 좌석표가 다 팔릴 경우 입석표를 발매하지만 주말이나 성수기에는 이마저 매진되기도 하니 미리 예약하는 것이 안전하다. 기차마을 내 구 곡성역에서 가정역까지 운행하며 편도 25분이 소요된다. 가정역에서 30분 정차한 뒤 다시 기차마을로 돌아온다. 가정역에는 옛 추억을 되살려주는 불량식품을 파는 매점과 휴게소, 사진을 찍기 좋은 무지개다리 등이 있어서 경치를 둘러보며 시간을 보내기 족하다.

전화번호 061-363-6174 **요금** 좌석 왕복 6,000원, 편도 4,000원 / 입석 왕복 5,000원, 편도 3,500원

증기기관차 운행시간표

하행 기차마을 출발 AM 09:30 11:30 PM 01:30 03:30 05:30 **가정역 도착** AM 09:55 11:55 PM 01:55 03:55 05:55 **상행 가정역 출발** AM 10:25 PM 12:25 02:25 04:25 06:25 **기차마을 도착** AM 11:00 PM 01:00 03:00 05:00 07:00 (밑줄은 동절기 운행 없음)

02 증기기관차

칙칙폭폭 소리를 내며 느리게 달리는 증기기관차를 타고 창밖으로 섬진강 물줄기가 흐르는 모습을 볼 수 있다. 3호차까지 있는데 객차마다 생김이 다르기 때문에 갈 때와 올 때 각각 다른 칸

03 기차마을 레일바이크

섬진강 기차마을에서는 '기차마을 레일바이크'와 '섬진강 레일바이크' 두 가지를 운영하고 있다. 기차마을 레일바이크는 기차마을 내부를 한 바퀴 순환하는 것으로 따로 예약할 필요 없다. 마을을 한 바퀴 도는 데는 20분 정도가 걸린다. 출발시간이 따로 정해져있지 않아서 기차마을 운영시간 안에만 이용하면 된다.

전화번호 061-362-7717 **요금** 2~4인승 한대당 7,000원

04 섬진강 레일바이크

섬진강 레일바이크는 곡성역에서 10km 떨어진 침곡역에서 출발해 가정역까지 5.1km의 거리를 이동한다. 레일바이크 체험을 위해서는 먼저 침곡역으로 이동해야 하는데, 기차마을에서 침곡역까지는 군내버스를 타고 5분이면 갈 수 있다. 레일바이크 체험에는 편도 40분이 소요된다. 주말이나 성수기에는 매진되기 일쑤이므로 미리 예약하는 편이 안전하다. 침곡역 출발시간은 오전 9시부터 2시간 간격으로 오전 9시, 11시, 오후 1시, 3시, 5시이며 동절기에는 오후 3시까지만 운행한다.

전화번호 061-362-7717 **요금** 2인승 16,000원, 4인승 23,000원 **교통** 곡성터미널에서 출발해 곡성역(역전 150m 우측 간이정거장), 기차마을, 침곡역, 가정역을 지나는 군내버스를 이용한다. 곡성터미널과 기차마을, 침곡역, 가정역 간의 이동시간은 각각 5분 정도로 짧은 편이다. 버스 시간을 맞추지 못하면 택시를 이용하더라도 부담이 없다.

곡성터미널~침곡역~가정역 버스 운행시간표
곡성터미널 출발시간 AM 06:10 6:35 07:10 07:35 07:45 08:00 08:20 09:10 10:00 10:40 11:15 11:40 PM 12:20 01:10 02:10 02:50 03:30 04:00 04:30 05:20 06:15 07:10 07:40 **가정역 경유시간** AM 07:10 07:25 08:05 08:35 09:25 09:40 10:20 11:05 11:35 12:15 12:55 13:25 01:55 02:00 03:00 03:40 04:05 04:25 04:45 05:25 05:45 06:30 06:40 07:25 08:05(밑줄은 일요일 운휴)

tip 침곡역에서 가정역까지 레일바이크 체험을 한 후 가정역에서 기차마을까지는 시간을 맞추어 증기기관차로 이동하면 좋다.

맛집

기차마을가든

섬진강 참게탕, 다슬기 등을 맛볼 수 있는 곳이다. 관광객 위주의 장사라 규모가 큰데도 맛과 서비스 수준이 높다. 기차를 테마로 하여 '비둘기호' '통일호' 등으로 된 방 이름이 재미있다.

위치 섬진강 기차마을에서 구 곡성역사를 지나 직진하면 담벼락에 커다란 간판이 보인다. **주소** 곡성군 오곡면 오지리 1215-1 **전화번호** 061-363-1367, 1103 **가격** 참게탕 小 20,000원, 다슬기수제비 6,000원, 비빔밥 6,000원 **운영시간** AM 08:00~PM 11:00

김봉찬커피 Kimbongchan's Coffee

이 작은 마을 어디서 요롷게 제대로 된 카페가 솟아났을까 신기하기만 하다. 참게탕으로 식사를 한 뒤 입가심을 하기에 딱 좋다.

위치 섬진강 기차마을에서 구 곡성역사를 지나 직진하면 오른편에 위치. **주소** 곡성군 오곡면 오지리 1250-9 **전화번호** 061-363-3721 **가격** 아이스 아메리카노 3,500원, 이탈리안 소다 5,000원

숙소

곡성 읍내에는 게스트하우스나 24시 찜질방이 없다. 어차피 한나절이면 기차마을을 즐기기에 충분하기 때문에 굳이 숙박할 일은 거의 없다. 읍내는 곡성역에서 도보 20~30분 정도 거리인데 모텔이나 여관을 찾아볼 수 있다. 기차마을 펜션을 예약하거나 전남본부 내일로 플러스 혜택을 이용하는 것도 좋다.

전라선

처음 만나는 지리산
구례 구례구역

한동안 올레, 둘레가 열풍이었지만 산이라는 데가 그렇게 쉽게 가지지는 않는다. 하지만 구례에서라면 처음 만나는 지리산에 지레 겁먹지 않아도 좋다. 구례터미널에서 노고단 턱밑까지 버스가 다녀 가깝고 편하게 명산의 정기를 느낄 수 있다.

한 폭의 수채화처럼 아련하게 망막에 맺히는 지리산의 아름다운 정경은 여기가 고향이 아닌 이들에게도 한없이 포근하기만 하다. 구례는 지리산에 가기 위한 관문이기도 하지만 시골 읍의 정취 자체도 충분히 누려봄직하다. 화엄사 가는 길, 한산한 버스에 올라 경치를 즐기며 차분한 명상에 빠져보자. 번잡한 도시에서 시달리던 심신이 이내 맑게 정화된다.

관광 지수	★★★☆☆
휴식 지수	★★★★☆
교통 지수	★★☆☆☆
맛집 지수	★★★★☆
예산 지수	★★★☆☆
기차역 지수	★★★☆☆

구례구역 061-782-7788
구례공영버스터미널 061-780-2730~3
구례여객 061-782-5151
구례 관광안내소 061-780-2450
구례 택시 안내 061-783-5000

추천일정표

AM
- 09:30 구례버스터미널에서 버스 타고 화엄사로 이동 (약 15분 소요)
- 09:45 화엄사 관람
- 11:30 화엄사 입구 예원한정식에서 점심식사

PM
- 01:50 화엄사 입구에서 노고단(성삼재)행 버스 탑승 (약 30분 소요)
- 02:20 성삼재에서 노고단까지 등산(왕복 2시간 소요)
- 04:40 노고단(성삼재)에서 구례버스터미널로 이동 (약 45분 소요)
- 05:40 구례버스터미널에서 구례구·압록 노선 버스 타고 구례구역으로 이동(약 10분 소요)
- 05:50 구례구역 앞 남창식당에서 저녁식사 다른 지역으로 이동

* 구례구 역사는 구례군이 아닌 순천시에 소재해 있다. '구례구'라는 역명은 구례의 입구라는 뜻. 역사를 나오면 바로 보이는 구례교가 구례와 순천의 경계 역할을 한다.

이 도시를 여행하는 법

구례는 버스터미널을 중심으로 교통이 발달해 있다. 구례구역에 내리면 우선 구례버스터미널로 이동해야 한다. 역전 정류장에서 군내버스를 이용하면 된다. 소요시간 약 10분. 버스요금은 1,100원. 역에서 터미널까지 택시를 이용하면 요금은 6,000원 정도 나온다. 터미널 주변이 읍내라 여러 편의시설을 찾아볼 수 있다.

예산

구례버스터미널 ➡ 화엄사 버스비	1,100원
화엄사 입장료	3,500원
예원한정식 지리산산채정식	12,000원
화엄사 ➡ 노고단 버스비	2,500원
노고단 ➡ 구례버스터미널 버스비	4,000원
구례버스터미널 ➡ 구례구역 버스비	1,100원
남창식당 재첩국	7,000원
합계	= 약 31,200원

전라선

01 화엄사

각황전, 석등, 사사자 삼층석탑, 영산화괘불탱과 같은 국보를 비롯해 귀한 문화재를 많이 보유한 천년고찰 화엄사. 국보 67호인 화엄사 각황전은 동양 최대의 목조건물이라고 한다. 입장료가 비싼 편이지만 그만큼 볼거리도 많은 대찰이다. 고즈넉한 산사의 분위기가 마음을 편안하게 한다. 매표소에서 화엄사까지는 도보로 30분 이상 걸리며 경내 관람에는 1시간 정도 잡는 것이 좋다.

전화번호 061-783-7600 **홈페이지** www.hwaeomsa.org **요금** 3,500원 **운영시간** AM 07:00~PM 07:30 **교통** 구례버스터미널에서 화엄사행 버스 이용. 소요시간 약 15분. 버스요금 1,100원.

구례구역~구례터미널 버스 운행시간표
구례구역 출발시간 AM 07:07 08:10 08:35 09:40 10:15 10:50 11:25 PM 12:50 01:40 02:10 02:40 03:40 04:45 05:42 06:20 06:40 07:45 07:55 **구례버스터미널 출발시간** AM 06:30 07:00 07:40 08:00 09:00 09:40 10:10 10:50 PM 12:20 01:00 01:40 02:10 03:00 04:20 05:00 05:40 06:10 07:10 07:30

화엄사행 버스 운행시간표
구례버스터미널 출발시간 AM 06:40 07:00 08:30 09:30 10:00 11:30 PM 12:30 01:00 02:20 02:30 03:30 04:30 05:30 06:30 07:30 08:00 **화엄사 출발시간** AM 09:40 11:40 PM 12:40 02:40 04:40 05:40 07:40 08:10(이외에도 화엄사를 경유하는 버스가 많아 한 시간에 두 대 이상은 차가 다닌다.)

화엄사 입구 주차장 앞에 국립공원탐방안내소가 있다. 화엄사에서 노고단까지 편도 7km에 이르는 화엄계곡코스도 있으니 본격적인 등산을 원한다면 선택해보자. 예상 소요 시간은 상행 4시간, 하행 2시간 30분.

알고 보면 쉬운 사찰의 기본구조

일주문	일주문은 속세를 떠나 절로 들어가는 최초의 입구다. '삼신산 쌍계사', '지리산 화엄사' 등으로 절의 이름이 한자로 써 있는 것이 보통이다.
금강문	일주문을 지나 절에 들어갈 때 통과해야 하는 두 번째 입구로, 불법을 수호하고 속세의 더러움을 씻어주는 역할을 한다. 화엄사 금강문의 경우 흔치 않게 금강역사를 모셔서 중요한 문화재가 되고 있다.
천왕문	무섭게 생긴 사천왕이 눈을 부라리고 있는 문으로 이곳을 지나면 부처의 세계에 들어서게 된다. 금강문 없이 천왕문만 있는 절도 많다.
대웅전	절에서 가장 중요한 부처님을 모신 건물로 보통 대웅전 앞에는 석탑이나 석등이 배치돼있다.
암자	큰 절 뒤편에는 부속 암자가 있는데, 대게의 경우 불교와 토속신앙이 결합해 무속신을 모시는 삼신각의 형태다.

〈가람 배치도〉

이외에 승려들의 생활공간(보통 '~재'라는 호칭), 학습 공간('강학당'과 같은 호칭이 일반적), 종루 등이 있고 큰 절일 경우 각각의 부처를 모신 불전들이 더 있다. 최근에는 템플스테이가 활성화되면서 신도와 템플스테이 참가자가 머무는 방사가 여러 채 있는 절도 있다.

209

02 노고단

해발 1,507m에 이르는 노고단이지만 성삼재휴게소까지 버스가 들어가기 때문에 오르기는 어렵지 않다. 성삼재에서 노고단까지는 4.7km 거리로 편도 1시간 정도 소요된다. 코스 자체는 짧지만 고도가 높기 때문에 어느 정도 대비는 필요하다. 성삼재휴게소에 내리는 순간 휘몰아치는 산바람에 당황하지 않으려면 바람막이가 필수! 나무가 우거진 산길로 접어들면 추위는 가시니 너무 겁먹을 필요는 없다.

전화번호 노고단대피소 061-783-1507 **운영시간** 특별한 제약은 없으나 노고단 정상부는 AM 10:00부터 PM 04:00까지만 개방 **교통** 구례버스터미널에서 노고단(성삼재)행 버스 이용, 소요시간 약 45분. 버스요금 4,000원.

노고단(성삼재)행 버스 운행시간표
구례버스터미널 출발시간 AM 03:50 06:00 08:20 10:20 11:40 PM 01:40 03:40 05:40 **노고단(성삼재) 출발시간** AM 04:00 06:30 09:20 11:20 PM 12:40 02:40 04:40 06:20(11월 말부터 4월 중순까지는 운행하지 않으니 겨울에 무턱대고 찾아갔다가 낭패를 보지 않도록 하자.)

tip 노고단 새벽 등반

노고단 새벽 등산을 좋아하는 사람들 사이에는 노고단 새벽 등산 코스가 꾸준히 사랑받는다. 원래 노고단행 버스는 구례버스터미널에서 출발하지만 첫차만은 새벽 등산객들을 위해 새벽 3시 30분에 구례역을 경유한다. 용산역에서 밤 10시 45분에 출발해 새벽 3시 2분에 구례구역에 도착하는 전라선 무궁화호 열차가 있다. 열차에서 내리면 온갖 치장을 한 등산객 무리와 함께 역 밖에서 기다리고 있는 버스를 타면 된다. 우선 1,100원을 내고 승차하면 구례버스터미널까지 가서 잠시 정차하고, 원래 첫차 출발 시간인 3시 50분에 노고단(성삼재)으로 출발한다. 내릴 때 구례버스터미널~노고단 간의 운임은 4,000원을 내면 된다. 가벼운 등산을 원하는 경우 노고단까지만 다녀오는 걸로도 충분하지만 2박 3일, 3박 4일을 잡고 지리산을 종주하는 사람들도 많다. 새벽 등산의 이점은 한낮의 뜨거운 햇볕을 피하고 운이 좋은 경우 노고단 일출도 볼 수 있다는 점이다. 노고단은 워낙 안개가 잦아서 일출을 보려면 3대가 공덕을 쌓아야 한다는 말이 있을 정도이니 자신의 운을 시험해보자.

fun 성삼재휴게소에서 파는 지리산 반달가슴곰 나무펜! 3,000원

맛집

예원한정식

산채음식을 깔끔하게 하는 식당이다. 지리산 아닌 다른 곳에서는 보기 어려운 각종 산나물이 맛깔스럽다. 전반적으로 음식이 담백하고 고소하며 아늑한 인테리어 덕분에 음식맛이 더 좋은 느낌. 밑반찬도 김치도 모두 맛이 좋다.

위치 화엄사 입구 주차장 앞. **주소** 구례군 마산면 황전리 546 **전화번호** 061-782-9917 **가격** 지리산산채

정식(2인 이상) 12,000원, 산채비빔밥 7,000원, 한방암퇘지삼겹살 13,000원 **운영시간** AM 08:00~PM 09:00

지리각식당

화엄사 입구 주차장 앞에 산채요리를 맛있게 하는 식당이 몇 있다. 지리각식당의 산채한정식이 깔끔하다는 평. 1인분도 주문 가능하며, 메뉴가 다양해 선택의 폭이 넓다는 것이 장점이다.

위치 화엄사 입구 주차장 앞. **주소** 구례군 마산면 황전리 546 **전화번호** 061-782-2066 **가격** 산채한정식 12,000원, 산채백반 7,000원, 산채비빔밥 7,000원, 참게탕 小 30,000원 **운영시간** AM 07:30~PM 08:00

남창식당

구례구역 바로 앞에 식당이 많다. 섬진강 맑은 물에서 난 은어, 재첩, 참게 등을 맛볼 수 있다. 남창식당은 3대째 이어오는 맛집으로, 참게탕 전문점이다. 참게탕, 재첩국 모두 맛이 깊고 훌륭하다.

위치 구례구역 앞. 역에서 나와 왼편에 위치. **주소** 순천시 황전면 선변리 935 **전화번호** 061-782-3705 **가격** 재첩국 7,000원, 참게장백반 13,000원, 참게탕 小 35,000원, 은어튀김 小 25,000원 **운영시간** AM 09:00~PM 09:00

Other Choices

평화식당 육회비빔밥 맛집으로 알려졌다. 읍내 새마을금고 근처. 육회비빔밥 6,000원. 061-782-2034

숙소

구례 읍내에 24시 찜질방은 현재 운영되는 곳이 없다. 여관이나 모텔은 어렵지 않게 찾아볼 수 있다.

구례둘레길 게스트하우스

화엄사 부근에 있는 깔끔하고 친절한 게스트하우스. 구례에 도착해 전화를 하면 픽업을 나와 준다. 건물이 널찍하고 주변이 탁 트여 지리산의 정경을 만끽할 수 있다.

위치 화엄사 부근. **주소** 구례군 광의면 수월리 41-8 **홈페이지** cafe.daum.net/jirisangh **전화번호** 061-782-0203 **요금** 도미토리 20,000원(내일로 15,000원) **체크인/아웃** 체크인 PM 02:00 체크아웃 AM 11:00 **제공내용** 조식(토스트, 커피, 우유), 수건, 샴푸, 치약, 비누

Other Choices

지리산을 끼고 있는 구례는 특성상 둘레길 주변에 게스트하우스들이 분포한다. 대중교통이 불편하기 때문에 픽업을 해주기도 하니 예약 시 확인하자.

산에 사네 카페&게스트하우스 둘레길 종점 온조루 옆에 위치. www.sanesane.org, 061-781-7231

엠마우스 게스트하우스 구례구역이나 구례 버스터미널 등에서 픽업 가능. trailstory.net, 061-783-3038

철새, 그리고 레일러들의 성지

순천

철새 도래지 순천만으로 유명한 순천은 새들 뿐 아니라 레일러들의 성지이기도 하다. 순천역에 내리는 순간 여기저기 눈에 띄는 배낭에 피식 웃음이 난다. 굳이 대화를 나누지 않더라도 왠지 모르게 형성되는 동질감은 내일로 여행의 또 다른 재미.

전라선과 경전선이 만나는 순천역은 기차역을 중심으로 한 교통이 편리해 내일로 친화력이 무척 높은 도시다. 내일로 여행 다녀왔다는 사람들이 하나같이 순천을 언급하는 이유가 있는 법.

순천에는 워낙 볼거리가 많아 하루를 꽉 채워 부지런히 다녀도 아쉬움이 남는다. 한국 3대 사찰로 꼽히는 송광사와 화장실이 더 유명한 선암사, 낙안읍성, 드라마세트장, 그리고 절대 빼놓아서는 안 될 순천만까지! 일정을 넉넉하게 잡거나 다음 시즌 재방문하는 것도 추천한다. 특히 순천 여행의 정수라 할 수 있는 순천만은 계절마다 그 느낌이 달라지기 때문에 여러 번 찾아도 매번 좋은 곳이다.

전라
선

관광 지수	★★★★★
휴식 지수	★★★★☆
교통 지수	★★★★☆
맛집 지수	★★★☆☆
예산 지수	★★★☆☆
기차역 지수	★★★★☆

순천역 여행상담센터
061-749-2289, 2290
동신교통(1번, 68번, 111번)
061-743-6215
순천교통(63번, 67번)
061-753-6267
순천역관광안내소
061-749-3107
App 순천버스

이 도시를 여행하는 법

❶ 역 앞에서 대부분의 관광지로 가는 버스를 탈 수 있다. ❷ 역 바로 앞에 물품보관함, 검색용 PC가 갖춰진 관광안내소가 있다. 역 주변에는 게스트하우스와 찜질방, 모텔 등의 숙소가 많아 저녁 늦게 순천역에 떨어지더라도 걱정이 없다. ❸ 순천에는 인근 도시로의 출퇴근 차량이 많아 의외로 교통체증이 있는 편이다.

추천일정표

AM

07:50 순천역 앞에서 111번 버스 타고 송광사로 이동(약 1시간 20분 소요)
순천시는 서울시보다 면적이 넓어서 관광지들 사이의 이동 거리가 긴 편이다.

09:10 송광사 관람

11:05 송광사에서 63번 버스 타고 낙안읍성으로 이동(약 30분 소요)

11:35 낙안읍성민속마을, 뿌리깊은나무 박물관 관람

PM

01:30 낙안읍성 버스정류장 앞 선비촌회관에서 점심식사

03:00 낙안읍성에서 63번이나 68번 버스 타고 순천역으로 돌아오기(약 40분 소요)
67번 버스로 환승해 순천만으로 이동(약 30분 소요)

05:00 순천만 자연생태공원 관람
계절에 따라 배나 기차를 이용하여 둘러볼수 있는 코스가 있다.

07:30 순천만 앞 순천만가든에서 저녁식사

08:30 67번 버스 타고 순천역 이동(약 30분 소요)
다른 지역으로 이동

* 순천역에 물품보관함이 있지만 역전 관광안내소에서 무료로 물품보관함을 이용할 수 있기 때문에 관광안내소가 열려 있는 동안에는 그쪽을 이용하는 편이 알뜰하다.

예산

순천역 ➪ 송광사 버스비	1,100원
송광사 관람료	3,000원
송광사 ➪ 낙안읍성 버스비	1,100원
낙안읍성 관람료	1,500원
뿌리깊은나무 박물관 관람료	800원
선비촌회관 자연정식	12,000원
낙안읍성 ➪ 순천역 버스비	1,100원
순천역 ➪ 순천만 버스비	1,100원
순천만 관람료 (내일로 할인)	1,500원
순천만가든 꼬막정식	13,000원
순천만 ➪ 순천역 버스비	1,100원
합계 = 약 37,300원	

01 순천만 자연생태공원

순천에서 꼭 가봐야 할 곳을 한 군데만 꼽으라면 단연 순천만을 들 수 있을 것이다. 순천만은 창녕 우포늪과 함께 우리나라의 대표적 습지로 꼽히며 세계적으로 학술적 가치가 높은 연안습지다. 천연기념물 흑두루미를 비롯해 많은 철새들을 만날 수 있고, 갯벌 속에 사는 짱뚱어와 게 등 다른 곳에서 보기 어려운 생물을 관찰할 수 있다. 여름에는 끝도 없이 푸르고 겨울에는 금빛 갈대밭이 장관이다. 사계절 중 어느 때 찾아도 매번 다른 매력을 느낄 수 있는 곳이다. 2013년 순천만 국제정원박람회 개최로 더욱 볼거리가 풍성해졌다. 한 장의 표로 순천만과 순천만정원을 모두 관람할 수 있다.

전화번호 061-749-3006, 3007 **홈페이지** www.suncheonbay.go.kr **요금** 5,000원(내일로 4,000원) **운영시간** AM 08:00~일몰 시(홈페이지에 공지), 순천만문학관 하절기 AM 09:00~PM 06:00, 동절기 PM 05:00까지 **휴일** 매주 월요일, 설 및 추석 연휴 **교통** 순천역 앞 오거리에서 오른편으로 보이는 서울약국 앞 정류장에서 25분 간격으로 있는 67번 시내버스 이용, 소요시간 약 25분.

🚶 순천만 관람 ALL 가이드

용산전망대 순천만까지 와서 용산전망대에 올라보지 않으면 순천만에 오지 않은 것이나 다름없다는 말이 있다. 용산전망대에서 보는 순천만이 그만큼 아름답다. 순천만은 특히 일몰이 장관이니 시간 맞춰 올라가서 기다리면 좋다. 용산전망대까지 오르내리는 시간은 왕복 1시간 30분 정도. 가는 길에는 그늘이 별로 없어 여름에는 뙤약볕을 각오하고 마실 물을 미리 준비하자.

갈대열차 순천만정원에서 스카이큐브(5,000원)을 이용하는 경우 순천만 갈대열차를 무료로 탑승할 수 있다. 생태해설사의 안내와 함께 편하게 순천만을 둘러볼 수 있으며, 왕복 약 30분이 소요된다. 순천문학관은 순천을 배경으로 한 소설 〈무진기행〉의 김승옥, 〈오세암〉의 정채봉 작가가 쓴 육필 원고와 작품 등을 전시해놓은 곳으로 규모는 작으나 알찬 볼거리가 있다. 갈대열차는 한 시간에 한 대꼴로 출발하며 매주 월요일 및 기상 악화 시에는 운행하지 않는다.

생태체험선 배를 타고 순천만을 돌아보는 코스. 습지의 생명체를 보다 가까이 관찰할 수 있다. 한 시간에 두세대 꼴로 운항하며 왕복 약 35분이 소요된다. 날씨와 계절에 따라 운항 스케줄이 변경될 수 있다. 탑승요금은 7,000원. 문의 생태체험선 매표소 061-749-4059

02 송광사

양산 통도사, 합천 해인사와 함께 우리나라 3대 사찰로 꼽히는 큰 절이다. 한국 불교의 승맥을 잇는 정통 승보사찰로서 유명한 승려들을 많이 배출했다. 생전에 법정스님이 지내시던 곳으로도 유명하다. 귀한 불교 문화재도 많이 보유하고 있으며 대웅전 맞은편의 성보박물관에서 볼 수 있다. 경내가 상당히 넓으므로 여유를 갖고 둘러보자.

전화번호 061-755-0107 **홈페이지** www.songgwang

sa.org **요금** 3,000원 **교통** 순천역 바로 앞 정류장에서 111번 시내버스 이용, 소요시간 약 1시간 20분.

111번 버스 운행시간표
기점(팔마운동장, 순천역까지 약 5분 소요) 출발시간 AM
05:45 06:10 06:40 07:10 07:50 08:40 09:10 09:20
09:55 10:35 11:05 11:55 PM 12:40 01:20 02:00
02:45 03:30 04:15 05:00 05:40 06:10 06:40 07:15
07:55 08:35 09:05 종점(송광사) 출발시간 AM 06:40
07:00 07:40 08:15 09:00 09:35 10:20 09:55 11:00
11:35 PM 12:10 12:50 01:35 02:15 03:00 03:40
04:25 05:15 05:55 06:35 07:20 07:50 08:20 08:55
09:00 09:40 10:20

08:00 08:45 09:25 10:20

tip 송광사와 선암사는 모두 조계산 자락에 위치하고 있는데 두 절 사이를 등산해서 이동할 수 있다. 3시간 정도 걸리고 산길이 만만치 않다는 점은 감안해야 한다.

선암사
정호승

눈물이 나면 기차를 타고 선암사 가라
선암사 해우소로 가서 실컷 울어라
해우소에 쭈그리고 앉아 울고 있으면
죽은 소나무 뿌리가 기어 다니고
목어가 푸른 하늘을 날아다닌다
풀잎들이 손수건을 꺼내
눈물을 닦아주고
새들이 가슴속으로 날아와
종소리를 울린다
눈물이 나면 걸어서라도 선암사로 가라
선암사 해우소 앞
등 굽은 소나무에 기대어 통곡하라

03 선암사

정호승 시인의 시 〈선암사〉와 '깐뒤'라는 현판이 달린 화장실로 유명해진 절이다. 절로 올라가는 길에는 무지개 모양의 승선교가 아름답고 차 체험관이 있어서 향기로운 녹차도 마셔볼 수 있다. 송관사가 지극히 고전적인 정통 사찰이라면, 선암사는 불교와 선교가 융합돼 조화로운 모습을 보여준다. 우리나라에서 유명한 절들은 대개 조계종인데 선암사는 태고종이라서 분위기가 독특하게 느껴지기도 한다.

전화번호 061-754-5287 **홈페이지** www.seonamsa.co.kr **교통** 순천역 앞에서 1번 시내버스 이용, 소요시간 약 50분.

1번 버스 운행시간표
기점(팔마운동장, 순천역까지 약 5분 소요) 출발시간 AM 06:00
06:30 07:05 07:45 08:30 09:10 09:50 10:45 11:30
PM 12:15 01:00 01:40 02:30 03:15 04:00 04:40
05:20 06:00 06:55 07:40 08:20 09:20 10:20 종점
(선암사) 출발시간 AM 06:00 06:15 07:00 07:35 08:10
08:50 09:40 10:20 11:00 11:50 PM 12:40 01:25
02:10 02:50 03:40 04:25 05:10 05:50 06:30 07:10

04 낙안읍성 민속마을

조선시대 형성된 지방계획도시를 그대로 보존해놓은 민속마을로 사적 제302호로 지정돼있다. 평범한 사람들이 살던 소박한 집터의 모습을 많이 보여준다. 낙안읍성 성곽길을 따라 걸으며 마을의 모습을 바라보면 무척 운치가 있다. 실제로 주민들이 거주하고 있는 곳이므로 관람 시 예절을 지키도록 하자.

전화번호 061-749-3347 홈페이지 nagan.or.kr 요금 2,000원(내일로 1,500원) 운영시간 12월~1월 AM 09:00~PM 05:00, 2월~4월·11월 AM 09:00~PM 06:00, 5월~10월 AM 08:30~PM 06:30 교통 순천역 맞은편 서울약국 앞에서 61, 63, 68번 버스 이용. 소요시간 약 40분.

❷ 낙안읍성~선암사 16번 버스가 하루 2번 선암사에서 낙안으로 간다. 선암사 출발시간은 AM 10:40 PM 02:30, 낙안읍성 출발시간은 AM 11:15 PM 03:10 낙안읍성에서 15번 버스를 타고 선암사입구(죽학삼거리)까지 간 다음(약 25분 소요) 1번 버스로 환승하면 순천역으로 돌아갈 필요 없이 바로 선암사에 갈 수 있다.

05 뿌리깊은나무 박물관

한글과 전통문화를 지키기 위해 평생을 바친 고 한창기 선생이 수집한 유물을 기탁 받아 순천시에서 운영하고 있는 박물관이다. 우리 전통의 도자기와 민속 공예품, 그림 등을 전시하고 있다. 낙안읍성에 왔을 때 함께 둘러볼만 한 곳이다.

전화번호 061-749-4422 요금 1,000원(내일로 800원) 운영시간 AM 09:00~PM 06:00 휴일 매주 월요일, 설 및 추석 연휴 교통 낙안읍성 민속마을 옆.

63번 버스 운행시간표
기점(제일고, 서울약국 앞까지 약 10~15분 소요) 출발시간 AM 05:55 07:10 09:20 11:20 PM 01:20 03:50 05:10 07:40 09:10 낙안읍성 출발시간 AM 07:05 07:45 09:20 11:30 PM 01:15 03:30 06:00 07:05 09:35 10:00

68번 버스 운행시간표
기점(필마운동장, 순천역까지 약 5분 소요) 출발시간 AM 07:00 07:50 09:50 PM 12:30 02:00 03:20 06:00 08:20 낙안읍성 출발시간 AM 06:00 08:15 08:55 10:55 PM 01:50 02:55 04:30 07:20 09:25

❶ 낙안읍성~송광사 낙안읍성으로 가는 63번 버스가 하루 4번 송광사까지 들어간다. 송광사에서 낙안 방향으로 출발하는 시간 AM 08:55 11:05 PM 03:05 05:35 낙안읍성에서 송광사 방향으로 가는 버스가 경유하는 시간 AM 08:10 10:10 PM 02:10 04:40

06 순천드라마촬영장

2006년 개장한 우리나라 최대 규모의 시대극 촬영장. 1960년대의 탄광촌, 70년대 달동네, 80년대의 서울 변두리 번화가를 재현해놓았다. 〈자이언트〉, 〈제빵왕 김탁구〉, 〈에덴의 동쪽〉, 〈서울 1945〉 등을 촬영한 곳으로 드라마 속 주인공이 된 듯 재미있는 사진을 많이 남길 수 있는 곳이다. 규모 뿐 아니라 볼거리 측면에서도 우리나라에서 제일 가볼만한 오픈세트장으로 추천한다.

전화번호 061-749-4003 홈페이지 scdrama.sc.go.kr 요금 3,000원(내일로 2,500원) 운영시간 AM 09:00~PM 06:00 교통 역 앞 지구대 파출소 앞에서 5분마다 있는 77번 버스 이용, 소요시간 약 15분.

맛집

흥덕식당

전라도에 왔으면 맛깔스런 전라도 백반을 먹어봐야 한다. 순천역에서 도보 3분 거리에 있는 흥덕식당은 푸짐한 상차림과 뛰어난 맛으로 순천을 찾는 레일러들 사이에 소문난 집. 백반을 시키면 탕, 생선, 게장, 꼬막 등이 수많은 밑반찬과 함께 한 상 거하게 차려진다. 1인분은 주문이 안 되는 게 흠이다.

위치 순천역 맞은편 코모도모텔 골목으로 직진 후 황금손가락 호프집을 끼고 좌회전. **주소** 순천시 풍덕동 884-10 **전화번호** 061-744-9208 **가격** 백반 7,000원, 한정식 10,000원 **운영시간** AM 09:00~PM 09:00

건봉국밥

순천에는 시장이 많다. 그 중 순천역에서 가까운 아랫장에 국밥집이 많은데 건봉국밥이 가장 유명하다. 순천의 국밥은 에드워드 권이 극찬한 것으로 알려졌는데 돼지고기 국밥인데도 노린내가 나지 않고 깔끔한 것이 특징이다.

위치 순천역에서 오른편으로 직진해 동천을 건너면 나오는 아랫장에 위치. 도보 10분. **주소** 전남 순천시 인제동 371-1 **전화번호** 061-752-0900 **가격** 국밥 7,000원, 순대 한접시 4,000원 **운영시간** AM 07:00~PM 10:00

선비촌회관

남도 음식을 현대적인 느낌으로 재해석했다.

된장전골, 단호박샐러드, 오리훈제, 꽃게장 등 전통과 현대가 조화된 정식은 전라도 특유의 맵고 짠 맛을 덜어 담백하다. 낙안읍성 버스정류장 바로 앞에 있어 찾기도 쉽다.

위치 낙안읍성 버스정류장 바로 앞. **주소** 순천시 낙안면 동내리 470-7 **전화번호** 061-754-2525 **가격** 선비촌 자연정식(2인 이상) 12,000원, 떡갈비정식(2인 이상) 19,000원 **운영시간** AM 09:00~PM 08:00 **휴일** 매주 월요일

순천만가든

순천만 자연생태공원 앞에 위치한 순천만가든은 꼬막정식이 유명한 맛집이다. 순천과 벌교 일대에서 유명한 꼬막을 비롯해 스무 가지가 넘는 찬이 차려진다.

위치 순천만길을 따라 도보 10분. **주소** 순천시 대대동 40-1 **전화번호** 061-741-4489 **홈페이지** www.순천만가든.kr **가격** 꼬막정식 13,000원, 짱뚱어탕 1인분 11,000원

Other Choices

알선식당 흥덕식당 맞은편의 알선식당도 반찬이 잘 나오는 백반집으로 알려져 있다. 정식(2인 이상) 7,000원. 061-744-7103

장터국밥 건봉국밥 바로 옆의 장터국밥은 순천 고유의 국밥 맛을 더 제대로 느낄 수 있는 곳. 따로국밥 6,000원. 061-741-8005

이인수과자점 순천역 앞의 이인수과자점은 순천에서 맛있는 빵집으로 유명하다. 케이크 꽈배기 1,200원. 061-744-0098

 숙소

 느림 게스트하우스

빨간 대문이 인상적인 게스트하우스. 주택을 개조해 가정집 분위기가 물씬 난다. 하지만 인테리어와 시설 면에서는 여느 고급 숙박시설에 뒤지지 않는다. 도미토리 3실이 전부로 아담한 규모로 술을 마시고 떠들기보다는 조용조용 대화를 나누는 분위기가 형성된다.

위치 순천역 맞은편 이인수과자점 골목으로 50m쯤 직진하다 하나축산마트가 보이면 우회전해 50m 더 직진. 도보 5분. **주소** 순천시 풍덕동 887-25 **전화번호** 070-7647-9522 **홈페이지** www.nreem.co.kr **요금** 도미토리 20,000원 **체크인/아웃** 체크인 PM 02:00 체크아웃 AM 11:00 **제공내용** 조식(토스트, 주스), 수건, 샴푸, 치약

 ### 순천투어 게스트하우스

유쾌한 사장님의 재치가 곳곳에 묻어나는 게스트하우스. 자유로운 분위기의 라운지에서는 게스트가 서로 즐겁게 어울릴 수 있고 저녁이면 막걸리파티가 열리기도 한다. 개인별 물품보관함이 마련돼 있으며 세탁기도 이용 가능.

위치 순천역 맞은편 이인수과자점 2층 **주소** 순천시 조곡동 160-3 2층 **전화번호** 070-4252-6848 **홈페이지** blog.naver.com/tour6848 **요금** 도미토리 20,000~23,000원 **체크인/아웃** 체크인 PM 03:00~11:00 체크아웃 AM 10:00 **제공내용** 조식(토스트, 달걀, 커피), 수건, 샴푸, 치약, 비누

 ### 내일로 게스트하우스

순천역에서 가장 가깝고 저렴하며 전남본부 내일로 플러스 혜택이 있다. 수용 인원이 많고 세면도구와 조식이 제공되지 않아 잠만 자고 나오는 분위기지만 저렴한 가격과 위치에 끌린다면 선택하자.

위치 순천역에서 나와 왼편으로 도보 2분. **주소** 순천시 덕암동 188-101 **전화번호** 061-725-6161 **홈페이지** kbs1.kr/h/suncheonnaeilo **요금** 도미토리 12,000원 **체크인/아웃** 체크인 PM 03:00~09:30 체크아웃 AM 10:00 **제공내용** 수건(대여료 500원)

 ### Other Choices

다님 백팩커스 순천점 순천역 바로 맞은편에 위치. blog.naver.com/danimmarket, 070-8846-8581

남도 게스트하우스 순천점 순천터미널 인근에 위치. blog.naver.com/namdogeha, 010-4356-3255

올라 게스트하우스 순천역에서 택시비 3,000원 거리. holahouse.com, 010-2957-0907

은행나무 게스트하우스 순천역에서 버스 6정거장 거리에 있는 중앙시장 인근에 위치. blog.naver.com/ginkgohouse, 061-752-6903

순천 하루 게스트하우스 순천 중앙시장 근처. blog.naver.com/harugh, 010-8193-1253

 ### 워터피아찜질방

규모가 크고 시설도 좋아 레일러들이 많이 찾는 찜질방. 2015년 6월 리모델링을 마치고 재개장하여 더욱 만족도가 높아졌다.

위치 순천역 앞 지구대 파출소 앞에서 77번 등 시내버스 타고 금당고등학교 하차 후 육교 횡단. 순천역에서 택시비 4,000원 미만. **주소** 순천시 조례동 1594 **전화번호** 061-722-1429 **요금** 주간 8,000원, 9시 이후 9,000원(내일로 7,000원), 이불 대여 1,000원

 ### 지오스파

순천역에서 가장 가까워 이용이 편리하며 그만큼 이용객이 많다.

위치 순천역에서 나와 왼편으로 도보 3분. **주소** 전라남도 순천시 덕암동 188-89 **전화번호** 061-741-5765 **요금** 주야간 8,000원, 이불 대여 1,000원

전라선

소금냄새 진한 전라선 끝 고운 바다

여수 여수엑스포역

고울 여麗에 물 수水, 이름 참 곱다! 새벽 일출과 함께 보는 향일암의 옅은 푸른빛 물, 야경이 환상적인 종포해양공원의 소금기 훅 끼치는 알록달록 물. 어디서나 고운 물이 반겨주는 통에 여수 여행은 새벽부터 밤까지 지루할 틈이 없다.

시원하게 뚫린 도로변에는 반짝이는 이파리의 아열대지방 나무들이 그늘을 드리우고, 한려수도 오동도의 동백열차와 음악분수는 이국적인 느낌을 더해준다. 따뜻한 남국에라도 온 마냥 착각에 풍덩. 그러다가 오지고 푸진 전라도 음식에 혀가 호강하고 나면 "그래, 이 맛이야!" 하며 대한민국이 아니고서야 맛볼 수 없는 별미에 자체 내비게이션 팍팍 작동. 여기는 물 곱고 바람 착한 전라남도 여수다.

관광 지수	★★★★★
휴식 지수	★★★★☆
교통 지수	★★★☆☆
맛집 지수	★★★☆☆
예산 지수	★★★☆☆
기차역 지수	★★★★☆

여수엑스포역 061-663-7788
여천역 061-682-7785
여수엑스포역 관광안내소
061-690-2588
App 여수교통정보

이 도시를 여행하는 법

① 대부분의 시내버스가 시내 진남관을 경유한다. 진남관은 여수엑스포역 바로 앞에서 5~10분 간격으로 자주 다니는 2번 버스를 타고 10분이면 갈 수 있다. ② 여수엑스포역에서 2번 버스 이용 시에는 가는 방향을 확인하고 타야 한다. 역에서 순환하는 버스라서 정류장은 같은데 목적지가 다를 수 있기 때문. ③ 여수의 볼거리는 돌산읍에 위치한 향일암을 제외하고는 대부분 여수엑스포역과 진남관에서 멀지 않은 곳에 위치해있다. 마음만 먹으면 걸어갈 수 있는 곳도 많고, 급한 경우 택시를 타더라도 웬만해서는 5,000원을 넘기지 않으니 부담감을 덜어도 좋다.

추천일정표

AM

05:40	시내 진남관에서 111번 버스 타고 향일암으로 이동(약 1시간 소요)
06:40	향일암 올라 일출 보기
09:00	향일암 입구 처갓집식당에서 아침식사
10:27	향일암 종점에서 111번 버스 타고 돌산대교 하차(약 50분 소요)
11:30	돌산공원 둘러보기

PM

12:57	돌산대교 앞에서 111, 112, 113, 114, 115번 등 버스 타고 진남관으로 이동(약 10분 소요)
01:10	진남관, 이순신광장 관람
02:00	통만두집에서 점심식사, 휴식 시내에 카페가 많으니 커피나 차를 마시며 다리쉼을 하는 것도 좋다.
03:30	진남관에서 2번 버스 타고 오동도로 이동(약 10분 소요) 오동도 둘러보기
05:00	오동도에서 2, 333번 버스 타고 여수엑스포역으로 이동(약 5분 소요) 다른 지역으로 이동

✱ 여수엑스포역 맞이방에는 각종 잡지와 책이 구비돼있어 열차를 기다리며 시간을 보내기 좋다.

예산

진남관 ⇒ 향일암 버스비	1,100원
향일암 관람료	2,000원
처갓집식당 게장백반	10,000원
향일암 ⇒ 돌산대교 버스비	1,100원
돌산대교 ⇒ 진남관 버스비	1,100원
통만두집 찐만두, 칼국수	9,500원
낙안읍성 ⇒ 순천역 버스비	1,100원
진남관 ⇒ 오동도 버스비	1,100원
오동도 동백열차	500원
오동도 ⇒ 여수엑스포역 버스비	1,100원
합계	약 28,600원

전라
선

01 향일암

'해를 향하고 있는 암자'라는 뜻의 향일암은 일출이 아름답기로 유명한 절이다. 몇 년 전 화재로 목조 건물 일부가 유실되어 안타까움을 사기도 했다. 절까지 올라가는 길은 꽤 가파르며 30분은 잡고 올라가야 한다. 암자에 오르면 발밑으로 시원스레 내려다보이는 바다가 운치 있다. 무섭게 시퍼렇거나 무작정 투명하지 않고, 파랑 셀로판지를 구겨놓은 듯 구깃구깃 출렁대는 바다를 보고 있으면 마음이 차분해지면서도 달뜨는 기분이 된다.

전화번호 061-644-4742 **홈페이지** www.hyangiram.org **요금** 2,000원 **교통** 시내 진남관에서 111, 113번 버스 이용. 소요시간 약 1시간.

111번 버스 운행시간표
기점(미평, 여수엑스포역까지 약 10분 소요) 출발시간 AM 04:30(여수엑스포역 경유) 05:40(여수엑스포역 경유) 07:00 07:50 09:00 09:50 11:00 PM 12:00 12:50 02:00 03:10 03:50 05:00 06:00 07:50 09:00 10:00(본래 111번 버스는 여수엑스포역을 지나지 않지만 기점에서 AM 04:30 05:40에 출발하는 두 편만은 일출 관광객을 위해 여수역을 경유한다.)

종점(향일암) 출발시간 AM 05:30 07:00 08:17 09:17 10:27 11:07 PM 12:17 01:17 02:17 03:17 04:27 05:07 06:27 07:27 08:17 09:07 10:12

113번 버스 운행시간표
기점(미평, 여수엑스포역까지 약 10분 소요) 출발시간 AM 06:30 07:20 09:35 10:20 PM 12:30 01:30 03:40 04:20 06:40 종점(향일암) 출발시간 AM 07:40 08:40 10:40 11:30 PM 01:50 02:50 04:50 05:50 07:50

참고 ① 여수의 시내버스 요금은 보통 1,100원이나 113번은 좌석버스라 1,650원이다. 116번 버스도 향일암에 가기는 하지만 빙 돌아가기 때문에 시간이 몇 십 분이나 더 걸리므로 추천하지 않는다. 하루에 3번밖에 운행하지 않아 어차피 타기도 어렵다. ② 향일암 아래에는 회타운이 형성되어 있어서 일출을 본 뒤 아침식사를 하기에 적절하다.

02 돌산공원&돌산대교

여수의 상징이기도 한 돌산대교는 향일암이 위치한 돌산도를 육지와 연결하는 다리다. 돌산공원에서 내려다보는 돌산대교 야경이 장관이다. 여수 전경이 내려다보여 사진 찍기에도 좋은 장소다. 여수엑스포를 앞두고는 제2돌산대교로 불리는 거북선대교가 개통되어 돌산공원 양편으로 여수의 밤풍경을 책임지고 있다.

교통 시내 진남관에서 111, 112, 113, 114, 115번 등 돌산대교로 가는 버스가 많다. 돌산대교 앞에서 내려 돌산공원까지 걸어 올라가면 된다.

04 진남관

여수는 전라좌수영이 있던 곳으로 남해를 지켰던 이순신 장군과 관련이 깊은 도시다. 국보로도 지정돼 있는 진남관은 과거 전라좌수영의 객사였다. 우리나라 단층 목조건물 중에서 가장 규모가 크다고 한다. 진남관 앞에는 이순신 장군을 기념하는 이순신광장도 조성돼있다. 시내에 위치한 진남관은 버스를 갈아타기 위해서라도 반드시 지나게 되는 곳이니 한 번쯤 들러보자.

전화번호 061-690-7338 **교통** 여수엑스포역에서 2, 6, 7번 버스 이용. 소요시간 약 10분.

03 오동도

한려해상 국립공원의 서쪽 끝 오동도는 섬 모양이 오동나무 잎사귀를 닮았고 예전에 오동나무가 많이 자라서 오동도라는 이름이 붙었다. 동백나무가 많아서 동백섬이라고도 한다. 겨우내 붉은 동백꽃이 섬 전체를 물들이며, 다양한 희귀 수목이 아름다운 비경을 이루어 바다의 꽃섬이라고도 불린다. 방파제로 육지와 연결돼 있어서 바다 한가운데 놓인 방파제를 20분 정도 걸어 들어가야 한다. 방파제를 따라 걷는 길에는 그늘이 없어서 한낮에는 덥고 힘들 수 있는데 동백열차를 이용하면 편하게 경치를 즐길 수 있다. 섬 자체가 무척 아름다울 뿐더러 한가운데 음악분수가 설치돼 있어 흥취를 더해준다.

전화번호 061-664-8978 **요금** 입장 무료, 동백열차 500원 **교통** 여수엑스포역에서 2, 333번 버스 이용. 소요시간 약 5분. 혹은 시내 진남관이나 서시장에서 2, 52, 61, 555번 버스 이용. 소요시간 약 10분.

05 마래터널&만성리 검은모래 해변

여수 시내에서 만성리로 가다보면 마래터널을 통과한다. 마래터널은 자연암반을 사람의 힘으로 파내어 만들었는데 일제에 의해 강제 동원된 조선인과 중국인의 희생이 서려 있다. 터널을 지나면 죄 없이 학살된 민간인들의 넋을 기리는 '여순사건 희생자 위령비'가 있다. 이처럼 어두운 과거 때문에 '죽음의 터널'이라고도 불리는 마래터널을 거쳐 닿는 만성리 검은모래 해변은 한이라도 간직한 듯한 검은 모랫빛이 특이한 곳이다. 여름이면 해수욕을 하러도 많이 찾는다.

교통 여수엑스포역이나 시내 진남관에서 6, 7번 버스 이용. 약 10~20분 소요.

06 아쿠아플라넷 여수

여수엑스포 이후 박람회장의 활용방안에 대해서 말이 많지만 현재로서는 아쿠아플라넷만이 제대로 운영되고 있다. 아쿠아리움과 올라이브 뮤지엄에서 해양생물들을 만나볼 수 있다. 다소 비싼 가격에 선뜻 표를 끊기는 부담되지만 무료 셔틀버스를 이용해 한 번 방문이라도 해보는 것을 추천한다. 이유는 입장료가 필요 없는 푸드코트에서 바라보는 경치가 무척 훌륭하기 때문. 통유리 창문 바깥이 바로 바다여서, 바다 위에서 식사를 하는 것 같은 기분을 느낄 수 있다. 한식, 중식, 일식, 양식을 갖추고 있는 푸드코트는 맛도 서비스도 훌륭하며 빈스앤베리즈가 입점해 있어 식후 커피 한 잔의 여유도 즐길 수 있다. 귀여운 해양동물 인형들이 지름신을 부르는 기념품샵도 구경해보자.

전화번호 061-660-1111 **홈페이지** www.aquaplanet.co.kr/yeosu **요금** 더블권 24,000원, 아쿠아리움 20,500원, 올라이브 뮤지엄 8,000원 **운영시간** AM 10:00~PM 07:00 **교통** 여수엑스포역이나 오동도에서 한 시간에 한두 대 꼴로 있는 셔틀버스 이용. 택시비 약 3,000원 거리.

2012 여수 세계박람회의 상징 깜찍한 두 캐릭터의 이름은 '여니'와 '수니'

07 종포해양공원&하멜등대

여수시민들의 대표 밤마실 장소. 빨간 하멜등대와 반짝이는 검은 물결 너머로 보이는 여수 전경이 너무나 아름답다. 여름이면 삼삼오오 모여앉아 캔맥주를 마시며 야경을 즐기는 사람들을 많이 볼 수 있다. 공원에는 편의점이나 카페가 여러 군데 있어서 추운 날에도 따뜻한 커피와 함께 야경을 즐기기에 부족함이 없다. 거북선대교 바로 앞에는 하멜전시관이 오후 6시까지 문을 여니 함께 둘러봐도 좋겠다.

교통 진남관에서 도보 20분. 이순신광장을 지나 제2돌산대교 방면으로 걸어가면 나온다.

맛집

여수에서는 게장백반을 먹자. 향일암 입구 회타운이나 시내의 봉산동 게장백반거리에 맛집이 많다. 밥도둑 게장백반을 리필까지 해가며 먹을 수 있다. 여수의 별미 돌산갓김치도 맛볼 수 있는 건 덤. 유명한 가게야 있지만 맛은 대체로 비슷하다는 평이다.

처갓집식당

향일암 입구에 위치해 일출을 보고 와서 식사하는 손님이 많다. 혼자 가도 식사할 수 있다. 게장도 게장이지만 갓김치가 무척이나 맛있다는 평.

위치 향일암 입구. **주소** 여수시 돌산읍 율림리 11-3 **전화번호** 061-644-7949 **가격** 게장백반 10,000원, 김치찌개 7,000원, 도토리묵 10,000원 **운영시간** AM 06:00~PM 08:00

호랭이게장

인기 웹툰 〈역전! 야매요리〉에 소개되어 유명세를 탄 가게. 시내 봉산게장거리에 있으며 1인분도 주문이 되는 것이 장점이다.

위치 진남관에서 2번 버스 타고 10분 정도 가서 신명마트 하차 후 도보 3분. **주소** 여수시 봉산동 266-16 **전화번호** 061-644-8317 **홈페이지** www.호랭이게장.kr **가격** 게장백반 8,000원 **운영시간** 08:30~PM 09:00

통만두집

여수 시민이라면 모를 리 없는 역사 깊은 맛집. 30년이 넘게 직접 만두를 빚어온 가게다. 칼국수와 만두가 맛있기로 유명하다. 시내에서 간단히 식사를 해결하고 싶을 때 추천한다.

위치 시내 진남관에서 도보 3분. 장한의원 옆. **주소** 여수시 중앙동 646 **전화번호** 061-664-1060 **가격** 찐만두 4,000원, 군만두 5,000원, 칼국수 5,500원 **운영시간** AM 11:00~PM 09:00

삼학집

여수의 또 다른 별미 서대회로 유명한 맛집. 새콤달콤한 회무침에 김가루와 참기름을 넣어 밥까지 비벼먹으면 고소하기가 이를 데 없다. 매장이 크지 않아 기다려야 할 때가 많으니 감안하고 찾아가자. 1인분도 주문 가능.

위치 종포해양공원 입구 중앙동주민센터 맞은편. **주소** 여수시 중앙동 277-1 **전화번호** 061-662-0261 **홈페이지** www.samhakzip.com **가격** 서대회무침 12,000원, 갈치구이 14,000원 **운영시간** AM 09:30~PM 09:00 **휴일** 첫째 주, 셋째 주 월요일

COFFEE 달콤

바다를 보며 핸드드립커피를 마실 수 있는 완소 카페. 핸드드립커피를 주문하면 테이블에서 직접 내려주어 보는 재미도 쏠쏠하다. 편안하고 아기자기한 느낌의 인테리어도 매력. 향긋한 커피와 함께 여수밤바다를 200% 즐길 수 있는 최고의 카페다.

위치 종포해양공원 하멜등대 앞. **주소** 여수시 종화동 430 **전화번호** 061-665-0369 **홈페이지** cafe.naver.com/ysdalcom **가격** 핸드드립커피 5,500원 등 음료 5,000원대, 와플 4,000원 **운영시간** PM 12:30~AM 12:00 **휴일** 둘째 주, 넷째 주 월요일

Other Choices

황소식당 봉산게장거리의 맛집으로 유명한 식당. 긴 줄을 각오해야 한다. 게장백반(2인

이상) 8,000원. 061-642-8007.

진복식당 전라도스타일의 푸짐한 보리밥정식을 맛볼 수 있는 곳. 진남관에서 도보 3분. 정식(2인 이상) 8,000원. 061-664-7555

달콤다방 해양공원 카페 달콤의 시내 분점이다. 진남관에서 도보 3분. 음료 5,000원대. 061-665-0369

한화 아쿠아플라넷 내 푸드코트 아쿠아테라스 푸드코트답지 않게 맛과 서비스가 훌륭해 여수의 숨은 맛집이라 할 만하다. 숯불고기덮밥 8,500원, 가츠동 9,000원, 플레인 치즈피자 10,000원 등. PM 08:30까지 운영.

 | **숙소**

게스트하우스 플라잉피그
도미토리임에도 널찍한 객실이 매력적인 게스트하우스. 여수 여행의 시작점 진남관 앞에 위치해 편리하다. 외국인 게스트도 많아 활기찬 분위기. 1층에는 로비 겸 카페가 있다.

위치 시내 진남관 버스정류장 맞은편. **주소** 여수시 고소동 805 **전화번호** 010-4015-1651 **홈페이지** www.yeosuhouse.com **요금** 도미토리 20,000~21,000원 **체크인/아웃** 체크인 PM 02:00 체크아웃 AM 11:00 **제공내용** 조식(토스트, 커피, 녹차), 수건, 샴푸, 치약, 비누

여수 게스트하우스
여수엑스포역에서 걸어갈 수 있을 정도로 접근성이 좋은 게스트하우스. 대학교 기숙사처럼 꾸며진 로비와 화장대가 있는 여성 전용 거실 등 곳곳에 센스가 묻어난다.

위치 여수엑스포역에서 도보 15분 거리. 2번 버스 타고 3정류장 이동 후 동광탕(여수고) 하차해 엑스포 행사장 방향으로 가다가 보이는 사거리에서 우회전 후 직진. **주소** 여수시 수정동 452 **전화번호** 010-4214-0907

홈페이지 cafe.naver.com/yeosuhouse **요금** 도미토리 20,000원 **체크인/아웃** 체크인 PM 03:00 체크아웃 AM 11:00 **제공내용** 조식(토스트, 커피), 수건, 샴푸, 치약, 비누

 Other Choices

향일암 게스트하우스 향일암 근처에 위치해 물 고운 여수의 비경을 만끽할 수 있다. cafe.naver.com/sol79, 010-8582-4383

쉼표 게스트하우스 여수엑스포역에서 택시비 기본요금 거리. cafe.naver.com/scguesthouse, 010-3136-8840

게스트하우스 올리브 진남관에서 도보 10분 거리. cafe.naver.com/allivehouse, 010-4607-7596

 뉴백옥해수타운

단연 여수에서 가장 크고 좋은 찜질방으로 꼽힌다. 펜션, 골프장, 식당 등이 함께 운영될 정도로 규모가 크고 시설도 쾌적하다. 찜질손님이 아니어도 이용할 수 있는 식당에서는 육개장, 갈비탕, 미역수제비 등 제대로 된 식사를 판다. 남녀 수면실 완비.

위치 여수엑스포역에서 2번 버스 타고 월호동 주민센터 하차. 소요시간 약 25분. **주소** 여수시 국동 1092-1 **전화번호** 061-642-5600 **홈페이지** www.baekock.com **요금** 주간 7,000원, 7시 이후 9,000원, 이불 대여 1,000원

 여수 스포렉스찜질방

남녀 수면실 완비. 무난한 시설의 찜질방. 아파트 단지에 위치해있어 주민들이 많이 이용하며 붐비지 않는 편이다.

위치 여수2차 현대아파트 단지에 위치. 여수엑스포역에서 333번 버스 타고 문수동사무소 하차. 혹은 시내 서시장에서 80, 82, 555, 777번 버스 등 타고 여서주공아파트 앞이나 문수동사무소 하차. 소요시간 약 15분. **주소** 여수시 여서동 480-2 **전화번호** 061-654-5601 **요금** 7,000원, 이불 대여 1,000원

한반도의 남쪽 끝자락을 따라 달리는 느리디느린 노선이다.
평소에는 탈 일이 거의 없고 이용객도 많지 않지만
내일로 시즌만 되면 빛을 발하는 매력덩어리다.
아무렴 기차여행에는 느림의 미학이 필요한 법이니.

삼랑진에서 광주송정까지 289.5km **경전선**

싱그러운 찻잎이 꾸는
초록빛 꿈 **보성**

근현대사가 흐르는
태백산맥의 고장 **벌교**

느리게 살 자유,
대한민국 대표 슬로시티 **하동**

맛집로드
스페셜 **진상**

논개 가락지 사이로
흐르는 역사 **진주**

노란 바람이
부는 마을 **진영**

싱그러운 찻잎이 꾸는 초록빛 꿈
보성

관광 지수	★★★★☆
휴식 지수	★★★★☆
교통 지수	★★★☆☆
맛집 지수	★★★☆☆
예산 지수	★★★☆☆
기차역 지수	★★★☆☆

보성역 061-852-7788
보성교통(군내버스)
061-857-6393
보성시외버스터미널
061-852-2777
보성군청 문화관광과
061-850-5226

끝도 없이 펼쳐진 녹차 밭의 싱그러움에 취해버린다. 녹차 밭은 계절에 따라 찻잎의 색깔이 변하기 때문에 언제 찾아도 느낌이 다르다. 초록빛이 절정인 5~6월도, 흰 눈이 소복이 쌓인 겨울 차밭의 설경도 저마다의 아름다움을 뽐낸다. 여행자들이 보성을 찾는 이유 1순위는 대한다원이겠지만, 제2다원이라고 불리는 회령다원이나 보성차밭빛축제가 열리는 봇재다원까지 둘러본다면 보성 여행 좀 제대로 했다고 자랑할 수 있을 것. 율포 해수욕장의 해수녹차탕에서 뜨끈한 녹찻물에 온몸을 물들이고, 녹차 아이스크림과 녹차 셰이크 등을 맛보는 것도 보성 여행에서 놓치지 말아야 할 묘미다.

추천일정표

AM
10:54 부전, 진주, 순천 등에서 출발한 경전선 무궁화호 열차로 보성역 도착

11:00 보성녹차떡갈비에서 점심식사

PM
12:40 보성시외버스터미널에서 율포 방면 농어촌버스 타고 대한다원으로 이동(약 15분 소요)

01:00 대한다원 관람, 녹차 아이스크림 맛보기

03:00 대한다원 옆 봇재다원으로 걸어가 구경

03:40 봇재다원 앞에서 율포·회령행 버스 타고 회령다원으로 이동(약 10분 소요)

04:00 회령다원 구경

05:00 회령에서 택시로 율포 이동(약 10분 소요)

05:30 율포에서 보성행 버스 타고 보성역으로 이동(약 30분 소요)

06:31 보성역에서 경전선 무궁화호 열차 타고 광주 등으로 이동

* 보성역에 물품보관함은 없지만 짐을 맡길 수 있다.

이 도시를 여행하는 법

❶ 유명한 보성 녹차 밭은 보성역에서 육교를 건너면 나오는 버스정류장에서 농어촌버스를 타고 갈 수 있다. ❷ 보성역 육교 정류장은 보성시외버스터미널에서 한 정거장 거리다. 시골이다 보니 버스 운행시간이 다소 들쑥날쑥할 수 있지만 인내심을 갖고 기다리자. ❸ 겨울이면 봇재다원과 다향각 일원에서 보성차밭빛축제가 펼쳐진다.

예산

보성녹차떡갈비	10,000원
보성시외버스터미널 ⇒ 대한다원 버스비	1,200원
대한다원 입장료 (내일로 할인)	2,000원
녹차 아이스크림	2,000원
봇재다원 ⇒ 회령 버스비	1,200원
회령 ⇒ 율포 택시비	약 6,000원
율포 ⇒ 보성 버스비	1,500원
합계	약 23,900원

01 대한다원

녹차수도 보성은 우리나라에서 차 재배 면적이 가장 넓은 지역이다. 군내에 다원이 여럿 있는데 흔히 말하는 보성 녹차 밭은 십중팔구 대한다원을 일컫는다. 너른 부지에 굽이굽이 펼쳐진 차밭은 탄성을 절로 자아낸다. 두어 시간은 잡아야 다 둘러볼 수 있을 정도로 넓다. 녹차 밭 뿐 아니라 삼나무와 편백나무, 대나무 숲도 울창하게 장관을 이루고 있어 삼림욕을 즐길 수 있다. 달콤 쌉싸름한 맛이 일품인 녹차 아이스크림(2,000원)을 먹어보자.

전화번호 061-511-3455 **홈페이지** www.dhdawon.com **요금** 3,000원(내일로 2,000원) **운영시간** AM 09:00~PM 07:00, 동절기 PM 06:00까지 **교통** 보성역 육교 건너편 버스정류장에서 율포행 버스 이용, 소요시간 약 15분. 대한다원에서 보성역으로 돌아올 때는 다원 입구에서 굴다리를 지나 반대편 버스 이용.

02 율포 해수욕장

해수녹차탕으로 유명한 율포 해수욕장은 남해안에서 가장 먼저 개발된 해수욕장이다. 규모가 작고 한적해 해변을 산책하며 여유를 즐기기 괜찮은 곳. 여름 시즌에는 해수풀장이 운영되어 신나는 물놀이를 즐길 수도 있다.

전화번호 061-852-2181 **교통** 보성역 육교 건너편 버스정류장에서 율포행 버스 이용, 소요시간 약 30분. 율포 해수욕장에서 다시 보성시외버스터미널로 돌아올 때는 내린 곳 맞은편이 아니라 삼거리의 큰 나무 앞에서 버스를 기다려야 한다.

03 율포 해수녹차탕

보성군의 직영 해수녹차탕에서는 뜨뜻한 녹차 목욕을 즐길 수 있다. 남녀 해수온탕, 해수냉탕, 녹차탕 등이 갖춰져 있다. 짙은 녹색의 물빛에 몸을 담그면 절로 건강해지는 것만 같은 기분.

전화번호 061-853-4566 **요금** 6,000원 **운영시간** AM 06:00~PM 08:00 **교통** 율포 해수욕장 내.

보성터미널~대한다원~율포 해수욕장 버스 운행시간표

보성터미널 출발시간 AM 06:00 07:00 07:20 08:10 08:30 09:10 09:45 10:30 11:15 11:55 PM 12:40 01:35 02:20 03:00 03:40 04:30 05:10 05:45 06:30 07:00 07:30 08:20(밑줄은 율포·회령행)

율포해수욕장 출발시간 AM 05:15 06:40 07:50 08:15 09:00 09:30 10:20 10:35 10:40 11:05 PM 12:00 12:50 01:35 02:40 03:20 04:20 05:00 05:30 06:10 06:35 07:35 08:05 08:55

※ 율포행 버스는 모두 대한다원을 지난다. 대한다원에서 율포해수욕장까지는 약 15분 소요.

04 봇재다원

대한다원 입구에서 오르막길을 따라 10분 정도 걸어가면 봇재다원이 나온다. 대한다원과는 또 다른 분위기의 차밭으로 언덕 아래로 내려다보이는 경치가 시원스럽다. 봇재다원을 지나 계속 걸어가면 은곡다원과 다향각전망대도 볼 수 있다. 봇재다원과 다향각 일원은 겨울마다 열리는 보성차밭빛축제의 개최 장소이기도 하다.

전화번호 061-853-1117

05 회령다원

제2다원 혹은 평지다원이라고 불리는 회령다원은 언덕에 굽이굽이 펼쳐진 대한다원(제1다원)과 달리 탁 트인 평지에 차밭이 펼쳐져 느낌이 퍽 다르다. 드라마 〈여름향기〉를 촬영했으며 사진 동호인들의 출사 장소로도 사랑받는 곳이다.

전화번호 061-853-2870 **교통** 보성역 육교 건너편 정류장이나 대한다원, 율포 해수욕장에서 율포·회령행 버스 이용. 율포·회령행 버스는 대한다원, 율포 해수욕장을 지나 회령리로 들어간다. 버스비는 보성역 기준 1,600원이며 소요시간 약 30분. 회령서초등학교에서 내려 15분 정도 걸으면 회령다원이 나온다. 율포 해수욕장에서 택시 이용 시 약 5,000원 정도.

차 상식 녹차와 홍차는 다른 차일까?

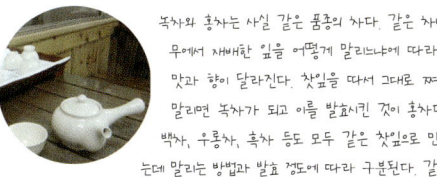

녹차와 홍차는 사실 같은 품종의 차다. 같은 차나무에서 채취한 잎을 어떻게 말리느냐에 따라서 맛과 향이 달라진다. 찻잎을 따서 그대로 쪄서 말리면 녹차가 되고 이를 발효시킨 것이 홍차다. 백차, 우롱차, 흑차 등도 모두 같은 찻잎으로 만드는데 말리는 방법과 발효 정도에 따라 구분된다. 같은 녹차라도 채취시기에 따라 우전, 세작, 중작, 대작 등으로 품에 차이가 생긴다. 어린잎을 따서 만든 우전이나 작설이 고급 차에 속한다.

맛집

보성녹차떡갈비

유명한 보성떡갈비를 푸짐한 밑반찬과 함께 즐길 수 있는 곳이다. 비교적 저렴한 가격에 떡갈비를 맛볼 수 있고 1인분도 주문할 수 있다.

위치 보성역에서 나와 오른편 길을 따라 10분 정도 걸어가다 나오면 보성여중 옆에 위치. **주소** 보성군 보성읍 우산리 27-1 **전화번호** 061-853-0300 **가격** 녹차먹인돼지갈비 9,000원, 소떡갈비 19,000원, 모듬떡갈비 14,000원, 공기밥 별도 **운영시간** AM 10:30~PM 10:00

차목원

보성 특산품 녹차와 꼬막을 함께 맛볼 수 있는 보성군 인증 녹차음식 전문점. 정갈한 한 끼 식사를 하기에 모자람이 없다.

위치 율포 해수욕장 앞 횟집골목. **주소** 보성군 회천면 율포리 469-9 **전화번호** 061-853-5558 **가격** 녹차비빔밥 8,000원, 녹차떡국 7,000원, 꼬막정식 15,000원 **운영시간** AM 09:00~PM 10:00

숙소

보성에는 나홀로 여행자를 위한 숙박시설보다는 민박이나 펜션이 많다. 레일러들은 대개 가까운 순천, 광주 등에서 숙박을 해결하고 아침 일찍 녹차 밭을 찾는다. 보성 읍내에서 여관, 모텔을 찾는 것은 어렵지 않으니 염려는 하지 않아도 된다. 내일로 시즌에는 코레일 전남본부 내일로 플러스로 골망태펜션(061-852-1966)에서 저렴하게 묵을 수 있다.

보성삼베황토참숯찜질방

보성에서 유일한 찜질방으로 시설이 좋은 편은 아니지만 그런대로 찾는 여행자들이 있다. 남녀 수면실이 구분돼있지 않고 부대시설이 따로 없다는 점을 참고하자.

위치 보성역에서 택시비 3,000원 정도. **주소** 보성군 보성읍 용문리 95-1 **전화번호** 061-852-9898 **요금** 8,000원, 이불 대여 1,000원

근현대사가 흐르는 태백산맥의 고장
벌교

관광 지수	★★★☆☆
휴식 지수	★★★★☆
교통 지수	★★★☆☆
맛집 지수	★★★★☆
예산 지수	★★★☆☆
기차역 지수	★★★★☆

벌교역 061-857-7788
벌교버스공용터미널
061-857-2149

벌교는 보성군에 속하는 읍의 이름으로 '뗏목을 엮어 만든 다리'라는 뜻이다. 이 보통명사가 지명이 된 건 현재의 벌교 홍교 자리에 있던 뗏목다리 때문이다. 벌교는 관광거리가 많지 않지만 2008년 개관한 조정래 태백산맥 문학관을 중심으로 찾는 이들의 발걸음이 꾸준하다.

〈아리랑〉, 〈한강〉과 함께 한국 근현대사 3부작으로 불리는 대하소설 〈태백산맥〉은 벌교를 배경으로 우리 민족의 아픈 근현대사를 반추하는 작품이다. 벌교에 오면 소설 속에 등장하는 횡갯다리와 소화다리, 철다리, 중도방죽 등을 실제로 볼 수 있어 책을 읽은 사람에게는 더욱 매력적인 여행지다.

경전선

추천일정표

AM

10:20   부전, 진주, 하동, 순천 등에서 출발한 경전선 무궁화호 열차로 벌교역 도착
조정래 태백산맥 문학관 관람
현부자네 집과 소화의 집 둘러보기

PM

12:00   꼬막정식으로 점심식사

01:00   벌교 홍교, 부용교, 철다리, 중도방죽 등 벌교 읍내 돌아보기

02:20   보성여관에서 차 마시며 보성여관 둘러보기

03:25   벌교역에서 무궁화호 열차 타고 순천으로 이동

이 도시를 여행하는법

벌교역에는 기차가 자주 다니지 않아 순천에서 시내버스를 이용해 이동하면 편리하다. 순천역 앞 버스정류장에서 20분 간격으로 다니는 88번 버스를 타고 벌교 시내 구터미널 정류장에서 하차하면 된다. 소요시간은 약 40분. 벌교는 작은 읍이기 때문에 걸어서 충분히 돌아볼 수 있다. 한나절이면 족하다.

 예산

태백산맥 문학관 관람료	2,000원
꼬막정식	15,000원
보성여관 차	5,000원
합계 = 약	27,000원

01 조정래 태백산맥 문학관

'문학은 인간의 인간다운 삶을 위하여 인간에게 기여해야 한다.'는 소신의 조정래 작가의 대표작 〈태백산맥〉을 주제로 꾸며진 문학관이다. 조정래 작가는 아직까지도 컴퓨터가 아닌 원고지를 고집하는 것으로 유명하며 16,000매가 넘는 육필 원고를 볼 수 있다. 작가의 삶과 문학세계, 〈태백산맥〉과 그 무대 벌교 등에 대한 전시가 준비돼있다.

전화번호 061-858-2992 **홈페이지** tbsm.boseong.go.kr **요금** 2,000원 **운영시간** AM 09:00~PM 06:00, 동절기 PM 05:00까지 **휴일** 매주 월요일, 설 및 추석 당일 **교통** 벌교역에서 벌교버스공용터미널 방향으로 도보 20분.

03 벌교 홍교(횡갯다리)

벌교의 상징인 벌교 홍교는 벌교천을 가로지르는 다리 가운데 가장 오래된 교량이다. 세 칸의 무지개형이 나란한 돌다리로, 원래는 뗏목을 이어 만든 다리 즉 벌교였으나 서기 조선 영조 때 선암사의 초안선사가 보시로 현재의 홍교를 지었다. 현존하는 아치형 석교 가운데 가장 규모가 크고 아름다워 보물 제304호로 지정돼있다.

교통 벌교역 앞쪽으로 도보 20분.

02 현부자네 집&소화의 집

조정래 태백산맥 문학관 뒤편에는 소설 〈태백산맥〉 속 현부자네 집과 소화의 집의 모델이 된 집들을 문학관 개관과 함께 복원해 놓아 함께 관람할 수 있게 하였다. 이외에도 벌교 읍내 곳곳에서는 〈태백산맥〉에 등장하는 회정리교회, 벌교 금융조합, 김범우의 집 등을 만나볼 수 있다.

04 부용교(소화다리)

벌교천을 가로지르는 네 개의 다리 중 최근 지어진 제2부용교를 제외한 홍교, 부용교, 철다리는 모두 반세기 이상의 세월을 간직하고 있다. 1931년에 건립된 철근 콘크리트 다리인 부용교는 건립 당시의 연호가 소화昭和 6년이어서 소화다리라는 별칭을 얻었다. 부용교는 여순사건 당시 수많은 사람들의 피로 붉게 물들었던 아픔도 가지고 있다.

경전
선

05 보성여관

〈태백산맥〉 속 남도여관의 실제 모델로 오랫동안 여관과 상가 등으로 쓰였던 건물이다. 최근 근대 문화유산으로 복원해 카페와 소극장, 전시공간, 숙박체험장 등으로 활용하고 있다. 소설 속 보성여관에 대해서 알아보며 차 한 잔의 여유를 즐길 수 있는 공간. 1층 카페에서 차를 주문하면 따로 입장료를 내지 않아도 된다. 찻값은 4,000원.

전화번호 061-858-7528 **요금** 1,000원 **운영시간** AM 10:00~PM 05:00 **휴일** 매주 월요일 **교통** 벌교역에서 벌교버스공용터미널 방향으로 도보 20분.

위치 벌교역에서 나와 직진 도보 7분. **주소** 보성군 벌교읍 벌교리 867-5 **전화번호** 061-858-8580 **가격** 참꼬막정식 15,000원, 꼬막비빔밥 7,000원, 꼬막전 5,000원

거시기꼬막식당

정겨운 전라도 사투리가 붙은 가게 이름부터가 예사롭지 않은 꼬막정식 맛집. 내일로 할인 (1,000원)도 받을 수 있다.

위치 벌교역에서 나와 직진 도보 5분. **주소** 보성군 벌교읍 벌교리 871-8 **전화번호** 061-858-2255 **가격** 거시기꼬막정식 15,000원, 꼬막정식 13,000원, 꼬막회무침비빔밥 7,000원, 백반 7,000원 **운영시간** AM 10:00~PM 09:00

숙소

벌교는 작은 읍이라 숙박시설이 많지는 않지만 하룻밤 머물만한 여관, 모텔 등을 어렵지 않게 찾을 수 있다. 보통은 가까운 순천에서 숙박을 해결한다. 보성여관 숙박체험 요금은 온돌방 80,000원부터.

맛집

어가꼬막식당

벌교 특산품 참꼬막 맛집으로 탱글탱글한 꼬막으로 만든 꼬막전, 꼬막탕수육, 꼬막무침 등을 맛볼 수 있다.

경전
선

느리게 살 자유, 대한민국 대표 슬로시티

하동

　마주오던 할머니가 "지금 몇싱교?" 했다. 내게 묻는 건가 하고 두리번대다가 아무도 없는 걸 보고 시간을 알려드렸다. 할머니가 고맙다고 하며 지나가신 뒤에, 왜 '길 가던 남'에게 시간을 물었을까 생각해봤다. 아, 할머니는 시계가 없으시구나. 게다가 여긴, 나와 남의 경계가 희미한 시골 마을이었지.

　누구나 당연히 스마트폰을 붙들고 살며 한 치도 양보하지 않으려고 날을 세우던 도시에서의 습성을 하동에 왔다면 잠시 내려두라. 이 정답고 신비스러운 고장은 강河인 듯 여름夏인 듯, 아이童인 듯 고을洞인 듯, 휘도는 섬진강처럼 많은 것을 품고 있다. 하동은 들판에 비닐하우스가 없는 동네이기도 하다. 굳이 빨리 결실을 보채지 않는 슬로시티이기 때문이다.

　은빛으로 맑게 반짝이는 엄마표 섬진강을 끼고 사철 푸른 한 지리산을 바라보며 사는 하동 사람들은 참 친절들 했다. 행정구역상 경남이지만 느낌은 질펀한 전라도에 더 가까운 동네. 박경리 대하소설 〈토지〉의 배경인 악양 최참판댁과 전라도와 경상도를 가로지르는 화개장터가 있는 곳이 바로 여기 하동군이다.

관광 지수	★★★★☆
휴식 지수	★★★★★
교통 지수	★★★☆☆
맛집 지수	★★★☆☆
예산 지수	★★★☆☆
기차역 지수	★★★☆☆

하동역 055-882-7788
하동시외버스터미널 055-883-2663
화개터미널 055-883-2793
악양버스정류소 055-883-4955
악양개인택시 055-883-3009
종합관광안내소 055-880-2950

이 도시를 여행하는 법
　하동역은 하동시외버스터미널과 도보 10분 거리에 있어 이용이 편리하다. 하동역을 나와 왼편으로 10분 정도 걸어가면 된다. 하동역 근처에는 관광안내소가 없지만 역에 문의하면 관광안내책자를 얻을 수 있다. 하동역 역무원이 무척 친절하기로 소문이 났다.

추천일정표

PM
첫째날
09:56   포항, 태화강, 부전, 진영 등에서 출발한 동해남부선~
        경전선 무궁화호로 하동역 도착
        하동역에서 도보 10분 거리의 하동사우나에서 숙박

AM
둘째날
08:30   기상 여행 준비
09:30   버스 타고 화개터미널로 이동(약 25분 소요)
10:00   화개장터 구경 후 동백식당에서 아침식사
11:30   화개터미널에서 버스 타고 쌍계사로 이동(약 10분 소요)
11:40   쌍계사 관람

PM
02:20   쌍계사에서 악양행 버스 타고 악양으로 이동(약 15분 소요)
        악양 슬로시티 구경
03:20   악양버스정류소에서 버스 타고 하동으로 이동(약 20분 소요)
03:40   명성콩국수에서 점심식사
04:37   하동역에서 경전선 무궁화 열차 타고 순천 등으로 이동

✱ 경전선 하동역에는 열차가 자주 다니지 않으므로 필히 열차 시간을 고려해 여행 계획을 세워야 한다.

예산

하동사우나 1인 수면실	18,000원
하동 ➡ 화개 버스비	2,200원
동백식당 재첩정식	8,000원
화개 ➡ 쌍계사 버스비	1,200원
쌍계사 관람료	2,500원
쌍계사 ➡ 악양 버스비	1,800원
악양 ➡ 하동 버스비	1,500원
명성콩국수	5,000원
합계 = 약	40,200원

경전
선

02 쌍계사

대한불교 조계종 제13교구 본사로 지리산 자락에 위치한 아름다운 사찰이다. 하동은 녹차로도 유명한데 쌍계사는 우리나라 차의 발상지로 절 주변에서 심심찮게 차밭을 만날 수 있다. 버스정류장에서 일주문까지는 15분쯤 걸리는데, 가는 길에 산채음식점이라든지 약초와 호박엿 따위를 파는 노점들이 있어 심심하지 않다. 올라가다가 고개를 돌려 맞은편의 산을 바라보면 물에 번진 수채화 같은 정경이 아스라하다.

전화번호 매표소 055-883-7019 **홈페이지** www.ssanggyesa.net **요금** 2,500원 **교통** 하동시외버스터미널이나 화개터미널에서 쌍계사행 버스 이용.

하동~쌍계사 버스 운행시간표
(소요시간 약 35분, 요금 2,800원)
하동시외버스터미널 출발시간 AM 08:00 09:15 10:10 11:40 PM 12:40 02:00 02:50 03:50 05:00 06:50 08:30 **쌍계사 출발시간** AM 07:00 08:20 08:50 09:40 11:40 PM 12:20 02:20 03:00 05:15 06:40(쌍계사에서 출발한 하동행 버스가 화개와 악양을 경유한다. 화개 버스비는 1,200원, 악양행은 1,800원.)

화개~쌍계사 버스 운행시간표
(소요시간 약 10분, 요금 1,200원)
화개터미널 출발시간 AM 07:00 08:00 08:20 08:30 09:45 10:40 11:10 PM 12:10 12:40 01:10 02:30 02:50 03:20 04:20 05:20 05:30 06:20 07:20 09:00

01 화개장터

'전라도와 경상도를 가로지르는' 조영남의 노래로 유명한 화개장터. 김동리 소설 <역마>의 배경으로 동명의 영화를 촬영한 장소이기도 하다. 옛 명성을 잃은 지금은 관광지일 뿐이니 너무 큰 기대는 하지 않는 게 좋다. 하지만 화개터미널은 쌍계사로 가는 길목인데다 구 장터 자리에 맛집들이 많아 이래저래 한 번 들러볼 만한 곳임에는 틀림이 없다. 화개터미널에서 나와 왼편의 화개교를 건너면 화개장터다. 규모가 크지 않은 시장을 휙 하니 둘러보는 데는 이십 분이면 족하다. 터미널 오른편의 먹자골목은 구 장터 자리다.

전화번호 화개장터 관광안내소 055-883-5722 **교통** 하동시외버스터미널에서 화개행 버스 이용, 소요시간 약 25분. 화개행 버스는 약 30분마다 다녀 비교적 자주 있는 편. 버스비 2,200원.

tip 하동에서 화개로 갈 때는 버스의 왼쪽 좌석에 앉자. 달리는 동안 아름다운 섬진강의 정경을 감상할 수 있다.

03 평사리 최참판댁

악양면 평사리에 위치한 최참판댁은 대하소설 〈토지〉의 내용을 토대로 꾸며놓은 곳으로 토지마을이라고도 불린다. 드라마 〈토지〉를 촬영한 장소이기도 하며 최근에도 여러 시대극의 배경이 되고 있다. 매년 가을 토지문학제가 열리는 평사리문학관에서는 소설 〈토지〉 속 이야기를 만나볼 수 있다. 너른 최참판댁 마당을 거닐고 있노라면 금방이라도 서희와 길상을 마주칠 것만 같다. 넉넉하게 둘러보려면 최소 1시간은 잡아야 한다.

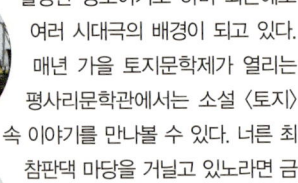

전화번호 최참판댁 관광안내소 055-880-2950 **요금** 1,000원 **운영시간** AM 09:00~PM 06:00 **교통** 하동시외버스터미널이나 화개, 쌍계사에서 악양행 버스 이용. 하동보다는 화개에서 악양으로 가는 버스가 많다. 악양버스정류소에서 최참판댁까지는 도보 20~30분.

화개~악양 버스 운행시간표
(소요시간 약 10분, 요금 1,200원)

화개터미널 출발시간 AM 07:15 08:30 09:15 10:20 11:50 PM 01:25 02:25 03:05 04:40 05:05 06:50

하동~악양 버스 운행시간표
(소요시간 약 20분, 요금 1,500원)

하동시외버스터미널 출발시간 AM 07:40 10:00 PM 02:10 04:40 07:40 **악양버스정류소 출발시간** AM 07:25 08:45 09:30 10:30 PM 12:00 01:30 02:40 03:25 04:55 05:20 07:00

04 청학동 마을&삼성궁

지리산 청학동은 해발 800m의 지리산 중턱에 위치한 도인촌으로 한 때 매스컴을 많이 타면서 유명해진 마을이다. 고운 최치원 선생이 은거하던 천하제일의 명당이라고 한다. 청학동 도인촌 옆에는 배달민족의 성전 삼성궁이 위치해 있다. 삼성궁은 겨레문화의 도량으로서 왕궁이나 사찰과는 또 다른 독특한 분위기가 있어 신비롭다. 속세를 등진 도인촌답게 교통이 불편해 찾아가기는 쉽지 않은 편이다.

전화번호 청학동 관광안내소 055-882-5379 삼성궁 055-884-1279 **홈페이지** 삼성궁 www.bdsj.or.kr **요금** 삼성궁 5,000원 **운영시간** PM 05:00까지 입장 **교통** 하동시외버스터미널에서 청학동 가는 버스 이용

청학동 버스 운행시간표
(소요시간 약 1시간, 요금 4,500원)
하동시외버스터미널 출발시간 AM 08:30 11:00 PM 01:00 03:30 07:00 청학동 출발시간 AM 07:00 10:20 PM 12:40 02:20 05:00

05 하동송림공원

하동 읍내 섬진강변에 우거진 하동송림공원은 푸른 소나무 숲과 섬진강 은빛 물결을 함께 감상할 수 있는 곳. 200년 수령의 소나무가 군락을 이루어 천연기념물 제445호로 지정되어 있으며 지역 주민들에게 소중한 휴식 공간을 제공한다.

교통 하동역에서 하동시외버스터미널을 지나 섬진강 방향으로 도보 약 30분.

맛집

부흥재첩식당

100% 하동산 재첩만을 사용해 요리하는 재첩국과 참게장정식이 맛있는 곳. 든든한 한 끼 식사를 해결하기에 안성맞춤으로 현지인들이 즐겨 찾는 맛집이다.

위치 하동역에서 하동송림공원 방향으로 도보 약 15분. **주소** 하동군 하동읍 광평리 221-4 **전화번호** 055-884-3903 **가격** 재첩백반 8,000원, 참게장정식 13,000원 **운영시간** AM 07:30~PM 08:30

동백식당

여러 번 방송을 타기도 한 화개장터의 맛집이다. 참게, 은어, 재첩 등 섬진강 맑은 물에서만 서식하는 생물로 요리한 별미를 판다.

위치 구 화개장터 자리의 먹자골목 한가운데. 간판이 커서 찾기 쉽다. **주소** 하동군 화개면 탑리 674-4 **전화번호** 055-883-2439 **가격** 재첩정식 8,000원, 참게탕 小 35,000원

명성콩국수

40년 전통을 자랑하는 콩국수집이다. 단출한 메뉴만 봐도 맛집임을 눈치챌 수 있다. 토종을 고집하는 재료로 곱게 갈린 콩국수 국물과 탱글탱글한 면발이 일품이다.

위치 하동시외버스터미널 옆. **주소** 하동군 하동읍 읍내리 321-8 **전화번호** 055-884-3312 **가격** 콩국수 5,000원, 콩물 3,000원, 식혜 3,000원

숙소

하동사우나

하동시외버스터미널 건물에 위치한 찜질방으로 규모가 크고 시설이 깔끔하다. 1인 수면실을 운영해 따로 열쇠를 주어 잠글 수 있는 독립 공간에서 편안한 숙면을 취할 수 있다. 물 좋은 사우나에서 따뜻하게 목욕한 후 수면실에서 휴식을 취할 수 있다. 한국형 호스텔의 완결판으로 칭하고 싶은 획기적인 찜질방.

위치해 있어 해가 지면 금세 깜깜하니 너무 늦지 않게 체크인하는 것이 좋다. 북카페와 함께 운영되고 있다.

위치 하동시외버스터미널에서 화개행 버스 이용, 화개터미널 도착 전 상덕마을에서 하차. 버스 반대방향으로 100m 직진. 혹은 화개터미널에서는 도보 40분 혹은 택시비 6,000원 거리. **주소** 하동군 화개면 덕은리 상덕길 46-26 **전화번호** 010-4125-0535 **홈페이지** cafe.naver.com/sumzin **요금** 도미토리 15,000원 **체크인/아웃** 체크인 PM 02:00 체크아웃 AM 11:00 **제공내용** 수건, 샴푸, 치약, 비누

위치 하동시외버스터미널 건물. **주소** 하동군 하동읍 읍내리 333-14 **전화번호** 055-883-2665 **요금** 찜질 8,000원(내일로 6,000원), 1인 수면실 이용 18,000원

 도시고양이생존연구소

지리산 자락에 위치한 독특한 콘셉트의 게스트하우스로 으리으리한 시설보다는 자연 속에 휴식하기를 원하는 여행자에게 추천한다. 섬진강이 바라다 보이는 경치를 자랑하며 무수한 별들이 밤하늘을 수놓은 산골 마을에

 Other Choices

숨 게스트하우스 지리산점 화개장터 인근에 위치. 화개터미널에서 픽업 가능. jirisan.sumhostel.com, 070-7784-9696

경전선

맛집로드 스페셜
진상

경전선 순천역과 하동역 사이에는 이름도 재미있는 '진상역'이 있다. 전남 광양에 위치한 무배치 간이역이다. 한때 철거될 위기에 처했던 역사가 2009년부터 정육식당으로 임대되어 영업하면서 일대의 명물로 떠올랐다. 1급 암소만을 취급하여 고기 맛이 좋고 값도 일반 식당의 절반 수준으로 저렴하다. 소고기를 구워먹으며 기차가 지나가는 모습을 볼 수 있는 이색적인 매력도 있어서 부러 기차에서 내려 들러볼 가치가 있는 곳이다.

 진상영농한우촌

주소 광양시 진상면 섬거리 309-11 **전화번호** 정육점 061-772-2621 식당 061-772-2626 **가격** 세팅비 1인당 3,000원, 장터국밥 6,000원, 육회비빔밥 7,000원. 소고기는 실비로 제공되며 두 명이서 30,000원어치 정도면 충분히 먹는다. **운영시간** AM 11:00~PM 09:30 **휴일** 셋째 주 월요일

경전선

논개 가락지 사이로 흐르는 역사

진주 진주역, 진주수목원역, 반성역

열 손가락 섬섬옥수에 고운 가락지가 끼워졌다. 여인은 그 걸로 나라를 지켰다. 논개가 적장을 끌어안고 몸 던진 진주 남강의 이야기다. 진주성을 끼고 도도히 흐르는 남강은 마치 역사의 흐름을 시사하는 듯하다.

모든 것은 흘러간다. 피천득의 수필이 말하듯, 모든 것은 다 하나의 이야기가 되어 버리는 거다. 임진왜란이 그랬고 논개가 그랬듯, 오늘의 여행도 이렇게 흘러간 이야기가 될 것이다. 아련한 사춘기와 빛나는 청춘, 길을 나서는 그 용기까지도. 먼 훗날 촉석루 난간 위에 서 보면 푸른 남강이 되비치는 것은 그저 미소를 보낼 수 있는 추억.

관광 지수	★★★☆☆
휴식 지수	★★★★☆
교통 지수	★★★★☆
맛집 지수	★★★★☆
예산 지수	★★★★☆
기차역 지수	★★★☆☆

진주역 055-753-7788
반성역 055-754-6788
진주시청 교통행정과 대중교통 담당
055-749-2203
진주시외버스터미널
(ARS) 055-741-6039
진주성 관광안내소
055-749-2485
App 진주버스, 진주에서 버스

245

추천일정표

PM 첫째날

- **03:18** 부전, 진영, 마산 등에서 출발한 경전선 무궁화호 열차로 진주역 도착
  진주역 앞 버스정류장에서 버스 타고 진주성으로 이동 (약 10분 소요)
- **03:30** 진주성 및 국립진주박물관 관람
- **05:00** 시내 중앙광장에서 버스 타고 진양호공원으로 이동 (약 20분 소요)
- **05:30** 진양호공원, 물문화관, 동물원 등 둘러보고 석양 감상
- **07:00** 버스 타고 진주 시내로 이동(약 20분 소요)
- **07:30** 중앙시장 제일식당에서 저녁식사
- **08:30** 남강변 걸으며 진주성과 촉석루 야경 감상 후 찜질방으로 이동해 숙박

AM 둘째날

- **09:00** 기상 여행 준비
  일찍 움직이려면 제일식당에서 해장국으로 아침식사를 하고 진주역으로 이동하자.
- **10:00** 버스 타고 이현웰가 아파트로 이동(약 20분 소요)
- **10:30** 하연옥에서 진주물냉면으로 아침식사
- **11:30** 버스 타고 진주역으로 이동(약 20분 소요)

PM

- **12:55** 진주역에서 경전선 무궁화호 열차 타고 하동, 순천 등으로 이동

✱ 진주수목원역은 무배치간이역이므로 역무원이 상주하지 않는다. 문의는 진주역이나 반성역으로 해야 한다.

예산

진주역 ⇒ 진주성 버스비	1,200원
진주성 입장료	2,000원
진주성 ⇒ 진양호 버스비	1,200원
진양호공원 동물원 입장료	1,000원
진양호 ⇒ 중앙광장 버스비	1,200원
제일식당 육회비빔밥	7,000원
진주성 ⇒ 찜질방 버스비	1,200원
테마건강랜드 or 동성패밀리존 숙박	8,000원
찜질방 ⇒ 이현웰가 버스비	1,200원
하연옥 진주물냉면	8,000원
이현웰가 ⇒ 진주역 버스비	1,200원
합계	약 33,200원

이 도시를 여행하는 법

❶ 진주역 앞 버스정류장이나 진주 시내 중앙광장에서 대부분의 버스가 정차한다. 버스 노선이 복잡한 편이니 승차 전 행선지를 물어보자. ❷ 진주시외버스터미널에서 통영으로 가는 버스가 있다. 소요시간은 약 1시간, 버스비는 4,700원. 진주시외버스터미널은 진주역에서 130, 131, 133, 141, 145번 등의 버스를 타고 갈 수 있다. 소요시간 약 20분. 택시로는 약 6,000원 정도.

경전선

02 진양호공원

물빛 푸른 인공호수인 진양호를 중심으로 조성된 공원이다. 지리산을 한 눈에 바라볼 수 있는 전망대와 물을 주제로 꾸며놓은 물문화관, 동물원 등이 있어 진주 시민들의 나들이 장소로 사랑 받는 곳. 아름다운 진양호가 두 눈 가득 들어와 마음까지 맑아지는 기분. 석양이 특히 아름다워서 저물녘에도 많은 관람객이 찾는다.

전화번호 진양호공원관리사업소 055-749-2510 물문화관 055-760-1266 **요금** 동물원 1,000원 **운영시간** 물문화관 AM 10:00~PM 05:00, 동절기 PM 04:00까지 **휴일** 매주 월요일, 신정, 설 및 추석 연휴 **교통** 진주역 앞 버스정류장에서 120번대 등 진양호 방면 버스 이용, 소요시간 약 20분.

01 진주성

진주의 상징이라 할 수 있는 진주성 주위를 둘러싼 남강과 어우러져 멋진 그림을 만들어낸다. 진주성 안에는 우리나라 3대 누각 중 하나로 꼽히는 촉석루와 임진왜란 당시 기생 논개가 왜의 적장을 끌어안고 몸을 던졌다는 의암, 임진왜란을 중점적으로 다루는 국립진주박물관이 있다. 진주성은 남강에 은은하게 비치는 야경이 장관이므로, 낮에는 박물관을 관람하고 밤에는 진주성 주변을 산책하며 야경을 감상하면 좋다. 하절기 저녁마다 공연하는 남강 음악분수대가 밤산책의 운치를 더한다.

전화번호 진주성관리사무소 055-749-2480 국립진주박물관 055-742-5951 **홈페이지** 박물관 jinju.museum.go.kr **요금** 2,000원 **운영시간** 진주성 AM 05:00~PM 10:00, 하절기 PM 11:00까지 박물관 평일 AM 09:00~PM 06:00, 주말 및 공휴일은 PM 07:00까지 **휴일** 박물관 매주 월요일, 신정 **교통** 진주역 앞 버스정류장에서 대부분의 시내버스가 진주성을 지난다. 진주성이나 이마트 앞 하차, 소요시간 10분 미만. 진주역에서 도보 약 30분 소요.

03 경상남도수목원

진주수목원이라고도 하는 경상남도수목원은 우리나라 최대 규모의 삼림박물관과 열대 식물원, 야생 동물원 등으로 주말이면 가족 단위 나들이객이 많이 찾는다. 열차가 자주 다니지는 않지만 경전선에 진주수목원역이 있을 정도로 존재감이 있는 곳이다. 규모가 큰 만큼 볼거리가 풍성하고 학술적으로도 가치가 높다.

전화번호 055-771-6500 **홈페이지** tree.gndo.kr **요금** 1,500원 **운영시간** AM 09:00~PM 06:00, 동절기 PM 05:00까지 **휴일** 매주 월요일, 신정, 설 및 추석 당일 **교통** 진주수목원역에서 도보 10분, 반성역에서 도보 30분 진주 시내에서 50분 간격으로 다니는 280, 281, 282, 283, 380번 버스 이용, 약 40분 소요. 반성시외버스터미널 하차 후 002남산 순환버스로 환승해 수목원까지 이동.

맛집

제일식당

진주식 육회비빔밥을 제대로 맛볼 수 있는 식당으로 진주 3대 비빔밥집 중에서도 단연 제일로 꼽힌다. 새벽 일찍 문을 여는 아침에는 해장국, 점심에는 육회비빔밥을 먹는 것이 단골들 사이의 불문율로 통한다.

위치 진주 시내 중앙시장 안. **주소** 진주시 대안동 8-291 **전화번호** 055-741-5345 **가격** 육회비빔밥 7,000원, 해장국 4,000원, 국밥 6,000원 **운영시간** AM 04:00~PM 09:00

하연옥

해물 육수가 특징인 진주냉면은 평양냉면, 함흥냉면과 함께 우리나라 3대 냉면으로 손꼽힌다. 진주에서 유명세를 떨치던 진주냉면이 하연옥으로 이름을 바꿔 이현웰가 아파트 앞으로 확장 이전했다. 진주냉면을 제대로 맛볼 수 있는 곳으로 늘 많은 손님으로 북적인다.

위치 진주 시내에서 11, 21, 21-1, 25-2, 27-1, 19, 127, 131, 132, 188번 버스 타고 이현웰가 아파트 하차, 소요시간 약 20분. **주소** 진주시 이현동 1191 **홈페이지** www.jinjufood.co.kr **전화번호** 055-741-0525 **가격** 진주물냉면 8,000원, 진주비빔냉면 9,000원, 진주불고기온면 7,000원, 진주온반 7,000원 **운영시간** AM 10:00~PM 10:00

 숙소

동성패밀리존 찜질방사우나

진주역과 가장 가까운 찜질방으로 최근 노후한 시설을 수리하고 재개장해 상당히 좋아졌다. 남녀 수면실, 만화방, PC방 등을 갖춰 하룻밤 묵어가기 괜찮다.

위치 진주역에서 나와 왼편으로 5분 정도 걸어가면 나오는 동성상가 지하 1층에 위치. **주소** 진주시 강남동 219 **전화번호** 055-754-1133 **홈페이지** dongsungsauna.co.kr **요금** 8,000원

테마건강랜드

진주에서 시설이 좋은 편에 속하는 찜질방으로 규모가 꽤 있는 편이다. 남녀 수면실, PC방 등이 잘 갖춰져 있다. 콘센트 이용이 편리하고 진주 시내에 위치해 접근성도 괜찮은 편.

위치 진주역이나 진주 시내 중앙광장에서 신안주공아파트로 가는 버스 이용, 소요시간 약 5~15분. 신안주공아파트 3단지 맞은편 골목에 위치. 택시비는 진주역 기준 4,000원, 진주성 기준 3,000원 정도. **주소** 진주시 신안동 759 **전화번호** 055-747-3651 **요금** 8,000원, 이불 이용 무료

자금성건강랜드

시설은 소박하지만 이용객이 적어 조용하게 쉴 수 있는 찜질방. 진주시외버스터미널과 가까워 다음날 통영 등으로 넘어가기 편리하다. 다만 주변이 홍등가라 분위기가 심상찮으니 주의하자.

위치 진주시외버스터미널에서 GS25와 주차장 약국 사이 골목으로 진입해 도보 5분 후 국제종합기계 끼고 좌회전. 도보 5분. **주소** 진주시 장대동 135-20 **전화번호** 055-743-8841 **요금** 8,000원, 이불 이용 무료

노란 바람이 부는 마을
진영

경전선

관광 지수	★★★★☆
휴식 지수	★★★☆☆
교통 지수	★★★★★
맛집 지수	★★☆☆☆
예산 지수	★★★★☆
기차역 지수	★★★☆☆

진영역 055-345-7788
김해버스 055-339-9992
김해종합관광안내센터
055-338-1330

아직도 그날의 세종로 네거리를 잊지 못한다. 광화문부터 서울광장을 지나서까지, 왕복 십차선 도로는 백만이 넘는 노란 물결로 가득 넘실댔다. 아침나절부터 모여든 추모객들은 오후가 늦도록 그리움에 사무쳐 노란 울음을 나부꼈다. 고 노무현 대통령의 국민장이 치러지는 날이었다.

더 이상 봉하에 그 분이 계시지는 않지만 바람 불면 그리워서 흔들리듯 사람 사는 세상으로 갔다. 마을에는 노란 바람이 불었다. '대통령 노무현'이라 새겨진 묘역에는 희고 노란꽃이 놓였다. 마을 곳곳에서 그 분은 온후한 동네 할아버지처럼 웃고 계셨다. 껄껄껄, 호탕하던 웃음소리가 들려왔다.

추천일정표

PM

02:10   부전역 등에서 출발한 경전선 무궁화호 열차로 진영역 도착

02:50   진영역에서 10번 버스 타고 봉하마을로 이동(약 25분 소요)

03:20   봉하마을 둘러보기
노무현 대통령 생가, 추모의 집, 묘역 등 둘러보고 봉화산 부엉이바위, 사자바위, 정토원, 마애불 등 가보기

05:30   봉화산 정토원에서 저녁 공양 후 하산

07:05   마을 입구에서 10번 버스 타고 진영역으로 이동(약 25분 소요)

07:58   진영역에서 경전선 무궁화호 열차타고 진주, 하동, 순천 등으로 이동

* 김해시 진영읍은 고 노무현 전 대통령의 생가와 묘역이 있는 봉하마을이 있는 곳이다. 진영역에서 '노짱 버스'를 타고 마을에 갈 수 있다.

이 도시를 여행하는 법

간혹 '봉하'와 '봉화'를 착각하는 일이 있다. 봉하마을은 봉화산 봉수대 아래의 마을이라는 뜻으로, 마을 뒷산의 이름이 봉화산이라 붙은 이름이다. 봉화마을은 경북 봉화군 봉화역이 아닌 경남 김해시 진영역에 있으니 유의하자.

	예산
진영역 ⇒ 봉하 버스비	1,200원
봉하 ⇒ 진영역 버스비	1,200원
합계 = 약 2,400원	

01 봉하마을

고 노무현 대통령의 고향으로 노 대통령 서거 후에는 재단법인 아름다운봉하에서 운영·관리하고 있다. 마을 곳곳에서 노란 바람개비나 리본, 노 대통령의 사진 등을 마주친다. 대통령이 태어난 생가와 대통령 임기가 끝난 후 귀향해 살았던 사저, 묘역과 추모의 집 등을 볼 수 있다.

전화번호 생가 안내 055-346-0660 봉하재단 053-344-1003 **홈페이지** bongha.knowhow.or.kr **교통** 진영역에서 10번 '노짱 버스' 이용, 소요시간 약 25분. 10번 버스는 진영역~봉하마을 구간을 순환하며 거의 봉하마을 셔틀버스처럼 운행되고 있다.

10번 버스 운행시간표(평일 기준)
진영역 출발시간 AM 06:20 07:30 08:40 09:55 11:05 PM 12:30 01:40 02:50 04:00 05:15 06:40 07:50 09:00 10:00 **봉하마을 출발시간** AM 06:45 07:55 09:10 10:20 PM 12:00 12:55 02:05 03:15 04:25 06:10 07:05 08:15 09:25 10:25

02 고 노무현 대통령 묘역

고 노무현 대통령의 묘역은 대통령의 유지와 유족들의 뜻에 따라 소박하게 꾸며졌다. 너럭바위로 봉분을 대신했고 '대통령 노무현'이라는 글자를 새겼다. 국민에게 사랑받았던 대통령답게 묘역에는 시민들의 참여·기증으로 이루어진 1만5천개의 국민참여 박석을 깔았다.

운영시간 AM 08:00~PM 07:00, 동절기 PM 06:00까지. 이후 PM 10:00까지는 헌화대까지만 개방

03 봉화산 정토원

정토원은 봉하마을 뒷산의 작은 절이다. 봉화산은 높지는 않지만 돌산이라 꽤 가파르다. 노 대통령이 몸을 던졌다는 부엉이바위와 사자바위, 마애불 등을 둘러보고 내려오는 데는 한 시간 반 정도 잡는 게 좋다.

전화번호 055-342-2991~2
홈페이지 www.bonghwasan.org

맛집

봉하마을 입구에 간단한 식당이 운영되고 있고 먹을거리를 파는 작은 가게들이 있다. 때에 따라 정토원에서 식사 공양을 할 수도 있다. 마을 입구께서 파는 '봉하빵'을 먹어보자.

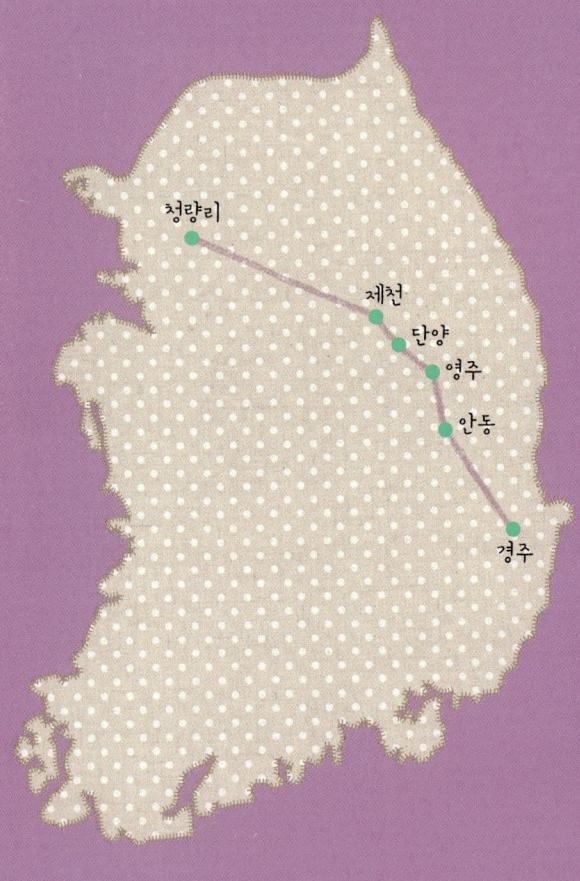

아직도 서울에 서울역만 있다고 착각한다면
당신은 반쪽짜리 기차여행을 하고 있다.
제천, 단양, 영주, 안동 등 내일로 여행에서 빼먹으면 섭섭한
완소 여행지까지는 청량리역에서 출발하는 중앙선 열차로만 갈 수 있으니까!

청량리에서 경주까지 375.4km # 중앙선

청풍호반의 도시 **제천**

온달과 평강이 사는
무릉도원 같은 세상 **단양**

배흘림기둥의
미학을 아는 선비의 고장 **영주**

양반고을서 찜닭에
소주 한 잔 하시죠 **안동**

청풍호반의 도시

제천

관광 지수	★★★☆☆
휴식 지수	★★★★☆
교통 지수	★★★★★
맛집 지수	★★☆☆☆
예산 지수	★★★★☆
기차역 지수	★★★★☆

제천역 여행상담센터
043-642-8622

제천운수 043-646-2955

제천교통 043-643-8601

제천시 관광정보센터
043-652-5681

제천은 중앙선과 태백선이 교차하는 큰 역이다. 역 앞에서 버스 한 번이면 단양으로도 넘어갈 수도 있어 내일로 여행 중 자주 경유하게 된다.

청풍호반의 도시 제천은 매년 여름 열리는 제천국제음악영화제의 잇단 성황으로 점점 방문객이 늘고 있다. 수준 높은 영화와 음악, 의림지와 청풍호의 푸른 물빛을 함께 즐길 수 있는 축제로 콘셉트가 뚜렷해 매년 인기를 더한다.

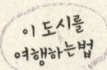

열차 교통이 발달한 제천은 도시의 규모에 비해 역이 늘 복작대는 편이다. 역 앞에 보령식당과 역전시장, 모텔, 관광안내소 등 각종 편의시설이 잘 갖춰져 있어서 여행자 친화도가 높다.

중앙선

01 의림지

의림지는 김제 벽골제, 밀양 수산제와 함께 우리나라에서 가장 오래된 수리시설로 꼽힌다. 신라 진흥왕 때 우륵에 의해 처음 축조되었으며 지금도 제천 지역 농경지에 물을 대는 기능을 하고 있다. 의림지는 수변공원 형태로 조성되어 주변에 음식점과 유원지 등이 운영되고 있다. 제천국제음악영화제 때면 이곳에 수변무대가 설치된다. 호수 위에는 오리배가 떠다니고, 주위에 늘어선 소나무가 시원한 그늘을 형성해 바라보기만 해도 눈과 마음이 맑아지는 기분. 물가를 따라 의림지 주변을 한 바퀴 도는 데는 한 시간이 좀 덜 걸린다. 늦은 밤에도 조명 시설이 되어 있어 산책하기 괜찮다.

전화번호 의림지 관광안내소 043-651-7101 **교통** 제천역 건너편 버스정류장에서 세명대 방면 31번 버스 이용 의림지 하차, 소요시간 약 25분. 31번 버스는 약 30분마다 다니며 휴일에는 더 자주 운행되어 편리하다.

02 청풍문화재단지

제천을 청풍호반의 도시라 부르는 이유가 되는 곳이다. 잔잔한 청풍호에 푸른 바람이 부는 경치를 바라보고 있노라면 유유자적하기 그지없다. 〈일지매〉와 〈추노〉 등을 촬영한 SBS 촬영장과 청풍석조여래입상, 한벽루 등의 문화재도 함께 둘러볼 수 있어 더욱 알차다. 제천국제음악영화제 때면 이곳에 청풍호반 무대가 설치된다.

전화번호 043-641-4301 **요금** 3,000원 **운영시간** AM 09:00~PM 06:00, 동절기 PM 05:00까지 **교통** 제천역 근처 금융아파트 정류장에서 청풍 방면 900번대 버스 이용, 소요시간 약 45분. 버스는 한 시간에 한두 대 정도 다닌다.

03 역전시장

제천역에서 나오면 바로 맞은편에 역전시장이 보이는데 끝자리 3, 8일에 5일장이 선다. 장날이 아니라도 상설로 운영되고 있어 기차를 기다리는 동안 식사를 해결하거나 잠시 구경하며 시간을 보내기에 적절하다. 여느 재래시장처럼 부침개, 국밥, 보리밥 등을 팔고 있으며 여행 중 간식 삼을 과일이나 과자도 구입할 수 있다. 저녁 때 제천역에 도착했다면 잔술로 파는 막걸리나 동동주와 함께 풍류를 즐겨봐도 좋겠다.

교통 제천역에서 나와 맞은편 오른쪽으로 도보 1분.

🍴 맛집

보령식당

제천에서도 소문난 칼국수 맛집으로 허름한 시골 식당 분위기지만 음식맛은 일품이다. 제천역 바로 앞에서 24시 영업한다. 여행 중 언제 제천역에 내려도 저렴한 가격에 푸짐한 식사를 할 수 있는 착한 가게. 빨간 칼국수의 매운맛이 얼큰하나 매운 것을 못 먹으면 덜 맵게 해달라고 할 수 있다. 밥을 달라고 하면 공짜로 준다.

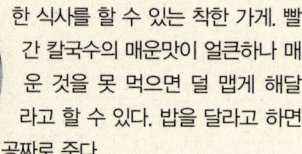

위치 제천역 맞은편. **주소** 제천시 화산동 241 **전화번호** 043-642-3506 **가격** 칼국수 5,000원, 떡만두국 5,000원, 육개장 6,000원 **운영시간** 24시간 **휴일** 둘째 주, 넷째 주 일요일

tip 제천의 소주는 '시원한 청풍'

두꺼비식당

매콤한 양푼갈비 한 가지 메뉴로 인기를 얻고 있는 식당이다. 제천 시내 중앙시장에 위치해 있다. 매운 등갈비를 배추전에 싸먹는 맛이 그만. 매운 양념이 다소 자극적일 수 있다는 점은 감안하자.

위치 제천역 앞 큰길 따라 10분 정도 직진하다가 새마을금고 지나고 축산농협, 중앙시장 입구 지나 직진하면 세명한의원 옆에 위치. **주소** 제천시 의림동 37 **전화번호** 043-643-8847 **가격** 양푼갈비 9,000원, 곤드레밥 4,000원, 당면사리 1,000원 **운영시간** AM 11:30~PM 10:30

🛏 숙소

제천 시내와 역 부근에서 묵을 만한 여관, 모텔을 쉽게 찾을 수 있다. 제천국제음악영화제 시즌에는 세명대학교 기숙사와 제휴한 여행자 숙소가 운영되기도 한다.

동경불가마사우나

제천역에서 가장 가까운 찜질방으로 규모는 크지 않고 시설도 수수하지만 내일로 할인이 되어 저렴하게 숙박할 수 있는 곳이다. 남녀 수면실 완비.

위치 제천역 앞 큰길로 10분 정도 직진하다 사거리 지나 농협 골목으로 들어가면 유유혜식장 맞은편에 위치. **주소** 제천시 의림동 50-1 **전화번호** 043-645-9988 **요금** 8,000원(내일로 6,000원), 이불 대여 1,000원

유로스파

제천에서 시설이 괜찮은 축에 속하는 찜질방. 규모가 크고 콘센트 이용이 편리하다. 의림지와 가까워 야경을 보고 돌아 나오며 숙박하는 것도 좋다.

위치 제천역에서 31, 46번 버스 타고 제천시보건소 하차, 소요시간 약 15분. 혹은 의림지에서 31번 버스를 타고 나오다보면 약 10분 거리에 있다. 제천역이나 의림지에서 택시 이용 시 기본요금. **주소** 제천시 청전동 107-18 **전화번호** 043-646-8833 **요금** 8,000원, 이불 대여 1,000원

온달과 평강이 사는 무릉도원 같은 세상
단양

충청도 사람들이 으레 그렇듯 이곳 단양 사람들도 참 무던들 하다. 전라도처럼 사근사근하거나 경상도처럼 거칠고 속정 깊은 것과는 또 다른 매력이다. 조금은 심심하게, 티내지 않으면서 친절을 베푸는 게 점잖고 순박한 충청도 양반들이다. 계산을 모르고 배운 것은 없지만 그저 맘씨 착한 바보 온달이 단양에서 나온 데도 다 이유가 있는 듯.

어마어마한 규모를 자랑하는 천태종 구인사, 온달장군이 장렬한 죽음을 맞았다는 온달산성과 에메랄드빛 남한강, 온달동굴과 고수동굴 등 단양에서는 남한강 물빛처럼 잔잔한 충청도 맘씨를 느끼며 정겨운 여행을 할 수 있다.

관광 지수	★★★★☆
휴식 지수	★★★☆☆
교통 지수	★★☆☆☆
맛집 지수	★★☆☆☆
예산 지수	★★★☆☆
기차역 지수	★★☆☆☆

단양역 043-422-7788
단양시외버스공영터미널 043-421-8800
단양시내버스터미널 043-422-2866
단양버스 043-422-2866
단양택시 043-422-0412
단양관광안내소 043-422-1146

추천일정표

AM
10:45 제천역 맞은편 버스정류장에서 260번 버스 타고 구인사로 이동(약 1시간 10분 소요)

PM
12:00 구인사 관람 및 점심공양
01:35 영춘 경유 버스 타고 온달관광지로 이동(약 10분 소요)
01:45 온달관광지 관람
03:45 구인사에서 나오는 버스 타고 단양 읍내로 이동 (약 30분 소요)
04:30 도담삼봉과 석문 둘러보기
05:30 택시로 장다리식당 이동(약 10분 소요)
05:40 장다리식당에서 저녁식사
06:40 택시로 단양역 이동
07:08 단양역에서 중앙선 새마을호 열차 타고 영주, 안동 등으로 이동

✱ 단양역 앞에는 충주호가 펼쳐져 있는데 경치가 꽤 볼만하다. 열차 시간이 남는다면 둘러보며 시간을 보내는 것도 좋겠다.

💬 이 도시를 여행하는 법

❶ 단양은 버스가 자주 다니지 않고 관광지로의 이동 거리가 긴 편이다. ❷ 시내버스에는 노선 번호가 따로 없는 경우가 있으니 행선지를 확인하고 타자. 대부분의 버스는 단양 읍내 농협 맞은편에 있는 버스정류장에서 타면 되는데, 여기서 단양시외버스공용터미널까지는 도보 10분 정도 걸린다. ❸ 단양역은 단양 읍내와 떨어져 있어서 택시비 5,000원 정도를 예상해야 한다. 구인사는 단양이 아닌 제천에서도 바로 갈 수 있으니 이동 경로에 따라 계획하자. 제천에서 160번 시내버스를 이용하면 단양 읍내 고수대교 버스정류장에 내릴 수 있고 260번 시내버스를 타면 구인사까지 바로 갈 수 있다.

🌲 예산

제천역 ➡ 구인사 버스비	5,000원
구인사 ➡ 온달관광지 버스비	1,150원
온달관광지 입장료	5,000원
온달관광지 ➡ 단양 버스비	1,150원
단양 ➡ 도담삼봉 택시비	약 4,000원
도담삼봉 ➡ 장다리식당 택시비	약 4,000원
장다리식당 평강 마늘정식	12,000원
장다리식당 ➡ 단양역 택시비	약 5,000원
합계 =	약 37,300원

중앙선

03:00 05:10 06:30(밑줄은 단양역 출발) **구인사 출발시간** AM 07:25 08:30 09:30 10:45 PM 01:35 03:45 06:00 07:10(밑줄은 단양역 종착)

제천~구인사

구인사는 제천에서도 가까워 제천역 앞에서 구인사 방면 260번 버스를 이용하면 바로 갈 수 있다. 소요시간은 약 1시간 10분이고 버스는 편도 5,000원으로 조금 비싼 편. 단양역이 단양 읍내에서 멀기 때문에 이 노선을 잘 활용하면 좋다.

260번 버스 운행시간표
제천역 출발시간 AM 06:35 08:20 10:45 PM 02:05 03:40 06:15 **구인사 출발시간** AM 07:50 09:45 PM 12:05 03:25 05:00

01 구인사

대한불교 천태종의 총본산으로 어마어마하게 큰 절이다. 동서울터미널에서 구인사로 직접 오는 시외버스가 있을 만큼 찾아오는 신도와 관광객이 많다. 절 안에 우체국과 ATM이 있을 정도이고 만여 명이 취사할 수 있는 시설이 갖춰져 있다. 김장을 한 번 하면 4박 5일이 걸린다고 한다. 단순한 절이 아니라 하나의 마을 같은 느낌. 구인사터미널에 내려 절까지는 가파른 오르막길을 20분 정도 걸어 올라가야 한다. 식사 시간에 가면 공양간에서 공양을 할 수도 있다.

전화번호 교환전산실 043-423-7100 **홈페이지** www.guinsa.org **교통** 단양시외버스공용터미널에서 구인사행 버스 이용, 소요시간 약 40분. 요금은 3,300원.
영춘면을 경유하는 구인사행 버스는 단양시외버스공용터미널에서 AM 09:20~PM 08:20까지 매 시간 20분 출발한다. 구인사터미널에서 경유지 없이 단양시외버스공용터미널로 가는 직행버스가 AM 06:50~PM 05:50까지 매 시간 50분 출발한다. 단양 읍내 농협 건너편에 있는 버스정류장에서 시내버스를 이용할 수도 있다.

단양~영춘면~구인사 시내버스 운행시간표
상진리 종점(단양 읍내까지 약 10분 소요) **출발시간** AM 06:40 07:30 08:30 10:00 PM 12:20 01:45

02 온달관광지

바보 온달과 평강공주의 이야기를 주제로 꾸며진 온달관광지는 온달오픈세트장, 온달전시관, 온달동굴, 온달산성 등으로 이뤄져있다. 고구려 양식으로 꾸며진 오픈세트장은 드라마 〈태왕사신기〉를 촬영한 곳이다. 온달산성은 온달장군이 전사한 곳이라고 전해지는데 등산로를 따라 올라가면 볼 수 있다. 길이 험해 만만치는 않은데 산성까지 편도 1시간은 잡아야 한다. 언덕배기에서 바라보는 남한강 경치가 아름답다. 온달관광지의 입장료가 아깝지 않은 것은 온달동굴 때문이다. 뙤약볕이 내리쬐는 여름날에도 동굴 안에만 들어가면 냉장고 안에 들어온 듯 시원하다. 반대로 겨울에는 따뜻함을 느낄 수 있는 석회암 천연동굴이다. 동굴 규모가 크지는 않아서 30분 정도면 돌아볼 수 있다.

전화번호 043-423-8820~1 요금 5,000원 운영시간 AM 09:00~PM 06:00, 동절기 PM 04:30까지 교통 구인사에서 도보 30분, 버스로는 5~10분. 단양 읍내와 구인사를 오가는 버스가 온달관광지가 위치한 영춘면을 많이 경유한다. 버스 번호가 없으므로 물어보고 타자.

도담삼봉 앞에는 버스정류장이 따로 없으니 내렸던 곳 맞은편에서 기다리다가 버스가 오면 손을 흔들어 승차 의사를 표시해야 한다.

03 도담삼봉

단양팔경 중 제1경으로 꼽히는 도담삼봉은 말 그대로 강 위에 세 개의 바위가 솟아 있는 것이다. 조선의 개국공신 정도전이 이곳에서 유년기를 보낼 때 도담삼봉을 좋아해서 자신의 호를 삼봉이라 짓기도 했다. 도담삼봉에 얽혀있는 남녀 상열지사를 알고 나면 정도전이라는 대유학자가 이를 아낀 것이 재미있게 느껴진다. 세 개의 봉우리는 각각 남편봉과 처봉, 첩봉이라 한다. 가운데 있는 큰 봉우리가 남편봉이고 오른쪽에 배가 부른 듯 불룩한 봉우리가 첩봉, 반대편에 등을 돌리고 있는 게 처봉이다.

전화번호 043-422-3037 교통 단양 읍내 농협 맞은편 버스정류장에서 도담삼봉행 버스 이용, 소요시간 약 10분. 버스는 한 시간에 두세 대 꼴로 자주 다니는 편이다. 택시 이용 시 약 4,000원.

단양~도담삼봉 시내버스 운행시간표
상진리 종점(단양 읍내까지 약 10분 소요) 출발시간 AM 06:00 06:40 07:05 07:45 08:00 09:45 11:30 PM 12:30 01:50 03:50 05:00 05:30 07:05 10:10 **도담삼봉 출발시간** AM 08:40 09:35 09:45 10:25 10:35 10:55 11:25 PM 12:00 01:05 01:15 02:10 02:30 03:20 04:05 04:55 05:15 05:40 05:50 07:05 07:15 07:20 07:35 08:45 09:15 10:40

04 석문

도담삼봉에서 음악분수 옆으로 난 등산로를 따라 200m쯤 올라가면 천연의 바위가 구름다리 모양을 이룬 석문을 볼 수 있다. 단양팔경에도 해당되는 단양 석문은 오래 전 석회동굴이 무너질 때 동굴 천장의 일부가 남아 지금과 같은 모양이 된 것으로 추정되며 그 규모가 동양에서 가장 크다 알려져 있다. 석문의 생김 자체도 독특하지만, 이를 통해 맞은편의 남한강과 강변 마을의 모습을 바라보면 마치 한 폭의 액자 속 풍경화를 보는 듯하다. 석문 주위에서는 자라 바위 등 재미있는 모양의 바위와 마고할미가 살았다는 동굴을 볼 수 있다. 하늘나라에 살던 마고할미가 물을 길러 내려왔다가 남한강의 아름다운 전경에 반해 넋을 놓고 있다가 비녀를 잃어버리고, 비녀를 찾는다는 핑계로 이곳에서 농사를 짓고 살았다는 이야기가 전해진다.

05 고수동굴

단양에는 고수동굴, 천동동굴, 온달동굴 세 개의 관광용 동굴이 있는데 그 중 가장 유명한 것이 고수동굴이다. 태고의 신비를 느낄 수 있는 천연 동굴로 내부 길이가 1,700m나 된다. 동굴 내부는 연중 16℃로 유지되어 여름에는 시원하고 겨울에는 따뜻하다. 천연기념물 제256호. 동굴을 둘러보고 나오는 데는 거의 한 시간이 걸린다.

전화번호 043-422-3072 **홈페이지** www.kosu.or.kr **요금** 5,000원 **운영시간** AM 09:00~PM 05:30, 동절기 PM 05:00까지(입장시간 기준) **교통** 단양 읍내 농협 맞은 편 버스정류장에서 고수동굴행 버스 이용, 소요시간 약 10분. 단양시외버스터미널에서 도보 20분. 고수대교를 건너면 금방이다.

단양~고수동굴 시내버스 운행시간표

상진리 종점(단양 읍내까지 약 10분) 출발시간 AM 07:10 08:05 08:35 08:55 09:35 09:57 11:05 11:50 PM 12:50 02:10 04:20 05:20 06:25 08:00 **천동·다리안 종점(고수동굴까지 약 10분) 출발시간** AM 07:30 08:30 09:05 10:05 11:25 PM 12:25 01:10 02:40 04:55 05:45 06:50 08:08

맛집

금강식당

구인사 입구께 산채음식을 하는 식당들이 많이 있다. 금강식당은 그 중 방송도 많이 타고 유명한 곳으로 도토리와 더덕 등 건강한 식재료를 사용하는 맛집이다.

위치 구인사 주차장 근처. 간판이 눈에 띄어 찾기 쉽다. **주소** 단양군 영춘면 백자리 84 **전화번호** 043-423-2594 **가격** 산채도토리쟁반냉면(2인 이상) 9,000원, 산채더덕백반(2인 이상) 12,000원, 산채비빔밥 8,000원, 도토리묵밥 8,000원

장다리식당

단양 특산품 마늘 요리를 잘 하기로 입소문이 난 곳이다. 마늘장아찌, 마늘만두, 마늘샐러드 등 독특한 마늘 반찬이 십수 가지 나온다. 마늘 특유의 강한 향을 없애 먹기 쉽다.

위치 단양시외버스터미널에서 도담삼봉 방향으로 도보 5분. **주소** 단양군 단양읍 별곡리 28-1 **전화번호** 043-423-3960 **가격** 온달 마늘정식(2인 이상) 15,000원, 평강 마늘정식(2인 이상) 12,000원 **운영시간** AM 09:00~PM 10:00 **휴일** 설 및 추석

고구려식당

온달관광지 안에는 간단하게 한 끼를 해결할 수 있는 식당이 많다. 고구려식당은 그 중 규모가 가장 크고 식사류를 주문하면 서비스로 숯불고기가 제공되는 것이 특징이다.

위치 온달관광지 내. **주소** 단양군 영춘면 하리 141-4 **전화번호** 043-421-9720 **가격** 산채비빔밥 8,000원, 도토리묵밥 8,000원, 물냉면 7,000원

Other Choices

강변식당 도담삼봉 바로 앞에 매운탕, 산채정식 등을 하는 식당들이 여럿 있다. 다슬기덮밥 10,000원, 산채비빔밥 6,000원. 043-421-0362

숙소

단양 읍내에 게스트하우스는 없지만 묵을 만한 여관, 모텔을 쉽게 찾을 수 있다.

이화목욕탕찜질방

단양 읍내에 있는 유일한 24시 찜질방으로 모텔 이화파크텔과 같이 운영되고 있다. 규모는 크지 않으나 시설이 깔끔하고 조용해서 편하게 쉴 수 있다.

위치 단양 읍내 농협에서 강변으로 도보 10분. 단양시외버스터미널과 가깝다. **주소** 단양군 단양읍 도전리 622 **전화번호** 043-422-2080 **요금** 8,000원

배흘림기둥의 미학을 아는 선비의 고장

영주 영주역, 풍기역

관광 지수	★★★★☆
휴식 지수	★★★★☆
교통 지수	★★★☆☆
맛집 지수	★★★☆☆
예산 지수	★★★☆☆
기차역 지수	★★★★★

영주역 054-633-7788
풍기역 054-636-7788
시내버스정류소(영주여객)
054-633-0011~3
영주버스공용터미널(시외버스)
054-631-1006
부석사 종합관광안내소
054-638-5833

많은 이들이 〈무량수전 배흘림기둥에 기대서서〉라는 느낌표 선정도서를 기억할 것이다. 영주 여행길에 만난 부석사는 풍만한 배흘림기둥과 버선코마냥 맵시 있던 단청들은 사철 꼬까옷 갈아입는 소백산과 함께 한 폭의 그림이었다.

우리나라 최초의 서원인 소수서원이 있는 영주는 선비의 고장으로 불린다. 글공부한답시고 세상 물정 모르는 벽창호 샌님이 아니라 풍류를 아는 멋쟁이 선비님이다. 영주역은 과거 침대객차 내일로 플러스 혜택을 제공해 큰 인기를 얻기도 했다. 기차에서 캠핑을 하는 듯 독특한 경험을 선사했던 침대객차는 지금은 조선의 유학자들이 그랬듯 역사 속으로 사라졌다.

추천일정표

PM 첫째날
10:04 청량리, 제천, 단양 등에서 출발한 중앙선 무궁화호 열차로 영주역 도착
영주스포렉스찜질방 숙박

AM 둘째날
07:30 영주역 앞에서 1번 시내버스 타고 영주버스공용터미널로 이동
08:00 영주버스공용터미널 맞은편 버스정류장에서 풍기부석 버스 타고 부석사로 이동(약 1시간 10분 소요)
09:10 부석사 입구 종점식당에서 아침식사
부석사 관람

PM
12:40 부석사발 풍기부석 버스 타고 소수서원으로 이동 (약 20분 소요)
01:00 소수서원과 선비촌, 소수박물관 관람
03:40 부석사발 풍기부석 버스 타고 풍기역으로 이동 (약 25분 소요)
04:05 풍기 정도너츠 구입
04:55 부석사발 풍기부석 버스 타고 영주버스공용터미널로 이동(약 25분 소요)
05:20 시내 중앙분식으로 이동 쫄면 먹기
06:20 시내버스 타고 영주역으로 이동
06:50 영주역에서 무궁화호 열차 타고 용궁, 점촌, 김천, 동대구 등으로 이동

이 도시를 여행하는법

❶ 부석사나 소수서원은 영주역이 아닌 풍기역에서도 갈 수 있다.
❷ 부석사와 소수서원으로 가는 버스를 탈 수 있는 영주 시내버스정류소는 영주역에서 택시비 약 3,000원 거리. 영주의 시내버스비는 일괄적으로 일반버스 1,200원, 좌석버스 1,500원이다. ❸ 영주역 앞에는 각종 은행 ATM이 모두 설치돼있고 주변에 음식점은 물론 편의점이나 대형 마트 등 편의시설이 많아 이용이 편리하다.

예산

영주스포렉스찜질방	6,000원
영주역 ➡ 영주버스공용터미널 버스비	1,200원
영주버스공용터미널 ➡ 부석사 버스비	1,200원
종점식당 산채정식	8,000원
부석사 관람료	1,200원
부석사 ➡ 소수서원 버스비	1,200원
선비촌 통합관람권	3,000원
소수서원 ➡ 풍기역 버스비	1,200원
정도너츠	6,000원
풍기역 ➡ 영주버스공용터미널 버스비	1,200원
중앙분식 쫄면	5,000원
영주 시내 ➡ 영주역 버스비	1,200원
합계	약 36,400원

tip 풍기부석 버스

영주 시내버스 정류소에서 출발하는 풍기부석 버스는 풍기역과 소수서원을 경유한다. 풍기역 앞 버스정류장에서 이용할 수 있으며 풍기역에서 부석사까지는 약 45분이 소요된다. 영주에서 풍기까지는 약 25분이 걸린다. 영주역에서 시내버스정류소로 가는 버스는 자주 없지만 영주버스공용터미널로 가는 1번 버스는 10분 간격으로 자주 다닌다. 시내버스정류소에서 나온 풍기부석 버스는 영주버스공용터미널 맞은편 정류장을 경유하므로 굳이 시내버스정류소까지 가지 않아도 된다.

01 부석사

소백산 부석사는 〈무량수전 배흘림기둥에 기대서서〉라는 책으로 많이 알려졌다. 배흘림기둥은 한가운데가 불룩하게 생긴 기둥 양식으로, 맵시 있는 부석사 무량수전과 그 앞의 석등은 각각 국보 제18호와 제17호로 지정돼 있다. 절의 이름은 무량수전 뒤편에 있는 부석이라는 바위에서 유래했다. 뜬 돌이라는 이름처럼 금방이라도 날아갈 듯한 바위의 모습이 위태위태하다. 아름다운 소백산 자락에 위치한 절은 사계절 고즈넉하다. 매표소에서 절까지는 20분 정도 걸어야 하며 절을 넉넉히 구경하고 돌아오려면 두 시간은 잡는 게 좋다.

전화번호 관람 안내 054-633-3258 안내소 054-639-6298 **홈페이지** www.pusoksa.org **요금** 1,200원 **교통** 영주 시내버스정류소(영주여객) 부석행 버스 이용. 부석사행은 크게 진우를 경유하는 진우부석(55번)과 풍기를 경유하는 풍기부석(27번) 두 가지로 나뉜다.

진우부석 버스 운행시간표(소요시간 약 50분)
시내버스정류소 출발시간 AM 06:10 06:20 08:30 09:40 10:30 11:00 PM 12:00 01:20 02:00 03:30 05:40 06:50 **부석사 출발시간** AM 07:00 09:30 10:30 11:20 PM 12:00 01:10 02:10 03:00 04:40 06:40 07:40

풍기부석 버스 운행시간표
(소요시간 약 1시간 10분, 소수서원 경유)
시내버스정류소 출발시간 AM 06:45 08:00 8:40 10:00 11:20 PM 12:20 01:10 02:10 02:50 03:40 04:15 05:10 06:20 07:20 **부석사 출발시간** AM 06:50 08:10 09:15 10:10 11:15 PM 12:40 01:30 02:25 03:20 04:10 05:00 05:40 06:30 07:30 08:30

02 소수서원&선비촌

영주가 선비의 도시라고 불리는 것은 한국 최초의 서원인 소수서원이 있기 때문이다. 서원은 오늘날의 사립대학과 같은 후학 양성 기관으로, 중종 때 주세붕 선생이 세운 백운동서원이 퇴계 이황 선생 때 소수서원이라는 현판을 하사받으며 사액서원이 되었다. 통합 입장권으로 선비촌과 소수서원, 소수박물관까지 함께 관람할 수 있다. 영주나 풍기에서 부석사로 가는 도중에 위치해 있어 부석사와 함께 둘러보면 좋다.

전화번호 선비촌 054-638-5831~2 소수서원 054-634-3310 소수박물관 054-639-6955 소수서원 관광 안내 054-639-6259 선비촌 관광안내 054-637-8586 **홈페이지** www.sunbichon.net **요금** 3,000원 **운영시간** AM 09:00~PM 06:00, 여름 PM 07:00까지, 겨울 PM 05:00까지 **교통** 영주 시내버스정류소나 풍기역 앞 버스정류장에서 풍기부석 버스 이용. 영주 기준 약 45분 소요. 부석사에서는 버스로 약 20분.

tip ① 소수서원에 버스 통과 예정시간표가 붙어 있지만 경유지이므로 정차 시간이 일정하지 않은데다가 영주 버스는 운행 시간이 들쭉날쭉하기로 유명하므로 10분 이상 미리 가 있는 편이 안전하다.
② 영주사랑씨민증으로 가입하고 시민증을 출력해 가면 선비촌 입장료

를 50% 할인받을 수 있다. cybercitizen.yeongju.go.kr 사이트에서 회원가입, 로그인 후 상단 '시민증 출력'을 눌러 인쇄하면 된다.

맛집

종점식당

식사와 함께 나오는 청국장의 명성이 자자한 산채음식점이다. 주인아주머니의 넉넉한 인심과 함께 배불리 먹을 수 있는 곳.

위치 부석사 입구 주차장 근처. **주소** 영주시 부석면 북지리 238 **전화번호** 054-633-3606, 634-3607 **가격** 산채비빔밥 7,000원, 산채정식 8,000원, 청국장백반 8,000원

굴국밥 전문점

영주역 앞의 굴국밥 전문점에서 얼큰한 바다의 맛을 느낄 수 있는 맛집이다.

위치 영주역 앞에서 직진 3분. **주소** 영주시 휴천2동 320-8 **전화번호** 054-632-2282 **가격** 굴국밥 6,000원, 굴라면 6,000원, 굴수제비 6,000원

중앙분식

오로지 쫄면 하나로 승부한다. 20년 넘게 한결같은 맛을 자랑해 언제나 찾는 사람이 많다. 매운 것을 못 먹는 사람은 맵지 않으면서도 간이 맛있게 된 간장쫄면을 주문하자.

위치 영주 시내 영주중앙초등학교 근처. 영주역에서 1번 버스 타고 경북약국 하차. 소요시간 약 10분. **주소** 영주시 하망동 1-13 **전화번호** 054-635-7367 **가격** 쫄면 5,000원, 곱빼기 6,000원 **운영시간** PM 12:30~08:00

정도너츠(본점)

풍기의 작은 매장에서 시작해 지금은 전국으로 프랜차이즈가 생긴 영주의 명물이다. 풍기 인삼을 넣은 인삼도너츠와 생강도너츠 등 100% 국내산 찹쌀로 만들어 쫄깃한 식감이 일품. 단지 정도너츠를 사기 위해 풍기역에 내

리는 레일러들도 있을 정도.

위치 풍기역에서 도보 10분. 풍기시외버스터미널과 인삼시장을 지나 풍기목욕탕과 한국장여관 골목으로 들어가면 찾을 수 있다. **주소** 영주시 풍기읍 동부리 418-16 **전화번호** 본점 054-636-0043 **홈페이지** www.jungdonuts.com **가격** 인삼도너츠 1,100원, 생강도너츠 900원, 들깨도너츠 900원

tip ① 읍내 조그만 매장이 30년 된 본점이고, 부석 방면의 파란 간판 건물이 공장이 있는 본사 직영점이다. 본사 054-636-0067. ② 풍기 정도너츠는 가까운 안동역 앞에도 지점이 있어 많은 레일러들이 한 상자씩 구입해가곤 한다. 서울에도 선릉점, 중앙대점이 있는 등 전국으로 가맹점이 확대되고 있다.

숙소

영주역 주변에 모텔이 많아 편리하게 이용할 수 있다. 선비촌에서 고택 숙박 체험 비용은 2인실 기준 45,000원(부가세 별도)부터. 선비의 고장 영주에서 특별한 하룻밤을 보내고 싶다면 선택하자. 선비촌 홈페이지 참조. www.sunbichon.net

영주스포렉스찜질방

영주역에서 도보 5분 거리로 무척 가깝고 시설도 괜찮은 찜질방. 내일로 할인 혜택도 있어 레일러들이 많이 찾는다.

위치 영주역에서 나와 300m쯤 직진하면 나오는 홈플러스와 파리바게트 사이 골목으로 진입. **주소** 영주시 휴천2동 488-6 **전화번호** 054-637-9009 **요금** 7,000원(내일로 6,000원), 이불 대여 1,000원

양반고을서 찜닭에 소주 한 잔 하시죠

안동

버스는 양반의 고장답게 진득함을 알았다. 보자기 이고 지팽이 짚은 할머니들이 다 올라타길 기다린 후에야 문을 닫았다. 하회마을로 가는 버스에는 딱 봐도 여행자인 젊은이들이 절반쯤 탔다. 여기서 평생을 보낸 게 번연한 나머지 절반의 어르신들과 묘하게 조화를 이뤘다.

차창 밖으로는 푸르고 너른 여름논이 끝도 없이 펼쳐졌다. 논밭 언저리의 마을들에서 노인들은 하나둘 내렸다. 하회마을에 도착해 차에서 내리는 건 모두 젊은 여행자들이었다.

안동을 마냥 관광지로만 생각하고 찾아왔다가는 시내버스를 타면서 놀랄지 모른다. 안동 시내는 관광객들 덕분인지 그런대로 번화했지만 조금만 외곽으로 나가면 꼼짝없는 농촌이다. 여행자들 뿐 아니라 할아버지, 할머니들이 많이 타는 버스에는 앉을 자리가 없을 정도다. 하회마을, 도산서원, 봉정사 등 관광지는 모두 거리가 멀리 떨어져 있어 버스를 타고 한참 가야 하지만 서서 가기 일쑤다.

관광 지수	★★★★★
휴식 지수	★★☆☆
교통 지수	★★☆☆
맛집 지수	★★★★★
예산 지수	★★☆☆☆
기차역 지수	★★★★★

안동역 054-856-7788
경안여객 054-821-4071
동춘여객 054-821-2102
안동버스 054-859-4573
안동관광정보센터
054-856-3013

중앙선

이 도시를 여행하는법

❶ 안동은 유명세만큼이나 관광지가 많지만 교통편은 좋지 않은 편이다. 안동역에서 하회마을이나 도산서원, 봉정사에 가려면 버스를 타고 적어도 30분은 가야 하는데 차는 고작 두어 시간에 한 대가 다닐 뿐이다. ❷ 안동역 앞에 관광안내소가 있어 정보를 얻기는 쉽다. ❸ 안동역과 가까운 버스정류장에서 주요관광지행 버스를 탈 수 있다. 안동역에서 왼편으로 도보 10분 거리에 있는 교보생명과 안동초등학교 주변 정류장에 하회마을, 봉정사, 도산서원 등으로 가는 버스가 다닌다. ❹ 안동역 내일로 플러스 혜택으로 자전거를 대여해 월영교나 민속박물관에 다녀오면 좋다.

267

추천일정표

AM
- 07:50　교보생명 건너편 버스정류장에서 46번 버스 타고 병산서원으로 이동(약 55분 소요)
- 08:45　병산서원 관람
- 09:20　병산서원에서 출발하는 46번 버스 타고 하회마을로 이동(약 10분 소요)
- 09:30　하회마을 관람

PM
- 12:00　46번 버스 타고 안동 시내로 이동(약 45분 소요)
- 12:45　구시장 찜닭골목에서 안동찜닭 먹기
- 02:40　안동초등학교 앞에서 51번 버스 타고 봉정사로 이동(약 35분 소요)
- 03:15　봉정사 빠르게 둘러보기
- 03:40　51번 버스 타고 안동 시내로 이동(약 35분 소요) 안동 시내에서 정도너츠, 하회탈빵, 참마보리빵 등 간식 구입
- 05:05　교보생명 앞에서 3번 버스 타고 민속박물관으로 이동(약 20분 소요)
- 05:25　민속박물관 관람
- 06:00　민속박물관 주변 둘러보며 월영교로 이동 월영정 경치 감상
- 07:40　월영교 정류장에서 3번 버스 타고 안동 시내로 이동
- 08:00　일직식당에서 저녁식사
- 09:41　안동역에서 무궁화호 열차 타고 동대구 등으로 이동

✽ 안동역은 대형 안내지도, 인터넷 PC, TV, 정수기, 소파 등을 갖춘 내일로 라운지를 갖추고 있다.

예산

안동 시내 ➡ 병산서원 버스비	1,200원
병산서원 ➡ 하회마을 버스비	1,200원
하회마을 관람료	3,000원
하회마을 ➡ 안동 시내 버스비	1,200원
안동찜닭과 공기밥 (27,000원/2인 기준)	13,500원
안동초등학교 ➡ 봉정사 버스비	1,200원
봉정사 관람료	2,000원
봉정사 ➡ 안동초등학교 버스비	1,200원
하회탈빵 구입	6,000원
안동 시내 ➡ 민속박물관 버스비	1,200원
민속박물관 관람료	1,000원
월영교 ➡ 안동 시내 버스비	1,200원
일직식당 간고등어구이정식	8,000원
합계	약 41,900원

중앙선

01 안동 하회마을

두 말 하면 잔소리, 너무나 유명한 안동 하회마을은 낙동강河이 마을 주변을 돌아回 나간다 하여 '하회河回'라는 이름을 얻었다. 마을 주위를 흐르는 푸른 낙동강 물빛이 수려하다. 1999년 영국 엘리자베스 여왕이 방문하여 크게 주목받았고 2010년에는 경주 양동마을과 함께 유네스코 세계문화유산에 등재되어 더욱 의미가 있다. 안동 하회마을은 탤런트 류시원, 서애 류성룡 선생 등 풍산 류씨 일가가 600년간 대대로 살아온 동성마을이다. 고래등 같은 양반집에서부터 서민들이 살던 초가집까지 전통적인 생활양식이 그대로 남아있고, 아직도 주민들이 거주하고 있는 곳이다. 마을을 둘러보는 데는 보통 두 시간쯤 걸리는데 그늘이 많지 않아 여름 땡볕 아래 돌아보려면 다소 지칠 수 있다. 나루터에서 왕복 3,000원인 나룻배를 타고 강을 건너면 부용대나 옥연정사에 갈 수 있다. 부용대에 오르면 낙동강이 S자로 마을을 휘돌아나가는 장관을 감상할 수 있지만 오르는 길이 다소 가파르니 조심해야 한다.

전화번호 하회마을 관광안내소 054-852-3588 하회마을관리사무소 054-854-3669 **홈페이지** www.hahoe.or.kr **요금** 3,000원 **운영시간** AM 09:00~PM 07:00, 동절기 PM 06:00까지 **교통** 안동 시내 교보생명 건너편 버스정류장에서 46번 버스 이용.

46번 버스 운행시간표
(소요시간 약 45분, 요금 1,200원)

안동 시내 출발시간 AM 06:20 07:50 09:00 10:30 PM 12:00 01:30 02:20 04:00 05:20 06:20(밑줄은 병산서원 종착) 하회마을 출발시간 AM 07:15 09:20 10:20 PM 12:00 01:10 02:40 04:10 05:00 06:20 07:10(밑줄은 병산서원에서 10분 전에 출발)

하회마을 관람
하회마을 매표소에서 마을 입구까지는 도보 15분 정도 걸린다. 자주 운행하는 무료 셔틀버스를 타고 이동하는 것이 좋다.

02 병산서원

서원은 조선시대 유학자들이 모여 공부하던 일종의 사립학교로 선비문화의 꽃이라 불린다. 병산서원은 서애 류성룡 선생이 유생들을 가르치던 곳으로, 전형적인 서원의 모습을 가장 잘 간직하고 있어 조선시대 서원건축의 백미를 잘 보여준다. 하회마을행 46번 버스가 하루 세 번 병산서원까지 들어가는데, 하회마을까지 걷거나 택시를 탈 작정이 아니라면 아쉽더라도 짧게 둘러보고 다시 버스를 타고 나가는 게 좋다.

전화번호 054-858-5929 **홈페이지** www.byeongsan.net **운영시간** AM 09:00~PM 06:00, 동절기 PM 05:00까지 **교통** 하회마을행 46번 버스 이용, 하회마을에서 10분 미만 소요. 하회마을까지 도보로는 약 30분 소요. **46번 버스 병산서원 출발시간** AM 09:10 11:50 PM 04:00

269

03 도산서원

한국 최고의 유학자 퇴계 이황 선생이 후학을 양성하며 학문에 정진하던 도산서당 자리에 세워진 도산서원은 병산서원과 함께 조선시대 5대 서원으로 손꼽힌다. 선조 때 당대 최고의 명필 한석봉이 친필로 쓴 현판을 하사받으며 사액서원이 되었다. 서원 앞에는 안동호, 뒤에는 소나무 숲이 울창해 배산임수의 기운이 느껴진다. 마파람 부는 마루에 앉아 선비의 정신을 느껴보자.

전화번호 054-840-6599 **홈페이지** www.dosanseowon.com **요금** 1,500원 **운영시간** AM 09:00~PM 06:00, 동절기 PM 05:00까지 **교통** 안동 시내 교보생명 앞 버스정류장에서 67번 버스 이용.

67번 버스 운행시간표
(소요시간 약 50분, 요금 1,200원)

안동 시내 출발시간 AM 09:40 10:50 PM 01:10 01:50 04:10 도산서원 출발시간 AM 11:10 12:30 03:40 05:50

04 봉정사

하회마을의 유명세에 묻혀 덜 알려지긴 했지만 간결하고 단아한 멋이 매력적인 고찰이다. 우리나라 최고最古의 목조건물이라는 극락전과 대웅전은 국보로 지정돼 있으며 그 외 여러 보물도 보유하고 있어 연구가치가 높은 절이다. 천등산 자락에 소담스레 숨어있어 북적이는 관광지를 구경한 뒤에 찾으면 조용한 분위기에 마음이 차분해진다. 규모가 크지는 않으니 차 시간에 맞추어 서둘러 둘러보자.

전화번호 054-853-4181 **홈페이지** bongjeongsa.org **요금** 2,000원 **운영시간** AM 07:00~PM 07:00, 동절기 AM 08:00~PM 05:00 **교통** 안동초등학교 앞 버스정류장에서 51번 버스 이용.

51번 버스 운행시간표
(소요시간 약 35분, 요금 1,200원)

안동초등학교 출발시간 AM 06:00 08:15 10:30 PM 12:40 02:40 05:10 06:50 봉정사 출발시간 AM 06:50 09:20 11:30 PM 01:40 03:40 06:00 07:20

05 국립안동대학교 박물관

'원이 아버지에게. 당신 언제나 나에게 둘이 머리 희어지도록 살다가 함께 죽자고 하셨지요. 그런데 어찌 나를 두고 당신 먼저 가십니까?' 안동이 품은 세기의 러브스토리가 안동대학 박물관에 남아있다. 먼저 간 남편의 관에 한글 편지와 함께 자신의 머리카락을 섞어 삼은 미투리를 넣은 원이 엄마의 애절한 사연이다. 흔한 관광지보다는 특별한 코스를 원하는 여행자, 커플 레일러에게 강력 추천.

전화번호 054-820-7424 **홈페이지** museum.andong.ac.kr **요금** 무료 **운영시간** AM 10:00~PM 05:00 휴일 토·일공휴일 **교통** 안동 시내에서 10분마다 다니는 1, 11, 28, 33번 버스 이용, 약 15분 소요.

tip 2, 8, 33번 버스를 타고 안동대를 지나 10분 정도 더 가면 경상북도독립운동기념관에 도착한다. 천안 독립기념관이 우리 민족의 수탈과 참상을 잘 재현했다면 안동 독립운동관은 우리 민족이 일제에 맞서 항거한 기개에 중점을 맞춘다. 역사에 관심 있는 여행자에게 추천

06 이육사 문학관

'천고의 뒤에 백마 타고 오는 초인'을 노래한 민족 시인이자 저항시인 이육사의 생애와 정신을 체험할 수 있는 공간이다. 육필원고와 작품이 실린 잡지, 책 등이 전시돼있으며, 문학관 주변 경관도 아름다워 한적한 시간을 보내기 제격이다(2015년 현재 공사 중으로 관람 일부 제한).

전화번호 054-852-7337 **홈페이지** www.264.or.kr
요금 2,000원 **운영시간** AM 09:00~PM 06:00, 동절기 PM 05:00까지 휴일 매주 월요일, 신정, 설 및 추석 당일 **교통** 안동 시내 교보생명 앞 버스정류장에서 AM 10:50, PM 12:40 출발하는 67번 버스 이용. 같은 67번이라도 행선지가 다르니 확인하고 승차하자. 돌아오는 버스는 PM 12:10, 02:00에 있다.

안동역에서 영주 방향으로 기차를 타고 가다보면 창밖으로도 설핏 구경할 수 있다.

교통 안동 시내 교보생명 앞에서 3번 버스 이용. 택시 이용 시 약 4,000원.

3번 버스 운행시간표(소요시간 약 15분, 요금 1,200원)
안동 시내 출발시간 AM 08:20 08:50 10:00 10:20 11:15 11:45 PM 12:55 01:40 02:05 03:00 03:50 05:05 06:00 07:30 **민속박물관 출발시간** AM 07:20 08:40 09:30 10:30 11:00 11:40 PM 12:30 02:15 03:00 03:20 04:20 05:40 06:40 07:40

Tip ① 월영교에서 도보 5분 거리에 민속촌이 있고, 거기서 또 5분 정도 가면 안동민속박물관이 있다. 안동 시내에서 3번 버스를 타고 민속박물관에 내려 관람한 뒤 걸어서 민속촌과 월영교를 구경하고, 월영교 정류장에서 버스를 타고 시내로 돌아오는 경로가 효율적이다. ② 안동 시내에서 월영교로 가는 길에는 우리나라에서 가장 크고 오래된 통일신라 벽돌탑으로서 국보 지정된 법흥사지 7층전탑(신세동 7층전탑)도 볼 수 있다.

07 월영교

월영교의 이름은 '달이 비치는 月映 다리'라는 뜻으로 주민 공모를 받아 지어졌다. 길이 387m로 국내 최장의 목책교다. 다리 가운데는 월영정이라는 정자가 있어 아름다운 낙동강 물빛을 하염없이 즐기기 좋다. 야경이 더 아름다운 월영교는

🍴 맛집

안동에는 특색 있는 먹을거리가 풍부하다. 인기 절정 안동찜닭은 물론이고 뒷맛 깔끔한 안동소주, 간고등어정식과 헛제사밥, 건진국수 등 별미가 많아 끼니마다 뭘 먹을지 걱정할 필요가 없다. 역 앞에는 정도너츠 안동점과 참마보리빵, 하회탈빵 가게도 있어 주전부리하기도 좋다.
안동역에서 도보 10분 거리에 유명한 안동찜닭의 본거지 구시장 찜닭골목이 있다. 찜닭골목의 가게들은 맛도 가격도 비슷하기 때문에 어디를 들어가도 별 차이가 없다. 한 마리면 두세 명이 배불리 먹을 수 있고 남으면 포장도 해 준다.
우정찜닭(054-854-0507, 853-9797), 유진찜닭(054-854-6019), 중앙통닭(054-855-7272), 김대감찜닭(054-853-0449) 등.

매콤한 찜닭에 깔끔한 안동소주를 곁들여보자. 안동의 특산품 안동소주는 흔히 마시는 소주와는 달라서 소주의 독한 뒷맛을 싫어하는 사람도 부드럽게 즐길 수 있다. 안동찜닭과의 궁합도 최상. '일품'이나 '느낌'이 대표적이지만 종류는 다양하다. 순한 맛과 달리 의외로 도수가 높다는 점은 유의하자.

현대찜닭

구시장 찜닭골목 가게들 중 유난히 긴 줄이 늘어서곤 하는 현대찜닭은 KBS 〈1박 2일〉에 출연하며 유명세를 탄 곳이다.

위치 구시장 찜닭골목 내. 찜닭골목은 안동역에서 도보 10분 미만. **주소** 안동시 남문동 181-7 **전화번호** 054-857-2662 **가격** 안동찜닭 한 마리 25,000원, 공기밥 별도

일직식당

유명한 안동 간고등어 원조집으로 간잽이 이동삼씨의 아들이 운영하는 가게다. 안동역에서 가까울뿐더러 1인분도 주문할 수 있어 추천할만한 식당이다.

위치 안동역에서 나와 왼편. **주소** 안동시 운흥동 176-20 **전화번호** 054-859-6012 **가격** 간고등어구이정식 9,000원, 간고등어조림정식(2인 이상) 10,000원, 간고등어 추어탕 5,000원

양궁주막

할머니 혼자 운영하는 허름한 술집으로 직접 담근 인삼동동주 맛이 아주 맛있다. 술맛은 할머니 컨디션에 따라서 매일매일 달라지는 것 같다. 안동의 또 다른 별미인 문어숙회도 맛볼 수 있다.

위치 안동역에서 도보 직진 5분 후 고려호텔 골목에서 좌회전하면 바로 다음 블록에 위치 **주소** 안동시 운흥동 145-6 **전화번호** 054-857-6679 **가격** 동동주 6,000원, 문어숙회 20,000원, 배추전 5,000원 **운영시간** PM 06:00~AM 02:00

정도너츠 안동점

풍기에서 너무나 유명한 정도너츠의 안동 지점. 굳이 풍기역에 들리기가 애매했다면 안동에서 만나보자. 맛에는 차이가 없다.

위치 안동역 앞 도보 3분. **주소** 안동시 운흥동 138-6 **전화번호** 054-852-3005 **홈페이지** www.jungdonuts.com **가격** 인삼도너츠 1,100원, 생강도너츠 900원, 들깨도너츠 900원

하회탈빵

양반, 이매, 중, 부네, 백정, 초랭이, 할미, 선배, 각시 등 9가지 모양으로 골라 먹는 재미가 있다. 안동에 온 기념으로 먹어볼만한 빵. 시식용 빵을 주기도 한다.

위치 안동역 앞 도보 2분. **주소** 안동시 운흥동 183-13 **전화번호** 054-859-3203 **가격** 10개입 6,000원, 20개입 12,000원 **운영시간** AM 09:00~PM 09:00

참마보리빵

안동 특산품 중에는 몸에 좋은 참마가 있다. 안동 참마보리빵은 안동참마를 넣어 달지 않고 부드럽다. 경주 보리빵과 다소 비슷하다.

위치 안동역 앞 도보 2분. **주소** 안동시 운흥동 181-29 **전화번호** 054-841-4466 **홈페이지** www.adgoeul.com **가격** 10개입 6,500원, 20개입 1,3000원

Other Choices

더 다이너 안동이 좋아 내려온 젊은 부부가 운영하는 브런치&디저트 카페. 양궁주막 맞은편 위치. 브런치 10,000원 등. 010-8650-3260

맘모스제과점 안동에서 유명한 제과점으로 안동역에서 도보 5분 거리에 위치해있다. 맘모스빵 2,500원, 밀크셰이크 2,000원. 054-857-6000

숙소

특별한 숙박 경험을 원한다면 고택체험을 선택하자. 고택은 한옥 중에서도 오래된 집을 말하는데, 안동에는 유난히 오래된 고택이 많아 100년, 200년쯤 된 한옥은 고택 취급도 못 받을 정도다. 산골짝에 위치해 교통은 불편하지만 700년 된 고택인 지례예술촌에서 고택체험을 운영한다. 비교적 시내에서 가까운 군자마을 또한 한옥의 멋이 남다르고 주변 경관도 수려하다.

피터팬 게스트하우스

가정집을 개조한 게스트하우스. 도미토리만 있는 수더분한 여행자 숙소로 외국인 게스트도 많이 드는 편. 거실의 공용 컴퓨터를 이용할 수 있고 옥상 공간이 운치를 더한다. 속 깊은 여행 마니아 웬디 사장님과의 술타임이 안동 피터팬의 하이라이트.

위치 안동역에서 왼편으로 도보 15분 후 안동한의원 골목에 위치. **주소** 안동시 안흥동 312-2 2층 **전화번호** 010-3124-8249 **홈페이지** cafe.naver.com/andongguesthouse **요금** 도미토리 20,000원(내일로 18,000원). **체크인/아웃** 체크인 PM 02:00 체크아웃 AM 11:00 **제공내용** 조식(토스트, 달걀, 우유), 수건, 샴푸, 치약, 비누

고타야 게스트하우스

'고타야'는 안동의 옛 이름이다. 안동에 대한 애정과 여행에 대한 열정이 가득한 사장님의 내공이 곳곳에 묻어나는 게스트하우스다. 특히 체크인 시 제공되는 고타야 제작 안동 시내 지도가 무척 유용하다. 아직도 여행을 떠날 때마다 설렌다는 사장님의 마음이 가득 담긴, 단연 가장 여행자 친화적인 공간이다.

위치 안동역 맞은편에서 5분 직진 후 용문약국과 김재왕내과 사이 골목으로 진입, 이수다원 끼고 우회전. **주소** 안동시 동부동 205-17 5층 **전화번호** 010-4367-0226 **홈페이지** cafe.naver.com/travelhub **요금** 도미토리 17,000~25,000원(내일로 14,000~22,000원) **체크인/아웃** 체크인 PM 02:00 체크아웃 AM 11:00 **제공내용** 조식(토스트, 원두커피), 수건, 샴푸, 치약, 비누

Other Choices

류 게스트하우스 월영교 앞, 탁 트인 마당과 전망을 자랑한다. cafe.naver.com/andonggh 054-854-1890

안동온천(구 온앤청 스파랜드)

가격 대비 시설이 잘 갖춰져 있어 이용객이 많은 찜질방. 사우나도 찜질방도 넓고 깔끔한 편이다. 남녀 수면실 완비.

위치 안동역에서 직진 3분. **주소** 안동시 운흥동 141-26 **전화번호** 054-857-8118 **요금** 7,500원(내일로 6,500원), 이불 대여 1,000원

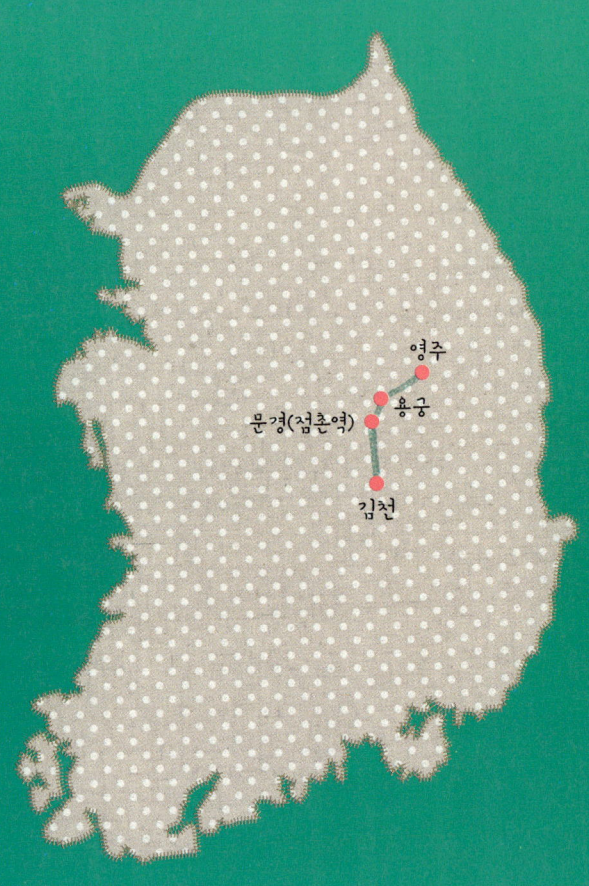

경상북도 김천에서 영주까지만 연결하는 짧은 노선이다.
상·하행이 각각 하루 4편씩으로 자주 운행되지도 않지만
예천 용궁, 문경 점촌, 직지사가 있는 김천 등
하나같이 아기자기하고 예쁜 기차역들을 품고 있어서
꼭 한 번 타보고 싶은 노선이다.

김천에서 영주까지 115.2km **경북선**

토끼 간을 탐하는
용왕님이 사는 간이역 **용궁**

고운 옛길과 아기자기한
예술 감성이 공존하는 곳 **문경**

신라가람 하나로
꽉 차는 여행 **김천**

토끼 간을 탐하는 용왕님이 사는 간이역
용궁

관광 지수	★★★☆☆
휴식 지수	★★★★★
교통 지수	★★☆☆☆
맛집 지수	★★★★☆
예산 지수	★★★☆☆
기차역 지수	★★★★☆

개포역 054-653-7788
점촌역 054-555-7788
용궁버스정류소(코사마트)
054-653-6265
예천여객 054-654-4444

　　용궁이라는 지명은 여행자를 궁금하게 만들기 충분했다. 단지 이 역의 사진을 찍기 위해 내리는 간이역 덕후도 상당수. 당장이라도 토끼의 간을 찾아오라 호령하는 용왕님과 별주부가 살고 있을 것 같은 이 동화적인 동네에서는 실제로 토끼간빵을 개발해 팔고 있으니 궁금해서라도 한 번 들러봐야 할 듯. KBS 〈1박 2일〉이 다녀가며 동네 곳곳이 명소가 되었으며, 하회마을과 함께 대표적인 물돌이 마을로 꼽히는 회룡포마을에 가장 가까운 기차역도 용궁역이다.

추천일정표

AM

10:27　점촌역에서 출발한 경북선 무궁화호 열차로 용궁역 도착
　　　　용궁버스정류소에서 회룡대 택시 이동 (약 10분 소요)

11:00　회룡대에서 회룡포마을 경치 감상

PM

12:30　회룡대에서 용궁까지 택시 이동(약 10분 소요)

01:00　단골식당에서 점심식사

02:00　용궁카페에서 차 마시며 휴식

03:15　용궁역에서 점촌, 김천, 대구, 밀양, 부산 등으로 이동하거나 용궁버스정류소에서 시외버스 타고 영주로 이동(5,900원)

✱ 용궁역은 역무원이 상주하지 않는 간이역이기 때문에 열차 이용 문의는 인근 개포역이나 점촌역으로 해야 한다.

이 도시를 여행하는 법

❶ 용궁은 예천군에 속한 면의 이름으로 '예천군 용궁면'을 말한다. ❷ 용궁역이 위치한 경북선은 열차가 자주 다니지 않는다. 무작정 열차를 기다리고 싶지 않다면 용궁버스정류소에서 시외버스를 타고 경북선과 중앙선이 다니는 영주역까지 먼저 이동한 후 다른 열차로 환승하자. 용궁버스정류소에서 영주공용버스터미널까지는 약 30분이 걸리며 요금은 5,900원이다.

 예산

용궁 ⇨ 회룡대 택시비 (9,000원/2인 기준)	약 4,500원
회룡대 ⇨ 용궁 택시비 (9,000원/2인 기준)	약 4,500원
단골식당 오징어불고기와 공기밥, 순대국밥 (13,500원/2인 기준)	6,750원
용궁카페	3,000원
합계 =	약 18,750원

01 회룡포마을

강이 마을을 감고 도는 모양이 꼭 용이 도는 모양 같다 하여 회룡포라는 이름이 붙은 마을이다. 주민들이 살고 있는 마을로 관광객을 위한 편의시설은 민박 몇 군데와 식당 정도다. 작은 마을이라 둘러보는 건 금방이다. 회룡포마을의 명물은 마을 안으로 들어가려면 건너야 하는 뿅뿅다리다. 장마철에 물이 불어나면 다리가 찰랑찰랑 잠겨 다리를 건널 때 뿅뿅 소리가 나서 뿅뿅다리라 불린다. 뿅뿅다리를 건넌 뒤 모래밭에서 바라보는 비룡산과 내성천의 경치가 장관이다. 마을 양편으로 두 개의 뿅뿅다리가 있다.

전화번호 054-653-6696 **홈페이지** dragon.invil.org
교통 용궁버스정류장에서 개포 방면 버스 이용, 대은2리 하차. 소요시간 약 25분. 대은2리에서 회룡포마을까지는 도보 약 40분. 버스가 자주 다니지 않아 택시를 많이 이용한다. 용궁에서 택시 이용 시 약 8,000원.

개포 방면 버스 운행시간표
용궁버스정류소 출발시간 AM 08:20 09:50 11:20 PM 12:20 02:20 03:20 04:20 06:10 07:20

02 회룡대

회룡포에 오면 보통 마을을 둘러볼지 전망대에 올라가볼지 선택을 하게 된다. 한정된 시간 안에 회룡포의 정수를 느끼고자 한다면 전망대인 회룡대에 올라보는 것을 추천한다. 비룡산 자락의 회룡대에서는 회룡포마을이 한 눈에 내려다보인다. 산과 강이 마을을 둘러싼 수려한 경관을 감상할 수 있다.

교통 용궁버스정류소에서 개포 방면 버스 이용, 대은2리 하차. 소요시간 약 25분. 대은2리에서 회룡대까지는 도보 약 50분. 택시를 이용하면 회룡대주차장까지 가기 때문에 편리하다. 용궁에서 택시 이용 시 약 9,000원.

03 장안사

회룡대주차장에서 회룡대까지 올라가는 길에 자리한 사찰이다. 신라가 삼국을 통일한 후에 전국 세 곳에 장안사를 세웠다고 전해진다. 북쪽으로는 금강산, 남쪽으로는 양산, 가운데에는 용궁 비룡산에 절을 지었다. 규모는 작지만 고즈넉한 분위기가 좋은 천년고찰로 회룡대와 함께 둘러보면 더욱 알차다.

전화번호 054-655-1400

🍴 맛집

용궁은 막창순대가 유명하여 순대요리를 하는 식당을 여럿 볼 수 있다.

🍴 단골식당

일대에 이름난 단골식당은 밀려드는 손님들로 대기실이 따로 있을 정도다. 순대도 좋지만 오징어불고기의 감칠맛이 훌륭해 밥 한 그릇을 뚝딱 비운다.

위치 용궁역에서 오른편으로 도보 5분, 용궁시장 안에 위치. **주소** 예천군 용궁면 읍부리 299-2 **전화번호** 054-653-6124 **가격** 오징어불고기 8,000원, 돼껍양념구이 8,000원, 순대국밥 4,500원

🍴 토끼간빵

용왕님도 드시지 못했다는 콘셉트로 개발된 용궁 특산품 토끼간빵은 100% 국내산 밀과 팥만을 사용해 달고 부드러운 맛을 자랑한다.

위치 용궁역에서 오른편으로 도보 5분, 용궁시장 안에 위치. **주소** 예천군 용궁면 읍부리 298-6 **전화번호** 054-652-4461 **가격** 16개입 10,000원

🍴 카페용궁

전원웰빙찻집을 표방하는 카페용궁은 한가로이 용궁에 더 머물고 싶을 때 찾으면 제격인 곳이다. 마스코트 칠칠이가 지키는 운치 있는 한옥에서 고향처럼 포근한 휴식을 취할 수 있다.

위치 용궁역에서 오른편으로 도보 5분. **주소** 예천군 용궁면 읍부리 298-4 **전화번호** 054-655-3080 **홈페이지** thecafeyg.com **가격** 용궁라떼 3,800원, 웰빙오디차 3,000원

🍴 Other Choices

박달식당 용궁역 바로 앞에 위치하며 KBS 〈1박 2일〉에 출연해 유명해진 곳이다. 오징어탄구이 8,000원, 순대랑수육 8,000원. 054-652-0522

숙소

용궁은 읍도 아닌 작은 면이다. 용궁역 주변에는 흔한 여관 하나도 찾아보기 어렵다. 숙박은 예천 시내에서 할 수도 있지만 용궁역에서는 예천역보다 점촌역이 더 가깝다(기차로 8분 거리). 여행 경로에 따라 편리한 곳에서 숙박하고 아침에 용궁역으로 이동해 여행하자.

경북
선

고운 옛길과 아기자기한 예술 감성이 공존하는 곳
문경 점촌역

문경이라는 지명을 들었을 때 가장 먼저 떠오른 건 아리랑 가사 속 넘어가기 어렵다는 문경새재였다. 옛 선비들이 과거 시험을 보러 가기 위해 넘어야 했다던 멀고 험한 고갯길. 그래서 뭔가 꺾이고 박한 동네가 아닐까 걱정했건만, 사실 문경은 참 곱고 아기자기한 동네였다. 점촌역의 미니기차와 바람개비, 우체통, 강아지 역장, 기대도 않던 예쁜 카페에서의 따뜻한 유자차 한 잔까지.

대한민국의 아름다운 길을 꼽으라면 빼놓을 수 없는 문경새재 옛길은 사계절 언제 찾아도 매력이 출중하고, 문경석탄박물관과 가은역은 탄광촌의 옛 영화를 그리게 한다. 기차와 예술이 만난 기차 디오라마 전시관은 잃어버렸던 동심마저 출렁거리게 하니 기차여행 마니아라면 필히 거쳐야 할 코스가 문경 점촌역이다.

관광 지수	★★★★☆
휴식 지수	★★★★☆
교통 지수	★★★☆☆
맛집 지수	★★★★☆
예산 지수	★★★☆☆
기차역 지수	★★★★★

점촌역 054-555-7788
점촌시내버스정류장
054-553-2232
문경버스터미널 054-571-0343
가은버스터미널
054-571-0096, 572-3358
문경시 문화관광과
054-550-6394

이 도시를 여행하는 법
❶ 현재 문경역에는 열차가 다니지 않기 때문에 문경 기차 여행은 점촌역을 거쳐야 한다. ❷ 문경 여행은 크게 도립공원이 있는 문경새재 권역과 석탄박물관이 있는 가은 권역으로 나뉜다. ❸ 점촌역에서 역 앞의 큰길로 5분 정도 직진하면 나오는 농협 앞에서 대부분의 버스를 탈 수 있다.

추천일정표

PM 첫째날

03:24 영주역, 용궁역 등에서 출발한 무궁화호 열차 타고 점촌역 도착
역무실에 문의해 점촌역 기차 디오라마 전시관 관람
열차가 연착되지 않는다면 바로 버스정류장으로 이동해 PM 03:40 300번 버스를 탈 수 있다.

04:20 점촌 시내 농협 앞에서 300번 버스 타고 가은버스터미널로 이동(약 30분 소요)

04:50 문경석탄박물관 관람, 모노레일카 탑승
하절기 기준, 동절기에는 PM 05:00까지만 관람할 수 있다.

06:00 가은역 둘러보고 가은버스터미널로 이동

06:45 점촌행 버스 타고 점촌 시내로 이동(약 30분 소요)

07:15 영흥반점에서 저녁식사 후 솔베이지에서 차 마시며 휴식

10:00 문경건강랜드 숙박

* 점촌역 강아지 명예역장의 이름은 '아롱이'와 '다롱이'.

AM 둘째날

07:30 기상, 여행 준비, 아침식사

09:10 점촌 시내 농협 앞에서 200번 버스 타고 문경새재로 이동(약 50분 소요)

10:00 문경새재 옛길 트레킹

PM

12:30 새재할매집에서 점심식사

02:00 문경새재 버스정류장에서 100번 버스 타고 점촌 시내로 이동(약 50분 소요)

03:25 점촌역에서 경북선 무궁화호 열차 타고 김천, 대구, 청도, 밀양, 부산 등으로 이동
문경새재에서 더 여유로운 시간을 보내고 싶다면 기차 시간을 먼저 확인하자. 다음 열차가 PM 07:58에 있기 때문에 현명한 계획이 필요하다.

예산

점촌 ➡ 가은 버스비	1,500원
문경석탄박물관 관람 및 모노레일카 탑승	6,000원
가은 ➡ 점촌 버스비	1,500원
영흥반점 탕수육 (18,000원/2인 기준)	9,000원
솔베이지 유자차	4,000원
문경건강랜드	8,000원
아침식사	약 5,000원
점촌 ➡ 문경새재 버스비	1,500원
새재할매집 고추장양념 석쇠구이정식	12,000원
문경새재 ➡ 점촌 버스비	1,500원
합계	약 50,000원

경북 선

01 점촌역 기차 디오라마 전시관

점촌역에서 야심차게 만든 기차 디오라마 전시관. 'arTrain'이라는 전시 제목에서도 알 수 있듯 기차와 예술의 만남을 테마로 3개의 전시관을 꾸며놓았다. 깜찍한 모형 기차와 피규어 등이 점촌 여행의 시작부터 기분을 좋게 해준다. 관람은 점촌역에 문의하면 된다.

교통 점촌역 내.

02 문경새재 도립공원

새도 쉬고 넘어 간다는 문경새재는 옛 선비들이 한양으로 과거를 보러갈 때 넘었던 고개다. 완만한 트레킹 코스라서 힘들이지 않고 걸을 수 있다. 주흘산 능선 따라 흘러내리는 신록이나 눈꽃 등 계절마다 다른 장관이 연출되어 언제 찾아도 아름다우며 걷는 길 내내 특이하게 생긴 바위나 조령원터, 주막, 교귀정 등 구경거리도 많다. 보통은 제2관문까지 갔다가 돌아오는데 왕복 2~3시간이 걸린다.

전화번호 관리사무소 054-571-0709 **홈페이지** saejae.mg21.go.kr **요금** 무료 **교통** 점촌 시내 농협 앞 버스정류장에서 문경행 100, 200번 시내버스 이용. 소요시간 약 50분, 요금 1,500원.

100번 버스 운행시간표

점촌 시내 출발시간 AM 06:40 07:10 11:50 PM 01:10 01:50 03:10 04:30 05:10 05:50 06:10 06:50 07:30 08:20(밑줄은 문경새재 종착, 그 외는 문경버스터미널 종착) **종점 출발시간** AM 07:35 08:15 PM 12:40 02:00 02:30 04:00 05:15 06:10 06:40 07:05 07:40 08:15 09:00(밑줄은 문경새재 출발, 그 외는 문경버스터미널 출발)

200번 버스 운행시간표

점촌 시내 출발시간 AM 06:30 07:00 07:20 08:00 08:40 09:10 10:00 10:40 11:20 PM 12:00 12:40 01:20 02:00 02:40 03:20 04:00 05:20 06:00 07:00 08:00 09:20(밑줄은 문경새재 종착, 그 외는 문경버스터미널 종착) **종점 출발시간** AM 07:20 08:30 09:05 09:20 10:00 11:05 11:50 PM 01:00 01:10 02:10 03:00 04:10 04:15 05:20 05:30 06:35 07:00 07:05 07:25 07:35(밑줄은 문경새재 출발, 그 외는 문경 등 다른 터미널 출발)

> 문경버스터미널에서 문경새재까지는 버스로 10분 정도 거리다. 문경버스터미널까지만 가는 버스를 탔다면 터미널에서 문경새재(관문)까지 가는 버스로 갈아타야 한다. 자동발매기에서 시내 직행 표를 끊으면 되고 요금은 1,500원. 택시 이용 시 6,000원.

03 문경새재 오픈세트장(KBS 드라마 촬영장)

문경새재 도립공원 안에 있는 오픈세트장으로 〈태조왕건〉, 〈성균관 스캔들〉, 〈추노〉 등을 촬영한 곳이다. 조선시대 광화문, 경복궁, 양반촌, 초가촌 등이 재현돼 있는데 상당히 정교하고 규모도 큰 편. 운이 좋으면 촬영 현장을 볼 수도 있다.

위치 문경새재 제1관문을 지나 10분 정도 가다보면 왼편에 위치. **전화번호** 054-550-6418, 571-0709 **요금** 2,000원 **운영시간** AM 09:00~PM 06:00

교통 점촌 시내 농협 앞 버스정류장에서 가은행 300번 버스 이용, 소요시간 약 30분, 요금 1,500원.

🔖 가은역 옆에 화장실이 있지만 석탄박물관 근처에 새로 지은 좋은 화장실이 있으니 이용 시 참고하자.

300번 버스 운행시간표
점촌 시내 출발시간 AM 06:40 07:40 08:20 09:40 10:20 11:40 PM 12:20 01:00 01:40 02:20 03:40 04:20 05:00 05:40 06:20 07:20 **가은터미널 출발시간** AM 08:00 08:50 09:35 10:50 11:50 PM 12:45 01:40 02:45 03:10 03:40 04:40 05:40 06:15 06:55 08:30

04 옛길박물관
문경새재로 대표되는 우리나라의 옛길을 테마로 한 박물관. 문경의 역사와 민속문화에서부터 선비들의 여행길, 보부상의 길, 백두대간길 등 길 위에 선 여행자라면 관심을 가져볼만한 전시들이 준비돼있다.

위치 문경새재 제1관문 앞 **전화번호** 054-550-8365~8 **홈페이지** www.oldroad.go.kr **요금** 1,000원 **운영시간** AM 09:00~PM 06:00, 동절기 PM 05:00까지 **휴일** 신정, 설 및 추석 당일

06 문경석탄박물관&가은 오픈세트장
실제 폐광을 이용해 지은 문경석탄박물관은 탄광촌의 문화와 석탄이라는 자원을 이해하기 쉽도록 꾸며놓았다. 석탄박물관과 가은오픈세트장이 같이 운영되고 있다. 〈연개소문〉, 〈뿌리깊은 나무〉 등을 촬영한 오픈세트장은 규모가 크므로 모노레일카에 탑승하면 오픈세트장과 가은읍 주변 경관을 편안하게 조망할 수 있다. 모노레일카는 15분 간격으로 출발한다.

전화번호 054-571-2475, 550-6424, 6426 **홈페이지** www.coal.go.kr **요금** 2,000원, 모노레일카 5,000원(모노레일카 이용 시 입장료 50% 할인) **운영시간** AM 09:00~PM 06:00, 동절기 PM 05:00까지 **휴일** 신정, 설 및 추석 당일 **교통** 점촌 시내 농협 앞 버스정류장에서 가은행 300번 버스 이용 후 가은버스터미널에서 도보 15분. 가은역을 지나면 보인다.

05 가은역
가은터미널에서 문경석탄박물관으로 가는 길에 있는 가은역은 하얀 역사가 이름처럼 예쁜, 지금은 쓰지 않는 낡은 역이다. 대한민국 근대문화유산으로 지정돼있고 역사 주변의 풍경이 정겹다.

🔖 문경버스터미널과 가은버스터미널 간 직행 버스를 이용하면 점촌으로 되돌아갈 필요가 없이 바로 이동이 가능하다. 문경과 가은 간 1시간이 안 걸리는 거리로 버스는 한 시간에 한 대 정도 다닌다.

문경버스터미널~가은버스터미널
시외버스 운행시간표
문경버스터미널 출발시간 AM 07:55 08:40 09:50 11:40
PM 12:30 01:35 02:25 03:05 04:30 05:20 06:55 가
은버스터미널 출발시간 AM 08:05 09:25 10:40 11:45
PM 12:40 01:55 02:40 04:00 04:45 06:35

맛집

새재할매집

문경새재 입구에서 단연 유명한 새재할매집은 대통령도 왔다 갔다는 위엄이 대단하다. 양이 푸짐한 편은 아니라 도토리묵을 추가해도 좋겠다. 분홍빛 오미자막걸리까지 곁들이면 금상첨화.

위치 문경새재 도립공원 입구. **주소** 문경시 문경읍 상초리 288-60 **전화번호** 054-571-5600 **가격** 고추장양념석쇠구이정식(2인 이상) 12,000원, 더덕정식(2인 이상) 10,000원, 묵채밥 6,000원, 도토리묵 6,000원

금강산가든

문경버스터미널 근처 질 좋은 약돌돼지를 숯불에 구워 감칠맛을 더한다.

위치 문경기능성온천과 시립문경요양병원 뒤편. 문경버스터미널에서 도보 10분. **주소** 문경시 문경읍 하리 243-2 **전화번호** 054-571-7200 **가격** 약돌돼지 삼겹살 13,000원, 고추장구이 13,000원, 된장정식 6,000원 **운영시간** AM 08:00~PM 10:00

영흥반점

일대에서 탕수육으로 유명한 중국집으로 화교 가족이 운영한다. 바삭하면서도 쫄깃한 탕수육이 일품이며 자장면과 짬뽕도 맛이 좋다.

위치 점촌 시내 중앙시장 입구 맞은편에 위치. 점촌역에서 도보 15분. **주소** 문경시 점촌동 241 **전화번호** 054-555-2670, 5296 **가격** 탕수육 18,000원, 자장면 4,000원, 짬뽕 4,500원

솔베이지

문경 최고의 빈티지 카페. 여기저기서 수집한 빈티지 소품들이 가게 곳곳을 장식한다. 아기자기한 인테리어가 무척 예쁘다.

위치 점촌역에서 도보 10분. 점촌네거리까지 직진 후 좌회전. **주소** 문경시 점촌동 244-1 **전화번호** 054-555-9434 **가격** 아메리카노 3,000원, 유자차 4,000원

숙소

점촌역이 있는 점촌동이나 문경버스터미널이 있는 문경읍 주변에 숙박업소와 편의시설이 많아 편리하게 숙박할 수 있다.

문경건강랜드

문경 시내 점촌동에 위치한 찜질방으로 접근성이 좋은 편이다. 시설이 깔끔하고 목욕탕도 좋아서 주민들이 애용한다.

위치 점촌역에서 도보 10분. 점촌네거리까지 직진 후 좌회전해 국민은행 골목으로 두 블록. **주소** 문경시 점촌동 250-6 **전화번호** 054-555-8577 **요금** 주간 7,000원, 8시 이후 8,000원, 이불 대여 500원

문경종합온천

유명한 문경 온천 원탕에서 온천욕을 즐길 수 있다. 다음날 문경새재로 올라가기 편리한 곳에 위치해 있어 접근성도 좋다. 밤 10시부터 오전 6시 사이는 탕 청소 시간.

위치 문경터미널 근처 온천단지 내. **주소** 문경시 문경읍 하리 394 **전화번호** 054-571-2002 **홈페이지** www.mgspring.com **요금** 온천 6,000원, 찜질복 대여 2,000원

신라가람 하나로 꽉 차는 여행

김천

관광 지수	★★★☆☆
휴식 지수	★★★☆☆
교통 지수	★★★★★
맛집 지수	★★★★☆
예산 지수	★★★★☆
기차역 지수	★★★☆☆

김천역 054-434-7788
김천공용버스터미널
054-432-7600
김천시 문화공보담당관실
054-420-6114

　　국내여행을 많이 다니다보면 알게 된다. 결국 그건 절 여행이다. 야트막한 산 중턱에 앞에는 강도 하나 끼고 배산임수로 자리 잡은 고찰들이 제일 볼만하다. 뜯어고치고 가공해서 아름답게 만드는 일에는 한계가 분명하다. 있는 그대로의 돌과 나무, 피고 지는 꽃나무, 맑은 산바람과 하늘빛의 조화가 언제나 낫다. 어리석은 인간이 가진 최선의 지혜랄까. 천년고찰 직지사를 보러 김천에 간다. 직지사면 족하다. 번잡스레 여기저기 다니지 않아도 충분하다. 가벼운 채비로 김천역에 내려 편리한 교통편으로 황악산 자락에 도착하면 벌써부터 절인 양 산인 양 마음이 누그러진다.

경북
선

추천일정표

PM

12:30 영주, 용궁, 점촌 등에서 출발한 무궁화호 열차로 김천역 도착
역 앞에서 11, 111번 버스 타고 직지사로 이동
(약 25분 소요)

01:00 직지사 입구에서 점심식사

02:00 직지사 올라가며 직지문화공원 둘러보기
직지사 관람

04:00 세계도자기박물관 관람

05:00 직지사 입구에서 11, 111번 버스 타고 김천 시내로 이동(약 25분 소요)

05:30 시내에서 중국만두 맛보기
김천역에서 경부선 열차 타고 다른 지역으로 이동

* 김천역은 시내 한가운데에 위치해 여행이 편리하며 무궁화와 새마을 열차가 정차한다. 김천구미역에는 KTX 열차만 정차한다.

이 도시를 여행하는법

❶ 직지사로 가는 버스가 김천역 앞 버스정류장에 10~20분 간격으로 다녀 교통이 편리하다. ❷ 김천은 유명한 직지사를 중심으로 직지문화공원, 도자기박물관 등이 조성돼있으니 절과 함께 둘러보자. ❸ 포도로 유명한 도시 김천에서는 매년 7월 말 김천 포도축제가 열린다.

예산

김천역 ⇨ 직지사 버스비	1,200원
산채비빔밥	7,000원
직지사 관람료	2,500원
세계도자기박물관 관람료	1,000원
직지사 ⇨ 김천역 버스비	1,200원
중국만두	4,000원
합계 = 약	16,900원

01 직지사

동국제일가람 황악산 직지사는 신라 눌지왕 때 아도화상이 창건한 절이다. 아도화상이 손가락을 뻗어 가리킨 자리에 지은 절이라 곧은 직直과 손가락 지指를 써 직지사라 이름 붙였다. 가을 단풍이 아름답기로 유명한 절이지만 사계절 어느 때 찾아도 고즈넉한 아름다움을 느낄 수 있다. 매표소에서 절까지 올라가 둘러보고 다시 나오는 데 한두 시간은 잡아야 한다. 직지사는 많은 문화재를 보유하고 있고 다양한 템플스테이 프로그램도 운영하는 큰 절이다.

전화번호 054-436-6174, 6084 **홈페이지** www.jikjisa.or.kr **요금** 2,500원 **운영시간** AM 06:00~PM 07:00, 동절기 AM 07:00~PM 06:00 **교통** 김천역 바로 앞에 있는 정류장에서 11번 시내버스나 111번 좌석버스 이용, 소요시간 약 25분.

함을 비롯해 5,000여점의 보물과 문화재를 보유 및 전시하고 있어서 불교문화에 대한 이해를 도와준다.

전화번호 054-429-1720 **홈페이지** www.jikjimuseum.org **요금** 1,000원 **운영시간** AM 09:00~PM 05:30, 동절기 PM 05:00까지 **휴일** 매주 월요일, 설 및 추석

03 직지문화공원

직지사 입구에서 내려 식당촌을 지나 직지사로 올라가다보면 길 오른편에 직지문화공원이 펼쳐진다. 규모가 상당한데, 재미있는 조각, 시비, 분수대가 조경과 어우러져 즐겁게 산책하며 둘러볼 수 있다. 갓과 쌍무지개 모양을 한 화장실이 특징적이다.

전화번호 054-420-6613

02 직지성보박물관

직지사 경내에 불교전문박물관인 직지성보박물관이 있다. 국보 제208호 도리사 금동육각사리

04 세계도자기박물관

개인이 수집한 도자기를 기증하여 탄생한 박물

관으로 세계 곳곳의 도자기를 모아놓았다. 단아한 동양의 항아리에서 유럽의 앤티크한 찻잔과 화병까지 고루 감상할 수 있다. 직지사를 보고 나온 뒤 함께 돌아보면 좋을 곳.

위치 직지사 입구, 직지사와 직지문화공원 사이에 위치. **전화번호** 054-420-6726 **요금** 1,000원 **운영시간** AM 09:00~PM 06:00 **휴일** 매주 월요일, 신정, 설 및 추석 연휴

05 자산벽화마을

전국 여기저기 벽화마을이 많이 생겼지만 자산벽화마을은 그 중 몇 손가락 안에 꼽을 수 있을 듯하다. 달동네의 정겨운 풍경과 재미난 벽화들이 어우러져 기분 좋은 한때의 산책을 선물한다. 언덕길을 꼬불꼬불 올라가야 하는 것도 재미의 일부. 김천의료원에서 시작해 자산공원을 포인트로 잡고 올라가며 구경하자.

교통 김천역에서 김천의료원까지 도보 25분. 혹은 택시 기본요금.

맛집

버스정류장에서 직지사로 올라가는 길에 꽤 큰 규모로 식당촌이 형성돼있다. 다양한 산나물 반찬이 나오는 산채정식집이 많은데 가게마다 메뉴와 가격은 비슷비슷하다.

일직식당

가게 앞에서 고기와 더덕을 구워 손님을 유혹한다. 산채정식을 시키면 더덕구이, 돼지석쇠구이와 각종 산나물로 꽉 찬 한상을 받게 된다.

위치 직지사 흔들다리 앞. **주소** 김천시 대항면 향천리 318-9 **전화번호** 054-436-6027 **가격** 산채한정식(2인 이상) 13,000원, 산채비빔밥(2인 이상) 7,000원

부일산채식당

입구의 무쇠팬에 배추전을 지지는 냄새가 고소하다. 배추전, 양념불고기, 더덕, 두릅 등 토속적인 음식들이 한 상 가득 차려진다.

위치 직지사 산채비빔밥 골목 안. **주소** 김천시 대항면 향천리 311-8 **전화번호** 054-436-6037 **가격** 산채한정식(2인 이상) 13,000원, 산채비빔밥(2인 이상) 7,000원

중국만두

화교 부부가 경영하는 만두집으로 김천 시내에서 무척 유명하다. 몇 만원어치씩 포장해가는 손님도 많을 정도. 메뉴는 찐만두와 찐빵 두 가지인데 만두가 훨씬 인기 있다.

위치 김천 중앙시장 입구 맞은편 골목. 김천역에서 도보 20분. **주소** 김천시 용두동 163-4 **전화번호** 054-434-2581 **가격** 찐만두 4,000원, 찐빵 4,000원

숙소

스파밸리

김천역에서 가장 가까운 찜질방으로 시설도 무난하고 콘센트도 쓸 수 있어 하룻밤 쉬어갈 만하다.

위치 김천역광장 왼편 육교를 통해 김천역 뒤편으로 이동 후 김천여중 방향으로 직진해 김천공용터미널과 김천여중을 지나 쭉 가다보면 나온다. 김천역에서 도보 15분, 택시로는 기본요금 거리. **주소** 김천시 성내동 1-13 **전화번호** 054-435-4882 **요금** 8,000원

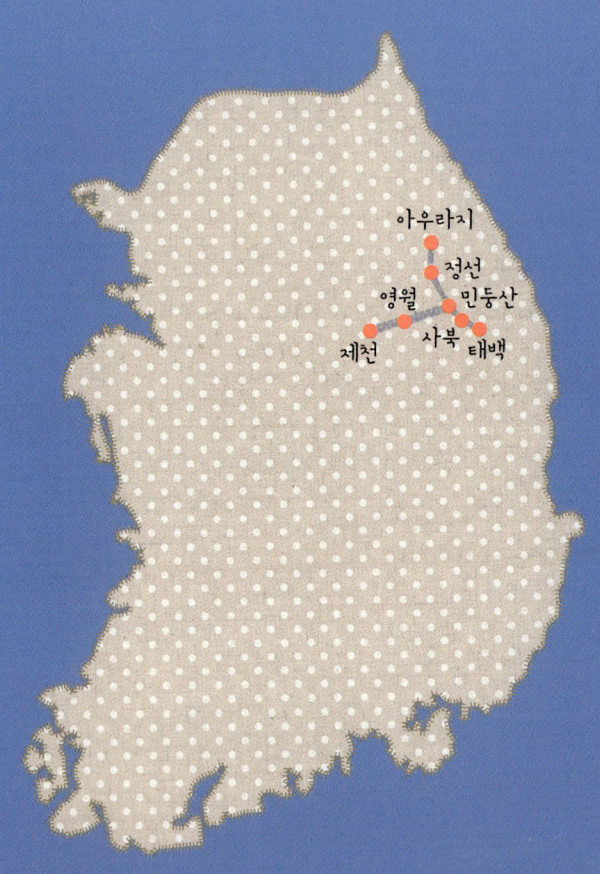

한반도의 등줄기 태백산을 휘감고 도는 태백선은 동고서저,
한반도 지형의 특징을 고스란히 반영한다.
지금은 일반열차가 서지 않지만 우리나라에서 제일 높은 곳에 위치한
추전역도 포함하는 태백선을 탈 때는
열차 안에서 갑자기 귀가 먹먹해져도 놀라지 말자.

제천에서 백산까지 103.5km **태백선**

어린 왕의 유배지,
푸른 동강은 아릿하게 굽이친다 **영월**

한반도 등줄기의 고원,
새 물이 샘솟는 땅 **태백**

아리아리 활력이 넘치는
산골마을 **정선**

태백
선

어린 왕의 유배지, 푸른 동강은 아릿하게 굽이친다
영월

열일곱 살 무렵엔 뭘 하고 지냈더라? 관심을 갖도록 허용된 것은 오로지 공부였지만 호된 사춘기는 착실함과 궁합이 안 맞았다. 그 질풍노도의 나이에 어린 단종은 유배를 당하고 사약을 받았다. 왕으로 태어난 게 죄지, 채 피지도 못하고 숙부 수양대군의 손에 목숨을 잃어야 했다. 그 서글픈 사연이 서린 곳이 영월이다. 단종이 유배당해 지내던 청령포, 사약을 받고 승하한 관풍헌, 시신을 돌보는 이 없어 어렵게 묻힐 수 있었던 장릉 등을 돌며 애달픈 넋을 달래자. 영화 〈라디오스타〉를 촬영한 동강과 청록다방, 사진 마니아라면 놓치지 말아야 할 동강사진 박물관과 별마로천문대, 한반도 지형 등 영월에는 매력적인 관광지가 한가득 이다.

관광 지수	★★★★☆
휴식 지수	★★★☆☆
교통 지수	★★☆☆☆
맛집 지수	★★★☆☆
예산 지수	★★★☆☆
기차역 지수	★★★★★

영월역 033-374-7788
영월교통(시내버스)
033-373-2373
종합관광안내소(장릉)
033-374-4215

이 도시를 여행하는법

❶ 읍내와 가까운 동강사진박물관, 관풍헌, 청령포, 장릉 등 주요 관광지는 하루 코스로 둘러볼 수 있다. 단종의 숨결과 동강의 바람결을 느끼며 쉬엄쉬엄 걸어보는 것을 추천한다. 다니다 지쳐 택시를 타면 4,000원 안팎의 요금이 나온다. ❷ 읍내 한가운데 시외버스터미널이 있으니 길을 물을 때 기준 삼으면 편리하다. ❸ 별마로천문대, 한반도지형은 교통편이 좋지 않으므로 택시투어나 영월역 내일로 플러스 혜택인 시티투어를 이용하면 편리하다.

추천일정표

AM
- 09:55　청량리, 제천 등에서 출발한 태백선 무궁화호 열차로 영월역 도착
　　　걸어서 동강, 관풍헌, 자규루, 청록다방 등 영월 시내 구경
- 11:00　영월서부시장에서 점심식사 후 동강사진박물관으로 도보 이동

PM
- 12:00　동강사진박물관 관람
- 01:30　영월 읍내에서 광천·선돌행 버스 타고 청령포로 이동
- 01:45　청령포 관람
- 03:00　택시로 장릉 이동 후 장릉 관람
- 04:00　택시로 선돌 이동 후 선돌 구경
- 04:30　장릉까지 도보 이동
- 05:00　장릉보리밥집에서 저녁식사
- 06:00　택시로 영월역 이동
- 06:34　영월역에서 태백선 무궁화호 열차 타고 민둥산, 태백, 강릉 등으로 이동
　　　막차이니 놓치지 않도록 주의하자.

* 영월역은 전통 양식으로 지어져 역사 자체가 볼거리다. 맞이방에는 인터넷 PC가 마련돼 열차를 기다리며 편리하게 이용할 수 있다.

예산

서부시장 점심식사	5,000원
동강사진박물관 관람료	1,000원
영월 읍내 ⇨ 청령포 버스비	1,200원
청령포 관람료	2,000원
청령포 ⇨ 장릉 택시비	약 4,000원
장릉 관람료	1,400원
장릉 ⇨ 선돌 택시비	약 4,000원
장릉보리밥집 보리밥	7,000원
장릉 ⇨ 영월역 택시비	약 4,000원
합계	= 약 29,600원

01 관풍헌

단종애사를 살피는 영월 여행의 시작점으로는 관풍헌과 자규루가 적절하다. 영월 읍내에 위치한 관풍헌은 단종이 죽기 전까지 유배당해 살던 곳으로, 이곳에서 수양대군에 의해 사약을 받고 승하했다. 현재는 조계종 보덕사의 포교당으로 쓰이고 있다.

교통 영월역에서 나와 동강을 건너 도보 20분. 중앙시장을 지나면 맞은편에 위치.

자규시

一自怨禽出帝宮 일자원금출제궁
한 마리 원한 맺힌 새가 공중에서 나온 뒤로

孤身雙影碧山中 고신쌍영벽산중
외로운 몸, 짝 없는 그림자가 푸른 산 속을 헤맨다.

暇眠夜夜眠無假 가면야야면무가
밤이 가고 밤이 와도 잠을 못 이루고

窮限年年恨不窮 궁한년년한불궁
해가 가고 해가 와도 한은 끝이 없구나.

聲斷曉岑殘月白 성단효잠잔월백
두견새 소리 끊어진 새벽 멧 부리엔 달빛만 희고

血淚春谷落花紅 혈루춘곡락화홍
피를 뿌린 듯한 봄 골짜기에 지는 꽃만 붉구나.

天聾尙未聞哀訴 천롱상미문애소
하늘은 귀머거리인가?
애달픈 이 하소연 어이 듣지 못하는지

何恭愁人耳獨聰 하채수인이독총
어쩌다 수심 많은 이 사람의 귀만 홀로 밝는고

02 자규루

관풍헌 바로 옆의 자규루는 단종이 관풍헌 유배 당시 올라가 애끓는 마음을 시로 읊었던 하던 누각이다. 관풍헌과 함께 가볍게 둘러보자. 자규루는 피를 토하며 운다는 자규새의 이름을 따서 지어진 이름이다. 두견새라고도 하는 자규새는 한의 정서를 노래하는 새로 우리 고전 시가에 심심찮게 등장한다. 단종이 이곳에서 읊었던 시가 〈자규시〉다. 어린 왕의 서글픔과 외로움이 느껴진다.

03 청령포

서강으로 둘러싸여 배가 없이는 건너지 못하는 청령포는 육지 속 섬이라고도 불린다. 단종이 수양대군에 의해 처음 유배된 곳으로, 단종은 이곳에서 2년쯤 지내다가 홍수로 물이 불자 읍내 관풍헌으로 옮겨갔다. 매표를 하면 배로 청령포 기슭까지 데려다주고 겨울에는 강물이 얼어붙어 그 위로 걸어서 건널 수 있다. 청령포에서는 단종이 생활하던 어소와 국내에서 가장 큰 소나무라는 600년 된 관음송, 단종이 고향을 그리워하며 쌓은 돌탑인 망향탑 등을 볼 수 있다. 천천히 둘러보면 한두 시간 정도 걸린다. 시리게 푸른 서강에 비쳐 반짝이는 햇살마저 애달픈 곳이다.

전화번호 033-370-2657 **요금** 2,000원 **운영시간** AM 09:00~PM 05:00, 동절기 PM 04:00까지(매표시간 기준) **교통** 영월 읍내 삼성디지털프라자 앞 정류장에서 광천·선돌행 농어촌버스 이용, 소요시간 10~15분. 읍내에서 도보로는 약 30분, 택시비 4,000원 정도.

광천·선돌행 버스 운행시간표
영월 읍내 출발시간 AM 07:30 10:00 PM 01:30 04:10 05:30 종점 출발시간 AM 08:00 10:30 PM 02:00 04:40 06:10

전화번호 033-372-3088 **요금** 1,400원 **운영시간** AM 09:00~PM 06:00 **교통** 영월 읍 삼성디지털프라자 앞 정류장에서 장릉 가는 농어촌버스 이용, 소요시간 5~10분. 대부분의 버스가 장릉으로 가니 물어보고 승차하면 된다. 읍내에서 도보로는 약 20분, 택시비 3,000원 정도.

tip 장릉에서 영월 읍내 쪽으로 걸어 나오다 보면 장릉노루조각공원을 볼 수 있다. 자그마한 호수와 주변 경관과 어우러져 산책하기 좋은 곳이다.

04 장릉
2009년 유네스코 세계문화유산으로 등재된 장릉은 어린 왕 단종의 무덤이다. 단종이 승하하고 나서도 정치적 부담 때문에 그의 시신을 돌보는 이가 없었는데, 호장 엄흥도가 슬퍼하며 이를 수습했다고 한다. 장릉에 입장하면 단종역사관이라는 조그만 박물관이 있고 야트막한 언덕길을 따라 올라가면 장릉이 나온다. 영월에서는 단종을 단순한 옛 임금 이상의 신성한 존재로 여겨 참배하기도 하니 장릉 안에서는 필히 엄숙해야 한다.

05 엄흥도기념관(충의공기념관)
장릉 뒤편에는 단종을 끝까지 지켰던 충신 엄흥도의 기념관이 있다. 호장 엄흥도는 단종의 시신을 거두는 자는 삼족을 멸한다는 수양대군의 엄명에도 불구하고 시신을 수습해 선산에 묻고 계룡산으로 들어갔다 전해진다. 많이 알려지지는 않았지만 자신의 신념에 따라 행동하는 의인의 본으로 삼을 만한 역사 속 인물이다. 장릉에서 선돌로 올라가는 길에 기념관이 있으며 바로 옆에는 다양한 식물을 관찰할 수 있는 물무리골 생태학습원도 자리하고 있으니 함께 둘러보자.

요금 무료 **운영시간** AM 09:00~PM 06:00

태백
선

06 선돌

돌 틈으로 보이는 서강의 절경에 감탄하지 않을 수 없다. 별다른 부대시설도 없이 기암절벽만 서 있는 곳이지만 자연풍광 그 자체를 보러 많은 사람들이 찾아온다. KBS 〈1박 2일〉에 나오면서 더 유명해지기도 했다. 선돌을 바라보며 소원을 빌면 한 가지는 꼭 이루어진다고도 하니 믿거나 말거나 소원을 빌어보자.

교통 영월 읍내 삼성디지털프라자 앞 정류장에서 광천·선돌행 농어촌버스 이용. 장릉에서 도보로는 약 30분, 택시비 4,000원 정도.

장릉에서 선돌로 가는 길은 가파른 고갯길이라 택시를 이용하고, 다시 장릉 방향으로 내려올 때는 적당한 내리막이라 산바람이 시원하니 걷는 것을 추천한다.

07 동강사진박물관

영월 여행의 필수 코스로 자리 잡은 동강사진박물관은 국내 최초의 공립사진박물관으로 사진 마니아들 사이에 입소문이 자자하다. 오래된 카메라와 사진들을 볼 수 있는 상설전과 수준 높은 기획전이 진행된다. 지역을 기반으로 한 정감 있는 전시가 매력적이다. 공립박물관인 만큼 관람료 부담 없이 느낌 있는 작품을 감상할 수 있다. 매년 여름 열리는 동강국제사진제는 우리나라를 대표하는 사진 축제로 발돋움해나가고 있다.

전화번호 033-375-4554 **홈페이지** www.dgphotomuseum.com **요금** 상설전 1,000원 **운영시간** AM 09:00~PM 06:00 **휴일** 신정 **교통** 영월 읍내 영월군청 옆에 위치. 관풍헌에서 도보 15분.

08 요리골목(이야기가 있어 걷고 싶은 거리)

영월 읍내 청록다방 뒤편 골목에서부터 영월초등학교 앞까지 벽화거리가 조성돼있다. 길지 않은 거리지만 벽화와 조형물 등의 예술작품이 동심을 일깨운다. 영화 〈라디오스타〉의 등장인물이나 이웃들의 모습을 담은 정겨운 벽화를 볼 수 있다. 골목의 이름처럼 요리를 주제로 한 작품이 많은 것 또한 특징이다.

09 동강

영월역에서 나와 읍내로 가려면 동강을 건너게 된다. 영월을 배경으로 만들어진 영화 〈라디오스타〉에 나오는 팀명 '이스트 리버East River'도 동강을 뜻한다. 영월의 상징이라고도 할 수 있는 청록빛 동강은 래프팅으로도 유명한데 역 근처에 래프팅샵이 여럿 있다. 여름 시즌에 내일로 플러스 영월역 혜택을 이용하면 저렴한 가격에 래프팅 체험을 할 수 있으니 다이내믹한 레저 여행을 원하는 경우 참고하자.

10 별마로천문대

국내 최초, 최대 규모의 시민 천문대인 별마로천문대는 공기 맑은 영월에서 예쁜 별들을 관찰할 수 있어 가족여행지로 인기를 끄는 곳이다. 100% 인터넷 예약제로 운영돼 홈페이지에서 미리 예약해야만 입장할 수 있다. 대중교통편이 없어서 내일로 친화도는 낮으나 영월역 내일로 플러스 혜택을 이용하면 차량 운행이나 입장료 할

인 등의 혜택을 받을 수도 있다.

전화번호 033-374-7460 **홈페이지** www.yao.or.kr **요금** 5,000원 **운영시간** PM 03:00~11:00, 동절기 PM 02:00~10:00 **휴일** 매주 월요일, 공휴일 다음날, 설 및 추석 연휴 **교통** 영월역에서 택시비 약 15,000원.

11 한반도 지형(선암마을)

자연이 만든 걸작이라고 일컬어지는 영월 한반도 지형은 이름처럼 한반도의 모양을 쏙 빼닮았다. 서쪽에는 서해안 갯벌처럼 모래밭이 펼쳐져 있으며 동고서저 형태로 이루어진 것까지 놀랍도록 실제 한반도와 똑같다. 한반도 지형 오른편으로 보이는 작은 마을이 선암마을이다. 선암마을에서는 한반도 지형 주변을 한 바퀴 돌아볼 수 있는 뗏목체험(5,000원)도 해볼 수 있다.

교통 영월 읍내에서 택시비 약 15,000원. 왕복 이용 시 택시 기사님과 미리 협상하는 게 좋다.

12 난고 김삿갓문학관

영월의 또 다른 명소는 김삿갓면 일대에 위치한 난고 김삿갓의 유적지다. 자신의 조상을 몰랐던 김병연은 과거시험에서 조부 김익순을 호되게 비판하는 글을 지어 장원을 한 후 모친에게 집안 내력을 듣게 되었다. 이후 스스로 하늘을 볼 수 없는 죄인이라며 평생 삿갓을 쓰고 방랑했다. 문학관을 중심으로 김삿갓이 살던 집과 시비, 묘 등을 볼 수 있다. 영월 읍내에서 거리가 멀고 대중교통이 불편해 찾아가기는 어려운 편.

전화번호 033-375-7900 **요금** 2,000원 **운영시간** AM 09:00~PM 06:00

🍴 맛집

영월 읍내 서부시장 안에 먹거리 시장이 형성돼 있다. 강원도의 별미 메밀전병, 배추부치기, 올챙묵 등을 저렴한 가격에 맛볼 수 있다. 가게마다 메뉴와 가격은 비슷하다. 메밀전병, 배추부치기는 1,000원, 올챙묵 4,000원. 강원도 음식은 투박하지만 자꾸만 손이 가는 묘한 매력이 있는데, 특히 메밀전병은 두고두고 그리워질 정도니 기회가 되면 꼭 맛보자. 정선집(033-373-6665), 속골집(033-373-1374) 등.

🍴 장릉보리밥집

강원도의 토속적인 맛을 느낄 수 있어 관광객도 현지인도 많이 찾는 맛집. 국내산만을 고집하는 향토 나물과 보리밥의 어우러짐이 일품이다. 혼자 가도 식사할 수 있어 더욱 좋다.

위치 장릉 옆 보리밭1교 건너편. **주소** 영월군 영월읍 영흥리 1101 **전화번호** 033-374-3986 **가격** 보리밥 7,000원, 도토리묵 5,000원, 감자메밀부침 4,000원 **운영시간** AM 11:30~PM 07:00

🍴 옛터

장릉 바로 앞에 식당이 여럿 있다. '맛없으면 반성문 쓰겠습니다.'라는 현수막이 강렬한 옛터 기사식당에서는 강원도 특산품 곤드레나물밥의 고소함을 경험할 수 있다.

위치 장릉 매표소 바로 앞. **주소** 영월군 영월읍 영흥리 1096-13 **전화번호** 033-374-5989 **가격** 곤드레나물밥 7,000원, 산채비빔밥 7,000원, 감자전 5,000원 **운영시간** AM 08:30~PM 08:30

🍴 청록다방

영월역에서 관풍헌을 지나 읍내 방향으로 조금 더 걷다보면 영화 〈라디오스타〉를 촬영한 청록다방이 있다. 평범한 시골 다방이었지만 영화 촬영 이후 영월의 명소가 되었다. 시간이 멈춘 듯한 레트로 무드를 만끽하며 쉬어갈 수 있는 곳.

위치 영월 읍내 관풍헌에서 영월시외버스터미널 방향으로 도보 3분. **주소** 영월군 영월읍 영흥리 940-21 **전화번호** 055-373-2126 **가격** 커피 2,000원

🛏 숙소

영월역 주변에는 24시 찜질방이나 게스트하우스가 없어서 가까운 제천역이나 민둥산역에서 묵고 오는 것이 낫다. 저렴한 모텔이나 펜션은 쉽게 찾아볼 수 있고 영월역 내일로 플러스 혜택을 이용하면 저렴하게 숙박을 해결할 수 있다. 영월역과 가깝지는 않지만 버스로 30분 정도 거리의 경치 좋은 외곽에 게스트하우스가 몇 있다. 운치 있고 특별한 여행을 원한다면 좋은 선택이다. 낙타 게스트하우스(010-3272-0378), 도란도란쉼터(010-4247-0208), 석항간이역 체험시설(033-378-5778) 등.

한반도 등줄기의 고원, 새 물이 샘솟는 땅

태백

관광 지수	★★★★☆
휴식 지수	★★★☆☆
교통 지수	★★★☆☆
맛집 지수	★★★★☆
예산 지수	★★★☆☆
기차역 지수	★★★★☆

태백역 033-552-7788
동백산역 033-553-2788
태백시버스터미널
033-552-3100
태백시관광안내소
033-550-2828, 552-8363

    높은 곳의 자유로운 공기를 마음껏 들이켜고 싶은 여행자라면 필히 태백시에 와볼 일이다. 한반도의 등줄기 태백산을 끼고 있는 고원 도시의 공기가 청량하다. 깊은 숨을 한껏 들이마시면 찬 공기가 폐를 간질이는 감촉도 그만이다.
    태백은 산의 뿌리일 뿐만 아니라 강의 발원지이기도 해서 한강과 낙동강이 모두 여기서 시작됐단다. 이런 태백에 오면 뭐라도 새로 시작할 수 있을 것 같은 마음가짐이 되어 내일로 여행의 첫날 코스로 정하기에도 손색이 없는 곳이다. 여름이면 해바라기축제, 겨울이면 태백산눈축제가 열려 볼거리가 더욱 풍성해지기도 하는 고원의 도시가 바로 태백이다.

추천일정표

PM

12:50	청량리, 제천, 민둥산 등에서 출발한 무궁화호 열차로 태백역 도착
01:10	태백시버스터미널에서 용연동굴행 버스 타고 종점 하차(약 20분 소요)
01:30	용연동굴 관람
03:00	용연동굴에서 버스 타고 태백시버스터미널로 이동 (약 20분 소요)
03:35	당골행 7번 버스 타고 태백산도립공원으로 이동 (약 25분 소요)
04:00	태백산도립공원 관람 태백석탄박물관 관람 후 단군성전 지나 한 바퀴 돌아보기
06:00	태백산도립공원에서 7번 버스 타고 태백 시내로 이동(약 25분 소요)
06:25	김서방네 닭갈비에서 저녁식사
07:25	황지연못 둘러보고 태백시버스터미널로 이동
08:00	태백시버스터미널에서 4번 버스 타고 동백산역으로 이동(약 10분 소요)
08:55	동백산역에서 묵호, 강릉 등 다른 지역으로 이동 태백역에서는 저녁 7시 48분에 강릉행 막차가 지나간다.

* 영동선으로 넘어가는 동백산역 루트 활용 태백 여행을 마치고 강릉이나 영주로 가는 영동선 열차를 타려면 태백에서 시내버스로 15분 거리에 있는 동백산역을 이용하면 시간을 벌 수 있다. 태백역이 있는 태백선에서 영동선으로 넘어가는 열차는 자주 없고 일찍 끊기기 때문이다. 4번 시내버스는 태백시버스터미널에서 약 15분 간격으로 자주 운행되며 황지연못, 통리역, 동백산역, 철암역을 차례로 지난다.

예산

태백시버스터미널 ➡ 용연동굴 버스비	1,100원
용연동굴 관람료	2,500원
용연동굴 ➡ 태백시버스터미널 버스비	1,100원
태백시버스터미널 ➡ 태백산도립공원 버스비	1,100원
태백산도립공원 관람료	2,000원
태백산도립공원 ➡ 태백시버스터미널 버스비	1,100원
김서방네 닭갈비	7,500원
태백시버스터미널 ➡ 동백산역 버스비	1,100원
합계 = 약 17,500원	

이 도시를 여행하는 법

❶ 태백역 앞의 관광안내소에서 관광안내도와 여행 정보를 얻을 수 있다. ❷ 내일로 이용객은 태백역 역무실에 짐을 맡길 수 있다. ❸ 주요 관광지로 가는 버스를 탈 수 있는 태백시버스터미널이 태백역 바로 앞에 있어 이용이 편리하다. 태백의 시내버스비는 일반버스 1,100원, 좌석버스 1,300원이다. ❹ 태백역은 태백선 중에서 가장 많은 승객들이 타고 내리는 큰 역이다.

태백선

01 용연동굴

해발 920m에 위치한 태백 용연동굴은 전국에서 가장 높은 지대에 위치한 건식 동굴이다. 종유석, 석순, 동굴산호 등 자연의 조화에 분수광장을 설치해 인공미가 더해진 내부는 널찍해서 관람하기 좋다. 동굴이 산 위에 있어 주변 경관도 탁 트였다. 매표소에서 용연차를 타고 동굴까지 올라가다보면 우리나라에서 가장 높은 역인 추전역과 매봉산 바람의 언덕이 보인다. 동절기에는 용연열차를 운행하지 않는 대신 차로 동굴까지 데려다준다. 여름 성수기에는 저녁 9시까지 야간개장을 하기도 하니 참고하자. 동굴 내부를 둘러보는 데는 약 40분이 소요된다.

전화번호 관리사무소 033-550-2727 매표소 033-550-2729 **요금** 3,500원(내일로 2,500원) **운영시간** AM 09:00~PM 06:00 **교통** 태백시버스터미널에서 용연동굴행 11, 12번 버스 이용, 종점 하차. 소요시간 15~20분.

용연동굴행 버스 운행시간표

태백시버스터미널 출발시간 AM 07:00 07:30 08:11 09:20 10:00 10:45 11:23 PM 12:35 01:10 01:46 02:21 02:45 03:25 04:05 04:40 05:10 06:15 06:45 07:41 08:18 09:13 10:15 용연동굴 출발시간 AM 07:15 07:50 08:30 09:35 10:20 11:00 11:40 PM 12:50 01:25 02:00 02:35 03:00 03:40 04:40 04:55 05:25 06:30 07:10 08:35 09:30 10:30

02 추전역

추전역은 우리나라에서 가장 높은 곳에 위치한 기차역이다. 해발 855m에 위치한 하늘 아래 첫 번째 역으로 아름다운 고원의 경관을 자랑한다. 현재는 일반열차가 운행하지 않고 관광열차만 정차하지만 다른 교통수단을 이용해서라도 추전역을 구경하러 오는 이들이 많다. 추전역 기념 스탬프는 반드시 찍을 것.

전화번호 033-553-8550 **교통** 태백시버스터미널에서 용연동굴행 버스 이용, 추전역삼거리 하차. 소요시간 10~15분. 추전역삼거리에서 도보 15분. 태백 시내에서 택시 이용 시 약 7,000원.

03 태백산도립공원

한반도의 호랑이 등줄기가 시작되는 태백산은

여름 피서지로도 그만이지만 겨울 설경이 특히 아름답다. 정상에 천제단이 있어 매년 개천절에 천제를 지내는 민족의 영산이다. 태백산이라는 우람한 이름과는 달리 의외로 완만하기 때문에 등산을 할 시 4시간이면 왕복할 수 있다. 겨울에는 아이젠이 필수. 태백산눈축제 기간에 맞춰 가면 눈과 얼음으로 만들어진 아름다운 조각 작품을 비롯해 볼거리가 더욱 풍성하다.

전화번호 033-550-2741, 553-5647 **홈페이지** tbmt.taebaek.go.kr **요금** 2,000원 **교통** 태백시버스터미널에서 당골행 7번 버스 이용. 소요시간 약 30분.

당골행 7번 버스 운행시간표
태백시버스터미널 출발시간 AM 07:38 08:35 09:05 09:35 10:00 10:50 11:30 PM 12:00 01:00 01:50 02:20 02:50 03:35 04:00 04:30 05:05 05:30 06:15 06:45 07:30 08:10 08:40 09:25 10:25 **당골 출발시간** AM 07:15 08:00 08:55 09:25 10:05 10:40 11:15 11:50 PM 12:20 01:25 02:10 02:45 03:20 03:55 04:20 04:50 05:25 06:00 06:35 07:10 07:50 08:30 09:00 09:45 10:45

04 태백석탄박물관
우리나라의 유일한 부존 에너지 자원인 석탄의 역사와 우리나라 석탄산업의 변천사에 대해서 알아볼 수 있는 박물관이다. 태백산도립공원 입구 쪽에 있으며 도립공원 입장권으로 관람 가능하다. 규모 있게 잘 갖춰져 있어 한 시간 반 정도는 잡아야 다 둘러볼 수 있다.

전화번호 033-550-2743 **홈페이지** www.coalmuseum.or.kr **요금** 태백산도립공원 입장권으로 입장 **운영시간** AM 09:00~PM 06:00 **교통** 태백시버스터미널에서 당골행 7번 버스 이용. 소요시간 약 30분.

05 삼수령(피재)
매봉산 바람의 언덕으로 가는 길목에 삼수령 혹은 피재라고 하는 고개가 있다. 이곳에 떨어진 빗물이 한강을 따라 서해로, 낙동강을 따라 남해로, 오십천을 따라 동해로 각각 흘러가기 때문에 삼수령三水嶺이라 부른다. 삼수정이라는 정자에 오르면 이곳에서 흘러내려가는 물길이 흩어지는 경치를 조망할 수 있다. 삼수정 조형물을 포인트로 삼아 사진을 찍기에도 좋다. 이곳에 화장실과 휴게실이 있으니 매봉산 바람의 언덕에 올라가기 전에 이용하자.

교통 태백시터미널에서 삼수령행 버스 이용. 소요시간 약 20분.

삼수령(피재)행 버스 운행시간표
태백시터미널 출발시간 AM 06:10 08:50 09:50 PM 12:20 02:45 05:00 06:30 07:00 **삼수령(피재) 출발시간** AM 07:40 08:40 10:20 11:35 PM 02:35 03:10 06:10 07:30

06 매봉산 바람의 언덕

여름에는 백두대간의 싱그러운 고랭지 배추밭이, 겨울에는 새하얀 눈밭이 풍력발전소와 어우러져 장관을 이룬다. 겨울에 눈이 많이 내리면 진입이 어려우니 날씨를 확인하고 가야 한다.

교통 태백시터미널에서 삼수령행 버스 이용 후 도보 이동. 삼수령에서 풍력발전단지가 보이는 입구까지는 30분 정도면 도착하지만 정상을 찍고 내려오려면 두 시간 이상이 걸린다.

07 황지연못

낙동강 발원지인 황지연못은 태백 시내 중심부에 위치해 있다. 규모는 크지 않지만 공원처럼 조성돼있어 둘러볼만 하다. 황지연못에는 황부잣집에 대한 전설이 얽혀 있다. 구두쇠 황부자가 시주를 청하는 노승에게 쇠똥을 퍼주자 마음 착한 며느리가 몰래 쌀을 시주하고 사과하였다. 그러자 스님은 "이 집은 곧 망할 것이니 그대는 나를 따라오고 어떤 일이 있어도 뒤를 돌아보지 마라." 했다. 며느리는 스님을 따라 아기를 업은 채 길을 나섰는데 얼마 후 큰 소리가 나기에 깜짝 놀라 뒤를 돌아보았더니 황부자가 살던 집이 못으로 변해 있었다. 며느리는 뒤를 돌아본 탓에 그 자리에서 아기와 함께 돌이 되고 말았다.

전화번호 관리사무소 033-550-2843 **교통** 태백역에서 시내 방향으로 도보 15분.

08 통리5일장&통리역

매달 5, 15, 25일에 열리는 통리5일장은 강원도와 경상도의 경계에 위치한 전통시장 중 가장 규모가 크고 활기가 넘치는 장으로 유명하다. 열흘에 한 번 열리기 때문에 사실은 10일장이라고 해야 맞지만 끝자리가 5인 날에 열리기 때문에 5일장으로 불리고 있다. 가까이에는 통리역이 있다. 영동선 스위치백이 사라지면서 2012년 6월 여객취급이 중지된 무배치 간이역으로, 세월에 빛을 바래가는 폐역의 역사가 느껴진다.

교통 태백시버스터미널에서 4번 버스 이용, 소요시간 약 10분.

맛집

김서방네 닭갈비

태백 물닭갈비는 우리가 흔히 먹는 춘천식 닭갈비와는 달리 뚜껑이 있는 냄비에 닭갈비를 넣고 끓여 익히는 것으로 닭볶음탕과 약간 비슷하다. 김서방네 닭갈비가 태백에서 으뜸으로 꼽힌다. 저렴한 가격에 푸짐하게 먹을 수 있고 후식으로 나오는 식혜까지 쏠쏠하다.

위치 태백역에서 오른편 길 따라 10분쯤 직진 후 번영로로 진입해 세 블록 가서 푸른약국 옆 골목. 황지연못 근처. **주소** 태백시 황지동 30-17 **전화번호** 033-553-6378 **가격** 닭갈비 6,000원, 볶음밥 1,500원 **운영시간** AM 11:30~PM 08:30

🍴 연화반점

통리역 주변에서 거의 유일하게 눈에 들어오는 식당으로 일대에서는 유명하다. 옛날식으로 참기름을 넣어 짜지 않고 고소하며 면발이 통통한 자장면 맛을 잊을 수 없다. 음식은 주인 부부가 모두 직접 만들기 때문에 중국음식점 치고는 시간이 조금 걸리는 편이다.

위치 통리역 앞. **주소** 태백시 통동 통리1길 108호 **전화번호** 033-552-8359 **가격** 자장면 4,000원, 잡채 12,000원, 탕수육 15,000원

🍴 정원한정식

궁중요리를 메인으로 하는 고급식당이지만 나오는 음식 대비 가격이 착해서 부담 없이 한정식을 즐길 수 있다. 1인당 10,000원씩인 정원한정식을 추천한다.

위치 태백역에서 오른편 길 따라 5분 직진 후 보수장 모텔 골목으로 세 블록 이동. **주소** 태백시 황지동 25-38 **전화번호** 033-553-6444 **가격** 정원한정식(2인 이상) 10,000원, 정원비빔밥 8,000원 **운영시간** AM 11:30~PM 9:30 **휴일** 매주 일요일

🍴 Other Choices

태백 물닭갈비 태백에서 유명한 또 다른 물닭갈비 전문점. 닭갈비 6,500원. 033-553-8119

숙소

태백 시내는 꽤 번화한 편이라 게스트하우스는 없지만 여관, 모텔 등 숙박시설을 쉽게 찾을 수 있다.

성지사우나

태백역에서 가깝고 시설이 깔끔해 레일러들이 많이 이용하는 찜질방이다. 남녀 수면실과 토굴방이 있으며 만화책도 무료로 볼 수 있다.

위치 태백시버스터미널 맞은편 골목에 위치. 태백역에서 도보 5분. **주소** 태백시 황연동 368-210 **전화번호** 033-552-3039 **요금** 주간 6,500원, 9시 이후 7,500원

훼미리보석찜질방

태백 일대에서 가장 크고 시설이 좋은 찜질방이다. 태백산도립공원과 가까워 등산객들도 많이 묵는다. 콘센트가 많아 이용이 편리하고 조용한 편이다. 이불은 제공되지 않는다.

위치 태백시버스터미널에서 태백산도립공원 가는 당골행 7번 버스 타고 문곡소도동주민센터 하차. **주소** 태백시 문곡소도동 106-8 **전화번호** 033-554-4311 **요금** 8,000원

태백
선

아리아리 활력이 넘치는 산골마을

정선 민둥산, 정선, 사북, 아우라지역

정선은 한 때 탄광으로 흥했던 도시다. 지나가는 개도 천원짜리 아닌 만원짜리만 물고 다녔을 정도랬다. 광산 일은 힘들지만 솔찬히 돈이 됐다. 그 시절 정선은 남부러울 것 없는 부촌이었다. 하지만 더 이상 석탄을 예전처럼 쓰지 않게 되면서 정선은 볼 것 없는 깡촌이 되어버렸다. 광산이 하나둘 문을 닫고 광부들은 직업을 잃었다. 산간지역은 그렇잖아도 교통이 불편했다. 정선은 찾아오는 이도 없이 적적해졌다. 그래서 만들어진 게 정선 카지노다.

내일로 세대에게 정선의 이미지는 어떨까? 아라리촌, 레일바이크, 병방치 스카이워크가 두 팔 벌려 관광객을 맞고 민둥산, 몰운대, 화암동굴 등 천혜의 자연도 볼거리다. 전국 최초로 내일로 플러스를 시작한 민둥산역 역무원들은 젊은 여행자들에 대한 배려가 넘친다. 돈이 돌고 사람이 돌자 정선에는 다시 아리랑이 흐르기 시작했다. 아리아리 정선, 산골짜기에 활력이 넘친다.

관광 지수	★★★★★
휴식 지수	★★★☆☆
교통 지수	★★★☆☆
맛집 지수	★★★☆☆
예산 지수	★★☆☆☆
기차역 지수	★★★★☆

민둥산역 033-591-1069
정선역 033-563-7788
사북역 033-592-7788
정선시내버스터미널(시내버스)
033-563-1094
정선시외버스터미널
033-563-9265
고한사북공영버스터미널
033-591-2860
여량 콜택시 033-562-9975
정선군 종합관광안내소
1544-9053

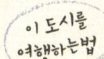
이 도시를 여행하는법

❶ 정선 여행은 태백선과 정선선이 교차하는 민둥산역을 중심으로 열차와 버스를 활용해 다닐 수 있다. 강원랜드 카지노가 있는 사북역, 정선 읍내 관광지와 가까운 정선역, 정선 레일바이크와 풍경열차가 있는 아우라지역이 정선군에 속한다. ❷ 정선선은 상·하행 각각 하루 2차례씩만 운행된다. 정선역 열차가 자주 없기 때문에 민둥산역 근처 증산초교 앞에서 정선버스터미널까지 버스를 이용해 읍내로 들어가기도 한다. 정선역에서 정선버스터미널까지는 도보 30~40분, 택시비 3,000원 정도. ❸ 제천역에서 출발한 무궁화호 열차가 영월, 민둥산을 거쳐 정선, 아우라지로 들어간다. 정선5일장이 열리는 날에는 청량리역에서 출발하기도 한다. ❹ 아우라지역은 매표소와 역무실이 없는 무배치 간이역으로 매표는 열차 안에서 승무원에게 해야 한다.

307

추천일정표

PM 첫째날

- **07:23** 청량리, 제천, 영월, 민둥산 등에서 출발한 무궁화호 열차로 사북역 도착
- **07:50** 하이원 리조트 셔틀버스 타고 강원랜드 카지노로 이동
  여름 시즌에는 호수공원에서 음악분수쇼를 볼 수 있다.
- **08:00** 강원랜드 카지노 체험 후 엘카지노 호텔 셔틀버스 타고 엘카지노 호텔로 이동
  엘카지노 호텔 찜질방 숙박

AM 둘째날

- **07:00** 기상, 여행 준비, 아침식사
- **08:28** 민둥산역에서 정선선 열차 탑승
- **09:14** 아우라지역 도착
  아우라지교 건너 아우라지 처녀상 등 일대 구경
- **10:25** 아우라지역에서 정선선 열차 탑승
- **10:44** 정선역 도착해 정선 아라리촌 관람

PM

- **12:00** 정선5일장 구경, 메밀전병, 옥수수 등으로 점심식사
- **12:50** 정선 읍내에서 시내버스 타고 몰운대로 이동(약 50분 소요)
- **01:40** 소금강과 몰운대 비경 감상
- **02:20** 종점에서 나오는 버스 타고 화암동굴로 이동(약 15분 소요)
- **02:35** 화암동굴 관람
- **04:00** 종점에서 나오는 버스 타고 정선 읍내로 이동(약 35분 소요)
- **04:35** 정선역까지 도보 이동 후 은혜식당에서 저녁식사
- **05:54** 정선역에서 정선선 열차 탑승
- **06:19** 민둥산역 도착
- **07:15** 민둥산역에서 무궁화호 열차 타고 태백, 정동진, 강릉 등으로 이동

예산

강원랜드 입장료	5,000원
엘카지노호텔 찜질방	6,000원
아침식사	약 5,000원
장터 점심식사	5,000원
정선 읍내 ⇒ 몰운대 버스비	2,120원
몰운대 ⇒ 화암동굴 버스비	1,000원
화암동굴 입장료	5,000원
화암동굴 모노레일	2,000원
화암동굴 ⇒ 정선 읍내 버스비	2,120원
은혜식당 메밀콧등치기	4,000원
합계	약 37,240원

민둥산역

01 민둥산

민둥산에 올라보기 전까지는 이 산의 이름을 이해하지 못한다. 아래서 보면 특이점이 없어 보이는 보통 산이지만 정상에 올라 보면 빽빽한 나무 대신 억새밭이 펼쳐진다. 화전을 일구느라 나무를 불태운 자리에 대신 억새가 자라게 되었다고 한다. 가을에는 은빛 억새가 장관을 이뤄 억새꽃축제를 찾는 등산객도 많은데, 높지는 않아도 퍽 가파르기 때문에 꼭 운동화나 등산화를 갖춰 신어야 한다. 민둥산쉼터까지 1시간, 정상까지는 2시간 정도 걸린다. 정상에 우체통이 있다. 기념엽서도 무료 제공되니 민둥산 정상에서 보내는 편지로 친구를 감동시켜 보자.

교통 민둥산역 앞 큰길 따라 20분쯤 걸으면 나오는 증산초등학교 옆에서 등산로 시작.

정선역

02 정선 아라리촌

연암 박지원의 〈양반전〉을 모티브로 정선 지역의 옛 주거 문화를 재현해 놓은 곳이다. 한국지리시간에 아무리 들어도 구분이 안 가던 굴피집, 너와집, 저릅집, 귀틀집 등 7종류의 집과 물레방아, 연자방아, 장승들을 갖춰 놓았다. 양반전에 나오는 인물 동상이 곳곳에 세워져 있어 한 편의 옛날이야기를 듣듯 돌아볼 수 있다. 정선 여행에서 빠뜨릴 수 없는 곳이다. 입구에서 받을 수 있는 양반증서는 훌륭한 기념품이 된다.

전화번호 관리실 033-563-3462 **요금** 정선아리랑상품권 3,000원 상당 구입 시 무료 **운영시간** AM 09:00~PM 06:00 **교통** 정선 읍내 위치. 정선역에서 나와 왼편 길 따라 직진 20분. 택시 이용 시 기본요금 거리.

03 정선5일장

장날이면 청량리역에서 출발하는 특별열차가 편성될 정도로 인기 관광지 노릇을 톡톡히 하고 있는 정선5일장은 끝자리가 2, 7로 끝나는 날에 열린다. 산나물이나 약초 같은 토산품 외에 옥수수, 메밀전병, 콧등치기국수, 감자떡 등 향토음식을 판매해서 구경하는 눈도 맛보는 혀도 즐거워진다. 장날이 아니라도 상설로 운영하는 가게들이 있으니 들러보자. 특히 이곳의 메밀전병은 가히 진리라고 할 수 있을 정도니 꼭 먹어볼 것. 성수기에는 관광객을 위해 토요일에도 장이 서고 겨울철에는 열리지 않는다.

교통 정선역에서 나와 왼편 길 따라 직진하다 정선 제2교를 건넌 후 정선군청 근처 위치.

==정선 아리랑극 무료 공연==

끝자리가 2, 7인 정기장날 오후 4시 30분에는 정선군청 옆 문화예술회관 3층 공연장에서 정선 아리랑을 뮤지컬 형태로 풀어낸 아리랑극 무료 공연이 있으니 참고하자.

04 아리힐스 리조트(병방치 스카이워크)

정선의 새로운 명소로 떠오르는 병방치 스카이워크는 국내 최초의 3D 전망대로 한국의 그랜드캐니언이라 할 수 있는 곳이다. 강화유리로 된 바닥 위를 걸으며 발밑으로 아찔한 병방산 절경을 감상하며 마치 하늘에 떠 있는 것 같은 기분을 느낄 수 있다. 아리힐스 리조트에서는 아시아 최대 규모의 짚와이어도 탈 수 있다. 시속 100km를 넘나드는 속도가 주는 스릴과 병방산의 비경을 함께 즐길 수 있는 매력의 레포츠로 인기를 얻고 있다.

전화번호 033-563-4100 홈페이지 www.ariihills.co.kr 요금 스카이워크 5,000원, 짚와이어 체험 40,000원 운영시간 AM 09:00~PM 06:00 교통 정선버스터미널에서 도보 10분 거리의 아리힐스 주차장에서 셔틀버스 이용.

민둥산역~정선버스터미널
버스 운행시간표(소요시간 약 40분)
증산초교 앞 출발시간 AM 07:35 10:00 11:10 PM 12:55 02:00 04:25 06:15 정선버스터미널 출발시간 AM 10:20 PM 12:10 01:15 02:00 03:20 05:30 07:10

05 몰운대

"몰운대? 왜 모룬대!!" 입구의 장승에 새겨진 글귀가 익살맞다. 실제로 몰운대에 오른 소감 역시 그 말과 크게 다르지 않을 것이다. 이런 절경을 왜 진작 몰랐을꼬. 소금강 비경을 감상하며 쌩쌩 달리던 버스가 몰운대 쉼터 주차장에 선다. 250m 정도 야트막한 산을 오르면 구름도 쉬어가는 고개 몰운대가 나온다. 까딱하면 황천 갈 듯 아슬아슬한 계곡이 깎아지른 듯 눈앞에 펼쳐진다. 서늘한 산바람과 달리 산간지역의 햇살이 강하니 자외선차단제는 꼭 챙기자.

교통 정선버스터미널에서 한소리, 역둔, 백전, 풍촌 종점 버스 이용.

몰운대행 버스 운행시간표
(소요시간 약 50분, 버스비 2,120원)
정선버스터미널 출발시간 AM 06:00 07:45 09:10 10:10 11:05 PM 12:50 01:35 02:50 03:50 05:15 07:10
종점(몰운대까지 5~15분 소요) 출발시간 AM 09:30 11:20 PM 12:20 02:15 02:50 04:00 05:00 06:25 07:50

사북역

06 화암동굴

천연의 동굴을 활용, 금과 대자연의 만남을 주제로 조성해 자연이 그대로 박물관이 되었다. 화암동굴은 과거 금광이 있던 곳으로, 노다지를 찾아 위험을 무릅쓴 사람들이 모여들던 곳이었다. 탄광촌에서 고된 노동을 하던 광부들의 생활상도 살펴볼 수 있게 꾸며놓았다. 규모가 상당히 큰 편이라 최소 1시간은 잡고 관람해야 한다. 모노레일을 타면 매표소에서 동굴 입구까지 편하게 이동할 수 있다. 주변의 향토박물관, 천포금광촌도 함께 둘러볼 수 있고, 여름에는 야간 공포체험이 명물이다. 한여름이라도 굴 속 기온이 낮은데다 관람 소요시간이 길기 때문에 반드시 겉옷을 챙겨야 한다.

전화번호 033-562-7062 **홈페이지** www.jsimc.or.kr **요금** 입장료 5,000원, 모노레일 2,000원 **운영시간** AM 09:00~PM 05:00(입장시간 기준) **교통** 정선버스터미널에서 몰운대행 버스 이용. 소요시간 약 35분, 버스비 2,120원. 화암면행 버스를 이용해도 된다. 화암면행 버스의 정선 출발시간은 AM 08:20 PM 08:00.

07 강원랜드 카지노

국내에서 유일하게 내국인이 출입할 수 있는 카지노인 강원랜드는 하이원 리조트 내에 위치해 있어 가족 단위 여행객이 많다. 영업장 안은 즐거운 관광지 분위기지만 직원들의 태도는 다소 고압적인 편. 미성년자는 입장이 불가하고 입장 시 신분증을 제시해야 한다. 7,500원의 입장료는 전액 세금(개별소비세 5,250원, 교육세 1,575원, 부가세 675원)이다. 영업장 안에서는 사진 촬영과 식음료 반입이 금지된다. 블랙잭, 바카라 등의 테이블 게임부터 온갖 종류의 슬롯머신까지 갖춰 규모가 상당하며 음료가 무료 제공된다. 100원씩 베팅할 수 있는 슬롯머신도 있으니 자제력만 갖춘다면 한 번 시도해보는 것도 좋다. 여름 성수기에는 호수공원에서 음악분수쇼가 펼쳐지기도 한다.

전화번호 1588-7789 **홈페이지** www.high1.com/casino/main.high1 **요금** 7,500원 **운영시간** AM 10:00~익일 AM 06:00 **교통** 사북역에서 나와 왼편으로 5분쯤 걸어 내려가면 보이는 랜드모텔 앞 버스정류장에서 하이원 리조트 셔틀버스 이용, 강원랜드 호텔&카지노 하차. 소요시간 약 6분. 민둥산역에서 택시 이용 시 약 7,000원. 민둥산역 앞 엘카지노 호텔에서도 셔틀버스를 운행한다. 엘카지노 호텔 찜질방 이용 시 탑승 가능.

하이원 리조트 셔틀버스 운행시간표

사북 출발시간 AM 08:20 09:40 10:50 11:50 PM 12:50 01:50 02:35 03:50 04:50 05:50 06:50 07:50 08:50 09:50 10:50 11:25 **강원랜드 호텔 출발시간** AM 06:00 06:15 09:26 10:36 11:36 PM 12:36 01:36 02:26 03:36 04:36 05:36 06:36 07:36 08:36 09:36 10:36 11:16

아우라지역

09 정선 레일바이크

08 아우라지

정선아리랑이 탄생한 곳이 바로 아우라지다. 송천과 골지천이 '어우러지는' 곳이라 하여 아우라지라는 이름이 붙었다. 강을 가로지르는 오작교를 건너면 아우라지 처녀상이 애타게 임을 기다리고 있다. 여름이면 뗏목축제가 펼쳐지고 미루나무 사이로는 종달새들이 뽀롱뽀롱 노래한다. 강물에 비치는 피라미 떼를 구경하며 돌다리를 건너고 있노라면 주변 풍광이 한 폭 수채화가 되는 곳이 이곳 아우라지다. 하루에 두 차례밖에 운행하지 않는 정선선 열차를 타는 것만으로도 아우라지 방문의 가치가 있으며 기차 마니아라면 아우라지역의 뗏목 모양 역명판도 놓치지 말아야겠다.

교통 정선선 아우라지역 혹은 정선버스터미널에서 여량행 버스 이용. 아우라지역에서 나와 왼편으로 도보 10분.

정선시외버스터미널~여량버스터미널 시외버스 운행시간표(소요시간 약 20분, 요금 2,600원)
정선 출발시간 AM 07:10 08:10 09:10 10:10 PM 12:10 02:10 03:10 04:10 06:10 07:10 **여량 출발시간** AM 08:10 09:10 10:10 11:10 PM 12:10 01:10 02:10 03:10 05:10 06:10 08:10

정선시외버스터미널~여량버스터미널 시내버스 운행시간표(소요시간 약 30분)
정선 출발시간 AM 06:10 06:20 06:30 09:20 11:30 PM 12:00 02:05 03:05 05:05 05:35 **여량 출발시간** AM 07:35 08:40 10:00 PM 12:20 12:40 02:30 03:30 07:30

09 정선 레일바이크

요즘 여러 지역에서 열차와 연계한 관광상품으로 각광받는 레일바이크의 원조격이다. 더 이상 열차가 다니지 않는 구절리~아우라지 구간의 철로를 레일바이크로 달리며 풍경을 감상할 수 있어 가족, 연인 할 것 없이 이용객이 많다. 구절리역에서 아우라지역까지 7.2km 거리의 완경사를 이동하는데 약 50분이 걸린다. 성수기의 경우 일찌감치 인터넷 예매가 마감되니 서두르자.

전화번호 033-563-8787 **홈페이지** www.railbike. co.kr **요금** 2인승 25,000원, 4인승 35,000원 **운영시간** 구절리역 출발 시간 AM 08:40 10:30 PM 01:00 02:50 04:40(밑줄은 동절기 운행 없음) **교통** 여량터미널에서 구절리까지 노추산행 버스 이용, 소요시간 약 25분.

여량~구절리 버스 운행시간표
여량 출발시간 AM 08:20 10:34 PM 12:35 03:35 05:35 07:30 **구절리 출발시간** AM 07:20 09:40 11:40 PM 02:30 04:40 06:30

 레일바이크 이용객을 위해 아우라지에서 다시 구절리역까지 가는 아리아리호 풍경열차가 하루 2차례 운행된다.

🍴 맛집

🍴 구이마을

민둥산역 근처에서 제대로 된 곤드레밥을 먹어볼 수 있는 곳. 곤드레나물이 생소한 사람도 부담 없이 도전해볼 수 있다.

콧등치기국수?

정선에서는 메밀을 원료로 국수를 만드는데 메밀면은 탄력이 부족해 면발이 잘 끊어진다. 그때마다 면발이 자꾸만 콧등을 친다고 하여 콧등치기국수라는 재미있는 이름이 붙었다.

🍴 어름치유혹

천연기념물 어름치를 형상화한 열차카페. 코레일관광개발에서 운영하며, 간단한 패스트푸드와 음료를 판매하는데 음식 맛은 장담할 수 없으나 방문해볼 가치가 있다.

위치 아우라지역 앞. **주소** 정선군 여량면 구절리 290-82 **전화번호** 033-563-6057 **가격** 치킨버거 3,000원, 돈가스 5,900원, 원두커피 2,500원, 생맥주 2,500원

🍴 Other Choices

싸리골식당 곤드레나물밥 원조집으로 정선5일장에서 가깝다. 곤드레나물밥 5,000원, 도토리묵 10,000원. 033-562-4554

위 사진 설명:
위치 민동산역에서 증산초등학교 방향으로 도보 10분. 증산초등학교에서 큰길 건너편에 위치. **주소** 정선군 남면 무릉리 788-16 **전화번호** 033-592-9230 **가격** 곤드레밥(2인 이상) 8,000원, 된장찌개 7,000원, 갈비탕 7,000원 **운영시간** AM 10:30~PM 10:00

🍴 은혜식당

푸근한 시골 할머니 인심을 팍팍 느낄 수 있는 정선역 앞의 허름한 식당이다. 감자옹심이, 메밀콧등치기 등 정선의 향토음식을 골고루 맛볼 수 있다.

위치 정선역 바로 앞. **주소** 정선군 정선읍 애산리 415-45 **전화번호** 033-562-1999 **가격** 감자옹심이 4,000원, 메밀콧등치기 4,000원, 보리밥 4,000원 **운영시간** AM 06:00~PM 09:00

🍴 동광식당

정선 사람들도 줄 서서 먹는 유명 맛집. 정선의 특산품 황기를 넣고 삶아 누린내가 없는 족발과 정선 특유의 콧등치기국수가 일품이다.

위치 정선역에서 나와 왼편으로 도보 5분. **주소** 정선군 정선읍 봉양리 49-3 **전화번호** 033-563-3100 **가격** 황기족발 小 27,000원, 콧등치기국수 5,000원 **운영시간** AM 09:00~PM 09:00

🏠 숙소

민동산역 주변과 정선 읍내에서 묵을 만한 여관, 모텔을 찾아볼 수 있다.

🏠 엘카지노호텔찜질방

민동산역과 가깝고 내일로 할인을 받을 수 있어 많은 레일러들이 이용한다. 시설도 만족스러운 편이다.

위치 민동산역 앞으로 도보 3분. **주소** 정선군 남면 무릉리 471 **전화번호** 033-592-8222 **홈페이지** www.l-casino.com **요금** 10,000원(내일로 6,000원), 이불 대여 1,000원

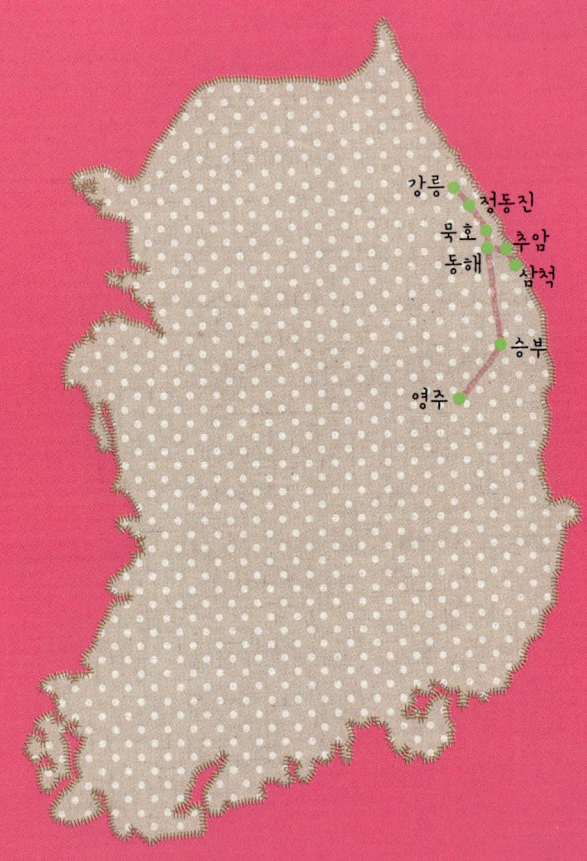

정동진 일출을 보려는 사람들로 주말이면 늘 만원사례를 이루는 영동선은
창밖으로 내려다 보이는 푸른 동해의 아름다움에 말문이 막힌다.
서울에서부터 고속도로가 뻥뻥 뚫려 차를 타면 1시간대에도 닿지만
굳이 기차를 추천하는 건 느린 여행에서만 느낄 수 있는 특별함이 있기 때문이다.

영주에서 강릉까지 192.7km **영동선**

일출만 보러 오니?
경포대엔 달도 다섯 개! **강릉**

논골담길 따라
동트는 동해의 등대까지 **묵호**

오지의
기차역 **승부**

Special Train
바다열차

영동선

일출만 보러 오니? 경포대엔 달도 다섯 개!

강릉

　　강릉, 참 가깝고도 멀다. 날로 발달하는 도로교통 덕분에 서울에서 고속버스로는 두 시간 만에 닿는다. 하지만 기차로 강릉에 이르는 길은 예나 지금이나 변함이 없다. 청량리에서 다섯 시간이 넘게 걸리는 무궁화호뿐이다. 중앙선과 태백선, 영동선까지 이어지는 긴 노선이다. 굳이 가까운 길을 버리고 먼 길로 돌아오기 바란다. 느릿느릿, 산도 보고 바다도 보며 천천히 강릉에 도착하자. 서두를 게 다 뭔가.

　　꼭두새벽 눈 비비고 보는 정동진 아침해로 유명한 강릉이지만 게으르게 출발한 바람에 저물녘에나 도착한대도 상관없다. 달밤에는 경포대가 장관이다. 달이 다섯이나 뜨거든. 하늘, 호수, 바다, 술잔, 그리고 님의 눈동자 속에도 그 밝고 맑은 것들이. 강릉은 오죽헌, 선교장, 참소리 박물관, 허난설헌 생가 등 시내 관광지가 알찰뿐더러 대관령 삼양목장과 양떼목장으로 가는 길목이 되는 도시다. 도시 곳곳에 솔향과 커피향이 물씬 배어 향기로운 여행을 즐길 수 있다.

관광 지수	★★★★☆
휴식 지수	★★★☆☆
교통 지수	★★★☆☆
맛집 지수	★★★★☆
예산 지수	★★☆☆☆
기차역 지수	★★★☆☆

강릉역 033-645-7788
강릉시외버스터미널
033-643-6092
동진버스 033-653-8011
동해상사 033-653-0320
횡계 택시 타는곳
033-335-5596
강릉시 종합관광안내소
033-640-4531, 4414

이 도시를 여행하는법

❶ 강릉역 앞에 관광안내소가 있다. ❷ 강릉 시내버스는 대부분 강릉역 앞 오거리에서 오른편 길로 들어가면 있는 강릉역오거리 정류장이나 강릉역에서 도보 10분 거리의 시내 교보생명 앞을 지난다. 강릉 버스는 비교적 자주 다니는 편이지만 방향이 헛갈리기 쉬우니 행선지를 물어보고 탑승하자. ❸ 영동선 종점인 강릉역은 정동진, 추암을 지나 삼척까지 운행하는 바다열차의 시발역이다. ❹ 청량리에서 강릉으로 가는 주말 야간열차는 정동진 일출을 보려는 승객들로 미어진다. 빈자리를 찾기는 불가능에 가까우니 일찌감치 포기하거나 일정을 변경하자. 여름 성수기를 제외한 평일에는 열차가 한산한 편이다.

317

추천일정표

PM
첫째날
07:39 청량리, 제천, 영월, 민둥산, 태백 등에서 출발한 무궁화호 열차로 강릉역 도착

강릉역오거리 정류장에서 202번 버스 타고 경포 해수욕장으로 이동해 밤바다 산책 후 테라로사 경포점에서 음료 즐긴 후 강릉솔향온천으로 이동해 숙박

AM
둘째날
08:00 기상, 여행 준비
08:30 도보 10분 거리의 초당순두부마을로 이동해 아침식사
09:30 허균·허난설헌 유적공원 둘러보기
10:30 시내버스 타고 강릉시외버스터미널 이동 후 시외버스로 횡계터미널 이동
11:30 횡계터미널에서 택시 타고 대관령 삼양목장으로 이동
바이트레인을 통해 카풀을 구하면 택시비를 절약할 수 있다.

PM
12:00 삼양목장 관람
03:00 마트에서 삼양라면, 유기농우유 등으로 점심식사
03:30 택시 불러 횡계터미널 이동 후 시외버스로 강릉시외버스터미널 이동, 시내버스 타고 강릉역으로 이동
05:22 강릉역에서 무궁화호 열차 타고 묵호, 승부, 영주, 안동 등으로 이동

예산

강릉역오거리 ⇨ 경포 해수욕장 버스비	1,200원
테라로사 경포점 레모네이드	6,000원
강릉솔향온천	8,000원
농촌순두부 순두부전골	8,000원
초당순두부마을 ⇨ 강릉시외버스터미널 버스비	1,200원
횡계행 시외버스비	2,300원
횡계터미널 ⇨ 삼양목장 택시비 (12,000원/4인 기준)	약 3,000원
삼양목장 관람료 (내일로 할인)	4,000원
삼양라면, 유기농우유 등	3,000원
삼양목장 ⇨ 횡계터미널 택시비 (12,000원/4인 기준)	약 3,000원
강릉행 시외버스비	2,300원
강릉시외버스터미널 ⇨ 강릉역 버스비	1,200원
합계	약 43,200원

영동
선

아가는 버스는 202-1번인데 막차는 밤 10시 40분에 있다.

01 경포대

관동팔경 가운데 으뜸으로 꼽히는 경포대에서는 다섯 개의 달을 볼 수 있다고 한다. 하늘 위의 달, 경포호에 비친 달, 가까운 바다에 비친 달, 술잔 속의 달 그리고 님의 눈동자 속의 달까지. 경포호를 조망할 수 있게 지어놓은 경포대에 올라 그 풍광을 감상해 보자. 경포호 주변에는 산책로가 잘 조성돼 여유롭게 경치를 즐기며 돌아보기 좋다.

전화번호 033-640-5904 **교통** 강릉역오거리나 시내 교보생명 앞에서 20분마다 다니는 202번 버스 이용, 소요시간 약 15분.

03 오죽헌·시립박물관

세계에서 유일하게 모자가 나란히 한 나라의 화폐에 등장하는 율곡 이이와 신사임당의 옛 집이다. 집 주변에 검은 대나무가 많다고 하여 오죽헌이라 부른다. 율곡 이이의 생가로 의미가 있으며 시립박물관과 함께 운영되어 더욱 볼거리가 많다.

전화번호 033-660-3301~8 **홈페이지** ojukheon.gangneung.go.kr **요금** 3,000원(내일로 1,500원) **운영시간** AM 08:00~PM 06:00, 동절기 PM 05:30까지 **휴일** 신정, 설 및 추석 **교통** 강릉역오거리에서 202, 300, 308번 버스 이용, 소요시간 약 25분. 혹은 시내 교보생명 앞에서 200, 202, 205, 300, 308번 버스 이용, 소요시간 약 15분.

02 경포 해수욕장

동해의 맑은 물빛과 빽빽한 소나무 방풍림이 강릉 특유의 서정적인 분위기를 조성한다. 해변 산책로가 잘 조성돼 있고 편의시설도 고루 갖춰 해수욕을 하기에도 바다 구경을 하기에도 좋다.

전화번호 033-640-5129 **교통** 강릉역오거리나 시내 교보생명 앞에서 20분마다 다니는 202번 버스 이용 종점 하차, 소요시간 약 20분. 경포 해수욕장에서 강릉 시내로 돌

04 선교장

무려 99칸에 이르는 고풍스런 옛 사대부 가옥이다. 300여 년 동안 원형이 잘 보존되어 조선시대

319

의 건축양식을 잘 보여주는 중요한 민속자료가 되고 있다. 자연미와 인공미가 조화를 이루어 운치 있고 아름다우며 전통문화의 정수를 느끼며 정원을 거닐기도 좋다.

전화번호 대표전화 033-646-3270 관람문의 033-648-5303 **홈페이지** www.knsgj.net **요금** 3,000원 (내일로 2,000원) **운영시간** AM 09:00~PM 06:00, 동절기 PM 05:00까지 **교통** 강릉역오거리에서 202, 300, 308번 버스 이용, 소요시간 약 15분. 혹은 시내 교보생명 앞에서 200, 202, 205, 300, 308번 버스 이용, 소요시간 약 15분, 오죽헌앞 정류장 하차해 도보 15분. 202번 버스는 오죽헌 지나 선교장 정류장 하차.

06 테라로사 커피공장

강릉이 커피의 성지로 불리고 가을마다 커피 축제까지 열게 된 건 테라로사 커피공장에 힘입은 바가 크다. 이곳에서 로스팅한 원두가 전국 곳곳의 커피전문점으로 유통된다. 카페 및 베이커리를 겸하고 있어서 신선한 핸드드립 커피와 함께 맛있는 빵을 맛볼 수 있다. 커피 마니아들은 단지 이 커피를 마시기 위해서 먼 길 달려 찾아오기도 한다. 바리스타를 포함한 직원들이 친절하고 인테리어도 훌륭해 향긋한 커피향과 함께 절로 기분이 좋아지는 장소다.

05 허균·허난설헌 유적공원

우리나라 최초의 한글소설 〈홍길동전〉을 지은 허균과 그의 누이이자 당대 유명한 여류시인이었던 허난설헌의 유적공원이다. 유적공원 안에는 허균와 허난설헌의 문학적 업적과 삶을 돌아볼 수 있는 기념관과 허난설헌의 생가 터가 있다. 규모는 크지 않은 편이다. 난설헌 허초희는 원만하지 못한 결혼생활과 가족들의 죽음으로 불우하게 살았으며 그 괴로움을 달래기 위해 뛰어난 시를 여러 편 지었다. '현모양처' 신사임당과 달리 불운했던 천재 허난설헌의 삶이 애달프게 다가온다.

전화번호 033-640-5118 **요금** 무료 **교통** 강릉역 앞쪽으로 도보 10분 거리의 강릉여고 후문 용지각 버스정류장이나 시내 교보생명 맞은편 신영극장 제1승강장에서 200, 222, 223번 버스 이용, 강릉고교입구 하차 후 도보 15분. 혹은 206번 버스 이용 초당순두부마을 하차 후 도보 10분. 배차간격 약 20분, 소요시간 약 25분.

전화번호 033-648-2760 **주소** 강릉시 구정면 어단리 973-1 **홈페이지** www.terarosa.com **가격** 커피 테이스팅 코스 8,000원, 아메리카노 4,500원, 에멘탈 치즈 바게트 3,500원 **운영시간** AM 09:00~PM 09:30 **교통** 강릉역 기준 택시비 약 9,000원, 소요시간 약 15분. 혹은 강릉시외버스터미널에서 학산 종점 101번 버스 이용 종점 하차, 소요시간 약 30분.

101번 버스 운행시간표

안목 기점(강릉시외버스터미널까지 20~30분소요) 출발 시간 07:00 08:30 10:30 PM 12:30 02:30 04:30 06:30 08:30 학산 종점 출발시간 AM 07:00 07:50 09:30 11:30 PM 01:30 03:30 05:30 07:30 09:20

테라로사는 강릉 시내 문화의 거리에 강릉점(033-648-2710)과 경포 해수욕장 현대호텔 옆 건물 1층에 경포점(033-648-2780)도 운영하고 있다. 본점의 커피에는 미치지 못하지만 질 좋은 원두로 내린 향긋한 커피를 즐길 수 있다.

택시 이용, 목장 입구까지 12,000원, 정상까지 30,000원. 바이트레인에서 카풀을 쉽게 구할 수 있다.

양떼목장? 삼양목장?

흔히 대관령 목장들을 양떼목장이라 통칭하는데 대관령에는 양을 사육하는 목장이 여러 곳 있고, 그 중 관광지로 알려진 곳이 양떼목장과 삼양목장이다. 양떼목장은 이름처럼 양을 많이 사육하는 곳으로 양에게 직접 건초먹이를 줄 수도 있으며, 삼양목장에는 상대적으로 양이 많지 않으나 규모가 훨씬 크고 다른 볼거리가 더 많다. 모두 횡계터미널에서 택시를 이용해 갈 수 있으며 양떼목장까지는 택시비 7,500원 정도. 입장료 대신 양에게 줄 건초교환권을 3,500원에 구입하면 된다. 목장 관광이 인기를 끌자 최근에는 소금강 양떼목장이 개장해 또 하나의 목장 관광지로 자리매김하고 있다.

07 대관령 삼양목장(에코그린 캠퍼스)

우리나라 최초의 라면 삼양라면을 만드는 삼양식품에서 운영하는 동양 최대 규모의 목장이다. 너른 목초지에서 타조와 양, 소들이 사육되며 해발 1,470m 황병산의 전망이 뛰어나 〈태극기 휘날리며〉, 〈연애소설〉, 〈웰컴투 동막골〉 등 다수의 영화와 드라마 촬영지로도 이용되었다. 횡계터미널에서 택시를 이용해 갈 수 있고 하절기에는 입구에서 정상까지 셔틀버스도 운영된다. 동해 전망대 정상에서 하차하는 순간 휘몰아치는 산바람은 가슴 속 근심까지 씻어주며, 목장을 돌아보고 내려와 직영 마트에서 사먹는 컵라면과 유기농우유 맛은 기가 막히다.

전화번호 033-335-5044 홈페이지 www.ecogreencampus.com 요금 8,000원(내일로 4,000원) 운영시간 개장 AM 08:30, 매표마감 11~1월 PM 04:00, 2·10월 PM 04:30, 3·4·9월 PM 05:00, 5~8월 PM 05:30 교통 강릉시외버스터미널에서 20분 간격으로 자주 다니는 시외버스로 횡계터미널 이동 후(버스비 2,300원) 횡계터미널에서

08 참소리 축음기&에디슨 과학박물관

세계 최대 규모의 축음기 박물관이다. 에디슨이 만든 최초의 축음기와 오디오 등 에디슨의 발명품을 가장 많이 보유하고 있다. 전시품은 모두 우리나라의 개인 수집가 손성목 관장이 모은 것이다. 어린시절 아버지로부터 선물받은 축음기에 매료되어 전 세계를 돌며 수집한 전시품들 전시의 양과 질 모두 뛰어나다. 사립박물관이라 입장료는 싸지 않지만 한 번쯤 가볼만한 가치가 있는 곳이다.

전화번호 033-655-1130~2 홈페이지 edison.kr 요금 7,000원 운영시간 AM 09:00~PM 05:00, 하절기 PM 06:00까지 교통 강릉역오거리나 시내 교보생명 앞에서 20분마다 다니는 202번 버스 이용 참소리박물관 하차, 소요시간 약 15분. 경포대에서 도보 10분.

🍴 맛집

강릉은 초당 순두부와 막국수가 유명하고, 시내 중앙시장의 닭강정도 인기를 얻고 있다. 경포 해수욕장에는 조개구이를 파는 집도 많다. 허균·허난설헌 유적공원 근처에 초당 순두부 마을이 형성돼 있다.

🍴 예향 막국수

강릉에서는 내로라하는 막국수 맛집들이 서로 자웅을 겨루는데 사람들은 입맛에 따라 최고로 꼽는 곳이 다르다. 막국수와 메밀전이 맛깔난 예향 막국수는 누구 입에나 잘 맞아 기분 좋게 먹을 수 있는 곳.

위치 강릉역에서 택시 이용 시 약 3,500원. **주소** 강릉시 포남동 271-1 **전화번호** 033-644-2270 **가격** 물막국수 7,000원, 비빔막국수 7,000원, 메밀전 7,000원

🍴 동원식당

경포 해수욕장 터줏대감인 24시간 해장국 전문점. 감자탕과 냄비비빔밥이 맛있다.

위치 경포대우체국 앞. **주소** 강릉시 안현동 94-143 **전화번호** 033-641-5800 **가격** 냄비비빔밥 6,000원, 따귀해장국 6,000원 **운영시간** 24시간

🍴 농촌순두부

강릉 지역의 향토음식인 초당순두부는 바닷물을 간수로 사용해 고소한 맛이 남다르다. 농촌 순두부는 서울에 체인점까지 있는 유명 맛집으로, 초당순두부와 특허 받은 냄새 없는 청국장이 주 메뉴다.

위치 초당 순두부마을 내. **주소** 강릉시 강문동 126-1 **전화번호** 033-653-0811 **가격** 순두부전골(2인 이상) 8,000원, 순두부정식(2인 이상) 13,000원, 청국장(2인 이상) 8,000원

🏠 숙소

강릉 시내와 경포 해수욕장에 저렴한 모텔, 여관이 많다. 여름 성수기에는 요금이 오를 수 있으니 염두에 두자.

🏠 강릉 게스트하우스

다녀간 사람마다 '강릉 게하'를 추억하게 하는 마력의 게스트하우스로 KBS〈1박 2일〉등 여러 차례 방송을 타기도 했다. 펜션을 개조한 게스트하우스로 너른 마당이 있고 경치가 탁 트여 편안한 휴식이 가능하다. 호탕한 두 사장님이 운영하는 밴투어와 저녁마다 열리는 바비큐 파티가 강릉 게하의 명물이다. 바비큐 파

티 이후 자연스럽게 이어지는 술자리는 새벽까지 게스트들을 기분 좋게 취하게 한다. 인기에 힘입어 안목 커피거리에 2호점도 생겼다.

위치 경포 해수욕장에서 택시 기본요금 거리. 오후 4, 5, 6시 정각에 경포 해수욕장 CU앞에서 픽업 가능. **주소** 강릉시 안현동 403-3 **전화번호** 033-642-1155, 010-5368-9999 **홈페이지** cafe.daum.net/park3689999 **요금** 도미토리 20,000원 **체크인/아웃** 체크인 PM 02:00 체크아웃 AM 11:00 **제공내용** 조식(토스트, 달걀프라이, 순두부), 수건(1,000원), 샴푸, 치약, 비누, 밴투어와 바비큐 파티는 비용 별도

 ### 어린왕자 게스트하우스

경포 해수욕장의 여관을 개조해 만든 두 동짜리 게스트하우스로 규모가 상당하다. 경포 해변과 솔숲 경관을 즐길 수 있는 옥상 전망을 자랑하며 야외바비큐장과 취사시설, 세탁실 등을 갖추고 있다. 경포 해수욕장과 가까운 만큼 늦은 밤 해변산책을 즐기기에도 최적이다.

위치 경포해수욕장 위치. 202번 종점에서 도보 3분 거리. **주소** 강릉시 안현동 856-1 **전화번호** 033-644-2266 **홈페이지** cafe.naver.com/gnlepetitprince **요금** 도미토리 20,000원 **체크인/아웃** 체크인 PM 02:00 체크아웃 AM 11:00 **제공내용** 조식(순두부 등), 수건, 샴푸, 치약, 비누

 ### 감자려인숙이 게스트하우스

샛노란 외관이 산뜻한 소규모 게스트하우스. 아기자기한 내부 라운지와 외국의 배낭여행자 숙소를 연상시키는 외부 라운지 등 인디한 느낌이 물씬하다. 투숙객이 적은 만큼 더욱 친밀한 분위기가 형성되는 것도 매력. 초당순두부 마을, 허균·허난설헌 생가와 가까워서 다음날 아침 바로 이동해 둘러보기 편리하다.

위치 경포 해수욕장 종점에서 현대호텔 방향으로 해변 따라 도보 약 20분. 강문 해변에 위치. **주소** 강릉시 창해로 351-2 **전화번호** 033-653-2205 **홈페이지** cafe.naver.com/gamjzas **요금** 도미토리 20,000~25,000원 **체크인/아웃** 체크인 PM 02:00

체크아웃 PM 12:00 **제공내용** 조식(토스트, 커피, 차), 수건, 샴푸, 치약, 비누

 ### 동아호텔찜질방

강릉 시내 동아호텔에서 운영하는 사우나 겸 찜질방으로 시설이 깔끔한 편이다. 바닥에 까는 매트도 두툼한 편이라 편하게 쉴 수 있다. 남녀 수면실 완비.

위치 강릉 시내 신영극장에서 경포 방향으로 걷다보면 동아호텔이 보인다. **주소** 강릉시 임당동 129-2 **전화번호** 033-648-9012 **요금** 주간 8,000원, 이불 대여 1,000원

굿스테이 인증을 받은 동아호텔(033-648-4411)은 저렴한 숙박비 대비 시설이 깔끔한 편이다. 일반실 숙박료 40,000원.

 ### 황실사우나

강릉역과 가까워 레일러들이 많이 이용하는 찜질방으로 내일로 할인도 받을 수 있다. 시설은 무난한 편이고 콘센트 이용도 편리하다. 남녀 수면실 완비.

위치 강릉역오거리에서 오른편으로 도보 10분. **주소** 강릉시 옥천동 280-2 **전화번호** 033-647-5858 **요금** 주간 8,000원, 8시 이후 9,000원(현금 결제 시 내일로 1,000원 할인)

 ### 경포솔향온천(구 경포워터드림랜드)

강릉에서 가장 규모가 큰 찜질방으로 식당, 카페 등의 부대시설이 잘 돼있다. 해양온천수를 끌어다 쓰기 때문에 물이 좋으며 수면실도 넓고 쾌적한 편.

위치 허균·허난설헌 기념공원에서 도보 10분. 경포 해수욕장 202번 종점에서 해변 따라 도보 20~30분. **주소** 강릉시 강문동 23-10 **전화번호** 033-653-2244, 7307 **홈페이지** www.solhyangspa.com **요금** 10,000원(내일로 8,000원), 이불 대여 1,000원

논골담길 따라 동트는 동해의 등대까지
묵호

관광 지수	★★★★☆
휴식 지수	★★★☆☆
교통 지수	★★★★☆
맛집 지수	★★★☆☆
예산 지수	★★★★★
기차역 지수	★★★☆☆

동해역 033-521-7788
동해시외버스터미널
033-533-2020
묵호 택시 033-535-8000
동해시청 관광진흥과
033-530-2234

울릉도로 가는 배편이 다닐 뿐, 젊은 여행자에게 인기 있는 장소는 아니었던 묵호. 이곳에서 찍은 드라마 〈찬란한 유산〉의 인기와 아기자기한 논골담길의 형성으로 레일러에게 사랑받는 여행지가 되었다. 한 때는 동해시의 중심이었으나 지금은 한적한 어촌일 따름인 묵호역 일대는 동트는 동해의 일출을 보러 오는 이들의 발걸음이 끊이지 않으며, 바닷바람이 매섭지만 겨울바다를 제대로 느낄 수 있는 곳으로 꼽힌다.

영동선

추천일정표

PM

01:53 강릉, 정동진에서 출발한 무궁화호 열차로 묵호역 도착
묵호역 주변 도보여행
묵호항, 논골담길, 묵호등대, 출렁다리 구경

04:30 까치분식에서 저녁식사

05:59 묵호역에서 무궁화호 열차 타고
동해, 승부, 영주, 안동, 동대구 등으로 이동

이 도시를 여행하는 법
묵호 여행은 넉넉잡아도 한나절이면 충분하다. 묵호역에서 논골담길, 묵호등대, 출렁다리, 묵호항은 모두 걸어서 돌아볼 수 있는 거리로 택시를 이용해도 기본요금 수준으로 나온다. 묵호역 안에 물품보관함이 있다.

예산

까치분식 비빔국수   2,000원

합계 = 약 2,000원

01 논골담길

묵호등대로 올라가는 꼬불꼬불한 언덕길을 논골담길이라고 부른다. 이 일대의 주택가가 묵호등대마을인데, 마을의 골목길과 집집마다의 담벼락을 따라 벽화가 그려지며 명소가 되었다. 개항 이후 번성했던 묵호항의 옛 영화를 추억할 수 있는 그림들이 많아 주민들에게도 의미가 있다. 트릭 아트를 포함해 예쁜 그림들이 많다. 총 세 코스로 되어 있는데 표지판이 있어 길을 잃을 염려는 없다.

교통 묵호역에서 나와 오른편으로 도보 15분.

02 묵호등대

하얀 파도가 부서지는 바다를 배경으로 등대가 서 있다. "처…썩, 쏴…아." 파도소리를 묘사한 최남선의 시비가 조화롭게 세워져 있다. 등대에 오르면 나루하고도 따스한 산비탈 삶터의 풍경이 눈앞에 아스라이 펼쳐진다. 등대 아래 카페에서는 바닷바람에 언 몸을 녹이며 따뜻한 커피를 즐

길 수 있다.

전화번호 033-531-3258 **운영시간** 전망대 AM 09:00~PM 05:30, 동절기 PM 05:00까지 **교통** 묵호역에서 택시 이용 시 약 3,000원.

03 출렁다리

묵호등대와 짝을 이루며 이곳을 특별하게 만들어주는 출렁다리. 〈찬란한 유산〉에 등장해 유명세를 탔지만 실제로는 굉장히 짧다. 건널 때 다리가 출렁거려 출렁다리라는 이름이 붙어있다.

04 묵호항

묵호항에서는 바닷가에서 사는 사람들의 활기를 느낄 수 있다. 어판장에는 갓 잡아 올려 싱싱한 생선들이 나와 있고 부둣가에는 동해가 아니면 보기 힘든 오징어잡이 배들이 정박해 있다. 울릉도로 가는 배를 탈 수 있는 곳도 이곳 묵호의 여객선터미널이다.

교통 묵호역에서 나와 오른편으로 직진 도보 15분.

맛집

경남보리밥
저렴한 가격에 푸짐한 보리밥정식을 즐길 수 있다.

위치 묵호역 맞은편 골목 안. **주소** 동해시 발한동 209 **전화번호** 033-533-6317 **가격** 보리밥 5,000원, 백반 5,000원

까치분식
믿기지 않는 가격으로 여러 차례 매스컴을 타기도 한 국수집으로 저렴한 가격 대비 맛도 가격도 훌륭하다.

위치 묵호항 맞은편의 중앙시장 근처. **주소** 동해시 발한동 6-8 **전화번호** 033-535-3096 **가격** 잔치국수 1,000원, 비빔국수 2,000원

숙소

금강산건강랜드
동해시 일대에서 가장 시설이 좋고 규모가 큰 찜질방. 묵호역에서 택시 기본요금 거리로 접근성도 나쁘지 않다.

위치 묵호역에서 동해시외버스터미널 방향으로 도보 20분. **주소** 동해시 부곡동 80 **전화번호** 033-532-6454 **요금** 주간 7,000원, 7시 이후 8,000원(내일로 1,000원 할인), 이불 대여 1,000원

영동선

오지의 기차역 승부

"하늘도 세 평이요 꽃밭도 세 평이나 영동의 심장이요 수송의 동맥이다."

60년대 한 철도공무원이 바윗돌에 적은 짧은 시구는 이제 승부역의 캐치프레이즈나 다름없게 되었다. 승부역이 위치한 경북 봉화군 춘양면 승부리는 흔하디흔한 슈퍼나 편의점도 하나 없는 그야말로 오지다. 주민들이 사는 집 몇 채가 전부인 마을로 대중교통이라고는 상·하행 하루 3편씩 정차하는 기차뿐이다. 산골짜기 오지의 기차역이지만 훼손되지 않은 자연환경이 아름답고 역 자체가 명물이라 찾는 이들도 많다. 주말에는 관광열차가 다니고 승부~석포 간 트레킹 코스가 생기며 더욱 인기를 얻고 있다. 역무원이 상주하고 대합실에서는 승부역 스탬프도 찍을 수 있다. 낙동강 상류의 협곡에 위치해 주변 경관이 신비로워 우리나라에도 이런 곳이 있었구나 싶다.

승부역을 방문하려면 민박 체험을 해보면 좋다. 역에서 가장 가까운 승부민박(010-8852-5571)까지는 도보 10분 정도 걸린다. 승부리에는 민박집이 세 채 정도 있는데, 가까운 춘양관리역의 내일로 플러스를 이용하면 민박을 연결해 줄뿐더러 비용도 할인받을 수 있으니 활용하자. 물론 식당도 하나 찾아볼 수 없기 때문에 민박에서 식사하는 게 아니라면 먹을거리를 미리 준비해가야 한다.

Special Train

바다열차

영동선

01 바다열차란?

강릉에서 출발해 정동진, 동해, 추암을 거쳐 삼척역에 가 닿는 바다열차는 전 좌석이 바다를 향해 있어 경관을 제대로 즐기며 여행할 수 있다. 코레일 관광개발에서 운영하는 관광열차로 내일로 티켓으로는 승차할 수 없고 별도로 표를 사야 한다. 하지만 일반열차는 정차하지 않는 추암역과 삼척역에 갈 수 있어서 한 번 타봄직하다. 관광열차 특유의 활기찬 분위기도 무궁화, 새마을과는 또 다른 바다열차만의 매력이다.

전화번호 033-573-5474
홈페이지 www.seatrain.co.kr

02 바다열차 이용하기

바다열차의 이용 요금은 편도 기준 1호차와 2호차 15,000원, 4호차는 12,000원으로 주말과 성수기에는 홈페이지를 통해 예약하는 것이 좋다. 내일로 여행자의 경우 당일 출발 현장 발매 시 할인혜택이 주어진다. 단, 워낙 인기가 많은 열차라서 주말이나 성수기에는 미리 표가 동나기 일쑤다. 그러다 보니 주말이나 성수기의 경우 할인을 포기하고 안전한 인터넷 예매를 선택하는 레일러도 있다. 타 지역본부 및 인터넷에서 내일로 티켓을 발권한 경우는 주중 20%, 강원본부 내일로 플러스를 이용하면 50%의 할인율이 적용된다.
창문과 가까운 앞쪽 좌석을 선택해야 시야를 가리지 않고 바다를 조망할 수 있다. 열차는 매일 상·하행 3편씩 운행되며 시간표는 현지 사정에 따라 자주 변동된다.

03 바다열차 이동 경로

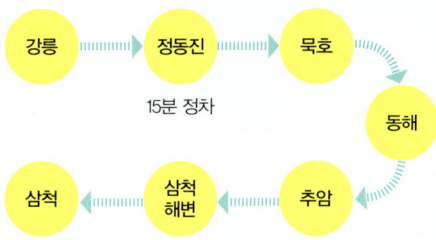

- 일반열차로 갈 수 없는 삼척선 구간까지 포함해 1시간 20분 소요(편도).
- 바다열차는 꼭 강릉에서 삼척까지 갈 필요 없이 원하는 역에서 타고 내릴 수 있으나 승차 요금은 동일하다.
- 묵호역, 추암역, 삼척해변역에서는 승차권을 살 수 없다.

04 바다열차 똑똑하게 이용하기

일반열차를 무제한 승차할 수 있는 레일러들은 다시 동해역이나 강릉역으로 돌아오기 위해 왕복승차권을 살 필요가 없다. 편도승차권만 구입해 즐기고, 돌아올 때는 다른 교통수단과 일반열차를 이용하면 경비를 절약할 수 있다. 삼척역이나 추암역에는 일반열차가 들어가지 않지만 시내버스나 택시를 이용해 일반열차가 다니는 동해역까지 쉽게 갈 수 있다.
삼척 시내에 위치한 삼척종합버스터미널에서 21-1번 버스를 타면 추암 입구나 동해역까지 갈 수 있고, 추암역은 동해시 추암동에 위치해 있기 때문에 동해역까지 시내버스나 택시로 이동할 수 있다. 추암역에서 동해역까지 택시비는 6,000원 정도.

바다열차 승차권이 있으면 강릉 오죽헌, 선교장과 정동진 썬크루즈 리조트공원, 하슬라 아트월드, 삼척 동굴탐험관, 동굴신비관 등 인근 관광지 할인을 받을 수 있다. 승차일로부터 3일까지 할인 혜택을 받을 수 있으니 일정을 짤 때 순서를 고려하자.

정동진

정동진역 033-644-5062
정동진 관광안내소 033-640-4536

tip 강릉에서 시내버스로 정동진에 가려면 시내 교보생명이나 시외버스터미널 앞에서 109, 111, 112, 113번 버스를 이용하면 된다. 소요시간 약 30분.

01 모래시계공원

90년대를 풍미한 드라마〈모래시계〉를 촬영한 정동진에 실제 모래시계가 설치돼 있다. 새로운 천년을 기념하면서 강릉시청과 삼성이 무려 12억 원을 들여 설치한 세계 최대의 모래시계 안에는 8톤 분량의 특수모래가 들어있다. 다 떨어지는 데는 꼭 1년이 걸린다고 한다. 정동진역에서 1km 거리에 있는데 워낙 거대해 열차 안에서도 빨간 테두리의 모래시계가 보인다.

전화번호 모래시계관광안내소 033-640-4533, 4536
교통 정동진역에서 해변을 바라보고 오른편으로 도보 20분.

일출 여행지의 대명사 정동진. 주말이면 정동진에서 일출을 보려는 여행객으로 청량리발 무궁화호 막차는 인산인해를 이룬다. 정동진은 광화문의 정 동쪽이라는 뜻이며, 정동진역은 세계에서 가장 바다와 가까운 기차역으로 기네스북에 올라 있기도 하다. 열차에서 내리면 바로 해변이다. 왕년의 초인기 드라마〈모래시계〉의 촬영지로 유명하며, 최근에는〈우리 결혼했어요〉팀이 다녀가기도 했다. 새로 개관한 정동진 박물관을 비롯해 모래시계공원, 썬크루즈 리조트공원, 하슬라 아트월드 등 볼거리도 풍성하다.

02 정동진박물관(타임뮤지엄)

정동진의 테마인 시계를 주제로 하는 박물관이다. 증기기관차를 선두로 한 7량의 객차를 개조해 활용하고 있어 눈길을 끈다. 열차를 활용한 내외관과 진기한 동서양의 시계들은 관람객으로 하여금 촉촉한 아날로그 감성에 젖어들게 한다. 눈에 띄는 볼거리로는 타이타닉 시계가 있다. 1912년 4월 15일 새벽 2시 20분, 타이타닉 호 침몰 당시 멈춰버린 금장 회중시계를 경매 낙찰 받아 전시하고 있다.

전화번호 033-645-4540 **홈페이지** jdjmuseum.com **요금** 5,000원(내일로 3,000원) **운영시간** AM 10:00~PM10:00~PM 06:00 **교통** 정동진 모래시계공원 내.

03 썬크루즈 테마공원

썬크루즈는 정동진 해안절벽에 위치한 대규모 리조트호텔이다. 정동진 해변에서 오른편을 바라보면 보이는 거대한 크루즈선 형태의 건물이 썬크루즈 리조트로 투숙하지 않더라도 테마공원을 관람하기 위해 찾는 사람이 많다. 리조트 내에 해돋이공원, 조각공원, 장승공원, 전망대, 전시관 등 볼거리가 많으며 시원한 동해 전망까지 내려다볼 수 있어 해돋이 명소로도 인기가 높다.

전화번호 033-610-7000 **홈페이지** www.esuncruise.com **요금** 5,000원(내일로 3,000원) **운영시간** 일출 30분 전~일몰 시 **교통** 정동진역에서 해변을 바라보고 오른편으로 도보 30분. 강릉 시내와 정동진 버스정류장에서 2시간에 한 대씩 운행되는 109번 버스 이용 혹은 택시비 5,000원.

04 하슬라 아트월드

'하슬라'란 고구려 시대 때 부르던 강릉의 옛 이름으로 '해와 밝음'이라는 뜻이다. 이국적이면서도 예쁜 이름을 가진 복합문화 예술공원 하슬라 아트월드는 아름다운 정동진 경관과 함께 미술 작품을 감상할 수 있는 곳이다. 호텔과 레스토랑, 미술관, 조각공원 등이 한 자리에 있으며 바다와 예술의 만남이 만들어낸 최상의 궁합을 보여준다.

전화번호 033-644-9411~4 **홈페이지** www.haslla.kr **요금** 공원 6,000원, 미술관 7,000원, 공원+미술관 10,000원(내일로 9,000원) **운영시간** AM 08:30~PM 06:30 **교통** 강릉 시내와 정동진 버스정류장에서 1시간에 한 대씩 운행되는 111, 112, 113번 버스 이용 혹은 택시비 5,000원. 썬크루즈 리조트에서 택시 이용 시 7,000원.

추암

추암 해수욕장은 애국가의 일출 장면에 등장해 너무나 유명한 곳이다. 발간 해가 떠오르며 촛대바위에 살짝 걸리면 초에 불을 켠 듯한 모양새가 장관을 이룬다. 해변에 늘어선 카메라 셔터 소리가 새벽 정적을 깨는, 사진 마니아들의 일출 촬영 포인트로 무척 사랑받는 명소다. 추암역은 무인역으로 역에서 해수욕장까지는 도보 5분이 안 걸린다.

추암 관광안내소 033-530-2869

tip 추암에서 동해역으로 가려면 추암 해수욕장에서 61번 버스를 이용하면 되는데 차가 자주 없다. 추암 해수욕장에서 도보 30분 거리의 추암 입구 정류장에서는 8분 간격으로 삼척에서 출발한 21-1번 버스가 다녀 편리하다.

추암에서 동해역으로 가는 61번 버스 운행시간표
(소요시간 약 10분)
추암 출발시간 AM 07:15 09:32 11:24 PM 01:52 04:00 06:04 08:00 **동해 출발시간** AM 06:40 08:36 10:36 PM 01:04 03:12 05:08 07:16

01 추암 촛대바위, 형제바위

길쭉한 바위 위에 해가 걸린 모습이 촛불을 켠 것 같다고 해서 촛대바위라는 이름이 붙었다. 촛대바위 옆의 뭉툭한 바위 둘은 나란한 모양새가 사이 좋아 보인다 하여 형제바위라고 부른다. 동해답게 물이 차고 맑은 추암 해수욕장은 드라마 <겨울연가>를 촬영한 장소이기도 하다.

02 해암정

추암 해수욕장에서 왼편으로 보이는 언덕을 따라 올라가면 해암정과 전망대가 있다. 촛대바위를 가장 가까이 내려다볼 수 있는 포인트다.

03 추암조각공원

추암역 바로 앞에 꾸며놓은 야외 조각공원으로 바다와 일출을 상징하는 재미있는 작품들이 많다. 규모가 크지 않아 30분 정도면 휘적휘적 다 둘러볼 수 있다. 바다열차나 버스 시간을 기다리며 구경하자.

04 수로부인공원(해가사의 터)

추암 해변에서 30분쯤 걸려 오른편 언덕을 넘으면 시市의 경계를 지나 삼척 증산 해수욕장이 나온다. 증산 해수욕장 주변은 예쁜 갈매기벽화가 인상적인 어촌이다. 추암 해수욕장과 증산 해수욕장 사이에 수로부인공원이 있다. 이곳에는 <삼국유사>에 나오는 수로부인의 전설이 얽혀 있다.

know 신라 성덕왕 때 순정공이라는 사람이 절세미녀인 수로부인을 아내로 두고 있었다. 그가 강릉 태수로 부임하여 가던 중 이곳의 정자에서 점심을 먹고 있는데 갑자기 해룡이 나타나 부인을 납치해 바다로 들어갔다. 순정공이 당황하고 있는데 한 노인이 나타나 "옛말에 뭇 사람의 입김은 쇠도 녹인다 했으니, 해룡인들 어찌 이를 두려워하지 않겠는가? 모름지기 경내의 백성을 모아 노래를 부르며 막대기로 땅을 치면 나타나리라"고 했다. 이에 순정공이 <해가海歌>를 지어 노인의 말대로 하니 용이 수로부인을 모시고 나와 도로 바쳤다고 전한다. 그 노래를 지어 부른 곳이 해가사의 터다. <해가>의 내용은 다음과 같다.

<해가>

龜乎龜乎出水路 구호구호출수로
거북아 거북아 수로를 내놓아라

掠人婦女罪何極 약인부녀죄하극
남의 아내를 앗은 죄 얼마나 큰가

汝若悖逆不出獻 여약패역불출헌
네 만약 어기고 바치지 않으면

入網捕掠燔之喫 입망포략번지끽
그물로 잡아서 구워 먹으리라

삼척

강원도 중에서도 제일 구석, 일반열차로는 닿지도 못하는 삼척은 참 멀고도 묘한 곳이다. 태고의 신비를 느낄 수 있는 동굴들이 많고 예로부터 원시신앙이 발달해 독특한 풍습을 가진 곳이다. 영화 〈외출〉의 촬영지이기도 하다. 덕풍계곡, 맹방 유채꽃마을, 환선굴과 대금굴 등 깊숙이 들어가면 볼거리가 많지만 이동거리가 길고 대중교통편이 불편한 것이 단점이다. 죽서루와 동굴신비관, 동굴탐험관 등 시내권 관광지를 둘러보며 삼척 여행을 맛보기하자.

삼척역 033-572-7788

Tip 삼척역은 삼척 시내와 택시 기본요금 거리 정도 떨어져 있다. 택시를 타고 먼저 죽서루로 가서 구경한 뒤에 도보로 동굴신비관으로 이동해 관람하는 것을 추천한다.
삼척 시내 삼척종합터미널에서 21-1번 버스를 타고 동해역으로 갈 수 있다.

01 죽서루

송강 정철의 가사 〈관동별곡〉에 등장하는 삼척 죽서루는 예로부터 관동팔경으로 꼽히며 아름다운 경치를 자랑했다. 초록빛 오십천이 내려다 보이는 경관이 시원스럽고 송강 정철 가사비를 볼 수 있다. 배용준 주연의 영화 〈외출〉을 촬영한 장소로 한때 일본 관광객들 사이에 무척 인기를 끌기도 했다.

전화번호 관리사무소 033-570-3670 **요금** 무료 **운영시간** AM 09:00~PM 06:00, 동절기 PM 05:00까지

02 삼척시립박물관

동굴신비관 바로 앞에 위치한 삼척시립박물관은 삼척 지역의 전통 생활상에 대해서 알아볼 수 있는 민속박물관이다. 규모는 크지 않은 편이지만 관람료도 없는 만큼 가볍게 둘러보아도 괜찮겠다.

전화번호 033-575-0768 **홈페이지** www.scm.go.kr **요금** 무료 **운영시간** AM 09:00~PM 06:00

03 동굴신비관&동굴탐험관

동굴이 많은 도시 삼척은 2002년 세계동굴엑스포가 열렸던 곳이다. 동굴신비관, 동굴탐험관 등이 있는 엑스포타운은 당시의 주 행사장으로, 동굴신비관은 세계의 동굴들과 영화 속 동굴, 동굴에 서식하는 대표적 생물 박쥐의 생태 등을 살펴볼 수 있게 꾸며져 있다. 주제영상관에서는 대형 아이맥스 영상으로 동굴 체험을 할 수 있다. 동굴탐험관에서는 동굴탐사와 관련한 장비와 영상 등을 전시하고 있으며 세계 7대 동굴 탐사 코스를 직접 체험해볼 수도 있다. 엑스포타운에서 건너편으로 바라다 보이는 죽서루의 경치도 뛰어나다.

전화번호 033-574-6828 **요금** 동굴신비관 3,000원, 동굴탐험관 2,000원(바다열차 제휴할인 50%) **운영시간** AM 09:00~PM 06:00

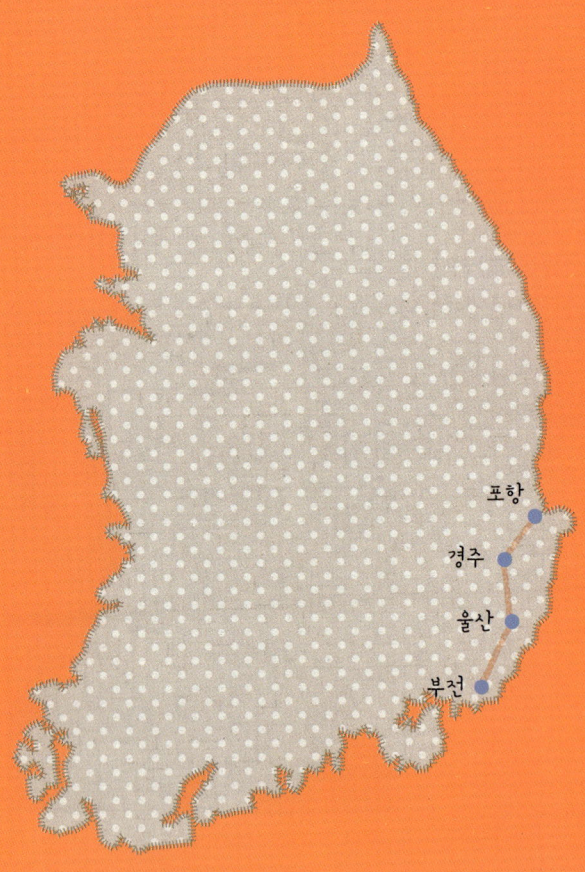

서울에서 부산 가는 길이 경부선만 있는 건 아니다.
동해남부선의 부전역이나 구포역, 송정역 등을 이용해도 부산에 닿고,
특히 해운대역에 하차한다면 복잡하게 지하철로 갈아탈 필요도 없이
너른 해운대 바다를 단숨에 끌어안을 수 있다.
포항, 경주, 울산, 부산 등 동해를 담은 철길, 동해남부선.

* 부산진에서 포항까지 145.8km

동해남부선

제철소만
있는 줄 알았지? **포항**

수학여행이 아니어도
보람찬 역사탐방 **경주**

가장 먼저 뜨는 해처럼
희망찬 도시 **울산**

제철소만 있는 줄 알았지?
포항

> 동해
> 남부
> 선

으리으리한 제철소가 뚝딱뚝딱 엄청난 것들을 만들어내는 곳. 그렇게만 알고 있었던 포항은 기실 매우 고요했고 그러면서도 활기가 있었다. 아침부터 생선 대가리를 숭덩숭덩 자르는 죽도시장 상인들의 바지런함, 대낮부터 횟집에서 이슬을 몇 잔씩 들이킨 청춘남녀들의 기분 좋게 붉은 얼굴들, 목욕탕에 들어온 할머니께 "아이고 할마시, 우째 이래 멀리 왔능교"하며 머리도 말려주고 말벗을 해주던 아주머니의 목소리……. 용광로와 안전모 따위를 보려나 하고 찾아온 포항은 내게 기대 이상의 훈훈함으로 남게 됐다.

같은 경상도라고 해도 경북과 경남이 다르고 또 울산과 경주, 포항이 다 다르다. 활달하면서도 붙임성이 느껴지는 포항 사투리를 내내 들으며 다니다보면 어째 나는 사투리 하나 구성지게 쓸 줄 아는 게 없나, 외려 서울말이 부끄러워 쑥스런 기분이 된다. 그래도 친절한 이 항구도시의 사람들이 어설픈 여행자에게 어디서 왔능교 말을 걸어오면, 이내 어눌한 억양을 힘껏 섞어서 서울이오, 하고선 뒤돌아 멋쩍었다.

관광 지수	★★★★☆
휴식 지수	★★★☆☆
교통 지수	★★★☆☆
맛집 지수	★★★☆☆
예산 지수	★★★☆☆
기차역 지수	★★★★☆

포항역 054-270-5837
포항역 관광안내소
054-270-5837
포항시외버스터미널
054-270-5836

이 도시를 여행하는 법
포항역 앞에 관광안내소가 있다. 포항역 앞에 한솥도시락(054-252-1888)이 있어 열차를 기다리며 간단히 식사하거나 도시락을 포장해가기 편리하다. 여름에는 포항 국제불빛축제가 열린다.

추천일정표

PM
08:27 첫째날
동대구, 경주 등에서 출발한 동해남부선 무궁화호 열차로 포항역 도착
죽도시장 건너편 버스정류장에서 200번 버스 타고 구룡포로 이동(약 50분 소요)
구룡포에서 택시 타고 호미곶까지 이동(약 10분 소요)
호미곶해수탕 숙박

* 포항역 안에도 물품보관함이 있지만 역 앞 TOP MART를 이용하면 무료 물품보관함을 쓸 수 있다.

AM 둘째날
07:00 기상 후 호미곶 일출 본 후 씻고 여행 준비
09:00 호미곶 해맞이광장, 새천년기념관, 국립등대박물관 등 둘러보며 버스정류장으로 이동
10:00 호미곶 버스정류장에서 버스 타고 구룡포로 이동 (약 25분 소요)
10:25 철규분식에서 찐빵과 단팥죽으로 아침식사
구룡포 근대문화역사거리 둘러보고 후루사또야에서 차 마시며 휴식

PM
01:00 까꾸네 모리국수로 점심식사
02:00 200번 버스 타고 죽도시장으로 이동(약 50분 소요)
03:00 죽도시장 구경한 뒤 포항역으로 이동
04:10 포항역에서 동해남부선 무궁화호 열차 타고 경주, 태화강, 해운대, 부전, 진주, 하동, 순천 등으로 이동

 예산

죽도시장 ⇨ 구룡포 버스비	1,500원
구룡포 ⇨ 호미곶 택시비 (12,000원/2인 기준) 약	6,000원
호미곶 해수탕	7,000원
호미곶 ⇨ 구룡포 버스비	1,500원
철규분식 찐빵과 단팥죽	3,000원
후루사또야 차	5,000원
까꾸네 모리국	5,000원
구룡포 ⇨ 죽도시장 버스비	1,500원
합계 = 약	30,500원

01 죽도시장

동해안 최대 재래시장인 포항 죽도시장에서는 다른 지역에서 흔히 보지 못하는 희한한 생선들을 많이 구경할 수 있다. 수산시장이 유명하지만 농산물, 의류, 생활용품 등 없는 게 없는 시장이다. 전통시장 구경에 넋을 잃고 걷다보면 과메기거리와 회타운이 나온다. 횟집 2000여 곳이 밀집돼 있는데 죽도시장은 물회로 유명하니 맛보고 가는 것도 좋겠다.

교통 포항역에서 시내 방향 도보 10분.

레이드마크인 대게회상가가 늘어서 있다. 규모는 크지 않지만 역사가 오랜 만큼 그 정취가 남다르다.

전화번호 구룡포 해수욕장 054-276-4410 **교통** 죽도시장 입구 건너편 버스정류장에서 약 11분 간격으로 다니는 200번 좌석버스 이용, 종점 하차. 소요시간 약 50분, 버스비 1,500원.

02 구룡포

구룡포는 과메기와 대게로 유명한 포구 마을이다. 겨울 과메기철에 구룡포에 가면 해변과 마을 곳곳 양지바른 데마다 과메기를 말리는 모습을 볼 수 있다. 복작대지 않는 조용한 항구와 햇살에 반짝이는 바닷물이 무척 아름다운 미항이다. 해변을 따라서는 커다란 게 모형 간판이 트

03 구룡포 근대문화역사거리

구룡포 종점에서 내리면 바로 거리 입구가 보인다. 일본인 가옥거리라고도 한다. 100여 년 전 일본인에게 포항은 환상의 나라 엘도라도 같은 곳이었다. 일제강점기와 맞물려 많은 수의 일본인이 포항으로 이주했고 풍요로운 항구도시에서 떵떵거리며 살았다. 그 때 일본인들이 거주하던 가옥들이 80여 채 남아있다. 당장이라도 무너져 내릴 듯 위태롭게 낡은 집들도 보인다. 2층짜리 가옥 한 채를 고쳐 근대역사관으로 만들어놓았는데, 과거 일본인들이 쓰던 생활용품이나 당시의 모습을 담은 사진과 영상 자료를 전시하고 있다. 2층짜리 가옥 한 채를 고쳐 근대역사관으로

만들어놓았다. 당시 일본인들이 쓰던 생활용품이나 구룡포의 과거 모습을 담은 사진과 영상 자료를 전시하고 있는데 둘러볼만 하다. 골목 곳곳에 옛 정취가 묻어나고 사진을 찍기 좋은 벤치들도 설치돼있어 즐겁게 돌아볼 수 있다. 야트막한 구룡포공원에 올라 감상하는 평화로운 구룡포항 풍경도 놓치지 말 것.

전화번호 054-276-9605 **운영시간** 근대역사관 AM 10:00~PM 05:00 **휴일** 근대역사관 매주 월요일

위로 두둥실 떠오르는 아침해를 포착하기 위해 찾아오는 일출객이 끊이지 않는다. 상생의 손 위에 살포시 내려앉은 갈매기가 출사 포인트.

전화번호 054-270-5855 **홈페이지** homigot.invil.org **교통** 구룡포에서 호미곶 방면 버스 이용. 소요시간 약 25분, 버스비 1,500원. 구룡포에서 택시 이용 시 10,000~12,000원.

구룡포~호미곶 버스 운행시간표
구룡포 출발시간 AM 07:00 07:45 08:40 09:30 10:50 PM 12:05 01:20 02:40 03:50 04:50 05:50 06:30 07:10 07:50 **호미곶 출발시간** AM 06:30 07:30 08:10 09:10 10:00 11:20 PM 12:40 01:50 03:10 04:20 05:20 06:20 07:00 08:10

05 국립등대박물관

1903년 점등한 호미곶등대는 우리나라에서 가장 큰 등대다. 그 근처에 위치한 국립등대박물관은 국내 유일의 등대 전문 박물관으로 우리나라의 등대 역사 100년을 한 눈에 살펴볼 수 있다. 관람료가 공짜라 부담도 없다. 박물관은 총 여섯 개의 전시관으로 구성되어 규모가 상당한 편인데, 호미곶 바다풍경과 어우러지는 야외전시장이 제일 볼만하다.

04 호미곶 해맞이광장

바다 속에 불쑥 튀어나와있는 '상생의 손'으로 유명한 포항 호미곶은 울산 간절곶과 함께 한반도에서 가장 먼저 해가 뜨는 장소로 알려진 곳이다. 이곳 호미곶 해맞이광장에서는 새해마다 한민족 해맞이축제가 열리기도 한다. 상생의 손 외에도 새천년기념관과 국립등대박물관, 이육사 시비, 2만명이 먹을 수 있는 4톤 분량의 떡국을 한번에 끓일 수 있는 전국 최대의 가마솥 등 볼거리가 많은 곳. 바닷바람이 거세지만 상생의 손

전화번호 054-284-4857 **운영시간** AM 10:00~PM 05:00, 동절기 PM 04:00까지 **휴일** 매주 월요일, 설 및 추석 당일 **교통** 호미곶 해맞이광장 내.

06 새천년기념관

1층은 빛의 도시 포항에 대해 알 수 있는 전시관, 2층은 바다화석박물관으로 꾸며져 있다. 포항을 배경으로 한 설화인 연오랑 세오녀 이야기와 한반도 지도에서 호랑이 꼬리에 해당한다는 포항의 지리적 특성 등을 살펴볼 수 있다. 새천년기념관의 백미는 옥상에 있는 전망대인데 호미곶 해변 경관을 시원스레 내려다볼 수 있어 놓치지 말아야 할 곳이다.

전화번호 054-270-5855 **요금** 화석박물관 4,000원, 전시관과 전망대는 무료 **운영시간** AM 09:00~PM 06:00 **휴일** 화석박물관 매주 월요일 **교통** 호미곶 해맞이광장

07 북부 해수욕장(영일대 해수욕장)

포항의 대표적인 해수욕장으로 포항 시민들이 많이 찾는 도심 속 휴식처다. 모래가 고와 여름에는 해수욕을 즐기는 사람들이 많으며 푸른 동해를 배경으로 내려앉는 일몰이 무척 아름답다. 포항제철과 영일만을 볼 수 있는 경치를 자랑하는데 밤이 되면 제철소에 불이 들어와 야경이 더 예쁘다.

전화번호 054-270-2114 **교통** 죽도시장 입구 건너편 버스정류장에서 구룡포행 200번 좌석버스 이용, 북부 해수욕장 하차. 소요시간 약 30분, 버스비 1,500원.

> 북부 해수욕장에서 도보 10분 거리인 포항 여객선터미널에서는 울릉도로 가는 여객선이 다닌다. 육지에서 울릉도로 가는 가장 가까운 길이라 울릉도와 독도로 가는 사람들은 대부분 이곳을 거친다.

🍴 맛집

구룡포는 대게와 과메기가 유명하지만 레일러들이 맛보기는 쉽지 않다. 대신 구룡포의 별미 모리국수를 추천한다. 모리국수는 각종 해산물을 넣고 얼큰하게 끓인 칼국수 비슷한 음식으로 푸짐한 양에 가격도 저렴해 바닷가에서의 한 끼 식사로 그만이다.

🍴 까꾸네

구룡포 모리국수 원조집. 작은 식당이지만 입소문을 듣고 찾아오는 사람들로 점심때면 가게 앞은 장사진을 이룬다. 모르는 사람과 합석해야 하는 수도 있으니 당황하지 말자.

위치 구룡포 세븐일레븐 근처의 식당 밥먹으러가자 오른쪽 골목 안. **주소** 포항시 남구 구룡포읍 구룡포리 957-3 **전화번호** 054-276-2298 **가격** 모리국수(2인 이상) 5,000원, 생막걸리 2,000원 **운영시간** AM 10:30~PM 07:00

🍴 초원식당

까꾸네와 함께 구룡포에서 맛있기로 손꼽히는

모리국수집. 직접 반죽해 만든 면은 쫄깃하기 그지없다. 혼자서는 먹을 수 없으며 인원수대로 주문해야 한다.

위치 구룡포 새마을금고 옆. **주소** 포항시 남구 구룡포읍 구룡포리 459-21 **전화번호** 054-276-5579 **가격** 모리국수 2인 16,000원(4인분 이상은 1인당 7,000원) **운영시간** AM 09:00~PM 08:00

🍴 동대구횟집

죽도시장 횟집들은 가격이나 맛에 큰 편차는 없는 편이다. 동대구횟집은 회타운 입구에 큰 간판을 걸고 있어 찾기 쉽다.

다. 당시 건물의 원형을 그대로 보존하여 찻집과 한일문화체험관으로 운영하고 있다. 아기자기한 가게 안에서 사진을 찍고 차를 마시기도 좋고, 기모노 체험도 할 수 있어 특별한 추억을 만들 수 있는 곳이다.

위치 구룡포 근대문화역사거리 안. 구룡포공원에서 계단을 내려오면 오른편에 위치. **주소** 포항시 남구 구룡포읍 249-14 **전화번호** 054-276-9461 **가격** 원두커피 3,000원, 일본녹차 5,000원, 유카타·기모노·한복 체험 10,000원(1시간) **운영시간** 찻집 AM 11:00~PM 06:00, 한일문화체험관 월요일 AM 10:00~PM 05:00, 화~일요일은 PM 06:30까지 **휴일** 찻집 매주 월·화요일

위치 죽도시장 회타운 입구. **주소** 포항시 북구 죽도동 571-3 **전화번호** 054-251-3567 **가격** 물회 10,000원, 자연산 물회 15,000원, 모듬회 小 30,000원

🍴 철규분식

손으로 빚어 못생긴 찐빵과 부드러운 단팥죽으로 유명한 집이다. 찐빵을 조각내어 단팥죽에 넣어 먹으면 더 맛있다. 〈생활의 달인〉에도 출연한 구룡포의 명물.

위치 구룡포 초등학교 맞은편. **주소** 포항시 남구 구룡포읍 구룡포리 987-7 **전화번호** 054-276-3215 **가격** 찐빵 3개 1,000원, 단팥죽 2,000원, 국수 2,000원 **운영시간** AM 10:00~PM 06:00

🍴 후루사또야

일본어로 '고향집'이라는 뜻의 후루사또야는 1924년에 지어진 일본가옥을 개조한 공간이

🏠 숙소

포항역이 있는 포항 시내에서 여관이나 모텔을 쉽게 찾을 수 있고 구룡포와 호미곶에도 숙박업소가 많다. 게스트하우스는 많지 않아서 여행자들은 가까운 경주에서 숙박하고 오기도 한다.

🏠 호미곶 게스트하우스

그동안 호미곶 일출을 보려면 민박이나 찜질방 밖에는 선택지가 없었다. 이제는 더 이상 그런 안타까움을 느끼지 않아도 된다. 편안한 휴식과 멋진 바다 전망, 즐거운 추억을 누릴 수 있는 여행자들의 공간이다.

위치 호미곶 해맞이광장 입구 왼편 **주소** 포항시 남구 호미곶면 대보리 249-5 **전화번호** 054-274-7177

홈페이지 www.sunhomigot.co.kr 요금 도미토리 20,000~2,5000원 체크인/아웃 체크인 PM 04:00 체크아웃 AM 11:00 제공내용 조식(토스트), 수건, 샴푸, 치약, 비누

울릉도 게스트하우스

포항에서 최초로 도미토리를 갖춘 게스트하우스로 50명까지 수용할 수 있다. 울릉도 게스트하우스의 최대 장점은 바다가 내려다 보이는 훌륭한 전망이다. 로비는 물론 여성 도미토리에서도 창문을 통해 푸른 동해 전망을 즐길 수 있다. 도미토리 1층에는 침대칸마다 커튼이 쳐져 있어 프라이버시가 보장되고, 컵라면과 과자 등 간단한 먹을거리를 무료 제공한다. 공용 컴퓨터도 이용 가능.

위치 포항 북부해수욕장 두호동 주민센터 옆 건물 7층. 주소 포항시 북구 두호동 1008-1 전화번호 054-231-6101 홈페이지 cafe.naver.com/ulleungdoguesthouse 요금 도미토리 20,000원(내일로 18,000원) 체크인/아웃 체크인 PM 02:00 체크아웃 AM 11:00 제공내용 조식(라면), 수건, 샴푸, 치약, 비누

중앙사우나

시설은 평범한 찜질방이지만 침대가 있는 것이 특이하다. 위생 상태는 알 길이 없지만 편

안하게 숙면을 취할 수 있는 것은 장점. 침대만 여럿 있는 방이 따로 있고, 남녀 수면실에도 침대와 함께 푹신한 이불이 여러 채 있어서 편하게 잘 수 있다.

위치 포항역에서 죽도시장 방향으로 도보 5~10분. 주소 포항시 북구 남빈동 520-4 전화번호 054-243-7994 요금 7,000원, 이불 이용 무료

대보해수탕

일출을 보러 오는 여행객들이 많이 묵는 호미곶 유일의 찜질방으로 규모는 동네 목욕탕 정도로 작지만 그런대로 깔끔한 편이고 물도 좋다. 찜질방 창문으로 바다가 보여 전망도 좋다. 일출 여행객을 위해서 아침에 해돋이를 보고 다시 들어와서 씻고 나갈 수 있게 배려해준다. 저녁 9시부터 다음날 새벽 5시 30분까지는 탕 청소 관계로 샤워만 가능.

위치 호미곶 해맞이광장 입구 왼편. 주소 포항시 남구 호미곶면 대보리 234-4 전화번호 054-284-2167~8 요금 주간 7,000원, 이불 대여 1,000원 휴일 셋째 주 화요일

이동온천스포렉스

포항 시내에서 시설이 좋은 찜질방으로 꼽힌다. 포항시외버스터미널과 가까운 시내 주택가에 위치해 있다.

위치 포항역에서 130번 버스 타고 이동온천스포렉스 정류장 하차. 택시로는 요금 3,000~4,000원 거리. 주소 포항시 남구 대잠동 469-71 전화번호 054-282-8888 요금 주간 7,500원

수학여행이 아니어도 보람찬 역사탐방

경주 경주역, 서경주역, 불국사역

> 동해
> 남부
> 선

경주를 단순히 수학여행 단골 코스라고 식상하게 여길 이도 있겠으나 유명한 데는 다 이유가 있는 법이다. 도시 전체가 문화유산인 이 지붕 없는 박물관은 명불허전의 불국사와 첨성대, 안압지 등 국보와 보물들이 넘쳐난다. 사람 기억이란 게 꽤 질긴 거라서, 불국사 입구 주차장에 떼로 주저앉아 교관 선생님 설명을 듣던 초등학교 수학여행의 빛바랜 추억을 되새기는 감회도 새로우리라.

오래된 기억이지만, 이 불국사만큼, 첨성대만큼, 천오백 년 신라의 고도만큼이나 오래됐을까. 거기에 생각이 미치면 유구한 역사 앞에 댈 것도 못 되는 인간의 미미한 생이 부끄러워 겸허한 기분이 된다.

관광 지수	★★★★★
휴식 지수	★★★☆☆
교통 지수	★★★★☆
맛집 지수	★★★★☆
예산 지수	★☆☆☆☆
기차역 지수	★★★☆☆

경주역 054-772-7788
서경주역 054-775-3214
불국사역 054-746-7788
신경주역 054-741-1467
금아버스그룹(경주시내버스회사)
054-742-2691~3
경주역 관광안내소
054-772-3843
불국사 관광안내소
054-746-4747
서라벌 관광정보센터
054-777-1330
App 경주시내버스

이 도시를 여행하는 법

❶ 첨성대, 대릉원, 계림, 안압지 등의 유적은 경주 시내권에 위치해 도보 혹은 자전거로 돌아보기 편리하다. 경주역 앞에 자전거 대여소가 있다. 대여료는 종일 7,000원 정도. ❷ 경주역 안에 간이 관광안내소가 있지만 역 앞의 정식 관광안내소에서 더 자세히 안내해 준다. 경주역 앞과 불국사에 있는 관광안내소에서는 컴퓨터도 쓸 수 있다. ❸ 경주의 시내버스 요금은 일반 1,200원, 좌석 1,500원. ❹ 10번과 11번 시내버스만 잘 타도 경주 여행을 제대로 할 수 있다. 가는 곳은 같지만 방향만 반대인 두 노선은 신경주역과 경주역, 첨성대, 안압지, 분황사, 불국사 등 웬만한 관광지는 다 간다. 배차간격은 각각 18분씩. ❺ 700번 버스는 신경주역을 출발해 경주역, 안압지, 분황사, 불국사를 순환하는 노선으로 배차간격은 약 30분이다. ❻ 신경주역과 경주역은 버스로 약 20분 거리. 경주시외버스터미널은 경주역에서 버스로 약 10분 정도 거리에 있다.

347

추천일정표

AM
- **09:15** 경주역(북편) 정류장에서 203번 버스 타고 양동마을로 이동(약 25분 소요)
- **09:40** 양동마을 관람
- **10:40** 양동초등학교 앞에서 203번 버스 타고 경주역으로 이동(약 25분 소요)
- **11:05** 경주역에서 대릉원까지 도보 이동, 황남빵 맛보기
- **11:30** 대릉원 관람

PM
- **12:30** 대릉원 맞은편 쌈밥단지에서 점심식사
- **01:30** 첨성대 관람 후 경주역 앞으로 이동
- **02:00** 경주역 맞은편 우체국 앞 정류장에서 11번 버스 타고 불국사로 이동(약 30분 소요)
  불국사와 석굴암은 같은 권역에 위치해있다. 석굴암으로 가려면 먼저 불국사로 이동 후 불국사~석굴암 셔틀버스처럼 운행되는 12번 버스를 이용한다.
- **02:40** 12번 버스 타고 석굴암으로 이동
- **03:00** 석굴암 관람
- **05:00** 12번 버스 타고 불국사로 이동
- **05:20** 불국사 관람
- **06:30** 불국사 앞에서 11번 버스 타고 안압지 하차
  안압지, 첨성대, 계림 등 관람
- **08:00** 경주역 근처 해오름에서 저녁식사
- **08:50** 경주역에서 동해남부선 무궁화호 열차 타고 포항 등으로 이동

예산

경주역 ⇨ 양동마을 버스비	1,200원
양동마을 관람료	4,000원
양동마을 ⇨ 경주역 버스비	1,200원
황남빵	800원
대릉원 관람료	1,500원
이풍녀 구로쌈밥	10,000원
첨성대 입장료	500원
경주역 ⇨ 불국사 버스비	1,200원
불국사 ⇨ 석굴암 버스비	1,500원
석굴암 관람료	4,000원
석굴암 ⇨ 불국사 버스비	1,500원
불국사 관람료	4,000원
불국사 ⇨ 안압지 버스비	1,200원
안압지 관람료	1,000원
해오름정식	7,000원
합계 = 약	40,600원

01 첨성대

신라의 높은 과학기술 수준을 알 수 있는 천문대인 첨성대는 심오한 상징과 함께 실용적인 가치를 띤 문화유산으로 꼽힌다. 아래가 네모나고 위가 둥근 형태는 땅이 네모나고 하늘이 둥글다는 고대의 우주관을 반영하며, 1년의 날 수를 상징하는 365개의 돌로 지어졌다. 창문을 기준으로 위아래 각각 12단으로 지어져 일 년 열두 달과 24절기를 의미한다. 첨성대에는 아직까지도 밝혀지지 않은 미스터리가 많아 신비로움을 자아낸다. 표를 끊고 들어가지 않아도 보이기 때문에 충분히 사진을 찍을 수 있지만 자세히 보고 싶다면 입장료를 내고 들어가자. 첨성대는 야경도 아름답기 때문에 낮과 밤 두 번 방문하는 것을 추천한다.

전화번호 054-772-5124 **요금** 500원 **운영시간** AM 09:00~PM 10:00, 동절기 PM 09:00까지 **교통** 경주역에서 왼편으로 15분 정도 직진하면 보인다. 유채꽃단지를 지나가면 매표소가 있다.

TIP KBS <1박 2일>에 나오면서 유명해진 스탬프 투어를 해보자. 경주의 명소 15곳 문화관광해설사의 집에 스탬프 용지와 스탬프가 비치되어있다.

스탬프 비치 장소 대릉원, 첨성대, 분황사, 안압지, 교촌마을, 오릉, 포석정지, 무열왕릉, 김유신묘, 양동마을, 원성왕릉(괘릉), 불국사, 동리목월문학관, 석굴암, 감은사지

02 계림&월성지구

첨성대 맞은편에 난 길을 따라가면 경주 김씨의 시조 김알지의 탄생설화가 얽힌 계림이 나온다. 경주 시내에서 가장 오래된 숲으로 고목이 무성하게 우거져있다. 희한하게 생긴 나무도 많이 볼 수 있다. 반달 모양으로 생겨 반월성이라고도 하는 월성은 신라시대의 도성으로 아름다운 자연 경관을 자랑한다. 계림과 월성지구는 입장료 없이 24시간 개방된다.

전화번호 054-779-8743

03 대릉원

미추왕릉, 황남대총, 천마총 등 23기의 능이 밀집해있는 곳으로 공원처럼 조성이 돼 있다. 특히 유명한 곳은 무덤이 일반에 개방되는 천마총으로 무덤 주인은 알 수 없지만 천마도가 출토되어 천마총이라 부른다. 천마도는 지금까지 남아있는 신라의 대표적인 회화작품으로 국보 제207호로 지정되어 그 가치를 인정받고 있다. 대릉원은

유네스코 세계문화유산으로 지정돼 있다.

전화번호 054-772-6317 **요금** 1,500원 **운영시간** AM 08:30~PM 10:00 **교통** 경주역에서 왼편으로 10분쯤 걸어 나오다가 큰 삼거리가 나오면 해장국거리가 있는 길로 접어들어 5분 정도 더 걸으면 나온다.

know 〈능, 총, 분, 묘의 차이〉

- **능** 왕이나 왕비의 무덤 예) 내물왕릉, 미추왕릉
- **총** 무덤 주인을 알 수 없으나 벽화나 부장품 등 특징이 있는 경우 예) 천마총, 황남대총
- **분** 무덤 주인을 알 수 없고 특별히 발굴된 유물이 없는 경우 예) 노서·노동 고분군
- **묘** 세자가 아닌 왕자, 공주, 옹주 등의 왕족, 신하들과 일반인의 무덤 예) 김유신묘

05 국립경주박물관

경주 시내 곳곳에서 출토된 진기한 유물들의 진본을 볼 수 있는 박물관이다. 교과서에서 많이 보던 국보 및 보물급 유물을 다수 보유하고 있고, 야외에는 에밀레종으로 알려진 국보 제29호 성덕대왕신종이 있다. 역사적으로 의미 있는 유물을 많이 소장하고 있어 경주의 유적지들과 함께 둘러보면 이해가 더 깊어진다.

전화번호 054-740-7500, 7518 **홈페이지** gyeongju.museum.go.kr **요금** 상설전 무료(매표소에서 무료관람권 받아 입장) **운영시간** AM 09:00~PM 06:00, 토요일·공휴일은 PM 07:00까지, 하절기 토요일은 PM 09:00까지 **휴일** 매주 월요일, 신정 **교통** 경주역 앞 성동시장 정류장에서 11번 버스 혹은 경주역 우체국 정류장에서 600번 좌석버스 이용, 소요시간 약 15분. 첨성대에서 도보 20분, 안압지에서 도보 10분.

04 안압지(임해전지)

신라 문무왕 때 연회 장소로 지어진 안압지는 신라인의 풍류와 서정을 만끽할 수 있는 곳이다. 흔히 안압지 또는 임해전지라고 부르지만 공식 명칭은 '동궁과 월지'로 되어 있다. 인공 연못 위에 화려한 궁이 세워져 있는데 밤이면 조명이 불을 밝혀 더욱 빼어난 아름다움을 자랑한다. 꼭 밤에 가보길 권하는 곳. 여름이면 연꽃이 만개해 볼거리를 더한다.

전화번호 054-772-4041 **요금** 500원 **운영시간** AM 09:00~PM 10:00 **교통** 경주역에서 왼편으로 도보 약 25분. 첨성대를 지나 계속 가다보면 나온다. 경주역 앞 성동시장 정류장에서 11, 700번 버스 이용, 소요시간 약 10분.

06 불국사

고색창연한 신라의 조형미를 감상할 수 있는 경주 불국사는 석굴암과 함께 유네스코 세계문화유산으로 등재돼 있다. 다보탑, 석가탑, 청운교와

백운교, 연화교와 칠보교 등 국사 공부를 열심히 했다면 낯설지 않을 국보급 유물을 무더기로 만나볼 수 있고, 너른 경내는 나무와 꽃이 우거져 사색하며 걷기에 제격이다.

전화번호 054-746-9913 홈페이지 www.bulguksa.or.kr 요금 4,000원 운영시간 AM 07:00~PM 06:00 교통 경주역 앞 성동시장 정류장에서 10, 11, 700번 버스 이용, 소요시간 약 30분.

700번 버스 운행시간표
신경주역(경주역까지 약 20분 소요) 출발시간 AM 07:15 07:50 08:55 09:10 09:40 10:25 10:55 11:30 PM 12:05 12:50 01:25 01:50 02:50 03:10 03:55 04:15 04:50 05:25 06:10 07:10 07:40 08:00 08:50 10:00
불국사 출발시간 AM 08:05 08:40 09:45 10:00 10:30 11:15 11:45 PM 12:20 12:55 01:40 02:15 02:40 03:40 04:00 04:45 05:05 05:40 06:15 07:00 08:00 08:30 08:50 09:40

07 석굴암

토함산 중턱의 화강암을 깎아 만든 인공 석굴에 지어진 석굴암은 신라의 예술과 과학, 문화, 건축술의 결정체로서 국보 제24호이자 유네스코 세계문화유산으로 지정돼 있다. 신라의 미소라고 불리는 석굴암 본존불은 보는 이를 압도하는 신비를 지녔다. 석굴암은 불국사에서 가까워 함께 둘러보기 좋으며 매표 후에도 석굴암까지는 산길을 한참 올라가야 한다는 점을 감안하자.

전화번호 054-746-9933 홈페이지 www.sukgulam.org 요금 4,000원 운영시간 AM 06:30~PM 06:00, 동절기 AM 07:00~PM 05:00 교통 불국사에서 석굴암까지 운행하는 12번 버스 이용. 소요시간 약 20분. 요금 1,500원.

12번 버스 운행시간표
불국사 출발시간 AM 08:40 09:40 10:40 11:40 PM 12:40 01:40 02:40 03:40 04:40(동절기 04:20) 05:20(동절기 04:40) 석굴암 출발시간 AM 09:00 10:00 11:00 PM 12:00 01:00 02:00 03:00 04:00 05:00(동절기 05:20) 06:20(동절기 05:40)

08 양동마을

우리나라에서 규모가 가장 큰 민속마을인 경주 양동마을은 특이하게 손孫가와 이李가가 500여 년간 함께 어울려 살아온 반촌마을이다. 안동 하회마을과 함께 유네스코 세계문화유산으로 등재돼 있다. 하회마을이 각 잡고 팔자걸음 걸어야 할 선비님 분위기라면 양동마을은 보다 수더분하고 정겨운 시골 느낌이 짙다.

전화번호 054-779-6124 홈페이지 yangdong.invil.org 요금 4,000원 운영시간 PM 07:00까지, 동절기 PM 06:00까지 교통 경주역(북편) 정류장에서 200번대 버스 이용, 양동마을입구 하차. 소요시간 약 20분. 양동마을입구까지 가는 버스가 자주 있는 편이다. 203번을 타면 마을 안까지 들어간다. 양동마을입구에서 마을까지는 도보 약 20분 거리. 돌아올 때는 양동마을 안에 있는 양동초등학교 앞 정류장에서 203번 버스를 이용한다.

203번 버스 운행시간표
경주시외버스터미널 경유시간(경주역까지 약 10분 소요) AM 06:20 07:30 09:15 10:30 PM 12:30 01:45 03:30 04:50 06:45 07:50 양동마을 출발시간 AM 07:30 08:45 10:40 PM 12:00 01:40 03:00 05:00 06:30 08:00

09 대왕암(문무대왕 수중릉)

신라 때의 성군 문무왕은 죽기 전 "내가 호국용이 되어 외적으로부터 신라를 지킬 것이니 화장하여 동해에 수장하라."는 유언을 남겼다. 이 유언에 따라 감포 앞바다에 문무왕의 유골을 뿌린 곳이 문무왕수중릉인 대왕암이다.

교통 경주역에서 150번 버스 이용, 소요시간 약 50분.

150번 버스 운행시간표

경주시외버스터미널(경주역까지 약 10분 소요) 출발시간
AM 06:30 07:10 08:00 09:10 09:50 10:40 11:30
PM 12:30 01:30 02:25 03:30 04:10 04:55 05:50
06:50 07:30 08:30 09:30 **대왕암(봉길해수욕장) 출발시간** AM 06:40 07:40 08:20 09:10 09:55 11:00
11:40 PM 12:50 01:40 02:40 03:25 04:20 05:20
06:00 06:40 07:20 08:20 09:30

그 외 경주의 볼거리들

① 박혁거세를 비롯한 네 명의 왕과 알영부인의 무덤이라고 하는 오릉(054-772-6903)에 가려면 대릉원 맞은편에서 503번을 제외한 500~508번 버스를 이용하면 된다. 입장료 500원.

② 오릉 가까이에 있는 포석정(054-745-8485)에서는 술을 물 위에 띄워 마셨다는 '유상곡수연'을 볼 수 있다. 입장료 500원.

③ 김유신장군묘(054-749-6713)는 역 앞에서 대부분의 버스를 타고 시외버스터미널까지 이동한 후 다리를 건너 15분 정도 걸어가면 된다. 입장료 500원.

④ 무열왕릉(054-772-4531)은 경주역에서 60, 61, 330, 300-1번 버스를 타고 15분 정도 가면 된다. 입장료 500원.

⑤ 국보 모전석탑이 있는 분황사(054-742-9922)에 가려면 경주역에서 10, 11, 150, 700번 버스 이용. 입장료 1,300원.

맛집

경주에는 해장국거리, 쌈밥단지 등 특화된 음식을 파는 골목들이 있고, 역 앞의 성동시장 안에 먹자골목이 형성돼있어서 시장 인심으로 든든하게 배를 채울 수 있다.

성동시장 안 맛집

보리밥 전문점 성동분식(054-775-0017)이나 수제비, 팥죽, 호박죽이 쏠쏠한 맛나분식(054-749-3260) 등 시장통 숨겨진 맛집을 찾아 즐겨보자. 무엇보다 성동시장의 명물은 무한리필 반찬뷔페인데, 20여 가지에 달하는 각종 반찬과 함께 한식을 양껏 먹을 수 있는 곳이다. 가게마다 반찬이 조금씩 다르다. 가격은 1인 5,000원. 영양식당(054-773-3018), 산내식당(054-743-2439), 양복식당(054-774-6020) 등.

이풍녀 구로쌈밥

오직 쌈밥정식 한 가지 주문을 할 것도 없이 인원수만 확인해서 음식을 가져다준다. 수십 가지가 넘는 반찬이 펼쳐지는 게 감격스러울 따름.

위치 대릉원 앞 쌈밥단지, 첨성대 맞은편. **주소** 경주시 황남동 106-3 **전화번호** 054-749-0600 **가격** 쌈밥정식 10,000원 **운영시간** AM 11:00~PM 08:00

해오름 한정식

경주시니어클럽에서 직영하는 웰빙 한식당으로 경주역과 가깝다. 규모는 크지 않으나 화학조미료를 쓰지 않아 담백하고 깊은 맛으로 단골이 많은 숨은 맛집.

위치 경주역에서 왼편으로 도보 2분. **주소** 경주시 황오동 134-1 **전화번호** 054-749-6185 **가격** 연잎한정식 10,000원, 해오름정식 7,000원, 된장찌개 6,000원, 잔치국수 4,200원

 황남빵

경주 황남동에서 처음 만들어져 황남빵이라는 이름이 붙은 경주의 특산품. 팥소가 달지 않고 부드러워 맛이 뛰어나다. 경주에 오면 꼭 먹어봐야 하는 빵.

위치 구 시청 옆 대릉원 가는 길목에 위치. **주소** 경주시 황오동 347-1 **전화번호** 054-749-7000 **홈페이지** www.hwangnam.co.kr **가격** 1개 800원, 20개입 16,000원

 | 숙소

 경주 게스트하우스

경주역에서 도보 3분 거리로 접근성이 뛰어난 게스트하우스. 외국인 배낭족들도 많이 찾는 여행가 숙소다. 널찍한 로비에는 여행 정보를 얻을 수 있는 책꽂이와 컴퓨터가 있어 편리하다. 토스트와 달걀, 커피 등은 24시간 제공되어 배고플 일이 없으며 세탁기와 세제도 무료로 이용할 수 있다. 수건은 제공되지 않는다.

위치 경주역에서 왼편으로 도보 3분. **주소** 경주시 황오동 138-2 **전화번호** 054-745-7100 **홈페이지** www.gjguesthouse.com **요금** 도미토리 16,000~18,000원, 2인실 45,000원 **체크인/아웃** 체크인 PM 02:00 체크아웃 AM 11:00 **제공내용** 조식(토스트, 달걀, 커피), 샴푸, 치약, 비누, 자전거 대여(종일 5,000원)

 Other Choices

바람곳 게스트하우스 경주역에서 도보 3분. cafe.naver.com/baramgot, 054-771-2589
모모제인 게스트하우스 경주역에서 도보 10분. www.momojein.co.kr, 010-5516-7778
경주여행 게스트하우스 경주역에서 오른편으로 도보 3분. www.gtguesthouse.net, 010-2291-5364
호모노마드 게스트하우스 경주역에서 버스 6정거장 거리의 황남시장 인근에 위치. www.homo-nomad.com, 010-8413-0803
나비 게스트하우스 성동시장 정류장에서 버스로 3정거장 거리인 중앙시장 근처. www.nahbiguesthouse.com, 070-8719-9500
청춘 게스트하우스 경주역에서 도보 15분, 택시 기본요금 거리. www.dreamer09.kr, 054-744-0909

 스카이스포렉스

경주역에서 가장 가까운 찜질방. 콘센트는 많지 않은 편이며 남녀 수면실이 있다.

위치 주택가인 황성동에 위치. 경주역에서 택시비 4,000원 미만. **주소** 경주시 황성동 478-6 **전화번호** 054-748-5678 **요금** 8,000원, 이불 대여 500원

 첨성대한증막

한증막 위주로 탕은 없고 샤워실만 있지만 수면실이 넓고 쾌적해 쉬어가기에는 좋다.

위치 경주역에서 불국사 방향 10, 11, 700번 버스 타고 민속예촌 하차. **주소** 경주시 하동 193 **전화번호** 054-777-7600 **홈페이지** www.hanjeung.com **요금** 주간 9,000원(내일로 7,000원), 이불 대여 700원

 경주조선온천호텔찜질방

호텔 찜질방답게 넓고 시설이 좋다. 목욕탕은 오래된 편이지만 찜질방은 잘 갖춰놓았다.

위치 보문단지 내. 경주역에서 10, 11, 150번 버스 이용 콩코드·코모도 호텔 하차. 소요시간 약 20분. **주소** 경주시 신평동 452-1 **전화번호** 054-740-9600 **홈페이지** www.chosunspahotel.com **요금** 11,000원, 이불 이용 무료

동해 남부선

가장 먼저 뜨는 해처럼 희망찬 도시

울산 태화강역, 남창역

절망한 사람들은 희망을 얻으려 길을 나선다. 공업도시 울산은 간절곶에서 떠오르는 아침 첫해처럼 발갛고 희망찬 곳이기도 하다. 우리나라에서 제일 먼저 해가 뜨는 장소가 바로 울산 간절곶이다. 그렇다면 울산을, 대한민국에 새 희망을 열어주는 도시라 불러도 과히 틀리지 않을 듯하다.

울산의 바다는 거칠다. 하늘빛을 닮은 정동진 푸른 바다나 부산의 해수욕장과는 또 다르다. 자갈이 구르는 해변에 대차게 밀려들어오는 파도는 거칠고 힘차다. 그곳 사람들의 사투리만큼이나 거침이 없어 그 앞에서 잠시 주눅이 들거나 작아져버릴지도 모를 일이다. 그러나 거센 억양으로 말하는 울산 사람들이 사실은 얼마나 속정이 깊은지를 알고 보면, 매섭기만 하던 울산의 바다에서 응원의 기운을 느낄 수 있을 테다. 세계 최대 규모라는 소망우체통이, 사실은 얼마나 알록달록 야시럽지만 봐도 알 일이다.

관광 지수	★★★☆☆
휴식 지수	★★☆☆☆
교통 지수	★★★☆☆
맛집 지수	★★☆☆☆
예산 지수	★★☆☆☆
기차역 지수	★★★☆☆

태화강역 052-272-7019, 9726
남창역 052-238-7788
울산역 052-930-8006
울산광역시버스운송사업조합
052-221-6044
울산종합관광안내소
052-229-6350, 227-0101
울산시외버스터미널관광안내소
052-229-6353
App 울산버스, 울산버스정보

이 도시를 여행하는 법

❶ 태화강역 앞에 종합관광안내소가 있으므로 검색용 PC도 사용할 수 있어 편리하다. 태화강역에서 버스로 3정거장 거리에 시외버스터미널이 있고, 대부분의 버스가 역이나 터미널을 경유해 승차하기 편리하다. 태화강역에는 물품보관함이 없으니 시외버스터미널 안 물품보관함을 이용하자. ❷ 울산은 관광지라기보다 공업도시의 성격이 짙어서 배낭여행과 썩 잘 어울리는 분위기는 아니지만 워낙 대도시라 볼거리가 있는 편이고 편의시설도 잘 갖춰져 있어 여행에 불편이 없다. 다만 도시 규모가 큰데다가 관광지가 울산 시내가 아닌 외곽에 퍼져 있어 이동 시간이 긴 점은 감안해야 한다. 울산의 버스요금은 일반버스 1,150원, 좌석버스 1,700원이다.

추천일정표

AM
- **10:40** 동대구, 경주, 불국사, 태화강 등에서 출발한 무궁화호 열차로 남창역 도착
남창역 앞 옹기종기시장 둘러보기
- **11:00** 남창역 앞에서 버스 타고 외고산 옹기마을로 이동
(약 10분 소요)

외고산 옹기마을 구경

PM
- **12:30** 버스 타고 남창역 앞으로 이동(약 10분 소요)
옹기종기시장 내 장터국밥에서 점심식사
- **01:30** 남창역 앞에서 버스 타고 간절곶으로 이동(약 40분 소요)
- **02:30** 간절곶 해변, 소망우체통 등 구경
- **04:00** 버스 타고 울산 시외버스터미널로 이동(약 1시간 10분 소요)
- **05:30** 시외버스터미널 옆 롯데백화점 멀티 옥상에서 공중관람차 타기
- **06:30** 삼산동 시내에서 저녁식사
버스 타고 태화강역으로 이동(약 5분 소요)
- **08:08** 태화강역에서 동해남부선 무궁화호 열차 타고 해운대, 부전 등으로 이동

✱ 경부선 울산역은 KTX 전용역이기 때문에 내일로 여행자는 동해남부선 태화강역을 이용하자. 간절곶에 가려면 남창역에 내리는 게 편리하다. 남창역에서 짐을 맡아준다.

예산	
남창역 ➡ 옹기마을 버스비	1,150원
옹기마을 ➡ 남창역 버스비	1,150원
장터국밥	5,500원
남창역 ➡ 간절곶 버스비	1,150원
간절곶 ➡ 울산 시내 버스비	1,150원
공중관람차	2,500원
저녁식사	6,000원
울산 시내 ➡ 태화강역 버스비	1,150원
합계 = 약	19,750원

동해 남부 선

01 간절곶

간절곶은 우리나라는 물론 동북아시아에서 제일 먼저 해가 뜨는 곳이다. 매년 1월 1일이면 해맞이 축제가 크게 열린다. 등대에 올라가면 경치를 더 잘 조망할 수 있다. 간절곶이 더욱 유명해진 것은 KBS 〈1박 2일〉에 등장한 소망우체통 때문이다. 소망우체통은 세계에서 제일 큰 우체통으로 기네스북에도 등재돼있다. 모형 우체통인가 싶지만 진짜 우체통이다.

홈페이지 ganjeolgot.ulsan.go.kr **교통** ❶ 태화강역광장에 있는 버스정류장에서 117, 1705, 507, 744번 버스 타고 울산대공원동문앞에서 하차 후 405, 715번 버스로 환승해 간절곶(대송) 하차. 태화강역에서 울산대공원동문앞까지는 약 15분, 이후 간절곶까지는 약 1시간이 소요된다. 배차간격이 30~90분으로 긴 편. ❷ 남창역 앞 정류장에서 405, 715번 버스 이용, 간절곶(대송) 하차. 소요시간 약 40분.

02 대왕암

신라 문무대왕비의 수중릉으로 경주의 대왕암과 짝을 이룬다. 해안가에 기암괴석이 펼쳐져 있고 그 주변으로는 15,000그루나 되는 소나무 숲이 절경을 이룬다. 동해안에서 해금강 다음으로 아름다운 곳이라 꼽히기도 한다. 송림을 중심으로 산책길이 형성돼있어 동네 주민들의 휴식처로 사랑받고 있다. 대왕암공원 입구에서 송림 산책길을 한 바퀴 돌아 나오는 데는 넉넉잡아 한 시간이면 충분하고, 개장 시간은 따로 정해진 바가 없지만 어두울 때 가면 대왕암이 보이지 않는다. 대왕암 절벽에서 바라다 보이는 너른 해변은 일산 해수욕장으로 신라의 왕들이 즐겨 찾던 명승지다. 이곳에 위락 시설이 많이 갖춰져 있으며, 해안가의 울기등대는 아름다운 등대 16경으로 꼽힌다.

전화번호 052-209-3754 **교통** ❶ 태화강역광장을 지나 도로변에 있는 버스정류장에서 108, 133, 401, 1401번 버스 이용, 울기등대 입구 하차 후 도보 20분. 소요시간 버스 노선에 따라 30~50분. ❷ 울산시외버스터미널에서 133, 401, 1401번 버스 이용, 울기등대 입구 하차. 태화강역을 지나기 때문에 소요시간은 버스 노선에 따라 40분~1시간.

03 장생포 고래문화특구(장생포 해양공원)

고래의 고향이라고 불리는 장생포는 과거 고래잡이로 명성을 떨치던 지역이다. 지금은 포경이 금지돼 있지만 울산광역시에서는 장생포 해양공원 일대를 고래문화특구로 지정해 고래 관련 유물과 문화를 보존·계승하기 위해 애쓰고 있다. 전국에서 유일한 고래박물관이 있으며 고래바다여행선을 타고 바다로 나가 고래탐사(홈페이지 참조)를 할 수도 있다.

전화번호 052-226-5672 **홈페이지** www.whalecity.kr **교통** 태화강역에서 1104, 1114, 117, 708번 버스 타고 울산시외버스터미널로 이동 후 246번 버스로 환승해 장생포고래박물관 하차. 소요시간 약 30분, 배차간격은 24분.

04 장생포 고래박물관

장생포 고래박물관은 고래의 생태와 고래잡이를 중심으로 한 장생포의 문화 등을 살펴볼 수 있는 곳이다. 본관인 고래박물관과 별관 생태체험관으로 나뉘며 각각 규모가 상당하고 관람료도 따로 받는다. 본관에는 포경역사관, 귀신고래관 등이 있으며 야외에서는 있어 바닷바람을 맞으며 장생포 앞바다를 바라보는 여유를 즐길 수 있다. 생태체험관에는 국내 최초의 돌고래수족관과 해저터널, 4D영상관 등 볼거리가 많다.

전화번호 052-256-6301~2 **홈페이지** www.whalemuseum.go.kr **요금** 고래박물관 2,000원, 고래생태체험관 5,000원, 4D영상관 3,000원, 패키지 9,000원 **운영시간** AM 09:30~PM 06:00 **휴일** 매주 월요일, 신정, 설 및 추석 당일, 공휴일 다음날 **교통** 장생포 고래문화특구 내.

05 롯데백화점 멀티 옥상 공중관람차

울산의 번화가인 삼산동 한가운데 있는 롯데백화점은 공중관람차 때문에 멀리서도 눈에 띈다. 놀이동산으로 꾸민 멀티 옥상에서는 쇼핑과 나들이를 한 방에 해결할 수 있다. 회전목마, 미니열차 등 놀이기구가 있지만 트레이드마크는 역시 공중관람차. 태화강을 비롯한 울산 전경과 동해까지도 보이는 전망이 끝내준다. 밤에 더욱 아름다운 도시의 야경을 즐겨보는 것도 좋겠다.

전화번호 052-960-2901~2 **요금** 공중관람차 2,500원 **운영시간** PM 12:30~09:30 **교통** 울산시외버스터미널 바로 옆.

06 신화마을

신화마을은 울산공단이 형성되면서 살 곳을 잃은 사람들이 모여들며 형성된 공단 이주민촌이다. 186채의 가옥이 있는 전형적인 달동네로 2010년 벽화가 그려지며 지붕 없는 미술관, 예술 마을로 재탄생했다. 장생포의 상징인 고래를 주제로 한 벽화가 많으며 생동감 있는 그림이 특징.

교통 울산시외버스터미널에서 246번 버스 이용, 야음장생포동주민센터 하차 후 도보 10분. 태화강역이나 울산시외버스터미널에서 택시비 3,000원, 장생포 해양공원에서 택시비 5,000원 정도. 택시 기사님이 잘 모를 수도 있는데 '야음 장생포동 174번지'를 기준으로 찾으면 쉽다.

07 남창역&남창 옹기종기시장

남창역과 남창 옹기종기시장은 일제강점기에 지어진 목조 역사가 근대문화유산으로 지정되었다. 남창역은 이용객이 많아 꽤나 북적이는 편이다. 역 앞에는 끝자리가 3, 8로 끝나는 날에 5일장이 선다. 옹기제품은 물론 여러가지를 파는 시장에서는 전통시장의 활기를 느껴볼 수 있다.

08 외고산 옹기마을

외고산 옹기마을은 국내 최대의 전통옹기마을이다. 6·25전쟁 당시 이곳으로 피난민들이 모여들면서 옹기에 대한 수요가 급증하자 한 옹기장이가 이곳에 가마를 만들어 옹기를 굽기 시작한 데서 옹기마을이 출발했다. 마을 구석구석이 옹기로 꾸며져 있어 구경하는 재미가 쏠쏠하며, 단순한 관광지만이 아니라 장인들이 직접 옹기를 만들어 판매도 하는 공간이다.

전화번호 052-237-7897 **교통** ❶ 남창역 앞 버스정류장에서 225, 715, 1705번 버스 이용 고산마을 하차, 소요시간 약 10분. 택시 이용 시 3,500원 정도. ❷ 태화강역에서는 517번, 울산시외버스터미널에서는 507, 715, 1705번 버스 이용 고산마을 하차, 소요시간 약 1시간.

맛집

카리브레스토랑

간절곶 바다를 구경하며 편안하게 식사할 수 있는 레스토랑. 배낭여행과 썩 어울리는 식사 장소는 아니지만 해변에서 여유로운 시간을 보내고 싶다면 선택해도 괜찮겠다.

위치 간절곶 버스정류장에서 바닷가로 가다보면 왼편에 위치. **주소** 울산광역시 울주군 서생면 대송리 109 **전화번호** 052-239-7000 **가격** 돈가스 13,000원, 김치해물 볶음밥 15,000원 **운영시간** AM 10:00~익일 AM 01:00

장터국밥

과거 우시장이었던 남창 옹기종기시장의 선지국밥은 140년 전통을 자랑한다.

위치 남창 옹기종기시장 내. **주소** 울산광역시 울주군 온양읍 남창리 147-2 **전화번호** 052-238-3470 **가격** 선지국밥 5,500원, 소내장국밥 5,500원, 소머리곰탕 7,000원

숙소

시내나 관광지 주변에서 모텔을 쉽게 찾을 수 있고, 24시 찜질방도 무척 많다.

녹주맥반석화로방

맥반석 찜질방이 좋아서 오는 사람들이 많은데 수면 여건은 그저 그런 편이다.

위치 태화강역이나 울산시외버스터미널에서 강변벽산아파트 가는 버스 이용, 소요시간 약 5분. 울산시외버스터미널에서 도보 10분. **주소** 울산광역시 남구 삼산동 1537-16 **전화번호** 052-271-0522 **요금** 7,000원, 이불 대여 500원

옥정사우나

조그만 동네 목욕탕 겸 찜질방으로 목욕탕 안에 수면실이 있어서 편하게 잘 수 있다.

위치 태화강역에서 도보 10분. 삼산초등학교 앞에 위치. **주소** 울산광역시 남구 삼산동 171-1 **전화번호** 052-276-6365 **요금** 7,500원, 이불 이용 무료 **휴일** 둘째 주, 넷째 주 화요일

EXR스포츠센터

무난한 시설의 찜질방으로 바다가 보이는 전망이 최대 장점이다.

위치 일산 해수욕장 내 홈플러스 8층. **주소** 울산시 동구 일산동 577-1 홈플러스 8층 **전화번호** 052-233-6100 **요금** 주간 8,000원, 8시 이후 9,000원, 이불 대여 500원

청춘,
내일로

내일로 기차여행
책임 가이드

초판 1쇄 2011년 6월 30일
전면 개정판 1쇄 2013년 6월 17일
전면 개정판 5쇄 2016년 1월 15일

지은이	박솔희
발행인	김산환
편집인	조동호
책임편집	정보영
디자인	윤지영
영업 마케팅	정용범
펴낸곳	꿈의지도
인쇄	다라니
종이	월드페이퍼
주소	경기도 파주시 광인사길 217, 3층
전화	070-7535-9416
팩스	031-955-1530
홈페이지	www.dreammap.co.kr
출판등록	2009년 10월 12일 제82호

ISBN 979-11-86581-34-6

- 이 책의 저작권은 지은이와 꿈의지도에 있습니다. 지은이와 꿈의지도 허락 없이는 어떠한 형태로도 이 책의 전부, 또는 일부를 이용할 수 없습니다.
- 잘못된 책은 바꾸어 드립니다.